D1748187

BIBLIOTHEK DER KLASSISCHEN
ALTERTUMSWISSENSCHAFTEN

HERAUSGEGEBEN VON H. PETERSMANN

NEUE FOLGE · 2. REIHE · BAND 87

ERICH BURCK

Das Geschichtswerk des Titus Livius

HEIDELBERG 1992

CARL WINTER · UNIVERSITÄTSVERLAG

Die Deutsche Bibliothek – CIP-Einheitsaufnahme

Burck, Erich:
Das Geschichtswerk des T. Livius / Erich Burck. –
Heidelberg: Winter, 1992
(Bibliothek der klassischen Altertumswissenschaften: Reihe 2; Bd. 87)
ISBN 3-533-04558-7 kart.
ISBN 3-533-04559-5 Ln.
NE: Bibliothek der klassischen Altertumswissenschaften / 02

ISBN 3-533-04558-7 Kart.
ISBN 3-533-04559-5 Ln.
ISSN 0067-8201

Alle Rechte vorbehalten. © 1992. Carl Winter Universitätsverlag, gegr. 1822, GmbH., Heidelberg
Photomechanische Wiedergabe und die Einspeicherung und Verarbeitung in elektronischen Systemen
nur mit ausdrücklicher Genehmigung durch den Verlag
Imprimé en Allemagne. Printed in Germany
Reproduktion und Druck: Carl Winter Universitätsverlag, Abteilung Druckerei, Heidelberg

INHALTSVERZEICHNIS

EINLEITUNG		IX - XX
I.	Leben	1 - 6
II.	Werk	7 - 14
III.	Quellen	15 - 49
	1. Allgemeine Kriterien	15 - 17
	2. Annalistik	18 - 34
	3. Polybios	35 - 49
IV.	Darstellungsweise	50 - 86
	1. Annalistische Form	50 - 52
	2. Kurzerzählungen	52 - 59
	3. Feldzüge und Siege	59 - 63
	4. Niederlagen	64 - 68
	5. Reden	68 - 86
V.	Rombild	87 - 125
	1. Ideale Staats- und Lebensordnung	87 - 108
	2. Verfallserscheinungen	109 - 117
	3. Kritik am Rombild	117 - 125
VI.	Zielsetzung	126 - 131
VII.	Hauptgestalten	132 - 163
	1. Allgemeine Charakteristik	132 - 136
	2. Hannibal und Scipio	136 - 144
	3. Philipp V. und T. Quinctius Flamininus	144 - 153
	4. Perseus und L. Aemilius Paulus	153 - 159
	5. Frauen	160 - 163
VIII.	Augustus	164 - 176
IX.	Sprache und Stil	177 - 187
X.	Rezeption	188 - 206
	1. Antike	188 - 193
	2. Neuzeit	193 - 205
ANMERKUNGEN		206 - 282
Zur Einleitung		206 - 207

Zu Kapitel I.	Leben	208 - 211
II.	Werk	212 - 217
III.	Quellen	217 - 226
IV.	Darstellungsweise	227 - 238
V.	Rombild	239 - 251
VI.	Zielsetzung	252 - 254
VII.	Hauptgestalten	255 - 266
VIII.	Augustus	267 - 272
IX.	Sprache und Stil	273 - 276
X.	Rezeption	271 - 282

LITERATURVERZEICHNIS 283 - 290

Es ist mir ein besonderes Anliegen, beim Abschluß dieses zuletzt unter schwierigen äußeren Umständen entstandenen Buchs mehrfachen Dank auszusprechen. Ich danke meinem freundschaftlich verbundenen Kollegen, Herrn Professor Dr. Eckardt Lefèvre, Freiburg, daß er das Manuskript samt den Anmerkungen gelesen und mir zahlreiche wertvolle Ratschläge für Inhalt und Form gegeben hat. Mein Dank gilt ferner Frau Brigitte Nissen, die das Manuskript geschrieben und die erforderliche Diskette angefertigt hat. Schließlich fühle ich mich dankbar Herrn Dr. Carl Winter und dem Carl Winter Universitätsverlag für die Herausgabe verpflichtet.

EINLEITUNG

Um die Jahrhundertwende [1]) hatte sich in der Interpretation und Bewertung der lateinischen Dichtung ein folgenreicher Umbruch angebahnt, der durch den Kommentar Ed. Nordens zum sechsten Buch der Aeneis und durch R. Heinzes Untersuchungen zu Vergils epischer Technik eingeleitet wurde. Während jener seine Hauptaufgabe neben der sachlichen Exegese in der Quellenanalyse und der Erfassung der formal-technischen Elemente sah, hatte dieser den Blick auf die Aeneis als künstlerische Einheit gerichtet und die darstellerischen Mittel des Epos entwickelt. Beide waren sich des Gegensatzes zu den Vergil-Arbeiten der vorangegangenen Generationen bewußt und sahen trotz der Verschiedenheit der leitenden Aspekte und Methoden ihre Aufgabe darin, die römischen Elemente der Dichtung und die persönliche Zielsetzung und Leistung des Aeneis-Dichters herauszustellen, nach denen man bisher kaum gefragt hatte. Man hatte emsig für die Aeneis das ganze Ausmaß ihrer Abhängigkeit von der homerischen Tradition zusammengestellt und den Anschluß an die griechische Vorlage als mehr oder minder geglückte äußerliche Imitation angesehen. Demgegenüber zielte die neue Fragestellung darauf ab, darzulegen, wie Vergil die formalen und inhaltlichen Elemente des homerischen Vorbilds (und anderer Texte) eigenen künstlerischen Intentionen sowie seiner Auffassung vom Menschen und von der Welt zugeordnet und dadurch der Aeneis einen völlig neuen Sinn gegeben habe.

Diese Aufgabenstellung setzte sich im Laufe der folgenden Jahre durch und führte zu einem neuen Verständnis der lateinischen Dichtung in ihrer spezifisch römischen und persönlichen Gestaltung. Auch für die lateinische Prosa hat der nach den individuellen Absichten des Autors fragende Vergleich mit den - meist griechischen - Quellen einen neuen Zugang erschlossen. Es ist hinreichend bekannt, daß auf diese Weise für die phi- losophischen Schriften Ciceros und Senecas neue grundlegende Erkenntnisse gewonnen worden sind. Die komparative Interpretation wurde auch **mutatis mutandis** für das Geschichtswerk des Livius von erheblicher Bedeutung. Dies gilt um so mehr, als man am Beginn des neuen Jahrhunderts in der Beurteilung seines Werkes vor einem Dilemma stand, das eine gewisse Ähnlichkeit mit der angedeuteten Beurteilung der Aeneis hatte. Auf der einen Seite rühmte man die schriftstellerischen Qualitäten des Livius, die man besonders in der Kunst der Reden akzeptierte, und auf der anderen Seite charakterisierte man auf Grund der langjährigen Quellenforschung seine Tätigkeit als mosaikartige Zusammensetzung verschiedener annalistischer Berichte mit weitgehender inhaltlicher Abhängigkeit von seinen Vorgängern. Außerdem hatte man zahlreiche sachliche Fehler, chronologische Ungenauigkeiten, Widersprüche und Dubletten gesammelt, wobei man zu dem Urteil gelangte, daß Livius als kritischer Historiker selbst bescheidenen methodischen Forderungen nicht Genüge getan habe. So wie bisher weiterzuarbeiten und die Mängel der livianischen Berichte durch weitere Beispiele zu erhöhen, erschien wenig verlockend.

In dieser Situation unternahm es K. Witte, einen Vergleich zwischen Livius und Polybios durchzuführen, der für die Ereignisse in Griechenland und im hellenistischen Kleinasien (201-167) Livius in den Büchern 31-45 als Quelle gedient hatte. Dabei ergab sich, daß sich Livius nicht nur durch Auslassungen, Straffungen und chronologische Ungenauigkeiten, sondern vor allem durch eigene literarische Zielsetzungen von Polybios unterscheidet. So hat er z.B. im Gegensatz zu den von Polybios in einem gleichmäßigen Erzählfluß und in derselben Tonlage entwickelten großen Berichtseinheiten die Bildung kleinerer Gruppen bevorzugt (Kurzerzählungen). Diese hat er als Einzelszenen mit Spannungsmomenten dramatisiert und eine eigene Ponderierung der berichteten Ereignisse vorgenommen. Auch Zusätze zur individuellen Charakterisierung der Hauptgestalten und zur nationalen Haltung des römischen Senats und Volks fehlen nicht.

Im Anschluß an Witte hat W. Kroll [2]) eine Reihe ergänzender Bemerkungen zu den von jenem beobachteten Darstellungselementen gemacht und nach ihrem Ursprung gefragt. Dabei wies er auf die erzähltechnischen Möglichkeiten der griechischen Historiker der hellenistischen Zeit hin, namentlich auf die Vertreter der sog. tragischen Geschichtsschreibung, die ihre literarischen Fähigkeiten für eine wechselvolle Dynamik und Dramatisierung ihrer Berichte genutzt hatten. Die Verbindung der livianischen Erzähltechnik mit den Gestaltungsprinzipien jener Historiographen blieb offen und ist auch bis heute nur vermutungsweise in dem Weg über die Hannibalhistoriker und Coelius Antipater zu fassen [3]). Innerrömische Entwicklungen im Laufe der von der Mitte des zweiten Jahrhunderts an sich rasch entfaltenden Historiographie sind nicht auszuschließen. Als Grund für die spannungsreiche Berichtsform nahm Kroll die Absicht des Livius an, seinen Lesern einen wechselnden künstlerischen Genuß zu bieten. Dieses rein literatisch- ästhetische Gestaltungsprinzip der **Variatio** vermag für einzelne Teile des livianischen Werks, besonders in der ersten Dekade, ein hinreichender Erklärungsgrund sein, zumal Livius in seiner Praefatio erklärt, daß er seinen Lesern auch Freude durch sein Werk vermitteln wolle. Indes ist damit nur ein bescheidener Aspekt seines Werks zu fassen.

Es blieb die Aufgabe, die livianische Eigenleistung auf breiterer Basis darzulegen. Ein Versuch, dies durch einen Vergleich mit den annalistischen Quellen zu erreichen, wie es Witte in der Gegenüberstellung mit Polybios getan hatte, war unmöglich, da diese Vorlagen verloren sind. An ihrer Stelle zog E. Burck (1934) [4]) die von den Anfängen bis zum Jahr 264 reichende, in großen Teilen erhaltene Darstellung der römischen Geschichte des fast gleichzeitig mit Livius in Rom schreibenden Griechen Dionys von Halikarnass zum Vergleich mit der ersten Pentade des Livius heran [5]). Beide Autoren haben die Historiographen der vorangehenden Generation, die Vertreter der sog. jüngeren Annalistik, als Quelle benutzt, wenn auch die Abhängigkeit von ihnen im einzelnen nicht nachzuweisen ist. Der Stil und die Erzähltechnik des Dionys weisen erhebliche Unterschiede zu Livius auf und bieten in ihrer rhetorischen Fülle und Breite eine Hintergrundfolie, vor der sich die Konstanten der livianischen Darstellungsweise abheben und beschreiben ließen. Eine Konfrontation von Livius-Abschnitten mit ausgewählten Berichten von Vertretern der hellenistischen tragischen Geschichtsschreibung trug dazu bei, die livianischen Gestaltungsprinzipien noch stärker zu differenzieren.

Bei diesen Vergleichen ergaben sich u.a. zwei wesentliche Merkmale für die livianische Erzählweise: erstens, daß sie gegenüber den dynamischen Autoren durch eine maßvolle Verhaltenheit gekennzeichnet ist und daß sie zweitens im Aufbau und in der Durchführung der Handlung durch die Bildung überschaubarer Erzähleinheiten eine bemerkenswerte Übersichtlichkeit und Klarheit der Gliederung erreicht [6]). Beide Phänomene sind für den Charakter klassischer Kunstwerke typisch und lassen sich nicht nur in den Dichtungen, sondern auch in den Platzanlagen und den Werken der bildenden Kunst der augusteischen Zeit beobachten.

Eine wichtige Bestätigung der kompositionellen Leistung des Livius, die über den Aufbau von Einzelerzählungen hinausgeht, ist in der Bildung von mittleren und großen Kompositionseinheiten zu sehen, die vom einzelnen Buch bis zum Aufbau der in den erhaltenen Büchern deutlich als geschlossene Einheiten konzipierten Pentaden und Dekaden reichen [7]). Die Verselbständigung der Bücher 1 und 5 be- darf kaum der Erwähnung. In den Büchern 21, 26 und 36 haben unlängst P. Jal [8]) und P.G. Walsh (1990) in ihren Sonderausgaben auf die zur Bucheinheit führenden Dar- stellungselemente hingewiesen. Für die drei Pentaden der Bücher 31-45 hat T.J. Luce eine umfassende Kompositionsanalyse gegeben. Auf Grund dieser Beobachtungen wird man geneigt sein, in der umstrittenen Frage nach dem Aufbau der nicht erhaltenen Teile des Werks die von A. Stadter [9]) und G. Wille [10]) vertretene These für wahrscheinlich zu halten, daß Livius auch diese in Pentaden und Dekaden gegliedert hat.

Schließlich sei als weiteres Ergebnis der mit den griechischen Texten durchgeführten Vergleiche angeführt, daß Livius die Schilderung der äußeren Ereignisse hinter denjenigen der menschlichen Haltung, den wechselnden Stimmungen und Entscheidungen der beteiligten Hauptpersonen und Handlungsgruppen hat zurücktreten lassen. Mit dieser Psychologisierung ist er der Forderung eines seiner Vorgänger, des Sempronius Asellio [11]), nachgekommen, der Kritik an der bis dahin üblichen Aufzählung nackter Fakten geübt und eine innere Begründung des historischen Geschehens verlangt hatte. Livius motiviert ebenso in Deliberationen und Reden seiner Hauptgestalten wie in affektvollen Schilderungen, besonders von Gruppen, das Geschehen und gibt ihm dadurch einen wirkungsvollen menschlichen und geistigen Hintergrund.

Diese Feststellung führt von der Analyse der Darstellungsformen zu dem Gehalt und der Zielsetzung des livianischen Werks. Um diese zu erkennen, ist davon auszugehen, daß Livius die römische Geschichte vorwiegend unter moralisch- nationalen Gesichtspunkten gesehen hat und durch ihre Darstellung zu menschlicher und politischer Einsicht führen will. Sie bietet Modellfälle, an denen sich der Leser orientieren und durch die er sich in seinem Urteil und seinen Handlungen bestimmen lassen soll: **omnis te exempli documenta in illustri posita monumenta...inde tibi tuaeque rei publicae quod imitere, capias, inde foedum inceptu, foedum exitu quod vites** (Praef. 10). Diese beinahe provokative Aufforderung macht die didaktischen Absichten klar, die Livius mit seinem Geschichtswerk verfolgt. Man sollte diese auf die praktische Lebensgestaltung zielende Paränese nicht als literarische Floskel des Prooemiumsstils herunterspielen, sondern ernst nehmen und als einen wichtigen Impuls für Livius' Entschluß ansehen, eine neue Behandlung des viel bearbeiteten Stoffs in Angriff zu nehmen. Zu dieser mutigen Entscheidung trug auch die Tatsache bei, daß in Rom nach den fürchterlichen Wirren der Bürgerkriege endlich der von vielen ersehnte Frieden eingekehrt war. Eine neue Ordnung der Lebensverhältnisse bahnte sich an, für deren Gestaltung neben vielen anderen auch Livius Umschau hielt.

Positive Lebensmuster sah er vor allem in den Gestalten und Taten der römischen Frühzeit verkörpert, die ihn von den eben noch durchstandenen Leiden und Gefahren ablenken sollten. Deswegen hat er seine künstlerischen Fähigkeiten dafür eingesetzt, die **virtutes et mores maiorum**, wie er sie erfaßt zu haben glaubte, wirksam zur Geltung zu bringen. Diese nationale Ausrichtung seiner Arbeit ist in den Untersuchungen von Witte und Kroll unbeachtet geblieben. Auch Tränkle hat in seinem Buch über "Livius und Polybios", das im übrigen manche wertvollen Erkenntnisse über Livius' Arbeitsweise enthält, seine Zusätze zu der griechischen Vorlage lediglich auf erzählungstechnische Absichten zurückgeführt. Den Aussagen über nationalrömische Werte und Leistungen hat er ihren gewichtigen Gehalt abgesprochen. Dagegen hat R. Syme (1959) bereits in seinen frühen, für die Livius-Forschung grundlegenden Untersuchungen auf die nationale Protreptik hingewiesen und die Nähe des politischen Standpunkts des Livius zu den politischen Versen erwähnt, in denen Horaz und Vergil den Einzug des Friedens in Rom erhofft und dann die Neuordnung der Lebensverhältnisse begleitet hatten. P.G. Walsh (1990), der vor dreißig Jahren ein wesentliches Buch über die historischen Ziele und Methoden des Livius vorgelegt hatte, hat sogar noch unlängst im Hinblick auf einige nationalstolze Zusätze von einem chauvinistischen Patriotismus gesprochen [12]).

Zu den höchsten Werten der Gemeinschaft zählt Livius die Achtung vor den Göttern und die Pflege der Religion, durch die er die Grundlagen des Staates gesichert sieht. Die ersten Maßnahmen, die Camillus bei Livius nach der Zerstörung Roms durch die Gallier trifft, gelten der Entsühnung der von den Feinden besetzten Heiligtümer und der Abhaltung von Ludi Capitolini zu Ehren des Iupiter Optimus Maximus (5,50,1-7). Wichtige Staatsaktionen, wie der Abschluß von Verträgen oder die Erklärung von Kriegen, sind an die Erfüllung von kultischen Vorschriften gebunden. Auch Cicero hatte die Ansicht vertreten, daß sich die Römer durch ihre religiöse Haltung vor allen anderen Völkern auszeichneten [13]). Bei der national-religiösen Einstellung des Livius liegt die Vermutung nahe, daß er die von Augustus nach seiner Rückkehr aus dem Osten in Angriff genommene Restauration der verfallenen Heiligtümer und die Ergänzung der verwaisten Priesterkollegien wohlwollend verfolgt hat. Wir wissen nicht, wann Livius zum ersten Mal mit Augustus zusammengetroffen ist. Aber da uns überliefert ist, daß der Princeps Vorlesungen von Schriftstellern zu besuchen pflegte 14), wird er bei einer solchen Gelegenheit Kenntnis von dem begonnenen Werk des Livius bekommen haben. Auf Grund der gemeinsamen Wertschätzung des alten Römertums wird sich eine gegenseitige Interessenverbindung ergeben haben, die sich im Laufe der Zeit zu einem Vertrauensverhältnis entwickelte.

Das wird dadurch bezeugt, daß Augustus später Livius zur Erziehung des Sohnes seines Stiefsohns Drusus, des späteren Kaiser Claudius, heranzog [15]).

Diese Umstände führten in der Forschung zu der Frage, ob und in welcher Weise Livius die Gestalt des Augustus in seinem Werke dargestellt habe. Die Antwort auf diese Frage ist schwierig, da die Behandlung des Aufstiegs und der Regierungszeit verloren ist und da Livius in dem erhaltenen Werk nur an wenigen Stellen auf Augustus verweist, die über seine Beurteilung des Princeps wenig aussagen. Daher suchte man nach Anhaltspunkten indirekter Art. Manche Forscher vertraten die Ansicht, daß Livius in der Zeichnung frührömischer Gestalten wie des Romulus, Ancus Marcius oder gar des Scipio Africanus einen Abglanz des Augustus habe geben wollen. Diese Spiegelung wurde als Huldigung an den Princeps gedeutet, wobei G. Stübler 16) so weit ging zu vermuten, daß Livius Augustus als Gott wie Romulus aufgefaßt wissen wollte. Andere sahen in diesen indirekten Hinweisen einen verhaltenen Appell an Augustus, aus den politischen Maßnahmen jener Gestalten Anregungen für seine anstehenden Reformmaßnahmen zu entnehmen. Nur wenige erwogen, daß Augustus zu einzelnen Entscheidungen von Livius angeregt worden sei. Andere beschränkten sich darauf, im livianischen Werk einen Konsens mit den Reformbestrebungen des Princeps zu konstatieren. Dabei habe ich in meinen vor mehr als fünfzig Jahren vorgelegten Untersuchungen unter dem Eindruck von dem hohen Lobpreis Vergils auf Augustus die Zuversicht des Livius auf die von Augustus inaugurierte Neuordnung und Protreptik seines Werks stark betont [17]). Dies habe ich in dem Augustus-Kapitel einer Überprüfung unterzogen und auf die Verhaltenheit hingewiesen, mit der Livius seine in der Gestalt des Camillus gegebenen Assoziationen an Augustus entwickelt hat. Im übrigen soll die Hervorhebung der moralisch-nationalen Grundhaltung des Werks die Tatsache nicht beiseite schieben, daß es in ihm Abschnitte gibt, die mit der Häufung von Fakten wie etwa beim Wechsel der Magistrate am Ende oder Anfang eines Jahresberichts oder in den Feldzugsbehandlungen in aller Nüchternheit sachlicher Berichtsverpflichtung dienen. Es finden sich außerdem auch Passagen, die rein narrativen Charakter haben.

Es ist ferner festzustellen, daß die Akzentuierung ethisch-politischer Modellfälle in wechselnder Intensität und Spiegelung erfolgt. Die Hinweise auf Roms Leistungsstärke werden von römischen Feldherrn vor einer Schlacht gegeben, um ihren Soldaten Mut zu machen. Anders ausgerichtet sind die Lobreden römischer Legaten in den griechischen Jahresversammlungen, in denen es gilt, die von den Vertretern Makedoniens gegen die Römer erhobenen Vorwürfe zurückzuweisen. Die Gesandten der Oststaaten, die in Rom vor dem Senat das Wort erhalten, heben Roms Verdienste um ihren Staat hervor, um die Senatoren wohlwollend für ihre folgenden Bitten oder Forderungen zu stimmen. Und die überraschende Anerkennung des römischen Durchhaltevermögens durch einen Feind, wie etwa durch Herennius Pontius, soll vor der Unterschätzung der Römer in den eigenen Reihen warnen. Solche Äußerungen sind primär situationsbedingt und haben ein faßbares aktuelles Ziel im Auge. Aber sie sollen doch - wie die Hinweise auf Roms vom Fatum festgelegte Weltherrschaft - eine über den Augenblick hinausreichende Geltung haben.

Auf der anderen Seite ist es bemerkenswert, daß Livius in seinen persönlichen Urteilen über die moralische Festigkeit der **mores maiorum** das Lob der Frühzeit auf dem Hintergrund der politischen Zerrissenheit und moralisch brüchigen Gegenwart formuliert: **hanc modestiam aequitatemque et altitudinem animi ubi nunc in uno inveneris, quae tum populi universi fuerit** [18]). Livius hat die Gefahren der in der Gegenwart verbreiteten verschwenderischen Lebensführung ebensowenig verschwiegen wie die gelegentliche Lockerung der militärischen Zucht, den Machtmißbrauch einzelner Senatoren in den ihnen unterstellten Provinzen und den bisweilen unrühmlichen Streit um die Zuerkennung eines Triumphes [19]). Auch diese negativen Erscheinungen gehören wie die **laudes Romae** zu dem moralisch-politischen Aspekt seines Werks. Er trägt sie wiederholt mit dem Unterton schmerzlichen Bedauerns vor, hat aber in fast allen Fällen nachfolgend die Bemühungen des Senats um die Wiedergutmachung der entstandenen Schäden und die Wiederherstellung der römischen Ehre berich- tet. Diese Reaktionen machen deutlich, daß Livius am Ende der makedonischen Kriege die militärischen und moralischen Kräfte Roms noch so gesund sieht, daß sie in der Lage sind, unrühmliche Abweichungen von der bewährten Tradition mit wenigen Entscheidungen zurechtzurücken. Wie er die Entwicklung der folgenden 150 Jahre bis in seine Zeit beurteilt, ist aus den Periochae nur in Umrissen zu erkennen. Etwas aufschlußreicher ist der kurze Abriß, den er in der Praefatio über die ganze römische Geschichte gibt [20]).

Er geht hier von der Gründungszeit Roms aus, über deren legendären Charakter er sich im klaren ist, fügt aber hinzu, daß diese auf die Götter zurückgeführten Anfänge bei den anderen Völkern ebenso Glauben fänden wie sie die römische Herrschaft annähmen. Die historische Entwicklung sieht er in zwei Phasen verlaufen: in einer aufsteigenden, durch militärische Stärke und strenge, bescheidene Lebensführung ausgezeichneten Periode bis zur Erringung des Imperiums über die Welt und in einem in Etappen erfolgenden Niedergang bis zur Gegenwart, in der "wir weder mit den Verfallserscheinungen noch mit den Mitteln fertig werden, die man dagegen ansetzt". Mit dem Hinweis auf die lange Dauer und die Fülle der **bona exempla** der Aufstiegszeit und den erst späten Beginn des Verfalls durch Habsucht und einen luxuriösen Lebenswandel schließt er. Dann wendet er sich wie die Dichter mit einer Bitte an die Götter, seinem Unternehmen gewogen zu sein. Dieser knappe Überblick hält eine Art Schwebezustand zwischen den beiden Perioden fest, wobei - was meist übersehen wird - mit dem letzten Satz vor der Bitte an die Götter ein leichtes Übergewicht auf Seiten der positiven Kräfte zu spüren ist.

Diese historische Skizze hat Anlaß zu verschiedenen Deutungen der persönlichen Einstellung des Livius zur römischen Geschichte gegeben. Manche Forscher legen das Schwergewicht auf sein kritisches Urteil über die Gegenwart und glauben, daraus auf eine Resignation und eine pessimistische Grundhaltung schließen zu können. Indes warnt vor einer solchen Annahme schon das eben angedeutete leichte Übergewicht, das er in der langen Bewährung der strengen und sparsamen Lebensführung des Aufstiegs sieht. Dagegen sprechen auch die kurz erwähnten Berichte in den letzten Büchern von der leichten Abwehr einzelner Schwäche-Erscheinungen bis zum Jahre 167 und der

Stolz auf die Persönlichkeit und Leistung des Pydna-Siegers Aemilius Paulus. Mit großer Souveränität läßt Livius Rom die Neuordnung Makedoniens, des ehemaligen Alexanderreichs, vornehmen und die Versklavung von zehntausenden von Menschen als selbstverständliches Recht des Siegers gelten. Diese Kapitel sind von Skrupeln und Resignation weit entfernt. Es scheint aber vor allem die Tatsache, daß er ein so großes Werk in einer Phase des Atemholens projiziert oder bei der Niederschrift der Praefatio (nach der Abfassung von Buch 1 oder 5?) bereits begonnen hat, die Zuversicht auf eine positive Auswirkung seines Unterfangens nahezulegen. Diese Überlegung läßt auch die zweite These, die im Hinblick auf die Praefatio und das Gesamtwerk vertreten worden ist, als unwahrscheinlich erscheinen. Einzelne Forscher haben nämlich die Ansicht vertreten, daß Livius einer moralischen Erneuerung kritisch gegenüberstehe und sich in einem Zwiespalt in der Beurteilung von Roms Geschichte befinde. Sie setzen auf die intellektuellen Fähigkeiten des Paduaners und sehen in der Tatsache, daß er auf Grund der beiden Entwicklungsphasen nicht eine bündige Aussage über die Zukunft Roms gegeben habe, einen skeptischen Realismus. Dieselbe Haltung glauben sie darin finden zu können, daß Livius im ganzen Werk wie in der Praefatio sowohl optimistischen als auch kritischen und negativen Stimmen das Wort gegeben habe. Diese Tatsache kann nicht bestritten werden. Aber es fragt sich, welchem der beiden Phänomene die Dominante zukommt. Wenn wir in der Praefatio eine Antwort suchen, so ist eine Andeutung darin zu sehen, daß Livius das Bekenntnis seiner Vorliebe für die römische Frühzeit mit dem Wunsche verbindet, in ihrem Anblick sich von den Gebrechen der Gegenwart zu befreien. Er will die **mores maiorum** nicht kritisch überprüfen, sondern sie sich gegenwärtig halten: **prisca illa tota mente repeto**. Diese Äußerung spricht eher für eine intuitive Erfassung des Stoffs und eine emotionale Einfühlung in die zu schildernden Ereignisse als für eine skeptisch-rationale Durchdringung.

Was sich diesen wenigen Worten am Beginn seiner Arbeit entnehmen läßt, findet eine Bestätigung am Ende des erhaltenen Werks. Am Anfang des Jahres 169 berichtet Livius - wie üblich an Jahresanfängen - nach der Verteilung der Truppenverbände auf die einzelnen Provinzen die gemeldeten Prodigien und ihre Sühnung. Dazwischen hat er zwei Sätze unvermittelt eingeschoben, in denen er begründet, warum er die Prodigien in sein Werk aufnimmt. Gegenwärtig glaube man allgemein, daß die Götter uns nichts mehr prophezeien, und wegen dieser Gleichgültigkeit würden keine Himmelszeichen der Öffentlichkeit bekanntgegeben und auch nicht in die Geschichtswerke aufgenommen. Entgegen diesem religiös-moralischen Verfall werde er am alten Brauch festhalten: **ceterum et mihi vetustas res scribenti nescio quo pacto anticus fit animus et quaedam religio tenet, quae illi prudentissimi viri publice suscipienda censuerint, ea pro indignis habere, quae in meos annales referam** (43,13,1-2). Diese höchstpersönliche Äußerung enthält eine doppelte Aussage über seine Stellung zur Aufgabe und Arbeitsweise des Historikers. Erstens stellt er heraus, daß er im Gegensatz zur Haltung vieler Zeitgenossen und auch gleichzeitiger Historiker an der Weitergabe traditioneller Bräuche und der in ihnen beschlossenen national religiösen Werte festhalten will, und zweitens, daß er bei seiner Arbeit vom Geist der alten Zeit erfaßt wird. So spricht kein von Zweifeln gequälter, skeptischer Rationalist, sondern ein von Verantwortung erfüllter Hüter bester römischer Tradition. Als solcher erweist er sich in der Tat in den erhaltenen Teilen seines Werks.

Es ist erfreulich, abschließend festzustellen, daß in den letzten Jahren sowohl die Forschung zur Überlieferung des Livius als auch die Edition einzelner Bücher oder Buchgruppen neu belebt worden ist. P. Jal hat für seine Ausgabe von Buch 21 und 26 in der Collection Budé, Paris 1988, bzw. 1991 anhand von Mikrofilmen oder durch Autopsie 16 Handschriften kollationiert, darunter natürlich auch diejenigen, die C.F. Walter - R.S. Conway - S.K. Johnson in den Jahren 1914-1934 der Oxford-Ausgabe der Bücher 1-30 zugrunde gelegt hatten. Bei aller Anerkennung der Leistung dieser drei "Pioniere" der neueren Forschung hat sich auf Grund von Revisionen an einer beträchtlichen Zahl von Stellen die Notwendigkeit von Korrekturen im kritischen Apparat und Text dieser Ausgabe ergeben. Das hatten auch bereits die Editoren der Bücher 21-25 T.A. Dorey (Stuttgart 1976) und der Bücher 26-30 P.G. Walsh (Leipzig 1986) festgestellt und berücksichtigt. Die Oxford-Ausgabe der Bücher 31-35 (1965) hatte A.H. McDonald auf Grund der Handschriften B und M sowie von zwei davon unabhängigen Handschriftengruppen (phi, psi) ediert. Ihnen hat M. Reeve eine von diesen unabhängige dritte Gruppe (Alpha) hinzugefügt. Auf dieser Grundlage hat J. Briscoe nach der Kollation von fünf Handschriften der Alpha-Gruppe soeben die Bücher 31-45 neu herausgegeben (Stuttgart 1991). Zu dieser Ausgabe wird man die Kommentare zu den Büchern 31-33 (Oxford 1971) und 34-37 (Oxford 1981) des gleichen Editors heranzuziehen haben. Für die erste Pentade liegt die von R.M. Ogilvie edierte Oxford- Ausgabe (1974) vor, der bereits 1965 einen umfangreichen Kommentar zu diesen Büchern herausgegeben hatte. - Es ist zu begrüßen, daß die immer noch nützliche kommentierte Ausgabe der Bücher 1-45 von W. Weissenborn und H.J. Müller in verschiedenen Auflagen nachgedruckt (Berlin 1962) worden ist. - Von der mit Übersetzung und Kommentar ausgestatteten Livius-Ausgabe der Collection Budé (Paris) sind die von verschiedenen Editoren, aber in der Anlage gleich bearbeiteten Bände 1-8; 21; 26; 31; 36-45 erschienen. Die Reihe wird fortgesetzt. - Eine wertvolle Hilfe bietet die von W. Kissel 1982 erstellte Gesamtbibliographie (ANRW II 30.2 Berlin) sowie das mit Hilfe eines Computers erstellte Livius-Lexikon in vier Bänden von D.W. Packard (A Concordance to Livy, Cambridge/Mass. 1968).

I. Leben

Die Nachrichten über das Leben und Schaffen des Livius sind außerordentlich dürftig, da er offensichtlich mit Äußerungen über seine Person und Arbeit und mit Gegenwartsbezügen bewußte Zurückhaltung geübt hat und nicht die politische Laufbahn eingeschlagen hat, die mit den Jahresangaben der Magistraturen chronologische Fixpunkte setzt. Einer besonderen Lebensbeschreibung, wie wir sie von Vergil und Horaz haben, ist er ebensowenig für wert erachtet worden wie die anderen Historiker. Bei dem Kirchenvater Hieronymus lesen wir in seiner Chronik zum Jahr 59 v. Chr.: **Messalla Corvinus orator nascitur et Titus Livius Patavinus scriptor historicus** und zum Jahr 17 n. Chr.: **Livius historiograph us Patavi moritur.** Nun ist aber seit langem erwiesen, daß die Angabe für die Geburt des Messalla Corvinus aus verschiedenen Gründen auf einem Irrtum beruht und daß sie in der Annahme einer Verwechslung der Konsulnamen auf das Jahr 64 vordatiert werden muß. R. Syme [1]) hat auch das Geburtsjahr des Livius auf das Jahr 64 v.Chr. und sein Todesjahr unter Beibehaltung der von Hieronymus gegebenen Lebensdauer auf das Jahr 12 n.Chr. vorverlegt. In Verbindung damit hat er die der Periocha zum Buch 121 vorgestellte Notiz [2]) dahin gedeutet, daß Livius bei seinem Tode die Bücher 121-142 zwar abgeschlossen gehabt, aber verfügt habe, daß sie erst nach dem Tode des Augustus der Öffentlichkeit übergeben werden sollten. Diese Annahme könnte, falls die Notiz zuverlässig ist, vielleicht ihre Stütze darin finden, daß Livius nach dem im 120. Buch berichteten Abschluß des zweiten Triumvirats von Buch 121 an wegen seiner eventuell kritischen Beurteilung der Haltung und Taten Oktavians aus politischem Kalkül die Kenntnisnahme dieser Bücher ihm hätte vorenthalten wollen [3]). Gegen eine solche Vermutung spricht aber die Tatsache, daß Livius schon in Buch 120 die furchtbaren Proskriptionen des Jahres 43 berichtet hat, denen u.a. auch Cicero zum Opfer gefallen war, und daß Oktavian die volle Verantwortung für diese Morde mitzutragen hatte. Man wird also eher persönlichen Takt als Grund für die Bestimmung der Herausgabe dieser Bücher erst nach dem Tode des Augustus anzusehen haben, weil er bei dem persönlichen Verhältnis, das ihn mit Augustus verband, eine Stellungnahme zu seinem Werk nicht hatte herausfordern wollen.

Die Geburtsstadt Padua gehörte, wie die mit Livius etwa gleichaltrigen Geographen Strabo [4]) und Pomponius Mela [5]) bezeugen, zu den reichsten Städten des römischen Reichs, hatte sich aber nach dem Zeugnis des Plinius [6]) einen strengen Lebensstil mit festen moralischen Grundsätzen bewahrt. Livius wird seine Jugend in Padua verbracht haben, zumal Rom damals von schweren Unruhen erschüttert war. Es wird dort nicht an Bildungsstätten und Lehrern gefehlt haben, von denen Livius nicht nur in dem üblichen rhetorischen Unterricht unterwiesen, sondern auch in die Grundzüge der römischen Geschichte [7]) und in die Lektüre griechischer Autoren eingeführt wurde. Hätte er sonst später in einem Brief an seinen Sohn, von dem uns ein Fragment erhalten ist [8]), vor allem das Studium des Demosthenes und Cicero und jener Autoren empfohlen, die diesen beiden Männern am nächsten standen? Für eine solche breite Ausbildung spricht auch die Tatsache, daß Livius, wie Seneca [9]) berichtet, Dialoge geschrieben hat: **scripsit enim** (scil. **Livius**) **et dialogos, quos non magis philosophiae adnumerare possis quam historiae, et ex professo philosophiam continentes libros.** Wir werden uns unter diesen Dialogen freie Bearbeitungen griechischer populärphilosophischer Schriften mit historischen Beispielen vorzustellen haben [10]), wie ja Übersetzungsübungen aus dem Griechischen zum Kanon der Rhetorenschule gehörten und von manchen jüngeren Männern auch nach Verlassen ihrer Ausbildungsstätte fortgesetzt wurden. Es liegt nahe zu vermuten, daß Livius diese Schriften vor dem Arbeitbeginn an seinem Geschichtswerk verfaßt hat [11]). An seine Heimatstadt Patavium [12]) erinnerte eine gewisse Patatavinitas, die der Historiker und Stilkritiker Asinius Pollio an Livius feststellen zu können glaubte [13]). Diese viel erörterte Eigenart dürfte wohl eher auf die Aussprache des Livius oder auf gewisse Stileigentümlichkeiten oder Provinzialismen [14]) zu beziehen sein als auf bestimmte Charaktereigenschaften, politische Tendenzen oder gar auf die "ganze moralische und romantische Sicht der Geschichte" durch Livius, wie R. Syme annimmt [15]).

Wann Livius nach Rom gegangen ist, wie lange er sich dort aufgehalten und wie oft er seinen Aufenthalt zwischen der Hauptstadt und

Padua gewechselt hat, entzieht sich unserer Kenntnis. Die Annahme, daß er, je näher er in seinem Geschichtswerk der Behandlung der Zeitgeschichte gekommen wäre, um so mehr auf die Archive in Rom angewiesen gewesen wäre, ist ebensowenig beweisbar, wie daß er die Zeitgeschichte im wesentlichen nur aufgrund persönlicher Erfahrungen und Aufzeichnungen in Padua verfaßt hätte [16]). Für einen längeren Aufenthalt in Rom spricht die Nachricht, daß er näheren Kontakt mit Augustus gehabt habe [17]), und daß auf seinen Rat der spätere Kaiser Claudius in jungen Jahren historische Studien [18]) betrieben habe [19]).

Auch die von Plinius berichtete Anekdote [20]), daß ein vom Ruhm des Livius angezogener Spanier nach Rom gekommen sei, nur um diesen zu sehen, scheint auf einen Wohnsitz und längere Aufenthaltszeiten in der Hauptstadt zu deuten. Wahrscheinlich ist er aber in Padua verstorben. Dies wird durch eine dort gefundene Grabinschrift aus augusteischer Zeit nahegelegt, die für einen T. Livius C.f., seine beiden Söhne, seine Tochter und seine Frau gesetzt ist [21]).

Für die Frage, wann Livius sein Geschichtswerk begonnen hat, sind so gut wie keine Indizien aus dem Werk zu gewinnen. Wir sind auf Vermutungen angewiesen, von denen einigen wenigstens eine gewisse Wahrscheinlichkeit zukommt. Wir müssen uns gegenwärtig halten, daß die römische Geschichtsschreibung in der ersten Hälfte des letzten Jahrhunderts v.Chr. und über die Mitte hinaus einen starken Auftrieb gehabt hat. Hier sind zuerst die meist umfangreichen, aber verlorenen Werke der sog. Sullanisch- Caesarischen Annalistik zu nennen, deren vier Hauptvertreter wir noch kennenlernen werden [22]), die für Livius die wichtigsten Quellen waren. In die Mitte des Jahrhunderts gehören Caesars Bellum Gallicum und Bellum Civile, von denen aber Livius schwerlich, wie einzelne Forscher annehmen [23]), Anregungen für seine Schlachtberichte bekommen hat. Daneben sind die chronikartige Kurzfassung der römischen Geschichte durch Cornelius Nepos, seine Biographien berühmter Männer und das Werk jenes unbekannten Autors zu nennen, mit dem sich Livius in dem Alexander-Exkurs auseinandersetzt [24]). Ferner ist auf das nicht erhaltene Geschichtswerk des

Asinius Pollio zu verweisen, das mit der Behandlung der Bürgerkriege vom Jahre 60 bis etwa 42 reichte. Und schließlich sind die beiden Monographien des Sallust und sein unvollendetes, nur in Fragmenten erhaltenes Werk Historiae [25]) zu nennen, in dem er die Zeitgeschichte vom Tode Sullas bis zum Machtaufstieg des Pompeius (78-67) behandelt hatte. Zu Sallust hat sich Livius in einem ausgesprochenen Gegensatz gefühlt, zumindest auf sprachlich-stilistischer Ebene [26]). Den Pessimismus, mit dem Sallust den Verlauf der römischen Geschichte betrachtet hat und der in der Abfolge seiner Schriften immer stärker zum Ausdruck gekommen ist, hat Livius, als er die Hand an sein Werk legte, nicht geteilt, wenn er auch die Augen vor den moralischen Schäden seiner Zeit nicht verschlossen hatte.

Von großer Bedeutsamkeit ist es, daß die anfangs genannten annalistischen Werke, soweit wir sehen, über die Zeit bis zu Caesars Tod nicht hinausgekommen sind. Nun war mit dem Sieg Oktavians bei Aktium Friede in Rom eingezogen und eine entscheidende Caesur gesetzt, wenn man auch noch nicht sagen konnte, wie die weitere Entwicklung sich gestalten würde. Lag es da nicht nahe, unter dem Eindruck dieses epochalen Ereignisses in Fortführung und zugleich in Konkurrenz mit den vorliegenden annalistischen Werken die römische Geschichte neu zu überdenken, sie noch einmal zu schreiben und sie, falls die Zeit und Kraft reichten, bis zur Schlacht von Aktium fortzuführen? Wir dürfen vermuten, daß Livius um das Jahr 29 nach der Rückkehr Oktavians oder um das Jahr 27 bei der Neuordnung der politisch-staatlichen Verhältnisse mit den erforderlichen Vorarbeiten sein Geschichtswerk begonnen hat. Die Freiheit von Ämtern und öffentlichen Aufgaben erlaubte es ihm, seine ganze Kraft dem kühnen Unternehmen zu widmen. Zu der äußeren Freiheit trat die innere, da er weder in die nach Aktium einsetzende Entflechtung der politischen Verstrickungen verwickelt war noch zugunsten einer politischen oder sozialen Gruppe, geschweige denn aus eigennützigem Interesse an seine Aufgabe herantrat. So konnte er **sine ira et studio** mit Freude an sein Werk gehen: **iuvabit rerum gestarum memoriae principis terrarum populi pro virili parte et ipsum consuluisse** [27]). Man muß festhalten, daß Livius mit dem politisch-moralischen Wirkungswillen, in dem wir einen wesentlichen Antrieb für sein Werk zu sehen haben, die Freude an der schriftstellerischen Aufgabe und künstlerischen Darstellung der römischen Geschichte verbunden hat. Darin ist die zweite Grundkomponente seines Schaffens und Werkes zu sehen.

Über den genauen Zeitpunkt des Beginns und das Tempo des Fortgangs seiner Arbeit sind wir kaum unterrichtet. Chronologisch verwertbare Anspielungen auf zeitgenössische Ereignisse in Livius' Werk sind äußerst selten und machen eher die Schwierigkeit der Datierung deutlich, als daß sie zur Fixierung fester Daten führen [28]. Zwei Nachrichten aus der ersten Pentade geben uns einen Terminus post quem. Bei der Errichtung des Janusbogens durch Numa Pompilius erwähnt Livius seine zweite Schließung nach der Schlacht von Aktium ab **imperatore Caesare Augusto** [29], und in der Erörterung über die Erringung der **spolia opima** durch Cornelius Cossus [30] nennt er ebenfalls Oktavian mit dem Namen Augustus Caesar. Da Oktavian bekanntlich den Beinamen Augustus erst am Beginn des Jahres 27 annahm, legt dies den Schluß nahe, daß Livius nach diesem Termin sein Werk begonnen hat. Beide Stellen müssen vor dem Jahr 25 geschrieben sein, da in diesem Jahr die dritte Schließung des Janusbogens erfolgte [31]. Man wird also bei der Annahme einer Abfassung der ersten Pentade zwischen den Jahren 27 und 25 unter Einschluß der erforderlichen Vorarbeiten auf eine Jahresleistung des Livius von etwa 3-3 1/2 Büchern kommen [32]. Wenn man jedoch den Beginn der Arbeit auf das Jahr 29 oder gar bald nach Aktium ansetzt [33], ist man genötigt, anzunehmen, daß Livius den Namen Augustus an beiden Stellen als späteren Zusatz eingeführt hat [34]. Dazu wird man sich nicht leicht entschließen.

Der Versuch, aufgrund einer jährlichen Arbeitsleistung von etwa 3 - 3 1/2 Büchern die Bücher chronologisch zu fixieren, stößt auf große Schwierigkeiten. Wir wissen nämlich nicht, ob Livius mit gleicher Stetigkeit und gleichem Arbeitstempo Jahr für Jahr geschrieben hat [35], oder ob er je nach der Überschaubarkeit der historischen Zusammenhänge und nach der persönlichen Leistungsfähigkeit sein Arbeitstempo verlangsamt oder beschleunigt und ob er bisweilen Pausen [36]) eingelegt hat. Eine Notiz des Plinius läßt letzteres vermuten: profiteor mirari me T. Livium, auctorem celeberrimum, in Historiarum suarum, quas repetit ab origine urbis quodam volumine sic exorsum: satis iam sibi gloriae quaesitum et potuisse se desinere, ni animus inquies pasceretur opere [37]).

Es wäre verständlich, daß Livius diese Äußerung nach dem Abschluß einer größeren Einheit bei einer vorübergehenden Schaffenspause, etwa nach der Behandlung des Siegs von Aktium, getan haben könnte, nach der er dann seine Arbeit doch fortgesetzt hätte. Das Proömium von Buch 31 könnte diese Vermutung stützen. Hier blickt er mit einer deutlichen Befriedigung auf die bis zum Ende des zweiten punischen Kriegs geführte Darstellung zurück, sieht aber gleichzeitig das Werk beinahe wachsen, das bei der Vollendung der ersten Teile geringer zu werden schien.

Die weiteren Zeitanspielungen lassen sich nicht zu einer exakten Datierung einzelner Bücher verwenden. Aus der Erwähnung der Partherfreundlichkeit eines nicht genannten zeitgenössischen Autors in dem sog. Alexander-Exkurs [38]), wo es Livius unterlassen hat, auf die Rückgabe der römischen Feldzeichen durch die Parther im Jahre 20 hinzuweisen, kann man schließen, daß das neunte Buch vorher geschrieben worden ist; doch bleibt offen, wie lange vorher, und außerdem hat ein solches Argument ex silentio nur wenig Beweiskraft. - In 28, 12 ,12 weist Livius auf das Ende der Kriege in Spanien hin: **Hispania nostra demum aetate ductu auspicioque Augusti Caesaris perdomita est.** Es ist aber offen, ob die offizielle endgültige Unterwerfung Spaniens im Jahre 23 nach der Rückkehr des Augustus oder erst im Jahre 19 nach der Beendigung des Cantabererkriegs verkündet worden ist. Wann Livius mit der Arbeit an seinem Geschichtswerk aufgehört hat, entzieht sich unserer Kenntnis. Daß er mit dem in der Periocha zu Buch 142 bezeichneten Ende des Jahres 9 v.Chr. [39]) einen bewußt gesetzten Werkabschluß erreicht hätte, wie R. Syme das annimmt [40]), ist unwahrscheinlich. Eher ist zu vermuten, daß der Tod Livius bei der Arbeit an Buch 142 den Griffel aus der Hand genommen hat.

II. Werk

Das Geschichtswerk des Livius reichte von den legendären Anfängen Roms bis zum Jahre 9 v.Chr. [1]). Von den 142 Büchern, die Livius geschrieben hat, ist etwa ein Viertel erhalten. Es handelt sich um die Bücher 1-10 (von den Anfängen Roms bis kurz vor Ende des 3. samnitischen Kriegs im Jahre 293) und 21-45 [2]) (vom Beginn des 2. punischen Kriegs 218 bis zum Sieg über König Perseus von Makedonien im Jahr 167). Dazu kommen noch 78 sehr kurze Fragmente [3]), darunter ein längeres Palimpsest-Fragment aus Buch 91 mit einem Bericht über die Kämpfe des Sertorius in Spanien in den Jahren 77/76 und zwei sehr interessante Fragmente aus Buch 120 aus dem Jahre 43 über den Tod Ciceros. Von allen Büchern liegen - mit Ausnahme der Bücher 136 und 137 - Inhaltsangaben (Periochae) im Umfang von 1 bis 2 Seiten aus dem 4. Jahrhundert vor, die gegen Ende des Werks immer kürzer werden [4]). Ein Verzeichnis der im Geschichtswerk reichlich berichteten Prodigien fertigte der im 4. Jahrhundert lebende Julius Obsequens für die Jahre 249 bis 12 v.Chr. an; von ihm ist die Darstellung der Jahre 190 bis 12 erhalten.

Aufgrund dieses Materials und vor allem der Parallelüberlieferung, soweit eine solche vorhanden ist, unternahm es der in Schweden und später in Heidelberg wirkende Professor für Eloquenz Johannes Freinsheim (1608-60), zuerst die Bücher 11-20 (1649), in den folgenden Jahren die Bücher 46-95 und schließlich mit nachlassendem Erfolg die restlichen Bücher zu rekonstruieren [5]).

Der Umfang der einzelnen Bücher ist verschieden und liegt zwischen 65 und 41 Teubner-Seiten [6]); eine Ausnahme bilden die beiden mit geschlossenen, dramatischen Einzelerzählungen ausgestatteten Bücher 2 und 3 mit 67 1/2 und 76 1/2 Seiten und das durch Lücken verringerte Buch 43 mit 21 1/2 Seiten. In der Frühzeit liegt die Zahl der Jahre, die in einem Buch behandelt sind, selbstverständlich beträchtlich höher als in der Zeit der späten Republik und während der Regierungszeit des Augustus. Die Berichte in den Büchern 21-45 umfassen pro Buch zwischen 1 und 5 Jahren; die Berichte in den Büchern 48-135 zwischen 3 und 3 1/2 Jahren [7]).

Der Aufbau des ganzen Werks stellt eine Reihe von Problemen, die von der Humanistenzeit bis zur Gegenwart vielfach erörtert worden sind und eng mit der Überlieferung zusammenhängen. Die uns geläufige Einteilung in Dekaden ist bereits für die Antike durch einen Brief des Papstes Gelasius vom Jahre 496 bezeugt: **Livius secunda decade loquitur.** Dabei hat man an eine "buchhändlerische" Einheit von 10 Büchern zu denken, neben der aber auch Ausgaben von einzelnen Büchern existierten. In Dekaden bzw. Halbdekaden ist das Werk, soweit es noch vorhanden war, ins Mittelalter weitergegeben worden. Die in der Humanistenzeit entdeckten Handschriften des Livius zeigen für jede Dekade bzw. Halbdekade eine verschiedene Überlieferung. Hier stellt sich die Frage, wie weit sich solche "buchhändlerischen" Einheiten mit Inhaltseinheiten, d.h. mit bestimmten von Livius vorgenommenen Periodisierungen der römischen Geschichte decken. Diese Frage ist für die erhaltenen Bücher leicht zu beantworten.

Buch 1 stellt mit der Geschichte Roms von ihren legendären Anfängen bis zum Ende der Königszeit eine besondere Einheit dar. Man hat sogar daran gedacht, daß dieses Buch wegen seines geschlossenen Charakters von Livius öffentlich vorgetragen oder allein publiziert worden sein könnte und daß die hierbei erzielte positive Resonanz dazu beigetragen habe, den Entschluß des Livius zur Inangriffnahme seines großen Plans zu bestärken. Die Bücher 2-5 schließen mit dem scharfen Gegensatz zwischen der Königszeit und dem ersten Jahrhundert der **libera res publica** eng an Buch 1 an. Der Sturm der Gallier auf Rom, ihre Vernichtung und der Entschluß zum Wiederaufbau der Stadt im Jahre 390 bilden den Abschluß von Buch 5, so daß wir hier eine erste Pentade als geschlossene Einheit feststellen können. Die nächste größere Einheit wird durch ein Proömium eingeleitet, das den Unterschied zu der vorangegangenen unsicheren Überlieferung betont: **clariora deinceps certioraque ab secunda origine ... exponentur** [8]). Die folgenden fünf Bücher behandeln die Geschichte von 389 bis fast zum Ende des dritten Samnitenkriegs im Jahre 293, was aber keine stärkere Caesur ausmacht. Diese Bücher müssen vielmehr zusammengenommen werden mit den Berichten über die Sicherung der römischen Herrschaft in Mittelitalien bis zum Jahre 265 in den nichterhaltenen Büchern 11-15. Wir haben hier also eine erste inhaltlich geschlossene Dekade (6-15) vorliegen.

Ihr folgte laut der Periocha von Buch 16 mit einem neuen Einsatz, in dem die Vorgeschichte von Karthago kurz umrissen war, die Epoche vom Beginn des ersten bis kurz vor Beginn des zweiten punischen Kriegs (16-20). Nach dieser Pentade hat Livius in einer geschlossenen, inhaltlich sehr klar gegliederten Dekade den zweiten punischen Krieg behandelt (21-30). Die Darstellung wird mit dem gewichtigen Satz eröffnet: **bellum maxime omnium memorabile** (mit folgender Begründung) und korrespondierend damit durch die Betonung der Einzigartigkeit des Triumphs Scipios abgeschlossen: **triumphoque omnium clarissimo urbem est invectus** [9]). Die Dekade zeigt eine planmäßige Verteilung des Stoffs auf die beiden Pentaden, von denen die erste die schweren Niederlagen und den Niedergang Roms bis zur Vernichtung der beiden Scipionen in Spanien am Ende von Buch 25 zum Thema hat, während die zweite den Wiederaufstieg Roms mit der Rückeroberung von Capua und dem vergeblichen Entsatzversuch Hannibals durch seinen Marsch auf Rom einleitet und bis zum siegreichen Kriegsende führt. Die Caesur nach Buch 25 wird noch dadurch unterstrichen, daß Livius das Buchende mit dem Jahresschluß zusammenfallen läßt, was in den unmittelbar vorhergehenden und nachfolgenden Büchern nicht der Fall ist. Buchende und Jahresschluß fallen auch in Buch 21 und selbstverständlich in Buch 30 zusammen und geben diesen beiden Büchern eine Sonderstellung, die der Anfangs- und Schlußphase des großen Kriegs eine Heraushebung verleiht.

Die Bücher 31-45 mit den Ereignissen vom Jahr 200-167 stehen unter dem zentralen Thema der makedonischen Kriege, deren Bedeutsamkeit Livius im Vergleich mit dem zweiten punischen Kriege so charakterisiert: **bellum Macedonicum ... claritate regum antiquorum ... magnitudine imperii ... prope novilius** (scil. bello Punico) [10]). Am Anfang steht wieder ein Proömium, in dem Livius mit einer gewissen

Genugtuung auf die bisher geleistete Arbeit zurückblickt und mit leichter Besorgnis die kaum überschaubare Größe der noch vor ihm liegenden Aufgabe konstatiert [11]). Die nun folgenden Kämpfe in Griechenland und Kleinasien mit dem Makedonenkönig Philipp, König Antiochus von Syrien und Perseus von Makedonien füllen die Jahre 201-168 bis zum Sieg des L. Aemilius Paulus bei Pydna und der Vernichtung der makedonischen Herrschaft. Diese 15 Bücher [12]) weisen nach Buch 35 mit der Landung des Antiochus in Griechenland und seinen ersten Kämpfen mit den Römern eine deutliche Caesur auf, die dadurch unterstrichen wird, daß am Anfang von Buch 36 nach dem Sieg über Philipp der lange befürchtete Krieg gegen Antiochus beschlossen wird und umsichtige Kriegsvorbereitungen getroffen werden. Ein zweiter Einschnitt liegt nach Buch 40, an dessen Ende im Jahre 179 der Tod Philipps von Makedonien berichtet wird. Mit Buch 41 setzt die entscheidende Auseinandersetzung mit König Perseus ein, wie sie die Periocha knapp zusammenfaßt: **initia belli Macedonici ... quod Perseus, Philippi filius, moliebatur.** Der Sieg über Perseus, seine Gefangennahme im Jahre 168 sowie der Triumph des Aemilius Paulus beschließen die dritte Pentade. Die drei Einheiten des Kriegs gegen Philipp, Antiochus und Perseus hat Livius auch äußerlich dadurch markiert, daß die Eckbücher jeden Teils (31, 35, 36, 40) mit dem Jahresende schließen, während in den Zwischenbüchern übergreifende Jahresberichte die Bücher mehr oder minder eng verbinden.

Die inhaltliche Gliederung der nicht erhaltenen Bücher ist nicht leicht zu eruieren. Man hat schon im vorigen Jahrhundert an einer Fortsetzung des Werks durch Livius in Dekaden gezweifelt. Einen wesentlichen Anstoß zu diesen Zweifeln hat wohl die Tatsache gegeben, daß Livius die Eroberung und Zerstörung Karthagos im Jahre 146 nicht, wie man nach der Bedeutung dieses Ereignisses hätte erwarten können, am Ende einer Pentade, sondern in Buch 51 berichtet hat [13]). Es kommt hinzu, daß die Periochae der Bücher 109-116 den Vermerk tragen: **belli civilis l. I - VIII**, und daß diese Bücher die Periode von den Ursachen des Bürgerkriegs zwischen Caesar und Pompeius im Jahr 50/49 bis zu Caesars Tod im Jahre 44 enthalten haben. So war man geneigt, für die nicht erhaltenen Bücher andere Einheiten von etwa 6-9 Büchern [14]) oder gar wesentlich größere Gruppen anzunehmen. Dabei haben sich die Vertreter dieser Richtung offensichtlich mehr oder minder bewußt verleiten lassen, die uns vertrauten Einzelabschnitte der römischen Geschichte von der Mitte des 2. Jahrhunderts an auch im Werke des Livius als Einheiten anzunehmen. So kam Syme in dem Entwurf des Werkplans des Livius zu fünf Großeinheiten, von denen die zweite und dritte (Buch 41-89; 90-108) je 19 Bücher umfaßt haben sollten [15]), während Bayet mit 11 kleineren Einheiten rechnete [16]). Beide Thesen haben aus sachlichen Gründen und wegen der Ungleichheit der angenommenen Unterteile keine Anerkennung gefunden. Warum sollte Livius die im ersten Viertel seines Werks bewährten Gliederungsprinzipien plötzlich aufgegeben haben?

Neuere Untersuchungen haben aufgrund von markierenden Hinweisen in den Periochae (Wirkungsbeginn oder Tod bedeutender Persönlichkeiten; Triumph-Höhepunkte; Friedensschlüsse u.a.m.) ergeben, daß sich mit großer Wahrscheinlichkeit auch für die nicht erhaltenen Bücher ein Wechsel von Pentaden und Dekaden erschließen läßt, wenn auch wegen der spärlichen Hinweise eine absolute Sicherheit nicht zu gewinnen ist. Dabei ergibt sich, daß in der Zuordnung der einzelnen Ereignisse und einzelner Persönlichkeiten zu einer Fünfer- oder Zehnergruppe Livius bisweilen andere Leitthemen und Akzentuierungen gesetzt hat, als wir sie für den gleichen historischen Zeitraum anzunehmen gewohnt sind. So hat er offenbar am Ende von Buch 50 eine Caesur vor dem Beginn der Belagerung von Karthago gesetzt, aber nicht nach der Eroberung und Zerstörung der Stadt. Oder er hat am Ende von Buch 100 mit der Lex Manilia einen Einschnitt in den Machtaufstieg des Pompeius gelegt. Von den vorgelegten Aufbaueinheiten scheint mir der Werkplan, den P.A. Stadter [17]) vorgelegt hat, am besten begründet [18]).

Buch 46 - 50   Die Nachwirkung des 3. makedonischen Kriegs bis zum Beginn der Belagerung Karthagos (166-148);

Buch 51 - 60   Vom Fall Karthagos bis zu den Gracchen (147-123);

Buch 61 - 70		Vom Tod des C. Gracchus bis zum Tribunat des Livius Drusus (122-91);
Buch 71 - 80		Der Bundesgenossenkrieg und der Kampf zwischen Marius und Sulla bis zum Tode des Marius (91-86);
Buch 81 - 90		Die Herrschaft Sullas (86-78);
Buch 91 - 100		Der Aufstieg des Pompeius zur Macht (78-66);
Buch 101 - 110		Die Bildung und der Zusammenbruch des 1. Triumvirats (66-48);
Buch 111 - 120		Der Bürgerkrieg und die letzten Kämpfe der Republik (48-43);
Buch 121 - 142		Aufstieg und Regierung des Augustus bis zum Jahre 9 v. Chr.

Es ist der Erwähnung wert, auf die Urteile des Livius über einige hervorragende Ereignisse und Persönlichkeiten in den nicht erhaltenen Büchern kurz hinzuweisen, soweit die Fragmente und die Periochae eine Aussage erlauben. In der Behandlung der Reformbemühungen der Gracchen hat er weitgehend auf der Seite des Senats gestanden und wohl wenig Verständnis für die wirtschaftlichen und sozialen Probleme dieser zwei Jahrzehnte gezeigt. In den Kämpfen zwischen Marius und Sulla hat er berichtet, daß Marius, den er ziemlich abwertend einen Mann **varii et mutabilis ingenii consiliique semper secundum fortunam** genannt haben soll (wenn der Wortlaut der Periocha den livianischen Text zutreffend wiedergibt [19]), von führenden Senatoren, die ihm eine zeitlang als **homo novus** seinen großartigen Aufstieg neideten, die Anerkennung erfahren habe, in den Jahren der Bedrohung Roms durch die Cimbern und Teutonen den Staat gerettet zu haben. Auch Sullas Sieg über die Samniten vor den Toren Roms am Ende des Bundesgenossenkriegs hat Livius als Großtat für die Wiederherstellung der Ordnung in Italien gewertet. Er hat aber nicht verschwiegen, daß dieser Sieg mit einer noch nie vorher gezeigten Grausamkeit errungen worden sei [20]. Daß er die Persönlichkeit und Leistungen des Pompeius mit Sympathie dargestellt hat, beweist die bereits erwähnte, von Tacitus überlieferte Äußerung des Augustus, daß er Livius einen Pompejaner genannt haben soll [21]. Interessant ist ein durch Seneca [22] überliefertes Urteil über Caesar, von dem er - wahrscheinlich gegen Ende seines Berichts - gesagt haben soll, daß es unsicher sei, ob seine Geburt zum Vorteil der **res publica** gewesen sei oder nicht. Das vor dem Abgang Caesars nach Gallien im Jahr 60 geschlossene Triumvirat zwischen Pompeius, Caesar und Crassus wird, worauf M.L.W. Laistner [23] aufmerksam gemacht hat, in der Periocha 103 als **conspiratio inter tres civitatis principes** bezeichnet, - eine Formulierung, die eine Ablehnung oder zumindest kritische Haltung gegenüber dieser Zusammenballung der Macht zum Ausdruck bringt und die, wenn sie nicht wörtlich Livius entnommen ist, doch zu seiner häufig zum Ausdruck gebrachten Sorge über eine Bedrohung der bestehenden Staatsordnung stimmt. Sein für Buch 104 bezeugter Ausspruch über Cato Uticensis lautete: **cuius** (scil. **Cato) gloriae neque profuit quisquam laudando nec vituperando nocuit, cum utrumque summis praediti fecerint ingeniis**: ein Hinweis auf die Schriften Ciceros und Caesars über Cato. Über die letzten Tage Ciceros, dessen Rückkehr aus der Verbannung er wohl als vom ganzen Volk bejubelten Empfang dargestellt hatte [24], berichten, wie bereits erwähnt, zwei größere Fragmente, in deren zweitem er ihm das letzte Wort in den Mund legt: **moriar ... in patria saepe servata.** In dem anderen Fragment wägt er die glücklichen Phasen seines Lebens und seiner politischen Tätigkeit gegen die Schicksalsschläge ab, die ihn mit seiner Verbannung und vor allem durch den Tod seiner geliebten Tochter Tullia getroffen hatten, und kommt zu dem Urteil: **omnium adversorum nihil, ut viro dignum erat, tulit praeter mortem** [25]. - Caesars Kämpfe in Gallien hatte er in den Büchern 104-108 behandelt und sie in der ersten Hälfte des Buchs 104 mit einer Beschreibung der Lage Germaniens und der Sitten der Germanen wegen der folgenden Kämpfe gegen Ariovist eröffnet. Die Periocha 124 hält die Schlacht von Philippi mit ihren zwei Phasen an zwei aufeinanderfolgenden Tagen im Jahre 42 fest und die Periocha 133 die Entscheidungsschlacht von Aktium sowie die drei Triumphe Oktavians im Jahre 29. Die vorletzte Periocha erwähnt die Rückgabe der unter Crassus an die Parther verlorenen Feldzeichen im Jahre 21 an Augustus [26]).

III. Quellen

1. Allgemeine Kriterien

Ehe wir uns den verschiedenen Quellengruppen zuwenden [1]), die Livius vorlagen und die er benutzte, seien einige kurze Vorbemerkungen vorausgeschickt, die von der Forschung nicht immer hinreichend beachtet worden sind. Zunächst dürfen wir festhalten, daß Livius nicht als Ignorant an seine Aufgabe herangegangen ist, wie es bisweilen erscheinen mag, wenn ein Interpret Livius so eng an seine Vorlage gebunden sieht, daß er gleichsam nur Zeile für Zeile geschrieben und weder einen Überblick über größere Berichtseinheiten noch eine gewisse Vorstellung von der Gesamtentwicklung Roms besessen hätte [2]). Selbstverständlich hatte er während seiner Ausbildung beim Rhetor eine gewisse Kenntnis von der römischen Geschichte - wenn auch vielleicht nicht in größeren Zusammenhängen, so doch ausschnittweise - mitbekommen. Wir wissen ja, daß bei den rhetorischen Übungen nicht selten eine historische Situation vorgegeben wurde, für die der Schüler eine Entscheidungsrede zu verfassen hatte. Dies konnte nicht ohne Berücksichtigung der näheren historischen Umstände geschehen. Man kann sich vorstellen, daß bei solchen Gelegenheiten auch Originalreden vorgetragen wurden, die als Selbstzeugnisse der Vergangenheit unter den Gebildeten und in den Schulen weiterlebten [3]). Livius verweist selbst auf Reden Catos, die zu seiner Zeit noch vorlagen, und die sich schwerlich alle in seinem Geschichtswerk Origines befunden haben, in das er bekanntlich eine Reihe seiner Reden aufgenommen hatte [4]). Wir hatten außerdem bereits erwähnt, daß Livius Dialoge geschrieben hat, die man "ebenso der Philosophie wie der Geschichte zurechnen" könnte [5]), d.h., daß er offenbar ethische Überlegungen und Grundsätze mit historischen Beispielen belegte und illustrierte.

Auf der anderen Seite ist für den Umgang mit Livius und seinen Quellen festzuhalten, daß man sich von der oft unbewußt sich einschleichenden Vorstellung lösen muß, daß er wie ein moderner Gelehrter viele Nachschlagewerke zur Hand gehabt hätte, in denen er sich rasch und ohne Mühe über ein ihm im Augenblick nicht präsentes Faktum hätte orientieren können [6]. Dieser Eindruck wird freilich dadurch nahegelegt, daß er nicht nur eine größere Zahl von Vorgängern mit Namen nennt, die er bei der Erwähnung von verschiedenen Überlieferungsversionen anführt, sondern daß er sich, namentlich in der ersten Dekade, häufig allgemeiner Wendungen bedient, die einen Rückschluß auf eine größere Zahl von benutzten Quellen nahelegen: **sunt qui ...; plures auctores; ... veterrimi auctores ...; vetustiores annales ...; alii ... alii** etc. Wir müssen damit rechnen, wie z.B. die Parallelüberlieferung bei Dionys von Halikarnass [7] zeigt, daß bereits seine Vorgänger solche Verweisformen hatten und daß Livius derartige Notizen von ihnen übernommen hat. Wir haben also mit mancherlei tralatizischem Gut zu rechnen [8]. Die im Vergleich mit den übrigen Büchern häufige Berufung auf Quellen in der ersten Dekade dürfte auch dazu gedient haben, dem mehr oder minder legendären Charakter der Überlieferung eine gewisse Glaubwürdigkeit zu verleihen.

Schließlich ist noch ein Wort über die Behandlung von originalen Dokumenten und Urkunden durch Livius am Platz. Es ist bekannt, daß die antiken Historiker Reden von einzelnen Persönlichkeiten, soweit sie ihnen im Original vorlagen, nicht im Wortlaut in ihre Geschichtswerke aufnahmen, sondern sie in ihren eigenen Stil umgesetzt haben. Eine solche sprachliche Veränderung forderte das Gebot der Einheit des Stils eines Werkes. Wie steht es aber mit kürzeren überlieferten Inschriften, wie etwa Stiftungsurkunden von Tempeln oder anderen Bauten, von Grab- und Triumphinschriften oder gar Senatsedikten und Volksbeschlüssen?
Auch hier hat Livius solche Umsetzungen vorgenommen, und wir sind in der glücklichen Lage, einige Inschriften mit der livianischen Fassung vergleichen zu können. Ernst Meyer [9] hat nachgewiesen, daß bei Livius in fünf vergleichbaren Fällen zwei eine teilweise Übereinstimmung mit dem originalen Text haben, daß dagegen in drei anderen Fällen ein - wenn auch nicht gravierender - Widerspruch zwischen den inschriftlichen Zeugnissen und dem Bericht des Livius bzw. seiner Vorgänger besteht. K. Gast [10] hat in seiner Dissertation zu zeigen

versucht, daß Livius in seinen Berichten über die Bauten der Censoren einen Rückgriff auf die Bauinschriften vorgenommen habe. Dagegen betont Ogilvie (5) mit Recht, daß die Anführung von epigraphischen Zeugnissen aus zweiter Hand erfolgt ist. Der Versuch von U. Bredehorn [11]) bei den annalistischen Vorgängern des Livius die Benutzung von Senatsakten im großen Stil nachzuweisen, ist durch J. v. Ungern-Sternberg [12]) mit Recht zurückgewiesen worden. Eine Übernahme des Wortlauts von originalen Senats- oder Volksbeschlüssen durch Livius ist nicht erfolgt. Das ist besonders evident bei dem Senatskonsultum de Bacchanalibus, dessen inschriftlich erhaltener Wortlaut den Vergleich mit Livius erlaubt [13]). Man muß also bei seinen Umsetzungen unter Umständen mit leichteren oder schwereren Sachfehlern rechnen.

Als Livius sich entschloß, die römische Geschichte von ihren Anfängen neu zu schreiben, war er sich bewußt, daß er sich einer Tätigkeit zuwandte, deren Anfänge weit zurücklagen, die sich aber bis auf seine Tage lebendig weiterentwickelt hatte. Er sah sich nicht als Wegbereiter eines neuen geistig-literarischen Unternehmens, sondern stellte sich in eine Tradition hinein, deren Pflege er - wie schon viele vor ihm - fortsetzen wollte und von der er wünschte, daß sie höheren Ansprüchen genügen würde. Auf zwei Phänomene sah er die Dynamik der historiographischen Entwicklung begründet: auf den Erwerb neuer und zuverlässigerer Sachkenntnisse durch neue Autoren im Wechsel der Generationen und auf ihr Bestreben nach Überwindung der altertümlichen und wenig gepflegten Darstellungsweise ihrer Vorgänger. In diesem Sinne will auch er seine Arbeit aufnehmen und sich, falls sein Werk bei der großen Zahl der vorliegenden Werke seiner Vorgänger nicht den erhofften Erfolg erreichen würde, damit trösten, nach besten Kräften für die Erhaltung und Verbreitung der Größe und des Ruhms des römischen Volkes etwas beigetragen zu haben. In diesen Worten spricht sich natürlich latent die Hoffnung aus, das gesteckte hohe Ziel trotz aller Schwierigkeiten zu erreichen. Zugleich aber bekundet Livius andererseits eine nicht geringe Achtung vor der Leistung seiner Vorgänger [14]).

2. Annalistik

Überraschenderweise ist von den Vertretern der ersten 150 Jahre der römischen Geschichtsschreibung kein einziges Werk ganz oder auch nur in größeren Teilen erhalten. Selbst die Zahl der Fragmente, die auf uns gekommen sind, ist sehr klein, und der Umfang der meisten von ihnen ist ausgesprochen gering. Wörtliche Fragmente sind spärlich und betreffen meist nur Nebensächlichkeiten. In vielen Fällen handelt es sich um kurze sprachliche Observationen, die von den Exzerptoren des livianischen Werks gemacht worden sind, oder um knappe Inhaltsreferate zu einzelnen Ereignissen in lateinischer oder griechischer Sprache. Dieser Tatbestand ist höchst merkwürdig, wenn man die große Zahl und die für ihre eigene Zeit nicht geringe Bedeutung ihrer Werke bedenkt, erklärt sich aber weitgehend dadurch, daß das Werk des Livius die Werke seiner Vorgänger fast völlig verdrängt hat. Eine Darstellung der Geschichte der römischen Historiographie, wie wir sie für die Geschichte der Rhetorik in Ciceros Brutus besitzen, haben uns die Römer nicht hinterlassen, und wir sind sowohl für die einzelnen Autoren wie für ihre Werke auf vereinzelte Angaben [15]) angewiesen, denen wir uns nun zuwenden wollen.

Die vorlivianische Annalistik [16]) läßt sich in drei Epochen gliedern, von denen jede etwa 60 Jahre umfaßt und die durch ihre Besonderheiten deutlich voneinander zu trennen sind. Als ihr Archeget ist Q. Fabius Pictor [17]) zu betrachten, dessen Geschichtswerk um das Jahr 200 entstanden ist. Sein Verfasser gehörte zur römischen Nobilität, war nach der Niederlage von Cannae zum delphischen Orakel geschickt worden und hatte von dort eine glückverheißende Antwort für den siegreichen Ausgang des Krieges mitgebracht [18]). Die Erfüllung dieser Voraussage und der stolze Rückblick auf den gesamten Kriegsverlauf dürfen als eine wesentliche Voraussetzung für den Plan des Fabius angesehen werden, ein Geschichtswerk über Roms Entwicklung von den Anfängen bis zum Ende des Hannibalischen Krieges zu schreiben [19]). Ein weiterer Umstand kommt hinzu.

Es gab nämlich griechische Schriften, in denen die Ursprünge Roms behandelt waren, wie ja die aufstrebende Macht in Italien seit den Kriegen mit Pyrrhus und nach den beiden punischen Kriegen zunehmend die griechische Welt zu interessieren begann. Wir wissen, daß seit dem 3. Jahrhundert einzelne griechische Historiker Rom in ihren Werken erwähnt haben [20]) und daß Philinos von Akragas die Geschichte des ersten punischen Kriegs in karthagerfreundlichem, aber Rom abträglichen Sinne behandelt hatte. Vor allem ist bemerkenswert, daß Hannibal die beiden Schriftsteller Silenos von Kale Akte und Sosilos von Lakedaimon als Begleiter und Berichterstatter auf seinem Feldzuge gegen Italien mitgenommen hatte [21]). Bei diesen Autoren wird sich neben den Berichten der äußeren Ereignisse auch manche Vorstellung von den Ursachen und Begleiterscheinungen des römischen Machtaufstiegs niedergeschlagen haben, wie sie sich bereits vor dem Hannibalischen Kriege im griechischen Unteritalien, in Griechenland und Karthago herausgebildet hatten. Diese Reaktionen auf Roms Erfolge werden nicht gerade von größerem Verständnis für die römische Entwicklung getragen, bisweilen vermutlich - aus welchen Gründen auch immer - romfeindlich gewesen sein. Daß Fabius solchen antirömischen Darstellungen entgegentreten und sie durch die wahren Beweggründe römischen Handelns korrigieren wollte, dürfte ein weiterer Beweggrund dafür gewesen sein, daß er sich zur Abfassung einer römischen Geschichte entschloß und diese in griechischer Sprache verfaßte.

Er eröffnete sein Werk [22]) mit einer ziemlich ausführlichen Darstellung der legendären Urgeschichte, der Königszeit und des Beginns der Republik (wahrscheinlich bis zum Decemvirat) und hat damit eine weitgehend verbindliche Grundlage dieser Frühzeit für die Darstellung der späteren Historiker geschaffen. Für diese Zeit hat er wahrscheinlich eine Vorlage in Diokles von Peparethos [23]) gehabt, der im Stil hellenistischer Gründungsgeschichten einzelner Städte auch Rom behandelt hatte. Dann hat er anhand der von den Priestern geführten Magistratslisten und Annalen in großen Zügen einen Überblick bis zu den Kämpfen mit Pyrrhus und dem Bruch mit Karthago gegeben [24]). Als er der eigenen Zeit näherkam, ist er ausführlicher geworden und hat die Erfahrungen seines eigenen politischen Wirkens und der Politik der Nobilität eingebracht [25]. Da die Römer in den griechischen Darstellungen als kriegsfreudige Eroberer gezeichnet waren, hat er ein besonderes Gewicht auf die Klarstellung der Ursachen und Anlässe der verschiedenen Kriege gelegt [26]) und sich bemüht, eine einwandfreie Begründung für das militärische Eingreifen zur Wahrung der eigenen Sicherheit sowie für die Hilfsbereitschaft der Römer zugunsten ihrer Verbündeten nachzuweisen [27]). Gegen den Vorwurf barbarischer Gesittung und inhumanen Verhaltens hat er die strikte Beachtung kultisch-religiöser Vorschriften herausgestellt. Bei der Darstellung der Kriege hat er sich auf Augenzeugenberichte berufen und anhand einzelner Proben militärischer Bewährung [28]) die Kampfkraft der römischen Heeresaufgebote vor Augen geführt. So ist ein Stück römischer Ideologie vom vorbildlichen moralischen Charakter römischen Mannestums in wesentlichen Grundzügen erstmalig fixiert worden und hat entscheidende Ausstrahlung auf die weitere Entwicklung der römischen Geschichtsschreibung und ihres Rombildes zur Folge gehabt [29]).

Um die Mitte des 2. Jahrhunderts ist diese Species der römischen Annalistik zum Erliegen gekommen [30]). Der griechische Osten war jetzt fest in römischer Hand, und seine Bewohner brauchten nicht mehr durch Bücher über die Grundsätze der römischen Politik "aufgeklärt" zu werden. Dagegen blieb das einmal geweckte Interesse der Römer an ihrer Geschichte und die Reflexion über die geschichtlichen Wurzeln ihrer Stärke wach und führte sehr bald zur Fortsetzung der von Fabius Pictor inaugurierten Historiographie, nunmehr aber in lateinischer Sprache mit der primären Hinwendung an römische Leser. Die Geschichtsschreiber, die in der zweiten Hälfte des zweiten Jahrhunderts und um die Jahrhundertwende annalistische Werke schrieben, fassen wir unter der Bezeichnung der Gracchischen oder "älteren" Annalistik zusammen.

Wir kennen mehrere Vertreter dieser Gruppe, soweit sie die Ämterlaufbahn absolviert hatten. Individuelle Unterschiede in ihrer Einstellung zur Vergangenheit und Gegenwart sind kaum zu fassen. Ich beschränke mich darauf, eine Reihe allgemeingültiger Wesensmerkmale

für diese Periode herauszustellen und sie an dem Geschichtswerk des
L. Calpurnius Piso Frugi [31]) zu verdeutlichen, der als repräsentativer Vertreter der älteren Annalistik angesehen werden darf [32]).

Aus der Frühzeit sind einige Anekdoten berichtet, die man früher oft als primitiv oder gar albern belächelt hat, die aber als Zeugnisse altrömischen Lebensstils etwas von dem Vorbildcharakter römischer Gesinnung und Gesittung verdeutlichen sollen [33]). Eine betonte Herausarbeitung kultisch-religiöser Verpflichtungen ist ebenfalls zu konstatieren. Auf der anderen Seite begegnen wir einer Reihe von rationalistischen Deutungen alter Bräuche und Sitten [34]). Gelegentlich findet sich eine leichte Kritik an der Überlieferung. Mit großer Wahrscheinlichkeit ist zu vermuten, daß er und seine annalistischen Zeitgenossen einzelne Lücken in der Überlieferung in Analogie zu ähnlichen Ereignissen der Gegenwart ausgefüllt haben. Diese Erweiterung wird sich vor allem auf die Schilderung der Ständekämpfe in Analogie zu den Gracchischen Unruhen erstreckt haben [35]). Gegen den Luxus, der nach den erfolgreichen Kriegen im Osten im Rom eingezogen war, und gegen die Lockerung der Sitten wendete sich Piso mit catonischer Schärfe [36]).

Im gleichen Zeitraum der zweiten Hälfte des zweiten Jahrhunderts entstand in Rom eine neue Form historischer Darstellung: die historische Monographie. Sie entwickelte sich im Gegensatz zur Annalistik, und einer ihrer Vertreter, Sempronius Asellio [37]), hat die neuen Ziele, die er sich gesteckt hatte, sehr klar formuliert. Gegenüber der bloßen Aufzählung von Fakten, wie sie die Annalisten boten, sollte durch die Angabe von Gründen und des inneren Zusammenhangs der Ereignisse sowie durch ihre psychologische Motivierung ein tieferes Verständnis der historischen Entwicklung erreicht werden [38]). Gleichzeitig sollte durch eine bewußte Stilisierung und durch den Einsatz von künstlerisch-rhetorischen Mitteln das Niveau der Darstellung gehoben werden. Um diese hochgestellten Ansprüche zu verwirklichen, entschlossen sich die Vertreter der neuen Richtung, den historischen Stoff gegenüber den Annalisten rigoros zu verkürzen.

Sie wählten einen klar überschaubaren Ausschnitt aus der römischen Entwicklung, auf den sie alle Kraft und Sorgfalt konzentrierten. Cicero hat den Erfolg ihrer Bemühungen bestätigt, indem er einem Vertreter von ihnen, L. Coelius Antipater, das Lob ausstellt: **paululum se erexit et addidit historiae maiorem sonum vocis vir optimus, Crassi familiaris, Antipater** [39]). Die beiden uns kenntlichen Vertreter trafen eine verschiedene Wahl: Sempronius Asellio entschied sich für eine zeitgenössische Monographie [40]), während Coelius den zweiten punischen Krieg zu seinem Thema machte, den er in sieben Büchern behandelte [41]).

Das neue Material kam von karthagischer Seite. Hannibal hatte, dem Vorbild Alexanders folgend, zwei Schriftsteller aufgefordert, ihn auf seinem Feldzug nach Italien zu begleiten [42]): Sosylos von Lakedaimon [43]) und Silen von Kale Akte [44]), von dem in Fragment 11 bezeugt wird, daß sich Coelius ihm angeschlossen hatte. Damit ist diese wichtige Aussage verbunden: **is autem diligentiss ime res Hannibalis persecutus est**. Von den Fragmenten sind diejenigen besonders aufschlußreich, die sich auf die Person Hannibals beziehen und die uns einen Einblick in die Darstellungsart des Coelius erlauben. So ist der berühmte Traum, den Hannibal vor seinem Aufbruch aus Spanien gehabt haben soll, mit großer Wahrscheinlichkeit dem Silen entnommen. Nach der Einnahme von Sagunt soll Hannibal im Traume in den Rat der Götter gerufen worden sein, wo ihm Jupiter den Befehl gegeben habe, Italien anzugreifen, und ihm einen göttlichen Führer aus dem Götterkonzil verhießen habe. Doch sei ihm zugleich verboten worden, auf dem Marsche zurückzuschauen. Als Hannibal dies dennoch getan und hinter sich ein furchtbares Ungeheuer erblickt hatte, das alles, was sich ihm in den Weg gestellt hatte, zertrampelte, soll er auf die Frage, was dies zu bedeuten habe, die Antwort erhalten haben, daß dies die Verwüstung Italiens anzeige. Dieser Traumbericht [45]) stellt mit der richtungsweisenden Götterversammlung ein ausgesprochen episches Motiv dar, das an den Götterrat in Ciceros dichterischer Bearbeitung seines Konsulatsjahrs erinnert.

In einem zweiten epischen Versatzstück hat Coelius nach dem Zeugnis des Livius als einziger Autor von einem Seesturm berichtet, der bei der Überfahrt Scipios nach Afrika so großes Unheil angerichtet habe, daß die Soldaten nur mit äußerster Mühe auf Flößen und ohne Waffen die afrikanische Küste erreicht hätten [46]). Wenn Coelius des weiteren vor der Überfahrt nach Afrika die große Zahl der Truppen Scipios dadurch verdeutlicht, daß von ihrem Geschrei die Vögel auf die Erde gefallen und daß Italien und Sizilien nach der Abfahrt völlig menschenleer gewesen seien [47]), so haben wir es mit ausschmückenden (freilich ziemlich geschmacklos übertreibenden) Elementen zu tun, die der Veranschaulichung der Größe dieses Unternehmens dienen sollen. Das gilt auch für den Bericht des Coelius von der Schlacht am Trasimenischen See, wo er die furchtbare Niederlage der Römer von einem schrecklichen Erdbeben begleitet werden läßt, das in großen Teilen Italiens und auf den Inseln entsetzliche Verwüstungen angerichtet habe [48]).

Mögen diese Erfindungen eine gewisse Skepsis an der Zuverlässigkeit seiner Sachberichte wecken, so lassen sie auf der anderen Seite das Bestreben erkennen, Spannung beim Leser hervorzurufen. Zu diesem Zweck hat Livius den Ablauf des Geschehens durch Straffungen und verschiedene Überraschungsmomente sehr dramatisiert. Er stand wohl unter dem Einfluß gewisser Strömungen der hellenistischen Geschichtsschreibung, die sich eine Annäherung der geschichtlichen Darstellung an die Kunstmittel und Ziele eines Dramas als besondere Aufgabe vorgenommen hatten und die ihren Leser in die gleiche Spannung versetzen wollten wie die Dichter von Tragödien [49]). Sie wählten schon den Stoff für ihre Werke nach den in ihnen gegebenen Möglichkeiten dramatischer Verwicklung und tragischer Verstrickung der Hauptgestalten. In der Durchführung bedienten sie sich starker Steigerungen und heftiger Umbrüche (Peripetien) in den Ereignisketten, strebten nach möglichst großer Anschaulichkeit, verwendeten dichterische Motive und gaben in affektreichen Reaktionen die Anteilnahme der beteiligten Personen wieder. Unerwartete Eingriffe der Tyche trugen dazu bei, eine intensive Anteilnahme der Leser an dem unruhigen Geschehen herbeizuführen. Es bedarf keiner näheren Ausführung, daß der zweite punische Krieg unter solchen Gesichtspunkten eine geradezu modellhafte Ereigniskette bot: In den ersten Kriegsjahren Hannibal als hochüberlegenen Sieger in schweren Schlachten, die Römer von tiefen Niederlagen bis an den Rand ihrer Existenz niedergedrückt; dann eine Periode mit vielen günstigen oder ungünstigen Zwischenfällen, von denen jeder sich besonders dramatisch entwickelte; am Ende stand der besiegte und in der Schwere des Schicksalsschlags von Zama fast tragisch anmutende Hannibal. Man wird nicht fehl gehen, wenn man den beiden Hannibal-Historikern ähnliche Ziele und Darstellungsmittel wie den Vertretern der tragischen Geschichtsschreibung zuschreibt, und wenn man ähnliche Einflüsse auch für Coelius annimmt [50]. In ihnen sind wahrscheinlich Elemente der von Cicero geforderten **exornatio rerum** zu sehen. Die Monographie des Coelius ist für Livius in der dritten Dekade eine wichtige Quelle gewesen.

Die dritte Periode der vorlivianischen Annalistik, die wir als die "jüngere" oder sullanisch-caesarische Annalistik bezeichnen, gehört in die erste Hälfte des letzten Jahrhunderts v. Chr. Die Zahl ihrer Vertreter entspricht etwa derjenigen der vorangegangenen älteren Annalistik. Aber während jene aus der Politik gekommen waren und vielfache politisch- militärische Erfahrungen besaßen, waren die jüngeren Annalisten - mit Ausnahme des Licinius Macer -, soweit wir sehen, weder in der politischen Arena noch in einem anderen öffentlichen Aufgabenfeld tätig gewesen [51].

D. Timpe [52] hat nach gründlicher Prüfung der gesellschaftlichen und literarischen Voraussetzungen die Vermutung ausgesprochen, daß diese Autoren Klienten römischer Senatoren gewesen seien, durch die sie unter Umständen auch Zugänge zu den Senatsakten erlangen oder von denen sie über wichtige Verhandlungen informiert werden konnten. Sie mögen dem Ritterstand oder der italischen Munizipalaristokratie angehört haben.

Nach kurzen Angaben über die Hauptvertreter sollen die wichtigsten Wesenszüge der jüngeren Annalistik zusammenfassend behandelt werden, da unter ihnen die Hauptquellen des Livius zu suchen sind. Die meisten von ihnen haben wie die Vertreter der älteren Annalistik die römische Geschichte von den Anfängen an behandelt, nur Claudius Quadrigarius [53]) hat mit dem Wiederaufbau Roms nach der Zerstörung durch die Gallier im Jahre 390 begonnen. Sein Geschichtswerk umfaßte mindestens 23 Bücher, von denen die Hälfte der Periode von den Gracchen bis zu Sullas Diktatur gewidmet war. In der ersten und dritten Dekade des Livius ist Claudius zurückgetreten. In der vierten Dekade hat er mit Valerius Antias, der gleich zu nennen sein wird, die Hauptquelle für die Ereignisse in Rom und im Westen gebildet. A. Klotz [54]) hat die These vertreten - auf Grund der Reihenfolge, in der die beiden Autoren von Livius genannt werden, sowie des Umstands, ob die Nennung zur Bestätigung der vorangehenden Erzählung oder im Widerspruch zu ihr erfolgt -, daß Livius in den Büchern 31-38 Valerius Antias gefolgt sei und Claudius Quadrigarius zur Kontrolle herangezogen habe. In der sehr verworrenen Überlieferung über die Scipionenprozesse [55]) habe er die Unzuverlässigkeit des Antias erkannt und von da an dem Claudius den Vorrang gegeben und Antias nur noch als Nebenquelle eingesehen. Diese These hatte weithin Anerkennung gefunden, doch sind neuerdings Bedenken, vor allem von Luce [56]), gegen sie vorgebracht worden. Zunächst ist einmal festzuhalten, daß Livius weder hier noch sonst diesen von Klotz angenommenen Wechsel der Quellen erwähnt. Zum anderen hat er wiederholt vor Buch 38 starke Zweifel an der Zuverlässigkeit der Angaben des Antias geäußert [57]). Diese Erkenntnis hat Livius jedoch nicht abgehalten, mit Beginn der vierten Dekade Antias zu folgen. Offenbar hat er in anderen Berichten des Antias so wichtiges Material gefunden, daß er auf ihn nicht verzichten zu können glaubte. Man wird also Luce zustimmen, daß wir entgegen der Annahme von Klotz im Bericht über den Scipionenprozeß keine "Wasserscheide" für die Benutzung der annalistischen Quellen zu sehen haben, sondern damit rechnen können, daß Livius auch nach dem Scipionen-Prozeßbericht Claudius und Antias im Wechsel benutzt hat. Der Versuch, beide Autoren nach ihrem Stil und ihrer

Erzählweise zu scheiden, ist bisher nicht geglückt [58]. M. Zimmerer [59] hat geglaubt, die mehr chronikartigen Abschnitte und die Bevorzugung von Prodigien und Omina dem Antias, die breiter erzählenden Partien dem Claudius Quadrigarius zuschreiben zu können. Ihr hat Klotz [60] mit beachtlichen Gegenargumenten widersprochen, ohne allerdings mit seiner eigenen Charakterisierung der beiden Annalisten überzeugen zu können. Auch die von ihm vorgenommene Aufteilung der Buchteile in den Büchern 31-45 [61] bedarf der Überprüfung. Damit haben wir bereits die Persönlichkeit und das Werk des Valerius Antias gestreift [62]. Sein Werk begann mit der Gründung Roms und hat bis in seine Zeit gereicht [63]. Die erhaltenen Fragmente erlauben ebensowenig wie bei Claudius Quadrigarius, einen Überblick über die Stoffverteilung zu gewinnen. Das letzte sicher datierte Fragment 64 weist auf den Tod des Rhetors L. Crassus im Jahre 91 hin. Aus den Fragmenten und der Kritik des Livius an Antias [64] geht hervor, daß dieser besonderen Wert auf genaue Zahlen gelegt hat. Dabei hat er sich offensichtlich erheblicher Überhöhungen oder gar Erfindungen schuldig gemacht. Während nach dem Zeugnis des Livius weder Polybios noch ein römischer Autor über den Griechenlandfeldzug des Konsuls P. Villius Tappulus etwas Bemerkenswertes zu berichten wußte, hat Antias nach der Angabe seiner Marschbewegungen ihm einen großen Sieg am Fluß Aous über König Philipp zugeschrieben [65]. Dabei sollen 12000 Feinde gefallen und das Lager des Königs geplündert worden sein. Die Römer sollen 2200 Gefangene gemacht und 132 Feldzeichen sowie 230 Pferde erbeutet haben [66]. Solche ansonsten unbezeugte Nachrichten und die scharfe Kritik des Livius an den Zahlen des Antias haben diesem den Vorwurf eines bewußten Fälschers eingetragen, und man hat sogar von einem leichtfertigen Verhältnis zur Tradition auf die Einstellung der jüngeren Annalisten zur Überlieferung allgemein geschlossen. Das ist jedoch, wie wir noch sehen werden, nur bedingt statthaft.

Im Unterschied zu den beiden bisher genannten jüngeren Annalisten ist der dritte von ihnen, C. Licinius Macer [67], politisch hervorgetreten [68]. Im Jahre 78 hat er als Volkstribun energische Vorstöße zur Wiederherstellung der von Sulla aufs äußerste begrenzten Rechte der Volkstribunen und zur Einschränkung der Sullanischen Verfassung unternommen. Diese politische Tendenz wird auch seiner Geschichtsdarstellung die besondere Note gegeben haben. Darüber sagen uns die erhaltenen 27 Fragmente weniger aus als eine längere Rede, die ihm Sallust in seinen Historien in den Mund gelegt hat [69]. Natürlich zeigt diese Rede sprachlich den Stil Sallusts, aber die Grundgedanken dürften in Anlehnung an die politische Haltung des Macer entwickelt worden sein. Sie ist getragen von den Ideen, Reformbestrebungen und Schlagworten der Popularen. Das Volk wird aufgefordert, gegen die **iniuria patrum, die factio noxiorum**, die das einfache Volk in dauerndem **servitium** halte, endlich Front zu machen. Gefordert wird die **libertas**, die Einigkeit der Popularen und ihre Bereitschaft zu energischen Handlungen gegen die Optimaten, notfalls sogar durch Kriegsdienstverweigerung. Im Anfang der Berichte des Livius über die Ständekämpfe erinnert die Rede eines Volkstribunen an die von Sallust gegebene Rede [70]. Livius hat, wie heute vor allem von Walsh und Ogilvie angenommen wird [71], Macer neben Valerius Antias für seine Bearbeitung vornehmlich der innenpolitischen Kämpfe der ersten Dekade benutzt.

Schließlich sei noch kurz Aelius Tubero erwähnt [72], den Livius an zwei Stellen der ersten Dekade zusammen mit Licinius Macer und Valerius Antias anführt [73]. Er war wohl eine halbe Generation jünger als die beiden, und man hat vermutet, daß Livius ihn in der ersten Dekade als Vermittler für diese beiden benutzt hat [74]. Das ist schwerlich zu beweisen, zumal sein Werk nur schattenhaft zu erkennen ist. Es ist möglich, daß es bis auf den Bürgerkrieg zwischen Caesar und Pompeius heruntergegangen ist. Er hat mit seinem Vater auf der Seite des Pompeius an der Schlacht von Pharsalus teilgenommen. Beide traten nach dessen Tode auf die Seite Caesars über und wurden wie so viele Mitkämpfer von ihm begnadigt. Nach einer erfolglosen Klage gegen Q. Ligarius [75] wegen Hochverrats im Jahre 46 zog er sich von der Tätigkeit als Advokat zurück und widmete sich der juristischen Schriftstellerei [76].

Die wissenschaftliche Beschäftigung mit der jüngeren Annalistik war um die Jahrhundertwende, namentlich in Deutschland, ziemlich lebhaft. Da die Zahl und Qualität der Fragmente wenig aussagekräftig waren, sah man sich auf das Werk des Livius verwiesen, in dessen Analyse man bei der Zuteilung verschiedener größerer und kleinerer Abschnitte zu den einzelnen Vorgängern nicht zimperlich war [77]). Die Hauptfragen richteten sich im Geist des historischen Positivismus auf das Problem der Zuverlässigkeit und Glaubwürdigkeit des überlieferten Tatsachenmaterials. Dabei verschob sich das Schwergewicht von der Aufarbeitung und Bewertung der positiven Ergebnisse immer mehr auf die Suche nach Versehen, Fehlern und Schwächen der Berichte. Auch sachliche Widersprüche, ungerechtfertigte Wiederholungen, chronologische Verschiebungen und Dubletten ließen sich nachweisen. Schließlich fehlten Anachronismen oder Assoziationen an die Gegenwart und Umwelt des Autors nicht [78]). Kurz: es häuften sich die festgestellten Mängel so sehr, daß man glaubte, nicht mehr von Ungenauigkeiten und Versehen sprechen zu können, sondern bewußte Fehlmeldungen und Fälschungen annahm. Solcher Fehler hat sich durch grobe Übertreibungen in seinen Zahlenangaben, wie bereits bemerkt, vor allem Valerius Antias schuldig gemacht [79]).

Wie können wir mit der gebotenen Vorsicht an die Besonderheiten, Ziele und Mittel dieser Schriftstellergeneration herankommen? Man wird vielleicht am besten von der Tatsache ausgehen, daß ihre Werke umfangreicher als die Werke der älteren Annalisten waren. Diese Ausweitung kann einerseits durch Materialzuwachs oder erschlossene sachliche Detaillierung, andererseits durch eine ausführlichere Darstellungsweise erfolgt sein. Was die Vermehrung des Stoffs betrifft, so wird man mit der Möglichkeit zu rechnen haben, daß die jüngeren Annalisten die um das Jahr 123 von dem Pontifex P. Mucius Scaevola in 80 Büchern veröffentlichten Pontifikalakten [80]) benutzt haben und durch sie einzelne Lücken in der Überlieferung schließen konnten [81]). Ferner berichtet Livius, daß Licinius Macer und Aelius Tubero zur Korrektur eine Magistratsliste herangezogen hätten, die sich im Tempel der Iuno Moneta befunden habe [82]). Es ist auch möglich, daß die jüngeren Annalisten aus mündlicher oder schriftlicher

Tradition angesehener Geschlechter bis dahin unerschlossenes Material herangezogen haben [83]). Wie dabei einzelne Fakten in maiorem gloriam gentis oder gar einzelne Vertreter hierzu erfunden worden waren [84]), so hatten die Angehörigen eines unbeliebten Geschlechts eine Herabsetzung erfahren [85]).

Vor allem muß daran erinnert werden, daß Sempronius Asellio [86]) den bis zu seiner Zeit vorliegenden Annalisten den Vorwurf gemacht hatte, daß sie nur Fakten berichtet, sich aber über die Ursachen und Motivierungen der Ereignisse keine Gedanken gemacht hätten. Diesen Vorwurf haben die Vertreter der jüngeren Annalistik offenbar als berechtigt anerkannt und sich bemüht, ihn durch ihre eigene Darstellung zu entkräften. Dabei ging es natürlich nicht ohne erhebliche Ausweitung ab. Sie haben aber die geforderte Kausalkette und innere Durchdringung der Ereignisse nicht nur für die Behandlung der eigenen Zeit angestrebt, sondern auch für die frühen Abschnitte der römischen Geschichte versucht. Dabei haben sie, wie dies bei der Darstellung und Deutung früherer Generationen der Geschichte immer eine Gefahr ist, die überkommenen Fakten und Handlungen aus der Perspektive der Gegenwart und aus dem eigenen Erlebens- und Erfahrungsbereich mit Leben erfüllt. Dies können wir zunächst für die militärischen Operationen und Schlachten feststellen. Von diesen waren ihnen für die frühen Zeiten wohl kaum mehr als die Namen oder einzelne herausragende Fakten überliefert, und die Verfasser waren bei dem Versuch einer Detaillierung auf Kombinationen angewiesen. Die Berichte über die militärischen Unternehmungen der ersten Dekade, aber auch über nicht wenige Märsche und Schlachten in den späteren Büchern haben keinerlei authentischen Wert. Sie sind unter dem Gesichtspunkt spannender Kampfmomente und der inneren Beteiligung der Führer und Soldaten an dem Wechsel der Kampfphasen gestaltet und frei erfunden. Es hatte sich sehr bald eine Topik für diese Themen herausgebildet, deren Einzelheiten und Ziel wir in der Übernahme und Umgestaltung durch Livius noch kennenlernen werden.

Aber auch die Darstellung des innenpolitischen Geschehens erfuhr eine beträchtliche Erweiterung. Die Zeit, in der die Vertreter der jüngeren Annalistik heranwuchsen und arbeiteten, war ja von schwersten politischen Gegensätzen und Kämpfen zwischen Optimaten und Popularen, Sulla und Marius, Pompeius und Caesar erfüllt. Es konnte bei der unvermeidbaren Subjektivität kaum ausbleiben, von diesem Erleben der Gegenwart auf analoge Verhältnisse der vorangegangenen Epochen zu schließen und durch die Annäherung an die gegenwärtigen Ereignisse einige trockene Fakten der älteren Überlieferung in ihren Wirkungskräften zu verlebendigen und sie dem Leser in ihrem vermuteten inneren Zusammenhang nahezubringen.

Man hat schon früh bei der Analyse der Berichte über die drei niedergeschlagenen Versuche zur Erringung der Königsherrschaft erkannt, daß einzelne Details aus der Catilinarischen Verschwörung rückprojiziert worden waren. Der geplante Putsch des Sp. Maelius ist eng mit der Notlage der Getreideversorgung verknüpft. Dieser Anachronismus spielt in den Berichten über die Ständekämpfe eine erhebliche Rolle. Das Eintreten des Spurius Cassius für ein Ackergesetz im Jahre 486 und sein Kampf und Tod zeigen enge Anlehnung an das Schicksal der Gracchen [87].

Bei den Spannungen zwischen Patriziern und Plebejern vor und nach dem Decemvirat oder während der Kämpfe um die Zulassung der Plebejer zum Konsulat sind in den verschiedenen Kampfsituationen, die in den älteren Berichten vermutlich nur angedeutet waren, manche spätere Einzelheiten in die Entwicklung der annalistischen Tradition eingefügt und ausgemalt worden (erfundene Senatsbeschlüsse, Anträge von Volkstribunen u.a.m.). Es muß sich dabei nicht immer um bewußte Täuschungen des Lesers durch Erfindungen oder tendenziöse Fälschungen handeln, sondern es werden oft guten Glaubens Rückprojizierungen aus dem politischen Leben der Gegenwart erfolgt sein.

Diese aktualisierende Vergegenwärtigung politischer Standpunkte und Handlungen der Frühzeit hat einen besonderen Ausdruck in den Reden gefunden, die die jüngeren Annalisten in nicht geringer Zahl in ihre Darstellungen eingefügt und die sie nicht selten in Anpassung an die jeweilige historische Situation im Geist ihrer eigenen politischen Haltung und Ziele durchgeführt haben. Diese "Freiheit" haben sie sich vielleicht um so leichter genommen, als sie selbst nicht unmittelbar mit der Politik der eigenen Zeit befaßt waren. Daher ergab sich eine größere Distanz und wohl auch eine geringere Verantwortlichkeit gegenüber den politischen Ereignissen der Gegenwart und Vergangenheit, die sie zu berichten hatten. Das mag die Möglichkeit zu einem freieren Umgang mit der Tradition eröffnet haben, zugleich aber auch manche Ungenauigkeiten und Mißverständnisse in der Berichterstattung mit sich gebracht haben. Wir können hier also die Anfänge einer freien Schriftsteller- und "Dilettanten"tätigkeit beobachten, die Livius unter größerer Verantwortlichkeit gegenüber der Überlieferung später mit Erfolg fortgesetzt hat.

Schließlich sei mit Nachdruck hervorgehoben, daß die Erweiterung der Werke der jüngeren Annalisten auch darauf zurückgeht, daß sich die literarischen Ansprüche der Leser im Laufe des Aufschwungs der römischen Literatur erheblich gesteigert hatten. Es ist die gleiche Zeit, in der Cicero und andere Redner die römische Prosa auf ihren ersten Höhepunkt geführt hatten. Wie weit dieser oder jener Annalist von Ciceros sprachlicher Kraft und Gestaltungsgabe beeinflußt worden ist und ob bzw. wie weit er Kenntnis von Ciceros Vorstellungen von einem zeitgemäßen historischen Werk hatte, wissen wir nicht. Für Livius sind beide Fragen eindeutig zu bejahen.

Im Rückblick wird man festzustellen haben, daß keine exakten Angaben über die Auswahl und Einarbeitung der Quellen des Livius in den einzelnen Dekaden möglich sind - bis auf den Anschluß an Polybios in den Büchern 31-45. Übereinstimmung herrscht darüber, daß der Hauptfundus der Vorlagen in den Schriften der jüngeren Annalisten zu sehen ist. Unter ihnen nehmen Valerius Antias und Claudius Quadrigarius den ersten Platz ein, wobei allerdings strittig ist, ob Livius sie immer direkt oder vielleicht teilweise durch Vermittlung des Aelius Tubero benutzt hat. Neben ihnen ist für die erste Dekade noch Licinius Macer zu nennen, der eine plebejerfreundliche Haltung eingenommen zu haben scheint, während für Valerius Antias propatrizische Sympathien zu beobachten sind. Ob und in welchem Umfang Livius in der ersten Dekade auf ältere Annalisten, vielleicht sogar auf Fabius Pictor zurückgegriffen hat, darüber gehen die Meinungen auseinander [88]. Für die dritte Dekade [89] hat Coelius Antipater neben einem Annalisten eine wichtige Rolle gespielt, der für die Kämpfe in Sizilien, um Tarent und in Afrika wahrscheinlich Polybios herangezogen hatte. Ob Livius für diese Abschnitte eventuell selbst Polybios benutzt hat, ist umstritten [90]. In den Büchern 31-45 ist er in mehr als der Hälfte Polybios gefolgt und hat für die Verhältnisse in Rom und im Westen Claudius Quadrigarius und Valerius Antias zugrunde gelegt. Man nimmt an, daß er im allgemeinen mit zwei Vorlagen gearbeitet hat, die er entweder vor der Bearbeitung eines größeren Abschnitts durcharbeitete oder von denen er der einen als Hauptvorlage folgte und die andere danach zur Korrektur heranzog [91].

Es liegt nahe, im Anschluß an den Überblick über die annalistischen Vorläufer des Livius einige Bemerkungen zu seinen <u>direkten</u> Auseinandersetzungen mit ihnen anzufügen. Dabei seien zwei Ergebnisse vorangestellt, die allgemein anerkannt und oft wiederholt worden sind. Man hat erstens die Tatsache hervorgehoben, daß Livius sich nur an sehr wenigen Stellen zusammenhängend über seine kritisch- methodischen Überlegungen geäußert hat und daß er offenbar an solchen Reflexionen nicht besonders interessiert gewesen ist. Er war kein kritischer Forscher, der anhand fester methodischer Grundsätze durch die verschiedene Art der Überlieferung zu dem historisch wahren Geschehen durchdringen wollte. Darin liegt, wie wir noch sehen werden, ein tiefer Unterschied zu Polybios, der immer wieder, wo die Überlieferungslage dazu lockte oder nötigte, über seine methodischen Grundsätze reflektierte, oft zugleich mit scharfer Polemik gegen Historiker anderer Richtung, namentlich der sog. tragischen Geschichtsschreibung [92]. Zweitens hat Livius sich von den richtigen methodischen Überlegungen und Grundsätzen, die sich bei ihm finden, nicht zu einer konsequenten Beachtung derselben bestimmen lassen, sondern sie nur bald hier, bald dort für eine notwendige Entscheidung zur Geltung gebracht [93]. Im ganzen finden sich rund 250 Stellen mit kritischen Äußerungen, von denen etwa zwei Drittel auf die erste Dekade entfallen. Dieser hohe Prozentsatz geht nicht etwa auf besonders kritische Anstöße des jungen Livius zurück, sondern ist durch die Unsicherheit der frühen Überlieferung bedingt und hat vor allem bei den Vorgängern des Livius einen großen Stellenwert gehabt, wie ein Vergleich mit der Parallelüberlieferung bei Dionys von Halikarnass lehrt. In der dritten Dekade sind gut fünfzig, in der vierten dreißig, in den restlichen Büchern nur noch neun kritische Bemerkungen zu verzeichnen. F. Hellmann [94]). hat in der Interpretation der 250 Stellen drei Gruppen unterschieden: eine erste mit Wendungen, in denen Livius die Entscheidung offen gehalten hat; eine zweite mit Wendungen, in denen er seine Entscheidung vorlegt und begründet, und eine dritte mit Stellen, in denen er eine Entscheidung nach dem Grad der Wahrscheinlichkeit erwägt. Die mittlere Gruppe umfaßt rund 130 Stellen, die beiden anderen je die knappe Hälfte von ihnen. Bei der Zuordnung zu den Gruppen zwei und drei kann man schwanken.

Livius war sich, wie er bereits in der Praefatio (6 f.) erklärt, des legendären Charakters der Berichte über die Zeit vor und unmittelbar nach der Gründung Roms bewußt. Die Unsicherheit über die frühe Geschichte der Republik formuliert er mit den Sätzen: **tanti errores ..., ut nec qui consules secundum quos necquid quoque anno actum sit, in tanta vetustate non rerum modo, sed etiam auctorum digerere possis** [95]); **res cum vetustate nimia obscuras velut quae magno ex intervallo loci vix cernuntur, tum quod rarae per eadem tempora litterae fuere una custodia fidelis memoriae rerum gestarum** [96]). Mit zahlreichen Wendungen drückt er die Unsicherheit der Überlieferung, namentlich in der ersten Pentade, aus: **incertum est; parum liquet; nihil certe est** oder er weist auf Diskrepanzen in der Überlieferung hin: **et alia inter auctores discrepant; alius ... alius ... alius** [97]); **auctores utroque trahunt, plures tamen ...** [98]). Dabei wird nicht selten eine Unsicherheit seiner Entscheidung spürbar, wie er einmal selbst bekennt **... nec facile est aut rem rei aut auctorem auctori praeferre** [99]). Im gleichen Zusammenhang äußert er Mißtrauen gegenüber der durch **laudationes funebres** oder **tituli** unter den Büsten adliger Herren vertretenen Überlieferung, die der Beglaubigung durch einen zeitgenössischen Schriftsteller entbehrt [100]). Am besten fühlt er seine Darstellung gesichert, wenn er sich auf zeitgenössische Autoren, **proximi memoriae temporum scriptores, aequales temporibus scriptores** [101]), berufen kann. Dies gilt sowohl für die frühen Jahrhunderte als auch für "hellere Zeiten": **id ne pro certo ponerem; vetustior annalium auctor Piso effecit** [102]); **ergo, praeterquam quod nihil auctum ex vano velim; quo nimis inclinant ferme scribentium animi; Fabium aequalem temporibus huiusce belli potissim um auctorem habui** [103]). In diesem Satz ist besonders wichtig, daß Livius sich von jenen Vorgängern absetzt, die **ex vano** eigene Zutaten zur Überlieferung hinzufügen, wie dies zur Detailbereicherung oder aus künstlerisch wirksamen Gründen die Vertreter der jüngeren Annalistik getan hatten. Er scheut sich nicht, einzelne von ihnen der Fälschung zu zeihen: **sed superiecere quidam augendo fidem** [104]). Er selbst hat sich vor solchen willkürlichen Ausweitungen der Überlieferung gehütet. Auch sonst ist er behutsam gegenüber der Überlieferung vorgegangen, wie er dies selbst bekennt, als er sich von den Verächtern der Prodigien in der Gegenwart absetzt: **ceterum et mihi vetustas res scribenti nescio quo pacto antiquus fit animus, et quaedam religio tenet, quae illi prudentissimi viri publice suscipienda censuerint, ea pro indignis habere, quae in meos annales referam** [105]). Seine positiven Urteile über Einzelheiten des Geschehens erhalten bezeichnenderweise häufig Zusätze wie **credo; magis credo; haud ambigam**. Oft begnügt er sich mit der Angabe der Wahrscheinlichkeit eines Ereignisses: **simile veri est aut ... aut ... aut ...** [106]) oder **proximum vero est ex iis, quae traduntur** [107]). Es charakterisiert ihn auch, daß er nicht bei einer Diskrepanz heftig gegen seine Vorgänger polemisiert, sondern moderiert auf sie verweist: **sicut proditur tamen res, ne cui auctorum fidem abrogaverim** [108]). Abschließend kann festgehalten werden, daß Livius, wenn er es auch nicht zu einer systematischen Ordnung der zahlreichen methodischen Äußerungen gebracht hat, das Streben nach **fides** als oberstes Gebot, das er anderen Autoren nicht absprechen will, für sich selbst mit Recht in Anspruch nehmen darf [109]).

3. Polybios

Neben den Annalisten nimmt Polybios [110]) eine ausgesprochene Sonderstellung ein. Er ist der einzige Nicht- Römer unter den von Livius in den erhaltenen Büchern benutzten Autoren, ferner der einzige Autor, dessen Werk wir durch 15 Bücher hindurch (Buch 31-45) als Vorlage von beträchtlichem Umfang besitzen und mit Livius vergleichen können. Dies ist die beste Möglichkeit, eine zutreffende Vorstellung von der Arbeitsweise des Livius zu gewinnen. Das liegt vor allem daran, daß sich die von Livius übernommenen Partien relativ leicht in dem livianischen Kontext erfassen lassen und Livius weithin sich an den Text des Polybios gehalten hat.

Polybios aus Megalopolis (ca. 201-120), dessen Vater Lycortas eine Führerstellung im achaeischen Bund bekleidet hatte und mit dem der Sohn in der Schlacht bei Pydna (168) unterlegen war, kam unter 1000 achaeischen Geiseln 166 nach Rom. Dort glückte es ihm, in freundschaftliche Beziehungen zu dem damals etwa 18 Jahre alten Cn. Scipio Aemilianus zu treten, dem späteren Sieger über Karthago und Numantia. Mit ihm nahm er nicht nur an seinen entscheidenden Kriegszügen und Belagerungen teil, sondern begab sich mit ihm auch auf "Bildungsreisen" in verschiedene Länder. Im Verlauf dieser langjährigen Freundschaft fand Scipio (und mit ihm seine Freunde) Zugang zur griechischen Bildung und Lebensweise, und auf der anderen Seite gewann Polybios ein tiefes Verständnis für die römische Tradition, Politik und Staatsführung. In diesem wechselseitigen Austausch faßte Polybios den Plan zu der Abfassung einer Universalgeschichte, deren Ziel er darin sah, seinen Lesern darzulegen, wodurch Rom seine weltbeherrschende Machtstellung errungen habe und wie folgerichtig und nützlich es für die nicht-römischen Herrscher und Staaten sei, zu einem Ausgleich mit diesem Weltreich zu kommen. Zugleich versuchte er, auf die Römer einzuwirken, daß sie ihre in den Kämpfen in Griechenland bewährten Methoden des Maß- Haltens und der Milde zur Sicherung ihrer Herrschaft beibehielten [111]). Die entscheidenden Gründe für den römischen Aufstieg sah er einerseits in der militärischen und politischen Überlegenheit, mit der die Römer die

Kämpfe gegen die Karthager, die griechischen Stämme, Makedonien und König Antiochus von Syrien gewonnen hatten, anderseits in der besonderen Form der römischen Staatsordnung, die als "gemischte Verfassung" die Vorteile der monarchischen, der aristokratischen und der demokratischen Staatsform in sich vereinte und zu praktischer Geltung gebracht hatte. Schließlich wies er - wenn auch mit geringerem Nachdruck - auf die moralischen und religiösen Kräfte Roms als erfolgssichernde Handlungsgrundlage hin.

Gemäß dieser Grundeinstellung sollte das Werk, soweit wir sehen, in seiner ersten Konzeption die Jahre 264-168 umfassen. Polybios ist dann aber noch weitergegangen, hat den Untergang Karthagos behandelt und sich vermutlich als Ziel den Triumph Scipios über Numantia gesetzt.

Von dem Werk, das mit 40 Büchern abgeschlossen war, ist etwa ein Drittel erhalten: die Bücher 1-2 behandeln als Einführung die Jahre 264-220, die Bücher 3-5 die Ereignisse in Griechenland, Spanien und Italien bis zur Schlacht von Cannae (220-216) und in Buch 6 Roms Verfassung. Von hier an sind nur Auszüge von sehr verschiedenem Umfang erhalten, und es behandeln die Bücher 7-12 die Ereignisse in Ost und West von 215-206, die Bücher 13-40 die Ereignisse bis zu einigen Jahren nach 146. Ob das Werk in verschiedenen Zeitabständen schubweise entstanden ist und spätere Einschübe erfahren hat oder kontinuierlich so gut wie in <u>einem</u> Zug niedergeschrieben worden ist, ist in der Forschung umstritten [112]). Polybios, der sich bewußt in die Nachfolge des Thukydides gestellt und andere Arten der Geschichtsschreibung wie etwa die des Timaios oder die oben erwähnte tragische Geschichtsschreibung in scharfer Polemik abgelehnt hatte [113]), schrieb sein universalhistorisches Werk als pragmatische Untersuchung mit dem Anspruch der inneren Begründung und Verknüpfung der Ereignisse zur unbedingten Erforschung der Wahrheit. Leitende Aspekte sind für ihn die Vermittlung der für das Verständnis der militärischen und politischen Ereignisse erforderlichen Sachkenntnisse und die Klarheit ihrer Darstellung. Diese soll ebenso den militärischen Führern wie den Staatsmännern zur richtigen Beurteilung und zum richtigen Handeln bei den eigenen Entscheidungen dienen. Dabei schlägt sehr oft ein bevorzugtes Interesse an militärischen Aktionen und Details durch.

Livius hat Polybios für die Ereignisse in Griechenland, Makedonien und im Osten in den Jahren 208-(201)-167 herangezogen [114], d. h. für mehr als die Hälfte des Umfangs der Bücher 31-45. Für die Ereignisse in Rom und im Westen folgte er den Annalisten Valerius Antias und Claudius Quadrigarius, die er aber auch gelegentlich für den Osten eingesehen hat. Umgekehrt hat er Polybios auch für die Verhandlungen östlicher Gesandter in Rom benutzt und sich ihm weitgehend angeschlossen. Er betont von vornherein die unbedingte Zuverlässigkeit des Polybios: **historicus, haudquaquam spernendus auctor** [115]; **non incertus auctor cum omnium Romanarum rerum tum praecipue in Graecia gestarum** [116]. Gelegentlich führt er am Ende eines von Polybios übernommenen Berichts, etwa über eine Schlacht, den einen oder den anderen Annalisten an, ohne ihn jedoch gegen Polybios auszuspielen oder Polybios zu tadeln. Nur einmal verweigert er ihm den Glauben [117], und nur einmal legt er eine von den römischen Berichterstattern völlig abweichende Version (über König Prusias [118]) vor, ohne dazu kritisch Stellung zu nehmen.

Die Benutzung des Polybios stellte Livius vor eine Reihe von Schwierigkeiten im Vergleich zu der Verarbeitung seiner annalistischen Vorgänger in den ersten Dekaden [119]. Die erste ist natürlich darin zu sehen, daß er sich einem fremdsprachlichen Text gegenübergestellt sah. Nun kann schwerlich ein Zweifel darüber aufkommen, daß Livius in seinen Studienjahren Griechisch gelernt hatte, aber ob er die Sprache des Polybios so weit verstand, daß er sie auch in ihrem persönlichen Stil und in den sachlichen Besonderheiten zutreffend erfaßte, konnte bestritten werden. So hat man lange Zeit den Text auf Übersetzungsfehler und sprachliche Mißverständnisse überprüft und mancherlei Beanstandungen - einige auch von gravierendem Charakter [120] - gefunden. Während man diese früher Livius sehr anlastete [121], ist man heute der Ansicht, daß der Römer sich recht sicher im Umgang mit dem polybianischen Text erwiesen und eine angesichts des großen Umfangs der von ihm übernommenen Polybios-Abschnitte anerkennenswerte Leistung des sprachlichen und inhaltlichen Verstehens und Übertragens des griechischen Textes erbracht hat [122]). Insbesondere verdient hervorgehoben zu werden, daß zwischen den von Polybios und den Annalisten übernommenen Abschnitten keine Stilunterschiede wahrzunehmen sind, sondern daß Livius - auch bei engem Anschluß an Polybios - seinen Stil gewahrt hat.

Eine zweite Schwierigkeit ist darin zu erkennen, daß Polybios eine klar ausgeprägte und formulierte Vorstellung von den Aufgaben der pragmatischen Geschichtsschreibung hatte, die er sich bei den Vorarbeiten für sein Geschichtswerk und im Laufe der ersten Arbeiten an diesem erarbeitet haben dürfte. Im 12. Buch hat er in einer sehr heftigen Auseinandersetzung mit älteren Historikern [123]), insbesondere mit Timaios von Tauromenion [124]) und Phylarch [125]), drei Forderungen aufgestellt [126]), denen diese Vorgänger nur unzureichend oder überhaupt nicht gerecht geworden seien [127]). Einer solchen kritischen Prüfung sehen wir also auch Livius ausgesetzt, und wir haben zu bedenken, ob und wie weit er vor den polybianischen Forderungen bestehen kann.

An erster Stelle erwartet Polybios von einem Historiker, daß er das für sein Thema erforderliche schriftliche Material möglichst vollständig sammelt und in die gehörige Ordnung bringt. Daran hat es Livius, wie wir in dem vorangehenden Kapitel gesehen haben, nicht fehlen lassen, wenn ihm auch in der Bewertung seiner Vorgänger der kritische Sinn oft versagte und er grundsätzliche Erörterungen über die Aufgaben des Historikers und längere Auseinandersetzungen mit seinen Vorgängern gemieden hat.
Die hohe Einschätzung des Wertes der schriftlichen Überlieferung durch Polybios finden wir später leicht gemindert, wenn er dem Timaios vorwirft, daß dieser sich fast fünfzig Jahre in Athen mit den Schriften älterer Autoren beschäftigt, aber Reisen an die historisch wichtigen Stätten und Länder unterlassen habe [128]). Auf Autopsie der geographischen und topographischen Verhältnisse legt Polybios größten Wert, um die dort ausgetragenen Kämpfe zutreffend dar-

stellen und beurteilen zu können. Gegenüber dieser Forderung hat Livius erheblich versagt [129], trifft doch auf ihn der Vorwurf ständiger Seßhaftigkeit in ähnlicher Weise wie auf Timaios zu, mag er nun den größten Teil seines Lebens in der Heimatstadt Padua oder in Rom verbracht haben.

Was seine geographischen Angaben betrifft, so hat er sich bekanntlich in der ersten und dritten Dekade karg [130] in Orts- und Marschangaben verhalten. Wir finden weder für den Marsch Hannibals von Spanien nach Italien noch für die Übergänge über die Rhone, die Alpen [131] oder den Apennin einigermaßen exakte Angaben, so daß es nicht verwunderlich ist, daß immer wieder neue Vorschläge für die Festlegung dieser Routen gemacht werden. Selbst die Lage der Schlachtfelder in Oberitalien wird so verschwommen geschildert, daß es bis heute nicht gelungen ist, diese Kampfstätten festzulegen (um eventuelle Ausgrabungen zu machen). Wahrscheinlich haben ihm weder Coelius noch die Annalisten entsprechendes Material geliefert, und er hat dies offenbar auch nicht vermißt, sondern damit gerechnet, daß seine Leser darüber im allgemeinen informiert waren und nähere Angaben nicht erwarteten. Wenn sich im Unterschied zur ersten und dritten Dekade in den folgenden Büchern geographische Angaben, vor allem in den Schlachtberichten finden, so ist Livius hier dem Polybios gefolgt. Dabei konnte es kaum ausbleiben, daß ihm, zumal ihm Ortskenntnisse fehlten, in der Wiedergabe der polybianischen Vorlage Fehler unterliefen. Neben kleineren Versehen ist hier auch manchmal ein schwerer Fehler zu monieren, wie z.B. die oft zitierte Verwechslung der ätolischen Stadt Therma mit den Thermopylen [132].

Als weitere Voraussetzung einer methodisch und sachlich zünftigen Geschichtsschreibung verlangt Polybios Kenntnisse und Erfahrung im Umgang mit politischen Aufgaben und öffentlichen Geschäften aller Art. Er geht freilich auf diesen Aufgabenkreis nur insoweit näher ein, als er nachdrücklich fordert, daß die Reden bei politischen Beratungen, Gesandtschaften und Verhandlungen mit fremden Unterhändlern sowohl der jeweiligen politischen Situation als auch den einzelnen Persönlichkeiten angepaßt sein müssen. Das sind Vorschriften, die den Zielen des in der Gestaltung der Reden an Cicero geschulten Livius weitgehend entsprachen. Polybios konnte freilich, seit er als Geisel nach Rom gekommen war, politisch nicht tätig sein. Immerhin hatte er die Möglichkeit, durch seine Freundschaft mit Scipio aus der Distanz oder im Gespräch mit diesem den Ablauf des politischen Lebens in Rom zu verfolgen.

Mehr als eine distanzierte Beobachtung politischer Aktivitäten in Rom hatte auch Livius nicht. Darin unterscheidet er sich grundlegend von seinen älteren annalistischen Vorgängern. Von ihnen hatten die meisten mitten in der Politik gestanden und sich erst, soweit wir sehen, in zunehmendem Alter der Geschichtsschreibung zugewandt. Sie brachten also erhebliche politische Erfahrung mit, die freilich beinahe unvermeidlich auf ihre Darstellung der römischen Entwicklung, namentlich der zeitgenössischen, abfärbte. Die Vertreter der jüngeren Annalistik waren zwar, wie wir gesehen hatten, zum größten Teil nicht in der Politik tätig gewesen, waren aber durch ihre vermutliche Bindung als Klienten an politisch aktive Patroni "parteipolitisch" mehr oder minder festgelegt. Demgegenüber ist hervorzuheben, daß Livius offensichtlich frei von solchen Bindungen war. Dieser Umstand hat dazu geführt, daß er sich bemüht hat, z.B. bei den Ständekämpfen, jede der beiden einander gegenüberstehenden Gruppen, d.h. sowohl die Vertreter der Patres als auch die Volkstribunen als Sprecher der Plebs, zu Worte kommen zu lassen und ihnen in ihren Zielen und Stimmungen gerecht zu werden. Daß er in der ersten Dekade und in den ersten Büchern der dritten Dekade etwas größeres Verständnis für die Haltung und Politik des Senats als für die Plebejer zeigt, hat man richtig beobachtet [133]).

In seinen Berichten über die Jahre 200-167 eröffnen die gegenüber Polybios viel ausführlicheren Angaben über die Wahlen und die Senatsverhandlungen wichtige Einblicke in die Ziele und Methoden der miteinander rivalisierenden Geschlechter und politischen Gruppierungen. Bei der Auswertung dieser Diskussionen ist zwar Kritik geboten, aber ohne sie bliebe das politische und gesellschaftliche Spiel der Aristokratie für uns weitgehend verschlossen.

Die größte Schwierigkeit, der sich Livius bei der Übernahme des polybianischen Textes gegenübersah, lag in einer Reihe von chronologischen Problemen. Polybios berichtet nämlich die Ereignisse nach Olympiadenjahren, die man bekanntlich vom Herbst ab zählte, während Livius natürlich dem römischen Amtsjahr folgt, das - mit gelegentlichen Verschiebungen - im März begann. Beide Systeme sind also nicht deckungsgleich. Die Schwierigkeit der richtigen Einordnung der polybianischen Angaben in die livianische Jahresabfolge wurde dadurch erhöht, daß sowohl bei Polybios als auch bei den annalistischen Vorgängern, soweit wir darüber urteilen können, exakte Zeitangaben und bestimmte Daten im jährlichen Ablauf nur selten angegeben waren, so daß eine Einordnung vom Datum her nicht möglich war. Polybios gibt allerdings häufig allgemeine Zeitangaben in seinen Berichten: im Frühling, Sommer, Herbst oder Winter. Diese hat Livius häufig übernommen, aber in seinem übrigen Werk finden sich solche Angaben nur selten, d.h. sie waren in seinen annalistischen Quellen wenig oder nicht vorhanden, und so bot sich auch von hier aus kein eindeutiger Hinweis für die Einordnung. Es hätte nahegelegen, daß unter solchen Umständen Livius die beiden Hälften eines Olympiadenjahres dem Ende des einen Konsulatsjahres und dem Anfang des folgenden zugeordnet hätte. Das hat er nicht getan, sondern im allgemeinen das Olympiadenjahr einem Konsulatsjahr gleichgesetzt und nach Wahrscheinlichkeit die polybianische Vorlage als geschlossene Einheit in seinen annalistischen Kontext eingefügt. Da aber der Anfang der polybianischen Partie und der Amtsantritt der Konsuln differieren, ist eine polybianische Partei bisweilen auf einen späteren Jahrestermin, ja vielleicht sogar um ein ganzes Jahr verschoben [134]). Hierbei ist Livius manchmal so nachlässig gewesen, daß er dasselbe Ereignis, das er am Anfang eines Jahres nach einer annalistischen Vorlage erzählt hatte, ein Jahr später in dem von Polybios übernommenen Text ein zweites Mal berichtete [135]). So hat er u.a. eine Tempelweihung zweimal in zwei aufeinanderfolgenden Jahren (173, 172) mit kleinen Varianten berichtet [136]), ebenso die Weihung vergoldeter Schilde im Jupitertempel [137]), die Entsendung von **coloniae** [138]); den Feldzug des C. Claudius gegen die Ligurer [139]); den Kampf des Postumius gegen eine Verschwörung von Hirten [140]) und für das gleiche Jahr zweimal die nur leicht unterschiedene Festsetzung einer dreitägigen Supplicatio [141]). Bisweilen scheinen ihm diese Dubletten nicht entgangen zu sein, und er hat, statt eine Entscheidung für den richtigen Zeitpunkt zu suchen und die zweite Angabe wegzulassen, durch kleine Zusätze oder Auslassungen der zweiten Fassung eine Variatio, eine leichte Veränderung gegeben und sie ebenfalls in seinen Text aufgenommen. Für solche Fehler und Retuschen in der chronologischen Angleichung [142]) kann man in der Fülle der Fakten, die in den einzelnen Jahresberichten zu verzeichnen waren und von denen viele ähnlich sind, eine leidlich plausible Entschuldigung sehen, doch bleiben sie in der nicht ganz geringen Zahl ein Ärgernis. Dennoch wird man diese Nachlässigkeiten nicht als Beleg eines inhärenten Mangels an Wahrheitssinn und Wahrheitssuche auslegen [143]).

Nach diesen allgemeinen Betrachtungen stellt sich die Frage, was Livius aus Polybios ausgewählt, was er weggelassen und wie und wo er die einzelnen Passagen in seinen Kontext eingefügt hat. Zwei Fakten übergreifender Art sind an die Spitze zu stellen, die bereits H. Nissen [144]) erkannt hat. Erstens hat Livius die ausführliche, oft ins Detail gehende und bisweilen sogar umständliche Darstellungsweise des Polybios erheblich gekürzt. Dies hat er zunächst dadurch erreicht, daß er in den von ihm herangezogenen Abschnitten Exkurse, kritische Überlegungen und allgemeine Betrachtungen, die Polybios im Anschluß an einzelne Personen oder Ereignisse entwickelt hatte, weggelassen hat, z.B. Erörterungen über die Aufgabe eines pragmatischen Historikers [145]) über die notwendigen Kenntnisse eines Feldherrn [146]), über die Macht der Tyche [147]), über menschliche Fehlurteile gegenüber sog. Verrätern. Dazu gehören auch ausführlichere geographische Angaben, wie z.B. über die Lage von Sestos und Abydos oder über militärische Details, wie z.B. der große Exkurs über die Unterschiede zwischen der Bewaffnung der makedonischen und römischen Soldaten. Das sind Sachbereiche, die Livius selbst wenig interessierten und für die er offenbar bei seinen Lesern wenig Interesse voraussetzen zu dürfen glaubte. Vor allem betont er wiederholt, daß er für die Angelegenheiten fremder Völker und Staaten weder Raum noch Zeit habe.

Das zweite wichtige Faktum von allgemeiner Bedeutung ist die Tatsache, daß Livius sich sowohl in Abschnitten von beträchtlichem oder mittlerem Umfang an Polybios angeschlossen hat, daß er aber auch kleine Passagen oder einzelne Sätze übertragen hat. Bald hat er einen engen Anschluß an den Wortlaut des Polybios gewählt, bald ist er ihm in freierer Übertragung gefolgt. Solche Wechsel hat er auch innerhalb einer inhaltlichen Erzähleinheit, wie etwa einer Schlachtbeschreibung oder einer Rede, vorgenommen. Mit ähnlicher Freiheit hat er aus einem größeren Bericht des Polybios einzelne Unterabschnitte oder Sätze weggelassen oder auch eigene Zutaten hinzugefügt. Wenn wir dafür einige Beispiele [148]) anführen wollen, so hat schon H. Nissen [149]) darauf hingewiesen, daß Livius eine große Zahl von Namen, vor allem von den Begleitern wichtiger Persönlichkeiten oder den Vertretern griechischer Stämme bei ihrem ersten Auftreten weggelassen hat, die Polybios pedantisch genau nennt, während Livius von **legati, oratores, principes** spricht. Die Einleitung für Konferenzen gestaltet Polybios häufig etwas umständlich durch die Angaben des Ortes und der Zeit sowie durch die exakte Beschreibung des Kommens oder des Redebeginns der Teilnehmer wie auch des Übergangs von einem Redner zum anderen oder des Auseinandergehens der verschiedenen Gruppen. Der militärisch besonders interessierte und erfahrene Polybios legt, wie bereits erwähnt, auf die Marschbewegungen der verschiedenen Heere vor einer Schlacht, auf die Einzelheiten der Heeresaufstellung und vor allem des Kampfverlaufs großen Wert, während Livius meist nicht nur kürzt, sondern durch den Verzicht auf die polybianische Fülle der Einzelheiten des äußeren Geschehens Raum für die Entfaltung der inneren Beteiligung von Soldaten an dem Kampfe gewinnt [150]). Polybios scheut auch davor nicht zurück, gelegentlich in der Schilderung des Kampfes Grausamkeiten und Scheußlichkeiten auszumalen, während Livius darin maßvolle Zurückhaltung übt [151]) und vor allem die Fluchtbewegung kurz abtut.

Sachliche Zusätze hat Livius relativ selten gemacht und nur gelegentlich übliche griechische oder makedonische Termini erläutert, wie z.B. die besonders langen Lanzen, **quas sarisas vocant** [152]), die keilförmige Schlachtordnung (**cuneus**): **phalangem ipsi vocant** [153]), oder ein erlesenes Beratungsgremium: **per apocletos autem - ita vocant sanctius consilium** [154]). Vor der Freiheitserklärung in Korinth gibt er eine kurze Angabe über die Lage der Stadt und über die Bedeutung der Olympischen Spiele [156]). Häufige Zusätze von einem oder mehreren Sätzen finden sich sowohl bei Senatoren als auch bei ausländischen Rednern, wenn sie auf erläuternde Beispiele aus der römischen Vergangenheit hinweisen, die häufig dem Lobe Roms dienen. P.G. Walsh hat die "patriotische" Gesinnung des Livius, die in diesen Zusätzen zum Ausdruck kommt, mehrfach hervorgehoben und sogar von einer "chauvinistischen" Gesinnung solcher Passagen gesprochen. Was die Gestaltung der Reden betrifft, so hat Polybios die Form der Oratio obliqua bevorzugt, während sich Livius oft die Freiheit genommen hat, die indirekten Reden des Polybios entweder ganz oder teilweise in Oratio recta wiederzugeben. Es kommt aber auch vor, daß Livius eine direkte Rede des Polybios in Oratio obliqua umgesetzt hat. Inhaltliche oder sprachlich formale Rücksichten bedingen den Wechsel und sind jeweils im Zusammenhang mit den Absichten des Redners zu klären.

Schließlich sei hervorgehoben, daß Livius in der kompositionellen Anordnung und Durchführung des von Polybios übernommenen Stoffes eine erhebliche Selbständigkeit bewiesen hat. Wir hatten schon gesehen, daß er die Geschichte der Jahre 200-167 auf drei Pentaden verteilt hat, deren Caesuren weder von Polybios vorgegeben waren noch sich aus den Ereignissen selbst ergaben. Im Schicksal der drei Könige Philipp, Antiochus und Perseus enthält jede Pentade ihr Sonderthema, bei dessen Durchführung allerdings die treibenden Kräfte und der Erfolg bei den römischen Feldherrn und Heeren liegen. Wie in der ersten und dritten Dekade [157]) hat Livius auch hier sich bemüht, dem einzelnen Buch eine gewisse Geschlossenheit zu geben, wie dies u.a. längst nachdrücklich Walsh am Beispiel von Buch 36 betont hat. Seine Erzähleinheiten hat er erheblich schärfer als Polybios gegliedert und in den Kurzerzählungen mit dramatischen Spannungen gearbeitet.

Mit Recht hat Luce darauf hingewiesen, daß in den beiden ersten Pentaden der Bücher 31-45 dem mittleren Buch sowohl inhaltlich als auch darstellerisch dadurch ein besonderes Gewicht zukomme, daß etwa in der Mitte dieser beiden Bücher ein Friedensschluß berichtet wird. In Buch 33, 30 referiert Livius die Friedensbedingungen, die Philipp auferlegt wurden, und berichtet anschließend die viel umjubelte Freiheitserklärung von Korinth. In der Mitte von Buch 38 [158]) steht der Friedens- und Bündnisvertrag mit Antiochus, der für die Neuordnung in Kleinasien ähnliche Bedeutung hat wie die Freiheitserklärung von Korinth für Griechenland. Andere herausgehobene Mittelstellungen sind der Bericht über den panätolischen Landtag des Jahres 200 [159]), die Verhandlungen am Malischen Golf und in Nicaea [160]), die Schlacht bei Magnesia [161]) und das Redenpaar zwischen Flamininus und Nabis [162]). Außerdem macht Luce auf die wiederholt hervorgehobene Tatsache aufmerksam, daß Livius häufig - wie auch Tacitus - sowohl am Anfang wie am Ende eines Buchs besondere Akzente setzt, um die berichteten Ereignisse abzuschließen oder eine bestimmte Spannung auf die kommenden Ereignisse zu wecken. Es bedarf dafür keiner Belege.

Von diesen Beobachtungen ausgehend hat Luce versucht, eine Vorstellung von der Arbeitsweise des Livius zu entwickeln, die wegen ihres verständlichen Ablaufs der Erwähnung wert ist [163]). Er rechnet mit drei Arbeitsgängen des Livius. Der erste habe in der Lektüre von großen stofflichen Einheiten, wie etwa des ersten oder zweiten punischen Kriegs, des Kriegs mit Philipp oder des Kriegs mit Antiochus, bestanden. In einem zweiten Arbeitsgang habe er eine Untergliederung dieser großen Zeiträume vorgenommen, wie etwa die erste Hälfte des zweiten punischen Kriegs oder einen Zeitraum von drei oder vier Jahren aus den makedonischen Kriegen, und habe geprüft, was bei Polybios und dem gewählten Annalisten wichtig oder verzichtbar wäre, auf wieviel Bücher die gewählte Einheit zu verteilen sei und wie die Hauptereignisse in den einzelnen Büchern zu plazieren seien. In einer dritten Phase habe er nach erneuter Lektüre der nunmehr ausgewählten kleinen Einheiten die Niederschrift vorgenommen. Wenn Luce freilich annimmt, daß Livius dies aus dem Gedächtnis getan habe, so dürfte diese Vermutung angesichts der Tatsache, daß viele livianische Abschnitte nicht nur dem Gedankengang nach, sondern auch in den einzelnen Sätzen dem Text des Polybios sehr nahe stehen, erheblichen Zweifeln ausgesetzt sein, selbst wenn man in Rechnung stellt, daß in der Antike das Gedächtnis der "Gebildeten" unvergleichlich mehr geschult war und leistete als bei den meisten Menschen heute.

Zur Ergänzung und Veranschaulichung der allgemeinen Ausführungen über die Adaption des polybianischen Textes durch Livius möge die vergleichende Interpretation eines größeren Textabschnittes beider Autoren folgen. Als Thema seien die Verhandlungen gewählt, die im Herbst des Jahres 198 [164]) zwischen dem Konsul T. Quintius Flamininus und Vertretern griechischer Staaten mit dem König Philipp von Makedonien am Malischen Meerbusen und dann in Nicaea stattfanden, wohin der König mit fünf Schiffen gekommen war (Pol. 18,1,1-10,11; Liv. 32,32,9-36,10).

Der Bericht ist bei beiden Autoren entsprechend den dreitägigen Verhandlungen dreigeteilt (Pol. 18,1,1-7,7; 7,8-9,3; 9,4-10,11; Liv. 32,32,9-35,1; 35,2-36,2; 36,3-10) [165]); doch ist der polybianische mit rund 12 Seiten doppelt so groß wie der livianische mit knapp 5 Seiten. Den größten Umfang der drei Teile hat jeweils der erste, doch ist die Ponderierung der drei Unterteile bei beiden verschieden. Polybios gibt mit den ersten Worten den Zeitpunkt des Treffens an (1,1), auf den Livius verzichtet. Dann folgen die Begleiter des Königs, von denen Polybios vier mit Namen anführt, während Livius nur Cycliadas nennt, auf römischer Seite aber beide Autoren fünf Persönlichkeiten mit ihrer Stammeszugehörigkeit und ihrem Rang vorstellen (Liv. 32,11-12). Am Beginn der Verhandlungen schlägt Titus, indem er an das Ufer tritt, entgegenkommend in kurzer Oratio recta [166]) vor, daß der König das Schiff verlassen solle, um am Land bequemer (**commodius**; fehlt bei Polybios) verhandeln zu können. Philipp lehnt das von oben herab hochmütig (**superbo et regio animo**; diskriminierender Zusatz von Livius) ab. In dem entstehenden Schlag auf Schlag erfolgenden Wortwechsel über eine eventuelle Bedrohung des Königs auf dem Lande weist Philipp stolz den Vorwurf der Furcht

mit den Worten zurück: **neminem equidem timeo praeter deos immortales**
(32,12) [167]). Nachdem Philipp die Unersetzbarkeit seiner Person im
Falle seines Todes im Vergleich zu einem Führerwechsel bei den
Ätolern nachdrücklich bei beiden Autoren herausgestellt hat, fügt
Polybios an, daß dies nicht gerade eine "höfliche" Eröffnung der
Verhandlungen sei (1,10). Dieser Satz fehlt bei Livius, der nach den
Worten des Königs als Reaktion auf seine Rede wirkungsvoll schreibt:
secundum haec silentium fuit (33,1).

Nach diesem dramatischen Einleitungsabschnitt [168]) lassen beide
Autoren die Ankläger gegen Philipp zu Wort kommen (Pol. 1,12-2,6;
Liv. 33,1-9), an ihrer Spitze Titus, der nur bei Livius mit dem hart
formulierten Zusatz seine Worte schließt: **ea enim se dicturum quae
ni fiant, nulla sit pacis condicio** (33,2). Der Inhalt seiner
Forderung ist ebenso wie die Forderungen der ihm folgenden fünf
griechischen Redner bei Polybios und Livius gleich. Dies ist ein
Zeichen dafür, mit welcher Exaktheit Livius seiner Vorlage folgt,
wenn es gilt, die Rechte Roms und der Griechen gegenüber Philipp zu
vertreten. Es ist in der Gesamterzählung der erste Abschnitt, der
über eine beträchtliche Strecke hinweg eine enge Übereinstimmung
beider Autoren aufweist. Danach wendet sich bei Polybios der König
wieder dem Ätoler Alexander zu und sucht ihm und Titus in längerer
Rede die Berechtigung für seine letzten kriegerischen Unternehmungen
gegen Lysimacheia und Cius klarzulegen (4,5-5,9). Er schließt seine
Ausführungen mit dem Ausdruck der Empörung darüber, daß die Ätoler
sich - wie die Römer - anmaßten, ihn des griechischen Landes zu
verweisen. Das sei unerträglich, zumal große Teile ihres Landes
nicht griechisch seien. Diesen letzten Teil seiner Rede [169]) hat Livius vorgezogen und unmittelbar auf den Wortwechsel zwischen Philipp
und Phaeneas folgen lassen - offenbar deshalb, damit die Erregung
des Königs über die Anmaßung der Ätoler einen kräftigeren Akzent erhielte und die Dramatik der Unterredung stärker zur Geltung kommen
sollte [170]).

Danach berichten beide Autoren das Zugeständnis, das der König den Rhodiern macht und das er bei Livius taktisch geschickt mit der Wendung einleitet : **Romanorum** ... **honoris causa Peraean** ... **restituam** (34,8). Bei beiden Autoren fügt er ironisch-sarkastisch an, er werde dafür sorgen, daß der heilige Hain der Venus, den er hatte abhauen lassen, wiederhergestellt werde (Pol. 6,4; Liv. 34,8-9). Beidemal schließt der König mit einem heftigen Angriff gegen die Achäer wegen ihres Bündnisbruchs, läßt ihnen aber doch Argos zurückgeben. Über Korinth wolle er mit Titus verhandeln. Als dieser das bei Polybios schweigend ablehnt, bittet Philipp darum, ihm die Bedingungen für den Frieden schriftlich zu geben, um sie in Ruhe bedenken zu können, zumal er allein sei und keine Berater habe. Darauf antwortet Titus spontan, das sei kein Wunder, da er alle Freunde, die ihn beraten könnten, umgebracht habe. Da lachte Philipp grimmig und schwieg. Dieser spöttische, geistvolle Anwurf, den Livius offensichtlich für Titus unangemessen hielt, fehlt bei ihm. Wegen der fortgeschrittenen Zeit vereinbart man, die Verhandlungen am nächsten Tag in Nicaea fortzuführen.

Die Wiederaufnahme der Verhandlungen scheint zunächst zu scheitern, da Philipp erst am Nachmittag erscheint. Sein langes Ausbleiben hebt Livius stärker als Polybios hervor, um die Ungehörigkeit im Verhalten des Königs deutlich zu machen: **Philippus nullus usquam, nec nuntius ab eo per aliquot horas veniebat** (35,2). Als Entschuldigung für sein langes Ausbleiben gibt der König die Schwere und Länge des Nachdenkens über die harten Friedensbedingungen an. In Wahrheit will er - nach Polybios (8,2) - den von ihm am Tage vorher beobachteten Absichten der Ätoler und Achäer ihn anzugreifen, durch die Verzögerung ausweichen. Nach Livius vermuten die Wartenden einen Trick des Königs (35,4), den er selbst dadurch bestätigt, daß er um eine Sonderunterredung mit Titus bittet. Bei Polybios fragt Titus die Bundesgenossen, ob sie ihm zu einer Zusage raten (5,5), was diese tun. Bei Livius lehnt er taktisch klug zunächst ab, **ne excludi colloquio viderentur socii** (35,6), und geht erst nach ihrer Zustimmung **ex omnium consilio** zur Unterredung mit dem König. Beide Autoren betonen, daß es schwierig sei, über ihren Inhalt Angaben zu machen. Sie lassen Titus vor den Bundesgenossen die Zugeständnisse Philipps in voller sachlicher Konkordanz bekanntgeben (Pol. 8,9-10; Liv. 35,9-12).

Da keine Einigung zu erzielen ist, bittet Philipp um eine Verschiebung auf den nächsten Tag, um sie von seinen Vorschlägen zu überzeugen oder sich vom Gegenteil überzeugen zu lassen [171]. Mit dem Entschluß, sich an der Küste bei Thronium zu treffen, schließt der zweite Hauptteil. Bei der folgenden Zusammenkunft bittet bei Polybios der König, da weitgehende Übereinkunft erreicht sei, um Zustimmung zu den von ihm gemachten Konzessionen, ansonsten werde er sich nach Rom an den Senat wenden (9,4). Die Griechen lehnen bei Polybios den Vorschlag ab und fordern die Fortsetzung des Krieges (9,6). Bei Livius durchschauen sie die Verzögerungstaktik des Königs und wollen den Senat durch Gesandte vor Verhandlungen warnen (36,5). Überraschenderweise nimmt Titus den Vorschlag an, obwohl er bei Polybios sich darüber klar ist, daß Philipp keine der Forderungen erfüllen werde. Da aber die Winterzeit keine kriegerische Handlungen erlaube und nichts die Wahrnehmung ihrer Interessen beeinträchtige, wolle er der Bitte Philipps entsprechen. Bei Livius begründet er sein Zugeständnis zusätzlich damit, daß ohne die Autorität des Senats kein gültiger Abschluß mit Philipp getroffen werden könne. So wird Philipp ein Waffenstillstand von zwei Monaten gewährt und die Entscheidung nach Rom verlegt (Pol. 10,4; Liv. 36,8).

IV. Darstellungsweise [1]

1. Annalistische Form

Bereits Fabius Pictor und die älteren Annalisten befanden sich einem Stoff gegenüber, der sowohl nach seiner Herkunft als auch nach seiner Darstellung recht verschieden war. Auf der einen Seite boten die von den Priestern verfaßten Jahresberichte [2], wie sie auf einer öffentlich aufgestellten Tafel aufgezeichnet wurden, ein nüchternes Tatsachengerüst, das am Anfang der Republik wohl nur die Namen der Konsuln bzw. Militärtribunen und einige herausragende Fakten enthielt, wie es z.B. die livanischen Jahresberichte von 499 und 98 widerspiegeln: **Consules Ser. Sulpicius M. Tullius: nihil dignum memoria actum; T. Aebutius deinde et C. Vetusius. His consulibus Fidenae obsessae, Crustumeria capta. Praeneste ab Latinis ad Romanos descivit. Nec ultra bellum Latinum gliscens iam per aliquot annos dilatum** [3].

Auf der anderen Seite gab es eine mündliche Tradition, die besonders in den adligen Geschlechtern gepflegt wurde [4] und die Heldentaten ihrer Vorfahren oder auch eine bemerkenswerte Sonderunternehmung eines ganzen Geschlechts, wie etwa der Fabier [5], festhielt. Als Beispiel sei auf die bekannten Taten des Horatius Cocles [6], Mucius Scaevola [7], das Schicksal Coriolans [8] oder die revolutionären Umtriebe des M. Manlius Capitolinus [9] verwiesen. Es ist damit zu rechnen, daß bereits die ältesten Annalisten solche hervorragende Einzelleistungen in ihren Geschichtswerken vermerkten und daß diese im Laufe der Zeit von den Historikern mit Einzelheiten ausgeschmückt wurden. Livius hat eine Reihe solcher Episoden, namentlich in der ersten Dekade, von seinen Vorgängern übernommen und es verstanden, diesen Kurzerzählungen eine dramatische Note zu geben und sie psychologisch zu begründen und zu vertiefen. Das lehrt besonders die Darstellung der beiden Episoden vom Zweikampf des Manlius Torquatus [10] und des Maximus Valerius Corvinus [11] mit einem Gallier, für die sich die annalistischen Vorlagen erhalten haben. Ein Vergleich zwischen ihnen und Livius, der in den letzten Jahren wiederholt durchgeführt worden ist [12]), zeigt die dramatische Straffung und die seelische Differenzierungskunst des Livius gegenüber seinen Vorgängern. Eine ähnliche Erscheinung läßt sich aber auch in den späteren Büchern beobachten. Es ist das bereits erwähnte Verdienst von Witte [13]), daß er in einem eingehenden Vergleich zwischen Berichten des Livius und Polybios gezeigt hat, daß Livius in vielen Fällen aus der meist gleichmäßig dahinfließenden, kontinuierlichen und oft trockenen Erzählweise des Griechen einzelne Abschnitte herausgegriffen und aus ihnen in sich geschlossene, durch klaren Einsatz und Abschluß markierte "Kurzerzählungen" gemacht und sie leicht dramatisiert hat, wie wir sie im Vergleich der Berichte beider Autoren über die Konferenz am Malischen Meerbusen und bei Nicaea kennengelernt haben [14]).

Gehen wir zunächst von den chronikartigen Aufzeichnungen aus. Überraschenderweise sind sie in den ersten Büchern, wo man sie mangels Materials aus der Frühzeit häufig zu finden erwartet, relativ selten. Livius zeigt vielmehr bereits im ersten Buch im Wechsel von kurzen, asyndetischen Sätzen und kleinen Perioden einen souveränen Erzählstil, der sich im letzten Drittel von der Machtergreifung und der Herrschaft des Tarquinius Superbus an zu spannenden, dramatischen Kurzerzählungen verdichtet [15]). Von der dritten Dekade an zeigen die Jahresübergänge einen sachlich nur leicht, stilistisch stärker variierten Schematismus, der für die späteren Bücher verbindlich bleibt. Diese stereotyp wiederkehrenden Mitteilungen werden am Ende eines Jahresberichts mit der Wahl der Konsuln, Praetoren und ggfs. Ädilen eingeleitet. Dann folgt mit dem Amtsantritt der Konsuln die Zuteilung der zivilen und militärischen Aufgaben an die einzelnen Magistrate sowie die Zuweisung der ihnen unterstellten Truppenkontingente [16]). Als dritte feste Gruppe schließen sich die oft recht umfangreichen Listen der Prodigien [17]) und andere kultische Notizen an. Zwischen diesen fastenartigen Aufzählungen von Beamten, Heeren und Provinzen oder nach ihnen finden sich kurze Mitteilungen über Gladiatorenspiele, Theateraufführungen, die Getreideversorgung, die Vergabe von Bauten oder die Einlösung von Gelübden. Den Abschluß vieler Jahresberichte bilden in den späteren Büchern oft die Bewilligung und Beschreibung von Triumphen [18], die Besetzung vakanter Priesterstellen [19] und ggfs. neue Prodigien und ihre Sühnung. Die Gefahr der Trockenheit und Monotonie dieser chronikartigen Nachrichten hat Livius bisweilen durch leichte stilistische Auflockerungen oder durch den Einschub eines besonderen Vorkommnisses gebannt. Im übrigen gibt die Wiederkehr der stereotypen Themengruppen dem Werk und dem Leser Ruhepunkte zwischen den vorher und nachher oft dramatisch bewegten Berichten und legt zugleich einen leicht archaischen Schimmer über das Werk [20].

2. Kurzerzählungen

Um die wichtigen Wesenszüge der Kurzerzählungen, wie sie - außer in der von uns bereits analysierten politischen Verhandlung am Malischen Meerbusen [21] - in Feldzugsberichten, Schlachten und Belagerungen auftreten, einsichtig zu machen, seien zwei berühmte Kriegsereignisse miteinander verglichen. Es handelt sich um die Schlußphase der seit der Gründung Roms mit Veji geführten Kriege und um die Belagerung und Vernichtung der Stadt Abydos (5,21,1-22,8; 31,16,6-18,9) [22].

Die auf zwei Tage und auf zwei einander im Umfang entsprechende Hauptteile aufgeteilte Erzählung von der Einnahme der Stadt Veji ist als kleines Drama gestaltet, das, wie es Aristoteles vorgeschrieben hat [23], mit einem klar umrissenen, spannungweckenden Einsatz anhebt, "eine in sich geschlossene und in Etappen zielstrebig voranschreitende Handlung" entwickelt und einem scharf fixierten Endpunkt (Telos) zugeführt wird. Drei Menschengruppen stehen am Anfang der Erzählung, alle drei voller Erwartung auf den Kampfbeginn, in ihrer Haltung jedoch zutiefst verschieden (21,1-7): die im römischen Lager zusammengeströmte Menschenmasse, die auf Beute lauert; Camillus, der die Evokationsformel spricht, an der Spitze seiner Soldaten, und die nichts von dem unmittelbar bevorstehenden Untergang ahnenden und von den Göttern bereits verlassenen Vejenter. Die erste Gruppe wird nur in einem kurzen Hauptsatz vorgestellt, die zweite erhält ihr Gepräge durch den feierlichen Ton der beiden Anrufe an den pythischen Apollo und die Juno regina [24]). Die dritte Gruppe wird durch eine lange, in ihren Gliedern sich drängende und beinahe überstürzende Periode in ihrer Unsicherheit gezeichnet, die sie zuletzt ungeordnet jeden für sich (**velut repentino icti furore improvidi**) auf die Mauern stürzen läßt. Die Erwartung der drei Gruppen (und des Lesers) auf den Beginn des Kampfes drängt Livius aber noch für einen Augenblick zurück, indem er in völlig veränderter Tonlage eine kaum glaubhafte Episode (**fabula**) und eine kurze Kritik an der Überlieferung einschiebt (21,8). Dadurch erreicht er eine sehr wirksame Retardierung der Handlung. Erst danach läßt er mit einem plötzlichen Ruck (**repente**) den erwarteten Kampfbeginn einsetzen, indem er die Überlistung der Vejenter durch den Angriff aus einem unterirdischen Gang an den Anfang des zweiten Aktes der Erzählung setzt: **cuniculus** (in Spitzenstellung) **armatos repente edidit** (21,10-13). Noch im gleichen Satz (und damit die Eile des Geschehens unterstreichend) läßt er die Römer in Gruppen (und in kleine Sätze) aufgeteilt, wie er es um der Klarheit der verschiedenen Operationen willen oft tut, den Angriff eröffnen (**pars - pars - pars**) [25]). Der Staccato-Rhythmus wird beibehalten und mit vielfachen Alliterationen [26]) bei der Schilderung des von beiden Seiten erhobenen Geschreis unter Einbeziehung von Frauen und Kindern klanglich verstärkt. Alles geht in rasender Eile vor sich, und als von den Hausdächern Steine auf die Angreifer geschleudert werden, werfen diese Feuer in die Häuser. In knappen Sätzen und in dichter Zusammendrängung der verschiedenen Aktionen läßt Livius den Angriff weiterrollen, bis nach furchtbarem Morden der Kampf zur Ruhe kommt (**senescit pugna**) und der Dictator in einem Anflug von römischer Milde gebietet, die Wehrlosen zu schonen: **Is finis sanguinis fuit**.

Die volle Wirkung dieser beinahe atemberaubenden Schilderung erfaßt man erst dann ganz, wenn man sie im Gegensatz zu dem ersten Erzählabschnitt sieht; dort höchste Spannung vor dem Sturm auf die Stadt bei feierlicher Verhaltenheit der Römer und in bedrückender Unsicherheit der Vejenter; hier eine Fülle von Handlungen und affektischen Durchbrüchen in scharf vorwärtstreibender Dynamik bis zum Sieg und Ende des Blutvergießens. Mit einer dritten Szene (21,14-17) wird die erste Hälfte des Berichts (und des ersten Tages) beschlossen. Livius hält hier einen bedeutsamen Gegensatz im Bilde fest. Während sich gleichsam im Hintergrund die Übergabe der Unbewaffneten und die Plünderung der Stadt durch die beutegierigen Soldaten vollziehen, steht im Vordergrund der nur auf das Wohl Roms bedachte Diktator - ähnlich wie es von Scipio bei der Zerstörung von Karthago im Jahre 146 berichtet wird - und ruft mit zum Himmel erhobenen Händen die Götter an, daß sie ein wegen der ungewöhnlichen Größe des Erfolgs etwa als Ausgleich zu befürchtendes Unheil von der Stadt abwenden und auf ihn lenken möchten. Sein plötzlicher Sturz läßt als böses Omen Schlimmes ahnen. Mit diesem Hinweis verbindet Livius den Vejibericht mit dem späteren Schicksal des Camillus, das ihn wegen der Verteilung der Beute in die Verbannung führen wird [27].

Die zweite Hälfte der Kurzerzählung, die am folgenden Tage spielt (22, 1-7), wird als vierter Akt des Dramas mit der Aufnahme des in der vorhergehenden Szene aufgewiesenen Gegensatzes eröffnet. Die Überweisung des durch den Verkauf der Gefangenen erlösten Geldbetrags an die Staatskasse durch den Diktator erregt zwar den Unwillen der geldgierigen Soldaten, aber beeinträchtigt nicht die Evocatio der Stadtgöttin Juno, die nun geschildert wird. Livius macht diesen Gegensatz sehr deutlich: **amoliri tum ... deos ... colentium magis quam rapientium modo coepere.** Den Auftrag zur Überführung der Göttin Juno nach Rom erhalten ausgewählte junge Männer, die voller Ehrfurcht den Tempel betreten und den rituellen Vorschriften entsprechend sich waschen, kleiden und **religiose admoventes manus** ihren Auftrag zu erfüllen beginnen. Als einer von ihnen **seu spiritu divino tactus seu iuvenali ioco** die Göttin fragt, ob sie nach Rom gehen wolle, soll sie nach dem Zeugnis der anderen Jünglinge durch Zunicken dies bejaht haben. Ein leiser Humor liegt über dieser **fabula**. Aber erst mit dem Hinweis auf die Aufnahme der Göttin in den ihr von Camillus gelobten Tempel auf dem Aventin und auf die Weihe des Tempels als ihres "ewigen Platzes" durch Camillus endet der Gesamtbericht. Camillus, der dieses kleine Drama in Gang gebracht hatte, schließt es, als das Telos erreicht ist, auch ab (**Camillus dedicavit**).

Im Rückblick auf die Erzählung ist einerseits davon auszugehen, daß mit dem Faktum der Einnahme von Veji wohl auch die Tatsache der Camillus-Gebete und die Überführung des Kultbildes der Juno Livius von den annalistischen Vorgängern vorgegeben waren, zumal die beiden als **fabula** bezeichneten Hinweise [28]) weitere Einzelheiten einer breiten Überlieferung andeuten. Auf der anderen Seite wird aber jeder, der die livianische Fassung liest, in der Klarheit des Aufbaus, der dramatisierenden Straffung und der sprachlichen Gestaltung eine Eigenleistung des Livius erkennen, die auf eine Verlebendigung und seelische Durchdringung des ganzen Geschehens abzielt. Livius will mit seiner Darstellungsweise vom Beginn der Kurzerzählung an den Leser in eine erwartungsvolle Haltung versetzen, die er mit der nachdrücklichen Angabe einer vollkommenen Veränderung der Lage vor Veji einleitet. Diese Spannung führt er dann durch die wechselnden Situationen im Geschehen dieser zwei Tage weiter, indem er sie durch leichte Veränderung der Erwartungsaspekte bald retardiert, bald aber auch steigert, bis sie mit der Weihung des Tempels für Juno durch Camillus ihr Endziel erreicht. Es gelingt ihm auf diese Weise, das gesamte Geschehen so durchsichtig zu gestalten, daß es für den Leser nachvollziehbar und zugleich überprüfbar wird. Einfühlbarkeit und Urteilsfähigkeit sind die Eigenschaften, die er bei seinen Lesern voraussetzt und die er durch die Art seiner Darstellung ansprechen und fördern will.

Zur Bestätigung und Ergänzung dieser Analyse lasse ich eine Besprechung des nicht minder berühmten Berichts über die Belagerung und Vernichtung der Stadt Abydos folgen. Diese Kurzerzählung gehört im Gegensatz zu der legendären Veji-Erzählung der Zeit des Kriegs der Römer mit Philipp an und wird von Livius zum Jahr 200 als eine der zahlreichen Unternehmungen des makedonischen Königs in Griechenland vorgebracht [29]). Zwei weitere Unterschiede zur Veji-Erzählung kommen hinzu. Livius berichtet hier nicht von seiten der Angreifer, sondern von dem Schicksal der Belagerten aus, und wir haben hier den Text des Polybios [30]) erhalten, nach dem er seinen Bericht gestaltet hat. Dabei sei vorausgeschickt, daß der Umfang der polybianischen Vorlage etwa doppelt so groß ist wie der des Livius und daß wir es bei letzterem - ebenso wie in der Veji-Erzählung - mit einer der für ihn typischen Kurzerzählungen zu tun haben.

Die Erzählung des Polybios (29,3-34,12) ist so angelegt, daß sie in der Mitte durch eine längere Reflexion des Autors, wie er sie angesichts besonderer Ereignisse gern anstellt, in zwei Teile zerlegt wird. Er gibt hier eine eingehende Würdigung der Todesbereitschaft und des Sterbens der Abydener im Vergleich zu ähnlichen, von ihm berichteten Verzweiflungshandlungen der Phoker und Akarnanen und erhebt gegenüber der Tyche den Vorwurf, daß sie jenen aus Mitleid den Sieg und die Rettung gebracht, den Abydenern sie aber versagt habe (32,1-6). Auf diese Überlegungen hat Livius - wie auch sonst bei ähnlichen Reflexionen des Griechen - verzichtet. Der Kampfbericht läuft bei beiden Autoren in drei Phasen ab, die durch die Entsendung einer Gesandtschaft an Philipp und durch den Einschub der Verhandlung eines römischen Gesandten mit Philipp voneinander getrennt werden [31]). Polybios eröffnet seine Erzählung mit einer ausführlichen topographischen Schilderung von Abydos und der wirtschaftlichen Bedeutung dieser Stadt im Vergleich mit der Meerenge an den Säulen des Hercules (29,3-14). Auf diesen Abschnitt hat Livius wie auch bei anderen geographischen Exkursen verzichtet, obwohl er schwerlich bei seinen Lesern mit der Kenntnis der Stadt und ihrer Lage rechnen konnte. Aber diese topographischen Angaben sind für den Verlauf des Kampfes ohne Belang und werden auch von Polybios dafür nicht ausgewertet. Statt dessen nimmt Livius in einer Art Vorspruch den mangelnden und zu späten Einsatz des Attalus und der Rhodier vorweg, der zu einer Rettung von Abydos hätte führen können (16,8). Es steht also am Anfang der Erzählung das Ende bereits fest, und die Aufmerksamkeit des Lesers gilt nunmehr uneingeschränkt, d.h. ohne Spannung auf das Ende, dem <u>Verlauf</u> des Geschehens.

Den Kampfbericht eröffnen beide Autoren übereinstimmend mit zwei Phasen: einem zunächst erfolgreichen, bald aber scheiternden Widerstand. Bei Polybios nimmt diese Phase im Vergleich zu den vorangehenden Abschnitten über die geographische Lage und eine ihnen folgende Beurteilung der Belagerungsarbeiten (die Livius weggelassen hat), nur geringen Platz ein und verliert dadurch an Bedeutung (30,4-5). Dagegen stellt sie bei Livius die Eröffnungsszene des einsetzenden Dramas dar und setzt eine erste Spannung. Danach erfolgen ein Handlungsstopp und eine Retardierung, indem beide Autoren die Entsendung von Gesandten [32]) zu Philipp berichten, um einen freien Abzug aus der Stadt zu erreichen. Dieser Versuch schlägt fehl. Polybios schließt damit seinen Bericht über die erste Phase des Kampfes ab. Livius nimmt dagegen das Scheitern als Ansatz der zweiten Phase des Geschehens, indem er die Wirkung dieser Absage auf die Abydener festhält (i n d i g n a t i o , d e s p e r a t i o , i r a (17,4) und sie den Entschluß zur Selbstvernichtung im Falle des Zusammenbruchs fassen läßt. Während Polybios die äußeren Umstände, die zu diesem Entschluß führen, in zahlreichen Details festhält (Freilassung von Sklaven zur Verstärkung der Kämpfer; zwei Volksversammlungen; eidliche Verpflichtung von Priestern und Volk; Opferhandlungen (31,1-8), führt Livius nur den Inhalt des Entschlusses mit seinen vorgesehenen Details der Selbstvernichtung an (17, 5-6). Diese wiederholt er unmittelbar danach in dem Auftrag, den die zur Durchführung vorgesehenen Männer erhalten (17, 7-9). Auch Polybios hat diese Wiederholung, sie tritt in ihrer Schrecklichkeit bei ihm hinter der Unruhe des äußeren Geschehens etwas zurück. Bei Livius wirkt dagegen die Doppelung mit einer lähmenden, tief erschreckenden Wucht, die durch die beiden Eidesleistungen in ihrer knappen Formulierung noch verstärkt wird.

Es folgt die dritte Handlungsstufe, die in der Fortsetzung des Abwehrkampfes [33]) besteht, der so heftig geführt wird, daß mit dem Einbruch der Nacht Philipp den weiteren Angriff aufgibt (17, 10). Es tritt eine Retardierung ein, die mit der Entsendung einer zweiten Gesandtschaft an Philipp eine leise Hoffnung auf eine Rettung der Stadt auslöst. Diese Hoffnung läßt Livius dadurch verstärkt werden, daß er über die Ankunft des römischen Gesandten M. Aemilius bei Philipp und seinen Versuch einer Fürsprache für die Abydener berichtet (18, 1-5). Das erzählt in wesentlich größerer Ausführlichkeit auch Polybios (34, 1-7). Der Vermittlungsversuch scheitert, und in diesem Augenblick läßt Livius in einer plötzlich einbrechenden Peripetie (**repente**) die Verteidiger in der Meinung, von den bei Philipp um Beendigung der Kämpfe nachsuchenden Principes verraten zu sein, den Widerstand aufgeben, in die Stadt stürzen und die beschlossene Vernichtungsaktion beginnen.

Der vierte und letzte Akt des Gesamtberichts rollt bei Livius unheimlich schnell ab, ohne daß er auf Einzelheiten der Selbstvernichtung der Abydener eingeht, die ja nur eine Wiederholung der im Entschluß zur Selbstvernichtung bereits zweimal festgelegten Aktionen bedeuten würde. Polybios versagt sich dies nicht, sondern bringt in Steigerung der in der vorangehenden Schlachtschilderung bereits geschilderten Rohheiten noch einige erschreckende Einzelheiten der Mordaktionen (34, 9). Beide Autoren schließen damit, daß Philipp den Abydenern drei Tage zur Durchführung der allgemeinen Vernichtung gab und dann nach Makedonien zurückkehrte.

Auch mit diesem Bericht, den Livius im Unterschied zu der ausufernden Darstellung des Polybios mit starker Konzentration auf die einzelnen Phasen des fürchterlichen Geschehens komprimiert hat, verfolgt er das Ziel, die seelische Haltung der Belagerten, die Verzweiflung ihrer Entscheidungen und die Hektik ihrer letzten Handlungen vor der Selbstvernichtung sichtbar und nachfühlbar zu machen. Diese letzten Stunden und Minuten sollen den Leser anrühren, seinen Schrecken und Abscheu, aber auch sein Mitleid wecken. Denn im Untergang von Abydos spiegelt sich das Los all derer wider, deren Leben und Städte nach einer Belagerung unter der Wucht wilder Vernichtungsaktionen ausgelöscht worden sind und deren Schicksal sich im nächsten Kriegsjahr an einem anderen Ort wiederholen kann. Indes beläßt es Livius nicht bei dem Sympathein, in dem die Vertreter der tragischen Geschichtsschreibung eines ihrer wichtigsten Ziele gesehen haben [34]), sondern er weist noch auf die weittragende Auswirkung dieses "Erfolgs" Philipps hin. Er schließt nämlich mit dem Satz, daß wie einst Sagunts Vernichtung dem Hannibal [35]) so jetzt die Zerstörung von Abydos Philipp den Mut zum Angriff auf Rom gegeben hätte. Damit ordnet er die Episode in das große Weltgeschehen ein, das die Römer zum Sieg über Makedonien - wie früher über die **ferocia** und **superbis** Hannibals - und zur Bestrafung der **superbia** Philipps und seines Nachfolgers Perseus führen wird. Livius will den Leser zu der Einsicht bringen, daß der Sieg Philipps über Abydos nur ein Glied in einer langen Reihe von Freveln Philipps und des Perseus ist und sich letztlich als ein Pyrrhussieg erweisen wird.

3. Feldzüge und Siege

Mit der Darstellung der Belagerungskämpfe sind thematisch und darstellerisch aufs engste die Berichte über den Verlauf der vielen Kriege und die zahlreichen Schlachten [36]) verwandt. Sie reichen von unbedeutenden Zufallstreffen und Vorpostengefechten bis zu umfassenden, planmäßigen Operationen und Massenkämpfen großen Stils, von Augenblickserfolgen bis zu weltgeschichtlichen Entscheidungen, von vorübergehenden Schlappen bis zu schwerwiegenden Niederlagen. Blutige und verlustreiche Kämpfe wechseln mit rasch errungenen Siegen und schneller Flucht der Unterlegenen. Komplizierte Gelände- oder schlechte Witterungsverhältnisse bringen strategische und taktische Vorüberlegungen zum Scheitern. Listig angelegte Überfälle werden durch rasche Reaktionen des Gegners zunichte gemacht. Stürmische Frontalangriffe finden sich neben klug einkalkulierten Umgehungsmanövern. Bald führt die Reiterei die Entscheidung herbei, bald wird der Sieg von der Kerntruppe der Legionen errungen.

Es liegt auf der Hand, daß zwischen den Schlachtschilderungen der frühen Zeit und denen der Kriege in Griechenland und Makedonien in den Jahren 200-168 erhebliche Unterschiede bestehen. Fehlten für die früheren Jahrhunderte so gut wie alle Unterlagen, so beruhen die späteren Berichte über die Kämpfe im Osten weitgehend auf den Texten des Polybios, der an den kriegerischen Auseinandersetzungen selbst teilgenommen oder über sie zuverlässiges Material zusammengetragen hatte. Wie weit für die Schlachten des zweiten punischen Kriegs die älteren Annalisten aufgrund knapper offizieller Aufzeichnungen oder mündlicher Tradition oder wie weit Coelius Antipater auf dem Wege über die Hannibal-Historiker einigermaßen gesicherte Angaben boten, ist schwer zu erschließen. Was die jüngeren Annalisten darüber hinaus berichteten, war wohl alles Analogieschlüssen oder ihrer Phantasie zuzuschreiben. Daß Livius - wie wohl auch die meisten Annalisten vor ihm - im Unterschied zu Polybios, der ein hervorragendes militärisches Verständnis und Interesse in seinen Berichten zeigt, weder militärische Erfahrung noch taktische oder strategische Kenntnisse besaß, ist oft hervorgehoben worden. Er hat kein Interesse an der Ausrüstung der Soldaten, an der Art der Waffen oder an den technischen Einzelheiten der Belagerungsmaschinen [37]. Seine Angaben über die Märsche und Schauplätze und das Gelände der Schlachten sind, wie bereits erwähnt, namentlich im Vergleich mit Polybios, dürftig. Dazu muß aber hinzugefügt werden, daß Polybios mit einem anderen Leserkreis rechnete als Livius und daß die Intentionen, die beide Autoren mit den militärischen Schilderungen und Schlachtberichten in Rücksicht auf ihre Leser verbanden, sehr unterschiedlicher Natur waren.

So verschieden im Umfang und in der Durchführung die Schlachtenbeschreibungen bei Livius sind, so läßt sich doch eine Reihe von Gesichtspunkten herausstellen, die insgesamt seinen Schilderungen eigen sind. Hier ist an erster Stelle das Bestreben zu nennen, durch eine klare Gliederung ein möglichst überschaubares Bild vom Gang der Schlachten zu vermitteln. Daher löst Livius sowohl durch zeitliche als auch durch räumliche Markierungen seine Berichte in klar voneinander abgesetzte Unterteile auf. So werden in den umfangreichen Schilderungen die Kämpfe auf den beiden Flügeln und im Zentrum der Heere gesondert beschrieben, wobei der Gang der Operationen sehr häufig in den einzelnen Phasen seines zeitlichen Ablaufs in eine übersichtliche Abfolge gebracht wird: **primo - dein - deinde - tum - postremoque - iam prope erat, cum - denique u.a.m.** [38]. Besonders eindringlich ist dies bereits in einem der frühen Kämpfe mit den Volskern [39] und dann in der ersten Phase der Schlacht in Cannae geschehen, wo sich eine solche zeitliche Aufgliederung bis in die einzelnen Teilhandlungen fortsetzt [40]).

Innerhalb dieser Abfolge herrscht eine erhebliche Spannung und Dynamik, die sich meist von Abschnitt zu Abschnitt steigert, bisweilen aber auch retardiert wird, um danach wieder aufgenommen zu werden und schließlich oft auf eine Peripetie hinauszulaufen (**cum subito, cum repente** [41]).

Die Truppen rücken aus dem von ihnen oft am Tage oder einige Tage vorher bezogenen Lager am Morgen zum Kampfe aus, wobei bald bei den Römern, bald bei den Feinden die Initiative liegt. Nur bei großen Entscheidungen läßt Livius die Führer sich mit einer Ansprache an seine Soldaten wenden [42]); sonst genügt oft ein kurzer Appell an ihre Kampfbereitschaft und ihren Siegeswillen. Unmittelbar danach wird in den Hauptschlachten die Aufstellung der verschiedenen Truppenkontingente angegeben. Bisweilen verharren die Heere vor dem Angriff in einer Art Abwartestellung, bis der Klang der Trompete, der Lärm der Soldaten oder ein Geschoßhagel den ersten Zusammenprall auslösen. Der Kampf der verschiedenen Heeresteile wird in der Regel so geschildert, daß bei säuberlicher Trennung der Kampfabschnitte mit dem Geschehen auf dem rechten Flügel begonnen wird, daß dann die Kämpfe auf dem linken Flügel folgen und der Abschluß mit dem Kampf im Zentrum erreicht wird. Livius hat diese Aufgliederung auch bei einigen Schlachtberichten beibehalten, bei denen sie, wie ein Vergleich mit Polybios oder ein Blick auf das Gelände zeigt, keineswegs historischer Realität entspricht [43]). Je nach der Zahl der von beiden Seiten eingesetzten Soldaten und der Härte der Kämpfe gibt es auch bei den verschiedenen Teilkämpfen Vorteile und Rückschläge, wobei antreibende und warnende Zwischenrufe der Führer oder einzelner Soldaten zur Verstärkung der Angriffs- oder der Verteidigungssituation führen können. Die Flucht der geschlagenen Feinde erfolgt meist in einem chaotischen Durcheinander und endet mit der Einnahme und Plünderung des feindlichen Lagers. Die Angabe der Verluste auf beiden Seiten, die in den meisten Berichten mit größter Skepsis aufzunehmen ist, wie dies Livius selbst gelegentlich vermerkt, der Umfang der Beute und ein Hinweis auf den bevorstehenden Triumph des siegreichen Feldherrn schließen die Schilderungen ab. In Einzelfällen, wie z.B. nach der Schlacht von Cannae, wird noch ein Blick auf das Schlachtfeld geworfen [44] oder auf die Reaktion der Bevölkerung [45].

Es wäre einseitig und käme einer schweren Verkennung der livianischen Absichten gleich, wenn man sich mit der eben gegebenen Skizze des äußeren Verlaufs der Schlachtbeschreibungen begnügen würde. Worauf es Livius vor allem ankommt, ist die Wiedergabe der inneren Haltung der Kämpfer, ihre unmittelbare Teilnahme an den einzelnen Wendungen des Kampfgeschehens und ihre Reaktion auf die Maßnahmen der Gegner. Die psychologischen Abläufe oder vielleicht besser gesagt die wechselnden Affekte, mit denen die Soldaten die Kämpfe eröffnen und begleiten, bilden das Hauptziel der Schlachtschilderungen [46]. Die Skala dieser Affekte ist sehr reich und vielfältig: auf der positiven Seite Angriffsfreudigkeit und Mut, Zorn und Rachedurst, Ausdauer und Verbissenheit, Opferbereitschaft und letzte Bewährung im Verbluten und Sterben; auf der negativen Seite Angst und Erschrecken, Wankelmütigkeit und Feigheit, Untreue und Verrat. Typisch römisch das Bewußtsein drohender Gefahr, selbst nach einem Sieg, wie vor allem in den Büchern 31-45 deutlich wird [47]. Livius bringt auf doppelte Weise, wie wir es bereits bei den Belagerungsszenen gesehen hatten, diese seelischen Reaktionen und Verhaltensweisen zum Ausdruck: einmal dadurch, daß er die handlungsbestimmenden Affekte in den verschiedenen Kampfsituationen unmittelbar als Triebkräfte der Kämpfer verbal oder substantivisch bezeichnet; zum anderen dadurch, daß aus der besonderen Art ihres Verhaltens und Kämpfens indirekt die seelische Haltung zu erschließen ist. Dazu muß freilich gesagt werden, daß sich auch für die Schilderung dieser unmittelbaren oder erschließbaren Charakterisierungen - wie für das äußere Kampfgeschehen - bereits bei den annalistischen Vorgängern des Livius einen Topik herausgebildet hatte, die Livius übernommen, aber auch erheblich differenziert hat. Dabei bleibt das Ziel dieser Darstellungsweise das gleiche: den Leser möglichst unmittelbar in das Geschehen einzubeziehen und ihn die Gefühle und Absichten der

Kämpfer miterleben zu lassen, wie es ähnlich im Drama angestrebt und durchgeführt wird.

Bei dieser Gelegenheit sei angemerkt, daß Livius wiederholt auf die Stimmung der Bevölkerung im Rom vor oder nach bedeutenden militärischen Entscheidungen oder beim Eintreffen wichtiger Nachrichten in der Hauptstadt hingewiesen und diese vielseitig eingefangen hat: vor dem Auszug der Fabier, im Ständekampf, nach den Niederlagen am Trasimenischen See und im Jahre 212, nach der Wahl Scipios zum Feldherrn in Spanien, vor und nach der Schlacht am Metaurus u.a.m. [48]).

4. Niederlagen

Es bleibt übrig, noch einige Beobachtungen zur Darstellung der römischen Niederlagen anzufügen. Wer angesichts der vielen römischen Siege und der erfolgreichen Beendigung aller Kriege erwartet (oder befürchtet), Livius habe die Niederlagen der Römer zurücktreten lassen oder "beschönigt", wird überrascht sein. Die Darstellung der militärischen Rückschläge und Niederlagen ist in den erhaltenen Büchern beträchtlich und überwiegt - wenn nicht an Umfang -, so doch an Gewicht fast die der Siegesberichte [49]). Dabei wird man noch zu berücksichtigen haben, daß in der verlorenen vierten Pentade der Pyrrhuskrieg und der erste punische Krieg mit mehreren gravierenden römischen Niederlagen berichtet waren. Die Römer waren sich bewußt - und Livius läßt es Scipio in einer Rede vor seinen Soldaten aussprechen -, daß sie in der Zeit nach Niederlagen und schweren Verlusten ihre höchste Bewährung bestanden haben: **ea fato quodam data novis sors est, ut magnis omnibus bellis victi viderimus** [50]). Livius selbst macht die ganze Schwere der Niederlage von Cannae durch einen bitteren Vergleich mit der Niederlage am Trasimenischen See und den Rückschlägen und Niederlagen im ersten punischen Krieg deutlich, um doch zugleich stolz zu bekennen: **nulla profecto alia gens tanta mole cladis non obruta esset** [51]).

Wie wir bei den Schlachtenbeschreibungen die Wiederkehr verschiedener Dispositionselemente und eine gewisse Typologie feststellen konnten, so finden sich auch in den Niederlagenberichten wiederkehrende Aspekte und Gestaltungsprinzipien. Livius ist sich dieser Topik bewußt gewesen, wie es seine Bemerkung nach dem Kampf um Placentia zeigt: **neque ulla, quae in tali re memorabilis scribentibus videri solet, praetermissa clades est: adeo omne libidinis crudelitatisque et inhumanae superbiae editum in miseros exemplum est** [52]). Von den leitenden Aspekten der Niederlagenberichte sollen vier herausgehoben werden: erstens die Frage nach der Ursache einer Niederlage; zweitens die Haltung des verantwortlichen Feldherrn; drittens das Bemühen des Livius um Entlastungsmomente für das eingetretene Unglück und schließlich die Frage nach einem Ausgleich für den erfolgten Schicksalsschlag. Die drei großen Niederlagen an der Trebia, am Trasimenischen See und bei Cannae [53]) werden mit aller Deutlichkeit vornehmlich den am Kampftag das Kommando führenden Konsuln zugeschrieben: Ti. Sempronius Longus, C. Flaminius und C. Terentius Varro. Sie ähneln einander in ihrer durch **ferocitas** und **temeritas** gekennzeichneten und nach Ruhm drängenden Natur, mißachten die Warnungen ihres Mitkonsuls vor einem übereilten Angriff und schlagen die unheilkündenden Prodigien und Omina in den Wind. Mit einer böse Erwartungen auslösenden Kette sich steigernder Zeugnisse ihrer **impietas** und falschen Siegeszuversicht wird der Leser an den Ausgangspunkt des Kampfes herangeführt [54]). Dabei unterläßt es Livius auch nicht, noch kurz vor der Schlacht an der Trebia zu bemerken, daß Sempronius im Gegensatz zu Hannibal die Soldaten ohne die Morgenverpflegung und ohne der kalten Witterung angepaßte Kleidung hat ausrücken lassen und daß deswegen die Soldaten sehr bald in ihren Kräften nachließen [55]). Solche schwerwiegende Unterlassungen und die Charakterfehler der Konsuln hat Livius bei seinen annalistischen Vorgängern vorgeprägt gefunden, wobei tiefgreifende Geschlechterverunglimpfungen in der jüngeren Annalistik eine wichtige Rolle gespielt haben. Unbeschadet der Mißbilligung der genannten Charakterfehler dieser Konsuln läßt Livius sie im Verlauf der Schlacht mit großer Tapferkeit und Härte kämpfen [56]), um dadurch den deprimierenden Eindruck der Niederlage zu mildern. Diese Schilderungen stehen in keiner Weise hinter den Kampfszenen der siegreichen Schlachten zurück, wobei Livius es freilich vermeidet, die kämpferische Leistung des Siegers explizit als überlegen zu bezeichnen. Die Flucht der römischen Einheiten am Ende einer Niederlage hat er, wenn er darauf eingeht, mit aller Schwere und mit den Zeichen chaotischer Auflösung des Heeresverbands geschildert [57]). Er hat sich auch nicht gescheut, bisweilen die Namen gefallener Offiziere und bei den großen Niederlagen die Höhe der römischen Verluste [58]) anzugeben, wobei er seinen Vorlagen gefolgt sein dürfte. Die strategisch-taktischen Überlegungen Hannibals, die zu den römischen Niederlagen geführt haben, werden von Livius nicht unterdrückt, aber durch die Bezeichnung als **insidiae** oder **doli** nahe an die karthagische Eigenart der **fraus Punica** herangerückt und in ihrer

militärischen Qualifikation herabgesetzt [59]).
Damit werden wir zu dem dritten der von uns oben genannten Aspekte geführt. Livius hat, wo immer es möglich war, unbeschadet der auf die Konsuln geschobenen Verantwortung "Entlastungsmomente" für die Niederlagen eingeführt [60]). Zu ihnen gehören Schwierigkeiten des Geländes, Unbilden der Witterung, die Überzahl der Feinde, einmalige Überraschungsmomente beim feindlichen Angriff oder die schicksalhafte Ungunst des Kampftages (fortuna, fatum). Vor allem aber ist Livius bemüht, durch eine möglichst eindringliche Darstellung des römischen Widerstands dem Eindruck entgegenzutreten, daß ein kämpferisches Versagen der Soldaten zur Niederlage geführt haben könnte [61]). Aus dem gleichen Grunde berichtet er auch, daß beim Zusammenbruch einzelne römische Einheiten einen Durchbruch durch die feindlichen Reihen gewagt und dabei dem Gegner schwere Verluste zugefügt hätten [62]). In diesem Zusammenhang wird man auf die Rettung des in der Schlacht am Ticinus verwundeten Konsuls Scipio durch seinen Sohn hinzuweisen haben, mit dessen Heldentat und Erwähnung als des endgültigen Siegers Livius den Bericht von der Niederlage abschließt und mildert [63]). In noch höherem Maße gilt das für die letzte große Szene der Schlacht von Cannae, in der Livius den vergeblichen Versuch des Militärtribunen Cn. Lentulus zur Rettung des schwer verwundeten Aemilius Paulus schildert, der dringlich, aber vergeblich versucht hatte, seinen Mitkonsul von dem Kampf mit Hannibal abzuhalten. Sein Opfertod und seine letzten Befehle zum Schutze Roms [64]) treten in einen wirkungsvollen Gegensatz zu der Hybris und Verblendung Varros vor der Schlacht [65]). Damit wird der Eindruck von dem verheerenden Ausmaß der Niederlage etwas abgemildert und zugleich die Hoffnung erweckt, daß das römische Volk mit solchen Führern an seiner Spitze trotz der Höhe der Verluste letztlich den Puniern nicht erliegen, sondern sie überwinden wird. Diese Zuversicht wird dadurch verstärkt, daß Livius mit dem fast unmittelbar folgenden mitreißenden Appell des Militärtribunen P. Sempronius Tuditanus an seine Kameraden zum Druchbruch durch die feindlichen Reihen und mit dem Erfolg dieses mutigen Wagnisses das erste zeichen einer - wenn auch nur partiellen - Überlegenheit der römischen Soldaten setzt [66]). Ihm folgt bald darauf mit der Ansprache Scipios an seine

Kameraden, der sehr bewußt in der schweren Notlage als **fatalis dux huisce belli** eingeführt wird, ein zweiter Akt der Selbstbesinnung und Ermannung des gerade noch heil entkommenen Truppenverbandes [67]). Wenn auch der Ausgleich für die Niederlage von Cannae erst mit dem Sieg der Römer am Metaurus und mit der Vernichtung des karthagischen Ersatzheeres unter Hasdrubal erfolgt, so tritt er in den meisten Fällen bereits nach kurzer Frist ein [68]).

Das gilt vor allem für die **clades Alliensis** und für das schmähliche Vertragsabkommen von Caudium. Die Ursache für die Niederlage an der Allia sieht Livius in dem von den römischen Gesandten begangenen und vom römischen Volke gedeckten Bruch des Völkerrechts [69]) sowie in der Mißachtung der ihm zuteil gewordenen Warnung durch eine göttliche Stimme. Die Schuld für die Einschließung des römischen Heeres in den Caudinischen Engpässen tragen die Konsuln, die es - ähnlich wie vor dem Kampf am Trasimenischen See - an der erforderlichen Rekognoszierung des Geländes hatten fehlen lassen. Aber die Hauptverantwortung ist in der **intoleranda superbia** der römischen Politiker und in den maßlosen Forderungen der Römer an die um Frieden nachsuchenden Samniten zu sehen. In beiden Fällen läßt Livius die Mißachtung moralischer und juristischer Gebote durch die Römer ihre Sühne durch die Götter und das Schicksal finden [70]). Doch bald nach der clades Alliensis und der Einnahme Roms durch die Gallier erfolgt bekanntlich mit dem Sieg des Camillus ein Ausgleich für die Wiederherstellung der römischen Ehre und Handlungsfreiheit, was Livius im Anschluß an die ihm vorliegende Tradition nachdrücklich herausarbeitet: Rom soll nicht durch die Zahlung von Gold, sondern durch einen militärischen Sieg von den Galliern befreit werden; den menschlichen Leistungen fehlt nicht die Hilfe der Götter [71]). Die Kapitulation von Caudium stellt die Sonderform einer Niederlage dar, da hier kein Kampf stattfindet und keine Verluste eintreten. Es ist nach der eingehenden Schilderung des Livius eine ungeheure Schmach **(ignominia)**, die das Heer und die Stadt Rom getroffen hat. Das Entsetzen und die Trauer, die alle Soldaten erfüllen, werden noch von der tiefen Scham vor den Bundesgenossen und den Bürgern bei ihrer Rückkehr übertroffen [72]). Indessen läßt Livius noch vor der Rückkehr des Heeres in die Stadt einen hochangesehenen Vertreter des Adels der Bundesgenossen die Äußerung tun, daß das Gefühl der Erniedrigung bei den römischen Soldaten der Anfang ihres Widerstandsgeistes sei und daß die Römer in Kürze die Samniten überwunden haben würden. In Rom wird sofort mit Aushebungen begonnen. Der Konsul Sp. Postumius nimmt in einer eindrucksvollen - juristisch freilich dubiosen - Rede [73]) vor dem Senat die volle Verantwortung für das schmachvolle Geschehen auf sich und schlägt mit der Bereitschaft zu seiner Auslieferung an die Samniten die Modalitäten vor: **quo minus iustum piumque de integro ineatur bellum.** Sein Rat findet Anerkennung durch den Senat und das Volk und wird in die Tat umgesetzt. Trotz der Weigerung der Samniten, die listig manipulierte Auslieferung anzunehmen, sieht Livius die Schmach von Caudium als gesühnt.

5. Reden [74])

Reden gehören seit Herodot und Thukydides zu den festen Bestandteilen eines griechischen oder römischen Geschichtswerks. Ihre Begründung, soweit ein Historiker sie gibt, ist ebenso unterschiedlich wie ihr Umfang und ihre Funktion in den einzelnen Werken; darauf kann hier nicht eingegangen werden. Allen Autoren ist aber gemeinsam, daß sie die Reden der von ihnen eingeführten Personen nicht im originalen Wortlaut übernommen, sondern in ihren eigenen persönlichen Stil umgesetzt haben [75]). Wie weit sie die inhaltliche Authentizität gewahrt haben, worauf vor allem Thukydides und Polybios den größten Wert gelegt haben, ist von Autor zu Autor, von Überlieferungsstand zu Überlieferungsstand verschieden. Man wird aber allgemein sagen dürfen, daß der überwiegende Teil der erhaltenen Reden von den meisten Annalisten in Anpassung an die historische Person und Situation frei gestaltet worden ist und fiktiven Charakter hat [76]). Dies gilt besonders für die frühen Vertreter, die beim Beginn ihrer Arbeit für die hinter ihnen liegenden historischen Perioden nur wenige Quellen und kaum gesichertes Tatsachenmaterial, geschweige denn Reden zur Verfügung hatten. Wenn die Historiker im Verlauf der Entwicklung ihrer Zunft, wie wir gesehen hatten, zunehmend die Forderung nach einer künstlerisch anspruchsvollen und den Leser fesselnden Darstellung erhoben hatten und ihr gerecht zu werden suchten, so war es naheliegend, daß sich eine solche anspruchsvolle und ausgefeilte Darbietung besonders der Gestaltung der Reden zuwandte. Will man dieses Bemühen mit dem allgemeinen Terminus einer rhetorischen Leistung charakterisieren, wird es einsichtig, daß Cicero die Historiographie als **opus ... unum ... oratorium maxime** [77]) bezeichnen konnte. Livius, der an zahlreichen Stellen von Seneca [78]), Quintilian [79]) und Tacitus [80]) um seiner **eloquentia** willen gerühmt wird, hat eine hohe Anerkennung für die Reden in seinem Geschichtswerk gefunden. Quintilian würdigt sie an einer oft zitierten Stelle: **cum in narrando mirae iocunditatis clarissimique candoris tum in contionibus supra quam enarrari potest eloquentem: ita quae dicuntur omnia cum rebus tum personis accomodata sunt: adfectus quidem praecipueque eos, qui sund dulciores, ut parcissime dicam, nemo historicorum commodavit magis** [81]). Auf das gleiche Lob läuft das Urteil von Seneca hinaus [82]): **natura candidissimus omnium magnorum ingeniorum aestimator est**, insofern als die **aestimatio** nicht zuletzt auf der Darstellung der großen Gestalten in ihren Reden beruht. Schließlich sei zu seinem Lobe noch erwähnt, daß Sueton in der Vita Domitians berichtet, daß zur Zeit dieses Kaisers **contiones regum ac ducum ex Tito Livio** exzerpiert und studiert wurden [83]).

Die Zahl der uns erhaltenen direkten Reden [84]) beträgt einschließlich zahlreicher Kurzäußerungen (aber ohne formelhafte Wendungen, Weihinschriften, Gesetze, Orakel von zwei oder drei Wörtern) 420 [85]), von denen 207 auf die erste, 107 auf die dritte, 84 auf die vierte Dekade und 22 auf die Bücher 41-45 entfallen. Die Zahl der Reden nimmt also von Dekade zu Dekade gleichmäßig ab. Dagegen nimmt der Umfang fast gleichmäßig zu. Die längeren Reden stehen in den späteren Büchern. Eine Ausnahme bilden die miteinander korrespondierenden Reden des Appius Claudius und des Camillus am Anfang und Ende von Buch 5 mit 195 bzw. 192 Zeilen [86]). Man kann vermuten, daß dies mit der Sonderausgabe der ersten Pentade zusammenhängt, die mit zwei inhaltlich und formal herausgehobenen "Modellfällen" in weitgehend freier Gestaltung zwei Muster von **orationes cum rebus tum personis accomodatae** bieten und dem ersten publizierten Werkteil einen gewichtigen Abschluß verleihen sollte. Ob etwa gar an die Möglichkeit und Absicht einer öffentlichen Rezitation dieses sehr geschlossenen Buches zu denken wäre [87])? Im übrigen geht die knappe Hälfte der Reden nicht über einen Umfang von fünf Zeilen hinaus. 75 Reden liegen zwischen 6 und 10 Zeilen, 67 zwischen 11 und 25, 35 zwischen 25 und 50, 32 zwischen 51 und 100; nur 17 umfassen mehr als 100 Zeilen [88]).

Wenn wir nach dem Verhältnis der Reden des Livius zu seinen Vorlagen fragen, so können wir am besten von einem Vergleich mit Polybios ausgehen. Dabei ergibt sich, daß Livius mit geringen Ausnahmen Polybios gefolgt ist und an den gleichen Stellen wie jener eine oder mehrere Reden bietet. Allerdings besteht darin, wie bereits erwähnt, ein wesentlicher Unterschied, daß Polybios die Form der Oratio obliqua bevorzugte, Livius aber in etwa gleichem Umfang direkte und indirekte Reden eingesetzt hat. Im übrigen verfährt er in inhaltlicher Hinsicht nicht viel anders als in den erzählenden Abschnitten. Er läßt weg und strafft, was sich auf spezifisch griechische Details bezieht und was er für seine römischen Leser als entbehrlich oder belanglos einstuft. Er versieht mit Nachdruck oder fügt hinzu, was dem nationalen Interesse oder Stolz der Römer entspricht. Sehr häufig hat er aus den lockeren Übergängen von erzählenden Abschnitten zu eingefügten Reden (und umgekehrt), wie wir sie bei Polybios lesen, scharf umrissene Redekomplexe gemacht und ihnen durch die Straffung von Anfang und Schluß, wie vor allem Witte gezeigt hat, und durch die Konzentration des Hauptteils eine größere Geschlossenheit als in der griechischen Vorlage gegeben. Vor allem aber hat er gegenüber dem sachlich-nüchternen und oft räsonnierenden Stil des Polybios seinen Reden eine höhere Stillage, größere Lebendigkeit, stärkeres Pathos und einen reicheren rhetorischen Schmuck gegeben [89]).

Als instruktives Beispiel für die Adaption einer Rede des Polybios durch Livius möge ein Vergleich der beiden Fassungen der Rede der

Rhodier dienen, die diese vor dem römischen Senat im Jahre 189 nach dem Sieg der Römer über Antiochus gehalten haben [90]). Das Ziel der Rede ist darin zu sehen, daß die Rhodier als Sprecher der griechischen Städte in Kleinasien eine Zusage vom Senat erhalten wollen, daß diese Städte bei der Neuordnung in Kleinasien nicht dem König Eumenes zugeschlagen werden, die bisher König Antiochus untertänig waren, sondern daß ihnen die Freiheit und Autonomie gewährt werde. Im ersten Teil der Rede [91]) stellen die Rhodier bei beiden Autoren die Komplexität der Situation dar, die darin besteht, daß nicht nur die Römer, sondern auch die Rhodier mit Eumenes bisher freundschaftlich verbunden sind, daß die Rhodier jetzt aber in einem Gegensatz zu Eumenes stehen und daß die Römer eine Entscheidung treffen müssen, mit der sie weder Eumenes noch die griechischen Städte verletzen oder schädigen. In der Darstellung dieser prekären Situation ist Livius etwas ausführlicher als Polybios, hält sich aber im Ganzen an die griechische Vorlage. Als die Rhodier erklären, daß es "am schönsten" und den "Römern angemessener" sei, die Freiheit zu gewähren, läßt Livius sie - nicht ohne Schmeichelei - eine höhere Tonlage anschlagen und bitten, daß die Römer nicht von ihrer Gewohnheit (scil. der Milde) abweichen [92]) und den mit dem Sieg über Philipp errungenen Ruhm nicht beeinträchtigen sollen: **est enim deum benignitate non gloriosa magis quam dives victoria vestra** (54,10) [93]). Dieser Sieg erlaube eine leichte Entscheidung, so daß sie - nach Polybios - weder Eumenes noch die griechischen Städte zu enttäuschen brauchten. Dann wenden sich die Rhodier bei beiden Autoren der bevorstehenden Aufteilung der verschiedenen Stämme und Landschaften zu, die sie weder in ihrer Gesamtheit noch in großen Teilen Eumenes zukommen lassen wollen. Polybios vergleicht diese stattliche Zahl der Ländereien mit einem üppigen Mahl, bei dem alles "ausreichend" und "mehr als ausreichend" (22,13) zur freien Verfügung stehe. Dies läßt Livius weg, verstärkt aber inhaltlich und sprachlich den von Polybios nur kurz gestreiften Vergleich der unterschiedlichen Anlässe zu Eroberungszügen bei anderen Völkern und bei den Römern: **alia aliis et honesta et probabilis est causa armorum; illi ... hi ... hi ... hi ... vos nec cupistis haec, antequam haberetis, nec nunc, cum orbis terrarum in dicione vestra sit, cupere potestis. Pro** dignitate et gloria apud omne humanum genus, quod vestrum nomen imperiumque iuxta ac deos immortales iam pridem intuetur, pugnastis [94]). Im Anschluß daran halten die Rhodier sowohl bei Polybios als auch bei Livius den Römern die ideale Aufgabe vor Augen, die im Schutz der Freiheit der Griechen besteht. Hier wird Livius wesentlich ausführlicher als Polybios. Er läßt in ei- nem längeren Zusatz (54, 17-25) die Rhodier erklären, daß die Römer den Schutz für die Freiheit der durch ihre Taten, Humanität und Wissenschaften von alters her berühmten Griechen [95]) übernommen hätten und daß sie dies nun auch im Osten tun müßten [96]), wie sie es schon im griechischen Mutterland und sogar für die nach Massilia ausgewanderten Griechen getan hätten. Wie jene Auswanderer pflegten auch sie in der Fremde die griechische Sprache, Sitten und Gesetze weiter, hätten sie vor den Einflüssen der Barbaren bewahrt und seien wie die anderen Griechen des römischen Schutzes würdig. Dieses als moralische Verpflichtung formulierte Enkomium Roms bildet die Grundlage für ihre Forderung nach Ausdehnung von Roms Patrocinium und Klientel nunmehr bis zum Taurus: **Quo arma vestra pervenerunt, eodem ius hinc profectum perveniat ... Graeci suam fortunam, vestros animos gerunt ... nunc imperium ubi est, ibi ut sit perpetuum, optant; libertatem vestris tueri armis satis habent, quoniam suis non possent** [97]). Die kurzen Sätze, die sich stark von der Periodisierung der vorangegangenen Schilderung der Ausdehnung des römischen Patrociniums abheben, entsprechen in ihrer Monumentalität sowohl dem Stolz der Griechen auf ihre Vergangenheit als auch der Würde Roms und der Größe der den Römern in Kleinasien bevorstehenden Aufgaben als Hüter der griechischen Kultur und Freiheit vor der Machtgier der Könige wie des Eumenes. Wir haben es mit einem der bedeutungsvollsten Zusätze des Livius zum polybianischen Text zu tun. Diese den Rhodiern in den Mund gelegte Aufforderung entspricht der Zusage, die T. Quinctius Flamininus bei Livius in der berühmten Freiheitserklärung von Korinth im Jahre 196 gegeben hat [98]) und deren Bedeutung die dankerfüllten Griechen nicht genug rühmen können: **esse aliquam in terris gentem, quae sua impensa, suo labore ac periculo pro libertate aliorum nec hoc finitimis aut propinquae vicinitatis hominibus aut terris continentibus iunctis praestet, sed maria traiciat, ne quid** toto orbe terrarum iniustum imperium sit, ubique ius, fas, lex potentissima sint (33,3,6,7).

In der Gestaltung des Schlusses [99]) gehen die Rhodier bei beiden Autoren einen verschiedenen Weg. Bei Polybios betonen sie, daß der Kampf der Römer für die Freiheit der Griechen wertvoller sei als die Tribute, die Karthago den Römern zahle. Denn Geld besäßen alle Menschen, aber was Ruhm und Ehre einbringe, sei nur den Göttern und den Menschen eigen, die ihnen am ähnlichsten seien. Sie schließen mit der Beteuerung, in freimütiger Rede ihre Freundespflicht erfüllt zu haben. Dagegen weisen die Rhodier bei Livius darauf hin, daß die Römer sogar früheren Feinden wie Karthago die Freiheit geschenkt hätten [100]) und daß sie jetzt die Machtgier des Eumenes zügeln müßten [101]). Dann würden alle erkennen, daß die Römer mit einer solchen Nachkriegsregelung ihren eigenen Sieg übertroffen hätten. Der leicht ideologischen Argumentation des Polybios stellt Livius die harte Realität der von den Rhodiern befürchteten Machtverhältnisse gegenüber [102]).

Wie Livius dem Einsatz von Reden bei Polybios gefolgt ist, so wird er auch von den annalistischen Vorlagen häufig den Anstoß zum Einbau einer oder mehrerer Reden bekommen haben. Einzelheiten über die formale und inhaltliche Umgestaltung entgehen uns hier leider fast völlig. Bisweilen ist die Vermutung geäußert worden, daß Livius in der Rede Catos gegen die **lex Oppia** [103]) das Original weitgehend übernommen habe. Dagegen spricht schon die Tatsache, daß der Stil der Rede insgesamt livianisches Gepräge trägt. Außerdem hat Livius von Catos Rede im Scipionenprozeß zwar ausdrücklich bezeugt, daß diese Rede zu seiner Zeit greifbar war (**exstat oratio eius de pecunia regis Antiochi**) [104]), sagt aber nicht, daß er sie benutzt habe. Seine Rede gegen die **lex Oppia** hat er im Anschluß an eine annalistische Vorlage oder wahrscheinlich weitgehend aus eigener Erfindung [105]) so gestaltet, daß er Catonisches Gedankengut zugrunde gelegt und seinem Text stellenweise leichte archaische Anklänge verliehen hat [106]). Eher könnte man annehmen, daß Livius, der wahrscheinlich die Aufzeichnungen Catos über seinen spanischen Feldzug benutzt hat [107]), dessen harte Äußerung zitiert, die ja in ihrer Kürze keinen Stilbruch bedeutet: **bellum se ipsum alit** [108]). Aber ein solcher Ausspruch kann auch von einem anderen Feldherrn getan worden sein und stellt eine allgemein übliche Devise der römischen Kriegführung dar.

Näher an den originalen Wortlaut dürfte ein Teil des Berichts des Aemilius Paulus über seinen Feldzug in Makedonien führen, der in der Knappheit der militärischen Aktionen an den Stil der Feldherrnberichte an den Senat erinnert und eine gewisse Verwandtschaft mit dem Arretinischen Elogium [109]) auf Paulus zeigt. Er sei um seiner historischen und menschlichen Bedeutung willen hier kurz referiert [110]). Nach einem längeren Einleitungssatz über die erlittenen Schicksalsschläge führt Paulus im Staccato-Stil die Stationen seiner Überfahrt bis zur Ankunft im Lager vor: **Profectus ex Italia classem a Brundisio sole orto solvi. Nona diei hora cum omnibus meis navibus Corcyram tenui. Inde quinto die Delphis Apollini pro me exercitibusque et classibus vestris sacrificavi. A Delphis quinto die in castra perveni.** Danach folgen in sprachlich wirkungsvollem Kontrast und in wahrscheinlich eigener livianischer Fassung zwei längere Perioden, die in knappster Zusammenfassung die zwei Hauptaktionen enthalten: den Marsch nach Pydna mit dem Sieg über den König und die nach mehreren erfolglosen Jahren erreichte Unterwerfung Makedoniens. Vier kurze Sätze fügen die Auswirkungen des Sieges an, bis Paulus zur Rückkehr nach Rom übergeht und mit der Kontrastierung seines und des Perseus' Schicksal als **nobilia maxime sortis mortalium exempla** die Rede in zwei eindrucksvollen Kurzsätzen schließt: **Paulus in domo praeter senem nemo superest. Sed hanc cladem domus meae vestra felicitas et secunda fortuna publica consolatur.** Wenn irgendwo, so wird hier das Urteil Quintilians bestätigt, daß alles, was Livius den Rednern in den Mund legt, **cum rebus tum personis accomodata sunt** [111]).

Ein sachlich naheliegendes und der Bekräftigung des Quintilianischen Wortes dienendes Vergleichsstück bildet die im **genus subtile** gehaltene Rede des Sp. Ligustinus, eines einfachen Mannes aus dem Volke, bei der Truppenaushebung im Jahr 171 vor dem Aufbruch nach Makedonien [112]). Eine größere Zahl von Centurionen drängt darauf, wieder mit dem Heer ins Feld zu ziehen, allerdings nur in einer ihrem militärischen Rang entsprechenden Führerstellung. Im Unterschied zu ihnen erklärt sich Ligustinus ohne jeden Vorbehalt zur Teilnahme bereit, wenn der militärische Führer ihn als einfachen Soldaten brauchen kann. In kurzen, schmucklosen Sätzen berichtet er einleitend von seiner Geburt, Jugend und seinen Familienverhältnissen: ein Beispiel einfachster, bester römischer Tradition entsprechender Lebensform. Dann geht er auf seine militärische Dienstzeit über: Hauptsatz reiht sich an Hauptsatz; kein schmückendes Beiwort, keine Stilfigur [114]. Bei der Erwähnung des spanischen Feldzugs unter Cato hebt sich angesichts der Bedeutung dieses Mannes der Ton etwas und formt sich die Rede zu einer kleinen Periode [115]. Dann folgt die Aufzählung seiner weiteren Feldzüge, wieder in kurzen Hauptsätzen, die höchstens durch einen Ablativus absolutus oder ein Participium coniunctum miteinander verbunden sind [116]. Dabei findet Ligustinus unschwer den Übergang zu den Auszeichnungen, die er erhalten hat, und zu der Feststellung, daß er wegen seines Alters und weil er vier Söhne statt seiner für den Feldzug stellen könnte, eine Freistellung erhalten müßte. Auch die entscheidenden Worte seiner vorbehaltlosen Dienstbereitschaft werden in kurzen Hauptsätzen gegeben. Nur am Ende, als er sich an die Kameraden wendet und sie auffordert, die Entscheidung über ihre dienstliche Stellung den Konsuln und dem Senat zu überlassen, drückt er dies in einer kleinen Periode aus [117]. In überzeugender Weise hat Livius diese völlig unpathetische Erklärung dem Denken und Sprechen des einfachen Mannes aus dem Volke und der Knappheit der soldatischen Redeweise angepaßt. Die verdiente Anerkennung bleibt nicht aus, und die von den Centurionen eingebrachte Appellation wird fallengelassen.

Wir fragen weiter, aus welchem Anlaß Livius die Reden eingefügt hat. Zu einer ersten Orientierung kann der Hinweis dienen, daß in den Büchern 1-10 zahlreiche Reden verschiedener Länge vornehmlich die Abgrenzung der Positionen der konservativen Patrizier und der nach Gleichheit strebenden Plebejer in den Ständekämpfen verdeutlichen. In der dritten Dekade stehen die durch den Hannibalischen Krieg ausgelösten Feldherrnansprachen und die späteren römischen Erfolge mit Senatsdebatten im Mittelpunkt. Die Reden der letzten 15 Bücher sind weitgehend den Verhandlungen sowohl der Römer als auch Philipps und des Perseus mit den griechischen Stämmen und den Bemühungen, sie als Partner zu gewinnen, gewidmet. Auch Verhandlungen griechischer Staaten untereinander und mit Antiochos fehlen nicht.

Das politische, soziologische und geistige Zentrum der erhaltenen (und sicher aller) Bücher wird von den Verhandlungen und Reden im Senat gebildet. Hier finden sich bei den regelmäßig wiederkehrenden administrativen Maßnahmen aller Art ebenso wie bei Neuerungen auf politischer, juristischer oder kultisch-religiöser Ebene bisweilen kurze Reden. Hier gehen die Meldungen der Heerführer über ihre Kämpfe und Siege ein und wird über die Zuerkennung eines Triumphes - bisweilen nach harter Diskussion - verhandelt. Hier finden sich die Gesandten und Herrscher der Völker des Ostens ein, um ihre Wünsche vorzutragen und Entscheidungen entgegenzunehmen. Von hier erhalten die römischen Gesandten ihre Aufträge für die Verhandlungen mit ausländischen Mächten. Die Reden, die bei diesen Gelegenheiten gehalten werden, haben vielfach nur einen kürzeren oder mittleren Umfang, sind im Inhalt und Ton von den verschiedenen Situationen abhängig und werden häufig auch in Oratio obliqua gegeben. Sie können hier nicht näher behandelt werden.

Indessen lohnt es, einige der umfangreicheren Reden, die vor dem Senat oder der Volksversammlung gehalten werden, etwas genauer ins Auge zu fassen und nach den näheren Umständen zu fragen, unter denen sie gehalten werden. Dabei sind an erster Stelle jene historischen Situationen zu nennen, in denen eine grundlegende politische Entscheidung durch eine Rede herbeigeführt wird. In der ersten Dekade ist dies zweimal in Buch 5 der Fall. In dem Kampf der Volkstribunen gegen den Senat war eine Pause einge- treten, als die geringen Erfolge der langjährigen Belagerung von Veji dem Senat den Entschluß nahelegten, durch einen Winterfeldzug eine Entscheidung herbeizuführen. Es war zum ersten Mal, daß ein solcher Vorschlag gemacht wurde. Die Volkstribunen sperrten sich leidenschaftlich dagegen. Ihre schweren Vorwürfe gegen den Senat gibt Livius in gedrängter Form in indirekter Rede und setzt ihnen eine ausführliche Rede des Appius

Claudius als Sprecher des Senats entgegen: **iam non promptus ingenio tantum, sed usu etiam exercitatus** [118]). In seinen klar gegliederten Ausführungen [120]) weist er nach Entlarvung der stets auf Zwietracht ausgehenden Volkstribunen die Notwendigkeit der Weiterführung der Belagerung unter verschiedenen Gesichtspunkten nach: daß der Krieg gerecht und der römischen Würde angemessen, notwendig und nützlich sowohl für die Soldaten als auch für die Bürger daheim, leistungsmäßig zumutbar und für das Ansehen bei den Nachbarvölkern erforderlich und vor allem erfolgsicher sei. Appius hat Erfolg, und die Belagerung wird auch im Winter fortgesetzt.

Inhaltlich und kompositionell bildet die bereits mehrfach erwähnte Camillusrede [121]) ein Gegenstück in einer schweren Entscheidungssituation der römischen Frühgeschichte. Soll die durch den Galliersturm zerstörte Stadt Rom wieder aufgebaut werden, oder sollen die Römer nach Veji umsiedeln? Für die Gestaltung und den Inhalt der Liviusrede ist bezeichnend, daß sie ähnlich wie die Rede des Appius Claudius eine starke Wirkung auf die Hörer ausübt, die einerseits durch das hohe Ethos und die religiöse Grundhaltung, anderseits durch den drängenden, vielfachen Beweisgang hervorgerufen wird. Die Kraft der Persönlichkeit des Camillus und seiner Rede führt zu dem Entschluß, mit dem Wiederaufbau an alter Stelle zu beginnen. So bildet diese Rede am Schluß der Pentade ein Monument der Besinnung auf die sittlichen Grundwerte Roms, von deren Pflege und Erhaltung der Wiederaufstieg abhängt.

Neben diese Entscheidungsreden eines einzelnen Politikers treten die Debattenreden, die Livius meist so gestaltet, daß er nach einer kurzen, sachlichen Einführung in die Situation zwei Persönlichkeiten ausführlich pro und contra sprechen läßt und evtl. nach einem Redewechsel mit anderen Sitzungsteilnehmern knapp abschließt. Eine solche politisch und militärisch bedeutsame Senatssitzung stellt die Beratung über die Verteilung der **provinciae** (ein Anlaß zu wiederholten Konflikten) im Jahre 205 dar, bei der es um die Frage geht, ob Scipio noch in Italien verbleiben soll, wie es der Zauderer Fabius Maximus fordert, oder ob er bereits, wie der stürmisch vorwärtsdrängende Scipio es wünscht, nach Afrika übersetzen darf, obwohl Hannibal mit dem Rest seiner Truppen noch in Italien steht [122]).

Politisch belanglos ist im Vergleich dazu das großartige Rededuell zwischen M. Porcius Cato und dem Volkstribunen L. Valerius über die Aufhebung der Lex Oppia [123]). Livius hat diese Reden wahrscheinlich aus mehreren Gründen eingelegt: erstens um den Eintritt dieses bedeutenden Politikers kräftig zu markieren [124]), zum anderen, weil er den durch sein politisch und moralisch hohes Niveau [125]) sowie durch die Kraft seiner Redegabe berühmten Mann eine Probe dieser Fähigkeit abgeben lassen wollte, und schließlich, weil er diese intensive Verteidigung altrömischer Sitten und Gesinnung in dem Zeitpunkt richtig fand, als griechische und östliche luxuriöse Lebensgewohnheiten in Rom einzudringen begannen.

Enge Verwandtschaft mit der Haltung Catos zeigt das Verbot des Bacchanalienkults im Jahr 187 [126]). Die dem Verbot vorangegangenen Untersuchungen hat Livius in einem lebhaften Wechsel von Erzählung und indirekten Reden entwickelt, in denen die Einzelheiten der nächtlichen Kultfeiern von verschiedenen Personen aufgedeckt werden, bis schließlich der amtierende Konsul in der Volksversammlung die Ungeheuerlichkeiten dieses Kultes bekannt gibt und die Quiriten vor der Ausbreitung dieser Gefahr warnt. Diese Rede zieht in gedrängter und auf die Stimmung des Volks zugeschnittener Form das Résumée aus den vorhergegangenen Kapiteln. Sie bildet mit dem Hinweis auf die Bekanntgabe der Senatsbeschlüsse, die Livius aber nicht wörtlich anführt, und auf die Auswirkungen dieser Beschlüsse den Abschluß des als große Einzelerzählung komponierten Gesamtberichts.

Eine noch größere Auflockerung zeigt der Erzählabschnitt, den Livius den Scipionen-Prozessen gewidmet hat [127]). Die verschiedenen Phasen dieses Streites sind in kleine Einzelabschnitte aufgeteilt, die sich um kurze Reden gruppieren, die meist in Oratio obliqua gegeben sind. Durch Oratio recta sind aber die Worte Scipios ans Volk vor dem Beginn der Verhandlungen [128]) und die in hoher Emotion gehaltene Würdigung seiner Person und Leistung durch Ti. Sempronius Gracchus herausgehoben [129]). Im Anschluß daran folgt eine kurze Erklärung des Ti. Gracchus zugunsten des ebenfalls angeklagten L. Scipio, daß er nicht zulassen werde, daß dieser verhaftet bleibe. Trotz der hier von Livius gewählten Oratio obliqua bildet diese aufs äußerste konzentrierte Lobrede [130]) mit ihrer Anerkennung durch die Hörer und mit der Entlassung Scipios aus dem Kerker einen der Größe des Cornelischen Geschlechts angemessenen Abschluß der Scipionenprozesse und des Buches 38.

In enger Verwandtschaft mit diesem Streit stehen in den letzten zehn Büchern die wiederholten Debatten im Senat, die über die Verleihung eines Triumphs gehalten und entweder von den Volkstribunen oder neidischen Amtskollegen in Szene gesetzt werden [131]). Am meisten deprimiert der Angriff gegen Aemilius Paulus, dem die Soldaten des eigenen, so erfolgreichen Heeres den Triumph neiden und versagt sehen wollen. Nach zwei kurzen Anklagereden [132]) (in Oratio obliqua) tritt der Konsular M. Servilius gegen die Hetzer auf, dem Livius eine besonders kunstvolle Rede [133]) in den Mund legt. Er fingiert im Anfang seiner Ausführungen eine Rede des Anklägers vor den Quiriten und eine eigene vor dem Heer, bis er mit einer großen Zahl von Argumenten sowie mit einem fingierten Einwurf des Aemilius Paulus [134]) und einer schlagfertigen Antwort auf das Gelächter der Hörer [135]) seine Ausführungen schließt. Es ist die größte direkte Rede innerhalb der Bücher 31-45, und sie erfordert durch den Einbau der fingierten Reden eine besondere Aufmerksamkeit des Hörers. Ihre Ausführlichkeit liegt ebenso in der Person des angegriffenen Aemilius Paulus wie in der leidenschaftlichen Verteidigung altrömischen Soldatengeistes durch den Redner begründet. Zugleich stellt sie einen rhetorisch farbigen Hintergrund dar, zu dem der kurz vorher erfolgte Feldzugsbericht des Aemilius Paulus [136]) in seiner militärischen Knappheit einen wirkungsvollen, der Persönlichkeit des Redners und seinem schweren Schicksal angemessenen Kontrast bildet.

Schließlich sei in diesem Zusammenhang nicht übergangen, daß Livius im Anschluß an Polybios eine große Zahl von oft ausführlichen Reden in den Büchern 31-45 aus Versammlungen der griechischen Stämme und Staatenbünde referiert, um deren Unterstützung und Bündnisbereitschaft sowohl die Römer als auch die Könige Philipp und Antiochus werben. Die Schilderungen der Landtage, an denen solche Verhandlungen geführt werden, sind inhaltlich und nach ihrem Aufbau von Polybios vorgegeben, aber von Livius erheblich gestrafft, durch kleine Zusätze, zumeist zugunsten der Römer, angereichert und als geschlossene Einzelberichte oft dramatisiert worden. Es ist bemerkenswert, eine wie starke Differenzierung zwischen den einzelnen Landtagsberichten besteht.

In Buch 31 finden wir die Verhandlungen auf dem panätolischen Landtag des Jahres 200 in drei längeren Reden vorgeführt, durch die die Ätoler für die makedonische bzw. römische Sache gewonnen werden sollen: zuerst eine der makedonischen Gesandten, dann eine der Athener und als längste die der Römer [137]). Die erste und dritte sind der Bedeutung der werbenden Mächte entsprechend in Oratio recta, die mittlere in Oratio obliqua gegeben. Eine Erklärung des ätolischen Prätors schließt das Ganze ab [138]). Der Verlauf der Verhandlungen ist also in der Abfolge der drei Reden rein statisch gehalten. Erheblich anders sind im folgenden Buch die Verhandlungen des Landtags von Nicaea durchgeführt [139]). Der Bericht setzt mit einem von Livius gegenüber Polybios gestrafften und dramatisierten Dialog zwischen Quinctius Flamininus und dem König Philipp ein, auf den in indirekter Rede kurze Forderungen von Quinctius und sechs Vertretern griechischer Stämme folgen [140]). Die teils in direkter, teils in indirekter Rede gegebene Erwiderung Philipps wird durch einen Zwischenruf eines Phaeneas unterbrochen (Oratio obliqua), auf den Philipp spöttisch kurz in Oratio recta repliziert [141]). Den Rest seiner Rede referiert Livius und läßt Quinctius in indirekter Rede abschließend seine Entscheidung formulieren. Dieser Bericht gehört, wie diese Andeutungen bereits zeigen, zu einem der lebendigsten und in der Gestaltung der Diskussionen variationsreichsten Redenkomplexe des Livius. In dem dritten Beispiel finden Gespräche in Larisa [142]) bei dem Versuch eines Gesandten Philipps, einen Waffenstillstand zu erreichen, statt. Nach einem freundlichen Hinweis des Quinctius auf die **clementia** der Römer [143]) folgt die in Oratio obliqua wiedergegebene Empörung der Ätoler über ihre vermeintlich ungerechte Behandlung durch Quinctius. Daran schließen sich in indirekter Rede die gegenüber Polybios erheblich verkürzten Forderungen Amynanders und der Ätoler an. Dann nimmt Quinctius - wiederum in indirekter Rede - das Wort, verweist auf die alte Sitte der Römer, den besiegten Feind zu schonen, und entwickelt in einer ebenfalls gegenüber Polybios gestrafften und thematisch leicht veränderten Rede die Schützerrolle Roms für die Freiheit der Griechen [144]). Mit zwei Sätzen schneidet er dem Zwischenredner Phaeneas das Wort ab [145]). Zwischen ihm und Quinctius läßt Livius am nächsten Tag im Wechsel von direkter und indirekter Rede sich ein Streitgespräch entwickeln, das Quinctius voller Nachdruck mit drei kurzen Sätzen abschließt [146]). In beiden Szenen ist die polybianische Vorlage erheblich verkürzt und dramatisiert zugunsten der gebieterischen Souveränität des Quinctius.

Es entspricht der Tradition griechischer und römischer Historiographie, auch die kriegerischen Ereignisse durch Reden zu beleben. Anlässe und Ansätze ließen sich dafür unschwer finden. Am nächsten lag es, den Feldherrn vor einer Schlacht zu seinen Soldaten sprechen zu lassen, um ihre Einsatzfreudigkeit zu erhöhen und ihnen Mut zu machen [147]). Der Möglichkeiten dafür gab es viele [148]). Auf der einen Seite kann der Redner sehr konkrete Vorteile aufzählen: die zahlenmäßige oder ausrüstungsmäßige Überlegenheit, das günstig gewählte Gelände, den vorteilhaften Zeitpunkt des Angriffs, die vorbereitete Umgehung des Feindes und die Stärke der dazu erforderlichen Reiterei. Zur Ermutigung kann er auf frühere Erfolge der angesprochenen Truppen oder berühmte Siege der Vergangenheit über den gleichen Gegner hinweisen. Als ideeller Antrieb kann der Schutz für die in der Heimat verbliebenen Eltern, Frauen und Kinder sowie der Schutz für die Heiligtümer und insgesamt für das Vaterland und dessen Ehre hervorgehoben werden. Bisweilen soll durch erhöhten Einsatz eine Scharte von vorangehenden Mißerfolgen ausgewetzt werden. Auch ausgesetzte Belohnungen und die Hoffnung auf große Beute können als Stimulantia eingesetzt werden. Schließlich kann dadurch die Siegeszuversicht gesteigert werden, daß der Redner die Schwächen der Gegenseite hervorhebt: in der Truppenzahl und -ausbildung, in mangelnder Kriegserfahrung und Kampfesfreude, im Hinweis auf frühere Niederlagen oder auf schlechten Zusammenhalt der verschiedenen Truppenkontingente. Es hatte sich eine Topik herausgebildet, mit der Livius durch seine annalistischen Vorgänger vertraut war. Es war auch kaum zu vermeiden, daß sich verschiedene Topoi wiederholten, wenn Livius sich auch bemüht, den einzelnen Situationen eine eigene Note zu geben.

Die jüngeren Annalisten haben, wie in den Schlachtschilderungen, so auch in den Reden ihrer Phantasie viel freies Spiel gelassen. Vermutlich ist dabei je nach ihrer Einstellung auch eine parteipolitische Tendenz wirksam gewesen, die bei Livius in der ersten Pentade zugunsten des Senats noch gelegentlich zu spüren ist. In der dritten Dekade stehen vor der Schlacht am Ticinus eindrucksvoll ein Paar von Reden, in denen sich Scipio und Hannibal an ihre Truppen wenden [149]. In den Verweisen Hannibals auf die große Beute und Scipios auf den Schutz des Vaterlands hat Livius einen hart betonten Gegensatz zwischen materieller und ideeller Begründung des bevorstehenden Kampfes formuliert, den der Leser auf den ganzen Kriegsverlauf beziehen soll. Zugleich kann aber dem Leser schmerzlich bewußt werden, daß jeder der beiden Redner sich täuscht: Scipio findet entgegen seinen Worten keinen vom Alpenübergang erschlafften Gegner und verliert die Schlacht; Hannibal wird zwar jetzt siegen, aber für ihn und seine Soldaten steht am Ende des Kriegs keine reiche Beute, sondern der Untergang. So sollen beide Reden nicht nur unter dem Blickwinkel des Ausgangs der Schlacht gelesen werden, sondern vom ersten Buch dieser Dekade den Blick auf das Ende des letzten Buchs hinlenken. Denn der Dialog zwischen Scipio, dem Sohn des Konsuls von 218, und Hannibal vor der Schlacht von Zama ist den beiden Reden am Kriegsanfang als Pendant zugeordnet [150]. Eine ähnliche Entsprechung gedanklicher und kompositioneller Art von zwei einzelnen Reden findet sich für beide Feldherrn beim Beginn ihrer Aktionen in Spanien. Nach der Einnahme Sagunts wirbt Hannibal bei seinen Soldaten um ihre Teilnahme an dem geplanten Feldzug gegen Italien und verspricht ihnen am Anfang und Ende einer kurzen Rede Beute und Ruhm [151]. Dem-

gegenüber beruft Scipio sich nachdrücklich auf seine Pflicht
(**pietas**) gegenüber seinem in Spanien gefallenen Vater und Onkel und
auf die Notwendigkeit, angesichts der kurz vorher erlittenen Niederlagen dieser beiden den Krieg in Spanien fortzuführen. Dabei greift
er zur weiteren Rechtfertigung auf die römische Geschichte zurück
und formuliert den durch die großen Niederlagen früherer Kriege bestätigten Satz: **ea fato quodam data nobis sors est, ut magnis omnibus bellis victi vicerimus** [152]). Ähnliche Aussagen von allgemeiner,
das historische Einzelgeschehen überhöhenden Gültigkeit finden sich
auch sonst in den livianischen Reden, die entweder das römische nationale Selbstbewußtsein oder allgemein menschliche Erfahrungen und
Gefühle ansprechen. Dazu gehört auch die in dieser Rede folgende
Überzeugung, daß die **integra atque immobilis virtus populi Romani**
und die **benignitas deum** gemeinsam Roms Aufstieg nach schweren Krisen
herbeigeführt und gesichert haben [153]).

Es fällt auf, daß Livius in der ersten und dritten Dekade vor den
großen Schlachten an der Allia, am Vesuv, bei Sentinum, am Trasimenischen See, bei Cannae und am Metaurus keine Feldherrnrede - mit
der oben angeführten Ausnahme der Schlachten am Ticinus und vor
Zama - eingelegt hat. Das mag teils durch seine Vorlagen, teils dadurch bedingt sein, daß er nicht - wie am Ticinus - einen römischen
Konsul vergeblich seine im Kampf unterliegende Truppe anfeuern lassen wollte. Vor allem aber suchte Livius dadurch wohl der Gefahr ermüdender Wiederholungen zu entgehen. Auf jeden Fall kommen durch den
relativ sparsamen Einsatz Feldherrnreden zu besonders starker Wirkung. Dies gilt auch für die vierte Dekade, wo zwei Feldherrnreden
der Erwähnung wert sind: die Rede des M. Acilius Glabrio [154]) vor
der Schlacht bei den Thermopylen, die man als eine weitgehende Eigenleistung des Livius - vielleicht im Anschluß an eine polybianische Kurzfassung [155]) - ansehen kann, und die Rede des Cn. Manlius
vor der Schlacht gegen die Kelten in Kleinasien [156]), der ähnliche
typologische Züge herausstellt wie Camillus nach dem Galliersturm
auf Rom [157]).

In diesen Zusammenhang gehört auch die oft zu beobachtende Einfügung von kurzen Zurufen eines Führers oder Soldaten während einer Schlacht an die kämpfende Truppe. Es handelt sich meist darum, daß in einer bedrohlichen Situation durch einen Zuruf die Widerstandskraft gestärkt oder gar eine Peripetie herbeigeführt wird. In der Formulierung solcher Appelle hat Livius eine treffende Prägnanz bewiesen und durch sie dem Kampfverlauf oft eine große Lebendigkeit und Unmittelbarkeit verliehen: **proximum signiferum manu arreptum in hostem rapit "infer miles" clamitans "signum"** [158]).

Die indirekten Reden haben im Werk des Livius eine so große und eigenständige Bedeutung, daß sie den direkten Reden kaum nachstehen. Das hat mit der Interpretation zahlreicher indirekter Reden aus den Büchern 1-6 und 24 A. Lambert [159]) bewiesen. Schon der große Umfang, den Livius ihnen eingeräumt hat [160]), macht deutlich, daß wir in ihnen keine Darstellungsform minderen Ranges sehen dürfen. Es handelt sich bei ihnen weder, wie man lange angenommen hatte, um mehr oder weniger raffende Inhaltsreferate (wie es sie in der Tat gibt) noch um Reden von inhaltlich geringerer Bedeutung. Es trifft auch nicht zu, daß sie eine lässigere Ausarbeitung zeigen. Sie haben vielmehr - wie die direkten Reden - im Zusammenhang der einzelnen Berichtseinheiten ihre eigene Funktion, die von Fall zu Fall zu klären ist. Dies gilt insbesondere für solche Reden, in denen Livius von der einen in die andere Redeform wechselt, was er nicht selten tut. Hierbei kann ihn der Gedanke an die verschiedene Gewichtung der Argumente, aber vielleicht auch der Wunsch nach Abwechslung geleitet haben. Die indirekte Rede nimmt in den letzten 15 Büchern unter dem Einfluß des Polybios zu, der, wie bereits oben erwähnt, die indirekte Rede bevorzugt. Livius hat aber keineswegs pedantisch die Redeform seines Vorgängers übernommen, sondern bisweilen eine Oratio obliqua des Polybios in Oratio recta umgesetzt und umgekehrt.

Natürlich wird man im allgemeinen in den direkten Reden die stärkere Aussagekraft und Unmittelbarkeit, in den indirekten einen gedämpfteren Ton und eine größere Distanz spüren [161]). Aber in ihrem Aufbau, ihrer Gedankenführung und sprachlichen Gestaltung folgen sie mit den durch die Sache bedingten Differenzierungen den livianischen Gewohnheiten. Sie sind durchaus ein Zeugnis der Gedanken und Empfindungen, der Intentionen und Ziele der Männer, denen sie in den Mund gelegt sind. Sie kommen bisweilen dem Reflektieren nahe, das wir heute unter dem Begriff des inneren Monologs verstehen. Man kann feststellen, daß Livius sich im allgemeinen bei den bedeutenden Persönlichkeiten mit anerkennswerter Konsequenz bemüht hat, das Gleichgewicht von Handlungen und Reden ebenso wie von direkten und indirekten Äußerungen zu wahren.

Zum Schluß noch einige Worte über den Aufbau der Reden. Die Wertschätzung Ciceros durch Livius und dessen These von der Historiographie als **opus oratorium maxime** haben eine Reihe von Forschern zu der Annahme geführt, daß Livius im Aufbau seiner Reden den von Cicero vertretenen Regeln gefolgt sei und ihnen eine Gliederung nach den Vorschriften der rhetorischen Theorie gegeben habe [162]. Nun ist es gewiß zutreffend, daß Livius nicht nur Ciceros Empfehlungen für den Aufbau einer Rede kannte, sondern vermutlich auch seine rhetorischen Schriften gelesen hatte. Jedenfalls hatte er - wie alle gebildeten Römer - in seiner Jugend Unterricht bei einem Rhetor gehabt, bei dem er Dispositionsaufrisse für Reden welcher Art auch immer gelehrt bekam und praktisch befolgen mußte. Daher hat R. Ullmann in seinem viel zitierten Buch La technique des discours dans Salluste, Tite Live et Tacite, Oslo 1927, die Ansicht vertreten, daß Livius die Reden nach den Regeln der rhetorischen Handbücher geschrieben habe. Er räumt zwar ein, daß Livius dort, wo er in den Reden dem Polybios gefolgt sei, die von diesem zugrunde gelegten sachlichen Ordnungspunkte in der Regel übernommen und die Aufbauprinzipien der Rhetorik verlassen habe (17). Ansonsten aber sieht er diese Anweisungen nahezu einschränkungslos verwirklicht. Das bedeutet, daß er in ihnen ein Grundschema feststellen zu können glaubt, das vom Prooemium über die kurze Propositio zu der in Haupt- und Nebentopoi gegliederten Tractatio (Argumentatio) und schließlich zur Conclusio führt. Der wesentliche Teil ist die Tractatio, die Ullmann in eine große Zahl von gleich- oder untergeordneten Topoi (Leitgedanken) aufgliedert. Bei dem Rededuell zwischen Scipio und Hannibal vor der Schlacht bei Zama sieht er in der Rede Scipios die Topoi **facile** mit **religiosum, possibile** mit **pium, dignum** oder **honestum** mit **necessarium** verbunden, in der Rede Hannibals **necessarium, utile, facile, possibile, iustum** als leitende Gesichtspunkte, die mit einer **conclusio** in Form einer **amplificatio** abgeschlossen werden. Es würde zu weit führen, noch andere Beispiele aus den von Ullmann nach diesem Schema analysierten 90 Reden anzuführen [163]. Es ist zuzugeben, daß sich die meisten Reden durch eine besondere Klarheit der Gliederung auszeichnen und daß einzelne Unterteile sich unschwer unter die angeführten Topoi unterordnen lassen, wie wir dies eben bei den Reden Hannibals und Scipios vor Zama angedeutet haben. Aber die von Ullmann vorgenommene Unterordnung führt erstens oft zu einer mehr oder minder gewaltsamen Zuteilung einzelner Abschnitte zu einem bestimmten Topos und gibt zweitens den Unterteilen eine gleiche Gewichtung, ohne daß die stärker oder minder betonten geschieden würden. Vor allem wird durch diese schematische Gleichordnung der Redeteile die innere Dynamik des Gedankengangs und die psychologische Ausrichtung des Redners auf seine Hörer (und auf die Leser des Livius) verdeckt [164]. Erst indem man das Auf und Ab des Redeflusses, den Wechsel der Tonart sowie die sprachlich-rhetorische Gestaltung des einzelnen Gedankens oder Gefühls mit der jeweils besonderen Art der Hinwendung des Redners zu den angesprochenen Personen erklärt, wird man die Eigenart der verschiedenen Reden erfassen [165]. Dabei wird immer der Kontext, in dem die einzelne Rede steht, von ausschlaggebender Bedeutung für den angemessenen Zugang zu den Ausführungen eines Redners sein. Rhetorische Schemata ersticken die Lebendigkeit jeder Rede.

V. Rombild [1]

1. Ideale Staats- und Lebensordnung

Das Geschichtswerk des Livius basiert auf der Grundüberzeugung, daß die Römer berufen waren und es in die Tat umgesetzt haben, das erste Volk der Welt und die auserwählten Herren der Erde zu sein. Dieser wohl schon von den ersten Annalisten aus der politischen Überzeugung des Senats im Keim übernommenen Ideologie gibt Livius in der Praefatio Ausdruck, als er im Bewußtsein der Größe seiner Aufgabe in Zuversicht die Besonderheiten kurz anreißt, die Geschicke des **princeps terrarum populus** [2] **pro virili parte** zu schreiben und etwas für die Überlieferung seiner Taten beizutragen. Diese Vorstellung wird in der ersten Pentade durch eine Reihe von Prophezeiungen, Omina und Verheißungen in geschichtsträchtigen Situationen bekräftigt und verstärkt, wobei Livius den legendären Charakter nicht verschweigt [3]. An ihrer Spitze steht die Botschaft des von der Erde entrückten Romulus durch den Mund des Proculus Julius: **abi, nuntia, inquit, Romanis caelestes ita velle, ut mea Roma caput orbis terrarum sit** [4]. An ihrem Ende weist Livius bei den Verhandlungen der Römer mit dem Gallierkönig Brennus auf Roms raschen Aufstieg hin (**populi gentibus mox imperaturi**) [5] und läßt Camillus im Rückgriff auf den Fund eines menschlichen Hauptes bei Arbeiten für die Fundamente des kapitolinischen Jupitertempels [6] seine Rede zum Wiederaufbau Roms mit den Worten schließen: **eo loco caput rerum summamque imperii fore** [7]. In enger Verbindung mit dem Glauben an Roms Vorrangstellung steht die in der ersten Dekade wiederholt zum Ausdruck gebrachte Vorstellung von der ewigen Dauer der Stadt: **Roma aeterna** [8].

Im Hannibalischen Krieg sieht Livius einen Kampf der Karthager und Römer um die Weltherrschaft, wie er es nach der vergeblichen Unterredung zwischen Hannibal und Scipio vor der Schlacht von Zama beide Feldherren vor ihren Truppen zum Ausdruck bringen läßt: **Roma an Carthago iura gentibus daret, ante crastinam noctem scituros; neque enim Africam aut Italiam, sed orbem terrarum victoriae praemium fore** [9]. Nach dem Sieg des T. Quinctius bei Kynoskephalai läßt Livius bei den Verhandlungen der Gesandten des Königs Antiochus mit dem römischen Senat über die Bedingungen eines Bündnisvertrags T. Quinctius die Stellungnahme des Senats als Sprecher des **princeps orbis terrarum populus** abgeben. Zugleich läßt er ihn, wie wir bereits erwähnt hatten, erklären, daß die Römer das **patrocinium libertatis Graecorum** übernommen hätten und bereit seien, auch den Griechen in Kleinasien die Freiheit von der Herrschaft des Antiochus zu bringen [10]. Bereits unter den Friedensbedingungen für das besiegte Karthago hat Livius als erste Feststellung formuliert, **ut liberi legibus suis viverent** [11]. Mit der Parole für die Freiheit der Völker einzutreten und sie notfalls vom Joch einer ungerechten Herrschaft, vor allem durch die Könige des Ostens, mit Waffengewalt zu befreien, verbindet Livius den Anspruch der Römer auf die Vormachtstellung in der Welt. Diese propagandistische Ideologie, die durch die Vorstellung von römischer Milde gegenüber den besiegten Völkern unterstützt wird, läßt Livius durch den Gesandten des Antiochus nach dem Sieg der Römer in der Schlacht von Magnesia bestätigen, als dieser bei seinen Verhandlungen mit Scipio hervorhebt, daß die so oft gewährte **clementia** den Römern nunmehr nach ihrem Siege um so mehr als den Herren der Welt zukomme: **quanto id maiore et placatiore animo decet vos facere in hac victoria, quae vos dominos orbis terrarum fecit** [12]. Schließlich gibt Livius vor dem Entscheidungsjahr des Krieges gegen Perseus dem Konsul Q. Marcius Philippus eine Rede, in der dieser die Soldaten zum Kampf gegen Makedonien mit dem Hinweis anfeuert: **vires deinde populi Romani iam terrarum orbem complectentis cum viribus Macedoniae, exercitus cum exercitibus comparavit: quanto maiores Philippi Antiochique opes non maioribus copiis fractas esse?** [13]. In diesem Satz verweist Livius auf seinen früheren Vergleich der römischen Führer und Streitkräfte mit Alexander d. Gr. zurück, den er zum Jahre 319 ausführlich durchgeführt hatte [14]. Hier legt er - wie oft in vereinfachender, auf Grundphänomene reduzierter Form - dar, daß Rom durch die Zahl und Tüchtigkeit seiner Soldaten, die Begabung und den Charakter seiner Feldherrn und durch die Gunst der Fortuna Alexander überlegen gewesen wäre, wenn er nach Italien vorgedrungen wäre [15]. Dabei betont er, daß die Römer Antiochus, Philipp und Perseus besiegt hätten, ohne eine Niederlage dabei hinnehmen zu müssen, und schließt mit dem stolzen Satz: **mille acies graviores quam Macedonum atque Alexandri avertit avertetque, modo sit perpetuus huius, qua vivimus, pacis amor et civilis cura concordiae.** Was Livius hier voller Zuversicht aus Anlaß von Alexanders Tod ausspricht, ist im Jahre 168 nach der Schlacht von Pydna und der Gefangennahme des Königs Perseus wahr geworden. Die Römer sind jetzt Erben des makedonischen Reichs und Alexanders d. Gr. Das hebt Livius vor dem Bericht über die Unterredung des Aemilius Paulus mit Perseus hervor: **Perseus caput belli erat nec ipsius tantum patris avique ceterorumque quos sanguine et genere contingebat, fama conspectum eum efficiebat, sed effulgebant Philippus ac magnus Alexander, qui summum imperium in orbe terrarum Macedonum fecerant** [16]). Er selbst zeigt sich von der Überlegenheit der römischen Führungsschicht und der gesunden Kraft des römischen Volkes überzeugt, als er in der Wende des zweiten punischen Kriegs nach der Unterwerfung Siziliens nicht zögert, den altrömischen Staat über den Idealstaat der Philosophen, falls es ihn gäbe, zu erheben: **non equidem si qua sit sapientium civitas, quam docti fingunt magis quam norunt, aut principes graviores temperantioresque a cupidine imperii aut multitudinem melius moderatam censeam fieri posse** [17]).

Eine noch größere Erhöhung der Machtstellung Roms könnte man vielleicht darin sehen, daß der Einfluß der Römer nahe an die Macht der Götter herangerückt wird. So heißt es, um nur zwei Stellen herauszugreifen, die für die Bücher 31-45 gleichsam eine motivische Umrahmung bewirken, in dem Bericht von dem ätolischen Landtag in Naupactus im Jahre 200, daß die athenischen Gesandten die Ätoler gebeten hätten, an der Seite der Römer in den Krieg gegen Philipp einzutreten: **itaque se orare atque obsecrare Aetolos, ut miseriti Atheniensium ducibus diis immortalibus, deinde Romanis, qui secundum deos plurimum possent, bellum susciperent** [18]). An der zweiten Stelle läßt Livius die Gesandten des Ptolemaios im Namen des Königs und der Cleopatra dafür Dank aussprechen, daß die Römer durch ihr Eingreifen Antiochus gehindert hätten, sich Ägyptens zu bemächtigen: **plus eos senatui populoque Romano quam parentibus suis, plus quam diis immortalibus debere, per quos ... regnum paternun prope amissum re-**

cepissent [19]). Und in der Tat hat der römische Gesandte Popilius in einem berühmten Auftritt, den Livius und Polybios [20]) mit kleinen Abweichungen berichten, Antiochus auf Befehl des römischen Senats gezwungen, Ägypten zu verlassen, nachdem dieser dem Gesandten die geforderte Antwort gegeben hatte: **faciam, inquit, quod censet senatus** [21]). Während diese Szene einen welthistorisch bedeutsamen Vorgang in einem einprägsamen Bilde festhält, dürften die vorher angeführten Belege für die Annäherung der Römer an die Macht der Götter mehr oder minder als Schmeicheleien aufzufassen sein, die Livius den Rednern in den Mund gelegt hat, um sie dadurch die Gunst Roms gewinnen zu lassen. Dennoch wird ihm die Möglichkeit willkommen gewesen sein, dem Machtaufstieg Roms [22]) auch bei einer solchen Gelegenheit in seiner Größe und Wirkung Ausdruck zu verleihen und dem Leser nahezubringen.

Die Vorstellung von den Römern als **princeps terrarum populus** hat Livius nicht geschaffen, sondern bereits bei seinen annalistischen Vorgängern vorgeprägt gefunden [23]): Rom hatte ja bereits zur Zeit der ältesten Annalisten nach dem zweiten punischen Krieg eine exzeptionelle Machtstellung inne und war nach dem Sieg über Perseus in der Tat eine imponierende Weltmacht geworden. Dieser Rang hat von keinem der jüngeren Annalisten übersehen werden können und wird in verschiedener Stärke und Bewertung in ihren Werken zur Geltung gebracht worden sein. Indessen hatten die schweren Bürgerkriege im letzten Jahrhundert der Republik in weiten Kreisen der Bevölkerung tiefe Unruhe und Sorgen ausgelöst, und auch diese werden Eingang in die historische Darlegung der Annalisten gefunden haben. Jedenfalls lassen die Werke Sallusts und auch manche der frühen Gedichte Vergils [24]) und des Horaz [25]) eine tiefe Resignation erkennen, die vielleicht auch im Geschichtswerk des Asinius Pollio zu spüren war, der die römische Geschichte vom Jahre 60 an beschrieb. Es bedeutete also eine wichtige Entscheidung des Livius, wenn er sein Werk von Anfang an unter das Signum des **princeps populus terrarum** stellte. Der Friede des Augustus und seine ersten Maßnahmen zur Herstellung einer endgültig gesicherten Staatsordnung im Inneren und nach außen werden ihm den Mut zu der von uns hervorgehobenen Fundierung seines

Rombildes gegeben haben. Es ist freilich nicht zu überhören, daß auch er - schon in der Praefatio und an manchen anderen Stellen, vor allem der ersten Dekade - seine Besorgnis [26]) nicht unterdrücken kann, daß gewisse Verfallserscheinungen der Gegenwart oder der jüngsten Vergangenheit die Solidität des vorbildlichen Staates zu lockern begonnen haben und eine drohende Gefahr bedeuten. Darauf werden wir später zurückkommen. Vorerst stellen wir die Frage, worauf Livius diese Vormachtstellung Roms über die ganze Welt gegründet sieht.

Wir hatten schon gesehen, daß Livius - namentlich in der ersten Pentade - bei einzelnen Königen oder bei einer besonders herausgehobenen historischen Wende auf übermenschliche Einflüsse oder irrationale Faktoren in konventionellen Formeln, wie **dis bene iuvantibus** [27]), **deum providentia** [28]) u.a.m. hingewiesen hat. Mehrfach bringt er zum Ausdruck, daß die Götter oder das Schicksal eine bestimmte Situation herbeigeführt hätten. Diese Vorstellung gilt ähnlich wie in Vergils Aeneis für die Gründungszeit Roms: **Aeneam ... ad maiora rerum initia ducentibus fatis** [29]) und **debebatur, ut opinor, fatis tantae origo urbis maximique secundum deorum opes imperii principium** [30]). Am Ende der Königszeit heißt es: **nec rupit tamen** (scil. **Servius Tullius**) **fati necessitatem humanis consiliis, quin invidia regni etiam inter domesticos infida omnia atque infesta faceret** [31]). Auch vor der zweiten Gründungsperiode Roms durch Camillus gibt Livius dem Fatum einen gewissen Spielraum, indem er es indirekt für Rom eingreifen und die Einnahme Vejis herbeiführen läßt. Er schreibt: **Veiosque fata adpetebant** und **fato quoque urgente** [32]). Ähnlich vermerkt er im Kampf gegen die Gallier bereits früh, daß, als Gesandte der Stadt Clusium Hilfe von Rom erbitten, auch Rom eine Niederlage drohe: **adventante fatali urbi clade** [33]). Diesen Hinweis verstärkt er, als er von der Teilnahme der römischen Gesandten am Kampf zugunsten der Clusiner gegen das Völkerrecht berichtet: **ibi iam urgentibus Romanam urbem fatis legati contra ius gentium arma capiunt** [34]). Die Römer schreiten aber nicht gegen die Gesandten wegen des Bruchs des Völkerrechts ein, sondern Livius verweist auf die menschliche Erfahrung, daß gerade in Zeiten drohenden Unheils die Menschen verblendet handeln:

adeo obcaecat animos fortuna, ubi vim suam ingruentem refringi non vult [35]).

So hatten die Römer, die kurz vorher Camillus verbannt und auf die warnende göttliche Stimme nicht gehört hatten, in der Tat sich aller Hilfe beraubt: **neque deorum modo monita ingruente fato spreta, sed humanam quoque opem ... M. Furium ab urbe amovere** [36]). Man hat diese Hinweise auf das Fatum als Zeichen dafür angesehen, daß Livius ähnlich wie Vergil in der Aeneis - im Sinne historisch-theologischer Geschichtsdeutung - die Entwicklung Roms in ihren Hauptphasen und in ihrem Endpunkt als prädeterminiert angesehen habe. Dies ist jedoch, wie I. Kajanto [37]) überzeugend dargetan hat, unzutreffend. Wie Livius in der Praefatio einräumt, daß die Ereignisse vor und bei der Gründung der Stadt mehr fabulösen Charakter gehabt hätten, daß man aber dieser Zeit eine Mischung von menschlichen und göttlichen Zügen zur Erhöhung des Geschichtsbeginns zubilligen müsse, so hat er selbst sich wohl nicht gescheut, bei exceptionellen Ereignissen von hervorragender Bedeutung, deren menschliche Ursachen er bis ins letzte freizulegen sich außerstande sah, das Fatum als entscheidende Macht einzuführen [38]). Es handelt sich dabei um okkasionelle, durchaus situationsgebundene Äußerungen, die man weder einem philosophischen System zuschreiben noch dem persönlichen Glauben des Livius zurechnen sollte [39]). Es ist dafür bezeichnend, daß sich von 40 Stellen, an denen das Wort fatum vorkommt, 28 in der ersten Dekade und nur drei in den Büchern 31-45 finden. Weiter muß man, worauf Kajanto bereits hingewiesen hat, beachten, daß Livius neben dem Fatum sowohl bei der Niederlage an der Allia als auch bei der von Cannae menschliches Verschulden in hohem Maße mitverantwortlich an dem Desaster gemacht hat. Dennoch sind ihm vielleicht bei seiner Vorstellung von Roms militärischer Stärke diese Zusammenbrüche trotz aller Bemühungen um die Klärung ihres Ursprungs letztlich unerklärlich geblieben, so daß er sich des allgemein menschlichen Rückgriffs auf einen irrealen Faktor, auf die Zuschreibung an eine unbestimmte, übermenschliche Macht bedient. Man darf auch nicht außer acht lassen, daß es Livius, wie wir früher gesehen hatten [40]), darauf ankam, an diesen Stellen "Entlastungsmomente" für eine römische Niederlage zu finden, um nicht die Schmach der Feigheit auf die römischen Soldaten fallen zu lassen [41]). Schließlich kann auch ein Rückblick auf große Abschnitte der römischen Geschichte mit ihren nach mancherlei Niederlagen erreichten Enderfolgen dazu führen, eine latente übermenschliche Führungsmacht zu supponieren, um daraus Mut für weitere Aktionen zu gewinnen. Das ist der Fall in der bereits mehrfach erwähnten Rede Scipios vor seinen Truppen beim Beginn des spanischen Feldzugs im Frühling 210, wo er resumiert: **ea fato quodam data nobis sors est, ut magnis omnibus bellis victi vicerimus. Vetera omitto Porsinam, Gallos, Samnites ...** [42]). Dabei ist es wichtig, daß Scipio den Soldaten vorher vor Augen gehalten hat: **publica cum fortuna tum virtus desperare de summa rerum prohibet** und daß er etwas später fortfährt: **nunc di immortales imperii Romani praesides ... auguriis auspiciisque et per nocturnos etiam visus omnia laeta ac prospera portendunt** [43]). So wie Scipio mit dem Dreiklang **fatum, di immortales** und **virtus** seinen Soldaten Siegeszuversicht vermitteln will, so ist Livius bemüht, seine Leser zu der Überzeugung zu bringen, daß auf diesen drei Faktoren der Aufstieg und die Stärke des **princeps populus terrarum** beruhen [44]).

Die politisch-moralische Ideologie des Livius stützt sich auf einen umfangreichen Wertkanon [45]), der eine große Zahl von "Tugenden" umfaßt. Einen nützlichen Überblick hat unlängst T.J. Moore [46]) gegeben, der fünfzig Hochwerte [47]), die Livius den Römern oder ihren Gegnern als inhärente Eigenschaften beigelegt hat, nach der Häufigkeit ihes Auftretens zusammengestellt und kurz analysiert hat. Dabei hat er personale Werte, die im wesentlichen in der Wirkung einer Persönlichkeit auf ihre Umwelt bestehen, von diesem Katalog ausgeschlossen, unter ihnen so zentrale Begriffe wie **auctoritas, dignitas, honos, gloria, laus, fama** [48]), so daß der Katalog unschwer erweitert werden könnte, ganz abgesehen davon, daß auch die negativen Wesenszüge noch der Auflistung und Bestimmung harren.

In der Behandlung des einzelnen Wertes geht Moore von seiner Spannweite und den verschiedenen Nuancierungen aus, die er durch Vergleiche mit nah verwandten Begriffen (oder ihrem Gegenteil) differenziert. Im Anhang 1 gibt er bei den einzelnen Werten die Persönlichkeiten und Gruppen aufgelistet an, für die sie bezeugt sind. Ferner weist er darauf hin, welche und wieviel Belege den Römern und den Nicht-Römern zukommen und wieviel in der ersten Dekade auf die Patrizier und die Plebejer während der Ständekämpfe entfallen. Natürlich macht die zahlenmäßige Auswertung der verschiedenen Eigenschaften keine befriedigende Erfassung und Würdigung des livianischen Wertkanons aus. Denn viele bilden den Kern einer erzählenden Partie, ohne daß das Charakteristische einer Persönlichkeit oder ihrer Handlung mit den Namen der realisierten Virtutes bezeichnet würde. Immerhin ergibt sich durch die von Moore gebildeten sechs Untergruppen eine Reihe interessanter Hochwerte der livianischen politisch-moralischen Ideologie.

Es überrascht nicht, daß in der ersten Gruppe, der Moore neun Begriffe zuweist ("bravery and industry"), **virtus** mit 297 Belegen an der Spitze steht, von denen etwa zwei Drittel im Sinne von Tapferkeit und militärischer Widerstandskraft gebraucht sind und 65 auf Nicht-Römer entfallen. Dagegen ist **fortitudo** nur einmal belegt, während **fortis**, häufig in Verbindung mit **acer, strenuus, impiger**, wiederholt zusammen mit **feliciter**, 120 Belege hat. In der zweiten Gruppe ("justice and loyalty") dominiert die reich gefächerte **fides** (221), deren Bedeutung von der Bündnis- und Vertragstreue des römischen oder eines anderen Volkes oder Machthabers über die Zuverlässigkeit der Magistrate und Soldaten bis zur persönlichen Treue und Verpflichtung sowie zu Formeln wie **fidem dare** oder **accipere; tradere oder recipere in fidem** u.a.m. reicht. **Pietas** (43) und **iustitia** (38) treten dahinter zurück, besonders auffallend auch **aequitas** (5). Livius sieht sie zusammen mit **modestia** und **altitudo animi** im Schwinden. Die dritte Gruppe ("forbearance and self-control"), der Moore 8 Werte zuweist, wird durch 70 Belege von **pertinacia** eingeleitet, die zur Hälfte auf Römer und Nicht-Römer entfallen. **Moderatio (moderatus, moderate)** (33) und **modestia** (31) **(modestus, modeste)** werden dagegen fast nur bei Römern festgestellt, bei Nicht-Römern nur in 12 Fällen. Unter den dreizehn Werten der letzten Gruppe ("innocence and seriourness") werden von den 24 Belegen von **magni-**

tudo animi 22 den Römern und nur 2 Nicht-Römern, von **magnus animus** je 7 beiden Gruppen und von **severitas** 23 den Römern und nur 2 Nicht-Römern zugeschrieben.

Auf diesen summarischen Überblick soll nun die Besprechung einiger Werte folgen, die durch Livius eine besondere Hervorhebung erfahren haben. Er tut dies nicht selten in der Form, daß er einen oder mehrere dieser Werte als spezifisch römisch bezeichnet, wie etwa Mucius Scaevola vor dem erstaunten Porsenna gnomenartig ausruft: **et facere et pati fortia Romanum est** [49]) oder Camillus dem verräterischen Schulmeister von Falerii vorhält: **sunt et belli sicut pacis iura; iusteque ea non minus quam fortiter didicimus gerere ... ego Romanis artibus, virtute, opere, armis ... vincam** [50]). In Spanien trauern bei der Niederlage der beiden Scipionen die Einwohner besonders über den Tod des Cn. Scipio **quod ... specimen iustitiae temperantiaeque Romanae dederat** [51]). Als römische Gesandte sich im Jahre 171 rühmen, den König Perseus getäuscht zu haben, läßt Livius sie durch die älteren Senatoren hart tadeln (**negabant se in ea legatione Romanas agnoscere artes**) und unter Berufung auf die vor und in den Kriegen gezeigte Wahrung ihrer moralischen Grundsätze zusammenfassend erklären: **religionis haec Romanae esse, non versutiarum Punicarum neque calliditatis Graecae apud quos fallere hostem quam vi superare gloriosius fuerit** [52]). Wie er hier das Täuschungsmanöver ablehnt, tut er es auch bei einzelnen "unrömischen" Personen oder Handlungen. So fällt er über Tarquinius Superbus, als dieser Gabii angegriffen hat, das Urteil **postremo minime arte Romana, fraude ac dolo adgressus est** [53]) und tadelt einen Römer wegen eines Eidbruchs als **minime Romani ingenii homo** [54]).

Für alle wichtigen Entscheidungen sowohl in der Innenpolitik als auch nach außen pflegten die Römer durch feste Riten und angemessene Opfer die Zustimmung der Götter einzuholen. Diese kultischen Verpflichtungen waren in den Annales pontificum verzeichnet und hatten von dort Eingang bereits in die Darstellung der älteren Annalisten gefunden. Mit welcher Sorgfalt und in welchem Ausmaß die jüngeren Annalisten diese Traditionsmasse übernommen haben, läßt sich exakt ebensowenig nachweisen, wie die Art der Übernahme der jährlichen Prodigien und Auspizienlisten [55]). Doch wird man kaum fehlgehen, wenn man annimmt, daß Livius alle Nachrichten, die diesem Bereich angehören, mit besonderer Behutsamkeit übernommen hat [56]). Dafür spricht schon die Tatsache, daß er die zu seiner Zeit verbreitete **neglegentia deorum** scharf kritisiert: **Sed nondum haec quae nunc tenet saeculum, neglegentia deorum venerat** [57]); **nunc nos tamquam iam nihil pace deorum opus sit, omnes caerimonias polluimus** [58]).

Vor allem aber macht die Funktion, die Livius den Kultakten beimißt, und die Ausführlichkeit, mit der er sie wiederholt darstellt, deutlich, welches hohe Gewicht er ihnen gibt. So berichtet er, wie wir gesehen hatten, mit großer Sorgfalt die Überführung der Stadtgöttin von Veji nach Rom [59]), die Bergung der **sacra publica** durch den Flamen und die Vestalischen Jungfrauen vor der Einnahme Roms durch die Gallier [60]) und in einer eindrucksvollen Periode den Gang des C. Fabius Dorsuo vom Kapitol durch die Reihen der Feinde hindurch zum Quirinal, um die dort fälligen Opfer zu verrichten - eine Tat, die Livius sogar die Bewunderung der Gallier finden läßt [61]). Zu den ersten Handlungen des Camillus, des **diligentissimus religionum cultor**, nach der Befreiung Roms von den Galliern gehören die religiös-kultischen Maßnahmen, die Livius eingehend darstellt [62]). Ebenso gründlich ist der Bericht über die Sühneaktionen gehalten, die in ähnlicher Situation Q. Fabius Maximus nach der Niederlage am Trasimenischen See, insbesondere die Durchführung des **ver sacrum**, angeordnet hat [63]). Mit gleicher Intensität berichtet er die Devotion des P. Decius Mus [64]) und schließt seine Schilderung mit den höchst bezeichnenden kritischen Sätzen: **haec, etsi omnis divini humanique moris memoria abolevit non ab re duxi verbis quoque ipsis, ut tradita nuncupata sunt, referre** [65]). Die Wahrung der **pax deorum** ist höchstes Gebot, und um ihretwillen werden Jahr für Jahr die Störungen durch Prodigien und ihre selbstverständliche Sühnung aufgeführt. Die Rückkehr der Bürgerschaft zu den Götterkulten und zur Erfüllung der rituellen Vorschriften ist die Voraussetzung für die Gesundheit der Gemeinschaft.

Die innere Ordnung der **res publica** beruht vor allem auf der **libertas** der Bürger und auf der **concordia ordinum**.

Unter **libertas** versteht Livius weder die Freiheit des einzelnen, zu tun und zu lassen, was er will, noch ein allen gemeinsames Menschenrecht, sondern die Summe und die Beachtung der durch die römischen Gesetze festgelegten Rechte der Gemeinschaft und des einzelnen Römers. Die **libertas** bietet die Sicherheit, im Rahmen der **res publica** das zu fordern, was einem zusteht, und enthält die Pflicht, das zu achten und durch Wort und Tat anzuerkennen, was der **res publica** zukommt [66]. Am Anfang von Buch 2 erklärt Livius nach dem Sturz der Könige: **Liberi iam hinc populi Romani res pace belloque gestas, annuos magistratus imperiaque legum potentiora quam hominum pergam** [67]. Dabei liegt der Akzent sowohl auf dem jährlichen Wechsel der Magistrate und der Zweizahl der Konsuln - beides als Schutz gegen die Übermacht und Willkür eines einzelnen, wie es Livius am Ende der Königszeit und in der Schilderung des zweiten Jahres des Decemvirats dargelegt hatte -, als auch auf dem Wissen, daß die Macht der Gesetze stärker ist als die der Menschen.

Livius lehnt die übersteigerten Mittel und Wege in den Kämpfen zwischen den Volkstribunen und den Senatoren ab [68]. Er sieht in jenen die treibenden Kräfte im Kampf um die Gleichberechtigung, die aber bisweilen von der Plebs, für die sie zu kämpfen vorgeben, mehr getrieben werden, als daß sie selbst die Lenkung der Ereignisse in der Hand hielten: **tribuni, ut fere semper reguntur, a multitudine magis quam regunt** [69]. Auch die Patres geraten mitunter in die Abhängigkeit von einzelnen unnachgiebigen Senatoren. Dabei scheut sich Livius nicht, die Maßlosigkeit und Verblendung der einen oder der anderen Seite deutlich auszusprechen. Es kommt ihm dabei weniger auf die juristisch-administrativen Erfolge der Plebs als auf die seelischen Hintergründe des Ringens an. Als im Jahre 446 wieder Kämpfe zwischen den Volkstribunen und dem Senat drohen und Volsker zusammen mit Aequern diese Situation zu starken Verwüstungen römischen Landes ausnützen, läßt Livius den Konsul T. Quinctius Capitolinus mit schweren Schuldvorwürfen dem Volk ins Gewissen reden und es zur Wahrung der alten Sitten aufrufen. Die mitreißende Wirkung dieser Rede [70]) hält Livius in einer großartigen - auch sprachlich nachdrücklich herausgearbeiteten - Gradatio fest, an deren Schluß die Senatoren, die in Capitolinus den **vindex maiestatis Romanae** [71]) sehen, seine Rede als **orationem memorem maiestatis patrum concordiaeque ordinum et temporum** [72]) würdigen. Am Ende der Ständekämpfe, als die Plebejer bereits Zugang zu allen Magistraturen erkämpft hatten, entbrannte noch einmal ein Streit, als die beiden Volkstribunen Q. und Cn. Ogulnii auch im religiös- kultischen Bereich die volle Gleichberechtigung und eine Erhöhung der Zahl der Auguren und der Pontifices um je vier Stellen für die Plebejer forderten [73]). Der Widerstand der Senatoren war gering (**adsueti iam tali genere vinci**) [74]). Nur Appius Claudius, Vertreter des als plebejerfeindlich dargestellten Geschlechts, stemmte sich dagegen, während der aus dem Plebejerstand stammende Senator P. Decius Mus mit einer ausführlichen Begründung für den Antrag eintrat. Der Geist dieser Rede [75]) ist durchaus auf Versöhnung gestimmt und zielt auf eine vertrauensvolle Zusammenarbeit ab: **non ut vos, Appi, vestro loco pellant, sed ut adiuvent vos homines plebei divinis rebus procurandis sicut in ceteris humanis pro parte virili adiuvent ... aeque adhuc prosperum plebeium et patricium fuit porroque erit** [76]).

Der Ausgleich zwischen Patriziern und Plebejern bürgt nicht nur für die Ordnung im Innern, sondern ist auch die Voraussetzung für Roms Stärke nach außen. Er hat sich in den ersten Jahren der schweren Niederlagen im Hannibalischen Krieg bewährt und in dem Bericht über die achtungsvolle Aufnahme des nach der Niederlage bei Cannae nach Rom zurückkehrenden Konsuls Varro eine großartige Würdigung am Buchschluß durch Livius erfahren: **quo in tempore ipso adeo magno animo civitas fuit, ut consuli ex tanta clade, cuius ipse causa maxima fuisset, redeunti et obviam itum frequenter ab omnibus ordinibus sit et gratiae actae, quod de re publica non desperasset, qui si Carthaginiensium ductor fuisset, nihil recusandum supplicii foret** [77]). Diese beispielhafte Haltung des römischen Volkes führt uns zu der Frage, in welchem Geiste die Römer ihre Kriege geführt haben.

Man könnte vermuten, daß Livius aufgrund der Tradition der adligen Geschlechter für die Schlachten der Königszeit und die unmittelbar folgenden Jahrzehnte ein adliges Kämpfertum homerischer Art entwickelt hätte, zumal die Schlacht am See Regillus, wie man längst beobachtet hat, leicht homerisches Gepräge zeigt [78]. Aber Kampffreudigkeit, kühnes Draufgängertum und stolze Herausforderungen des Gegners im Wissen um die eigene Kraft und den Ruhm des Geschlechts, wie wir sie aus der Ilias kennen, fehlen bei Livius. Sie haben wohl auch schon in den Kampfdarstellungen seiner annalistischen Vorgänger (oder wenigstens bei den meisten von ihnen) keine Rolle gespielt. In den oben erwähnten Zweikämpfen im Krieg zwischen Galliern und Römern [79] tritt ein durch seine Größe und Kraft überragender Gallier als Herausforderer zu einem Zweikampf auf und reizt die Römer zur Gegenwehr [80]. Aber ehe sich T. Manlius und M. Valerius entschließen, die Herausforderung anzunehmen, holen sie gemäß dem militärischen Reglement vom Konsul bzw. Diktator die Erlaubnis ein, zum Kampf antreten zu dürfen. Daß die beiden von sich aus - sei es aus Empörung über die herausfordernde Rede des Galliers, sei es aus Ehrgeiz nach einer besonderen Heldentat - losgestürmt wären, ist bei der im römischen Heer herrschenden Disziplin undenkbar. Horatius Cocles vollbringt die denkwürdige Abwehr der an der Tiberbrücke angreifenden Feinde in einer ausgesprochenen Zwangslage [81], und selbst Mucius Scaevola entschließt sich erst in drängender Not der allgemeinen Lage mit Billigung seiner Vorgesetzten zu seinem Alleingang gegen König Porsenna [82]. Wenn er, während er seine Hand ins Feuer legt, zu Porsenna sagt: **en tibi, inquit, ut sentias, quam vile corpus sit iis, qui magnam gloriam vident**, so ist diese Berufung auf den Erwerb von **gloria** eine situationsbedingte Einzelaussage. Wie hoch die Wahrung der Zucht und des Gehorsams im römischen Heere zu stehen hat, lehrt besonders eindringlich der Bericht über T. Manlius [83]. Auch er greift bei einem Zusammentreffen mit einem feindlichen Aufklärungstrupp nicht zum Schwert, sondern ist erst zum Kampf bereit, als er sich von Geminus Maecius persönlich herausgefordert fühlt. Trotz seines Siegs, der ihn mit freudigem Stolz erfüllt, wird er vom Kommandeur, seinem Vater, der den Befehl erteilt hatte, sich in keinen Kampf mit dem Feinde einzulassen, zum Tode verurteilt. So läßt Livius den Vater seinen selbst den Soldaten unbegreiflichen Urteilsspruch rechtfertigen: **triste exemplum, sed in posterum salubri iuventuti erimus** [84]).

Was bei den verschiedenen Zweikämpfen zu beobachten ist, gilt letztlich auch für die Einheiten des römischen Heeres. Die Legionäre gehen auf Kommando in den Krieg, und nur selten drängen - nach Beilegung eines inneren Zwists gleichsam zum Ausgleich - die Wehrfähigen zu den Waffen aus der Überzeugung der Notwendigkeit raschen Handelns [85]).

Kriegsfreudigkeit oder das Streben nach militärischem Ruhm (der ihnen nach dem Sieg aber von Livius zugesprochen werden kann) liegen den römischen Soldaten fern. Sie nehmen die Mühen des Feldzugs (**labores**) und der Schlachten auf sich, weil sie dies für den Schutz der **res publica** leisten müssen. Der Kriegsdienst ist zur Abwehr feindlicher Angriffe eine harte Pflichterfüllung, die, ohne daß Livius darum viele Worte machte (wie es bereits seine annalistischen Vorgänger gehalten haben dürften) in der Fortsetzung einer selbstverständlichen Tradition geleistet werden muß [86]). Auf Grund der Vorstellung des Kriegs als einer Verteidigungsmaßnahme erhält das Wort **audacia**, das den Wagemut und kühnen Angriffsgeist bezeichnet und das Livius in diesem Sinne auch den römischen Soldaten in bestimmten Kampfsituationen zuspricht, häufig eine negative Bedeutung [87]) als eine unberechtigte, provokative Herausforderung, die eng mit **ferocia, ferocitas** verbunden ist und die Livius nicht selten den römischen Gegnern als Ursache für ihre Unternehmungen zuschreibt. In den Schlachten selbst kämpfen die Soldaten voller Leidenschaft, und nicht selten sind es **furor, ira, ultio** und **indignatio**, die sie zu einem unwiderstehlichen Ansturm treiben. Natürlich billigt Livius auch Roms Gegnern Angriffsstärke und Tapferkeit, Zähigkeit und Ausdauer im Widerstand zu und stellt sie in vielen Schlachten in den ersten Phasen als einen gleichwertigen Gegner dar. Mit der Anerkennung ihrer Stärke und Widerstandskraft wächst die Größe des römischen Siegs.

Von besonderer Bedeutung für das Rombild des Livius ist die Darstellung der Kriegsursachen [88]. Wir erinnern uns, daß bereits Fabius Pictor [89] den Nachweis zu führen begonnen hatte, die Römer seien entweder zur Selbstverteidigung bei feindlichen Bedrohungen und Angriffen oder zum Schutze ihrer Freunde und Bundesgenossen in Kriege eingetreten. Diese Rechtfertigung ist ein fester Bestandteil der politisch- moralischen Ideologie Roms geblieben. Die Gründe für den Eintritt in den Krieg und die Kriegsschuldfrage werden auch bei den folgenden Annalisten eine Rolle gespielt haben, und Cicero hat ihr ja in De re publica, De legibus und De officiis ebenfalls seine Aufmerksamkeit zugewandt [90]. Welches Gewicht Livius einer moralisch und juristisch möglichst einwandfreien Kriegserklärung beigemessen hat, geht schon daraus hervor, daß er - wie bei kaum einer anderen juristischen oder kultisch-religiösen Regelung - unter Ancus Marcius die **bellicae caerimoniae** in großer Exaktheit schildert und ihre Beachtung bei den späteren Generationen hervorhebt (**moremque eum posteri accepenunt**) [91]. Diese Prozedur behält ihre Gültigkeit für das gesamte Werk, und es genügt Livius, bisweilen kurz darauf zu verweisen, ohne ihren Hergang noch einmal schildern zu müssen. Stattdessen hat er sich bereits in der ersten Dekade darum bemüht, Rechtfertigungsgründe für das Eintreten der Römer in den Krieg beizubringen. Dabei hat er im Unterschied zu dem Parallelbericht des Dionys von Halikarnass, der Roms Rechtsbewußtsein mit der sorgfältigen Beachtung aller Vorschriften des **ius gentium** zu belegen sucht, die moralische Haltung der in den Krieg eintretenden Römer herausgearbeitet, um Rom vom Vorwurf eines ungerechtfertigten Vorgehens freizuhalten [92]. Der erste und zweite punische Krieg sind - wie übrigens bereits bei Polybios [93] - von den Karthagern heraufbeschworen worden, wie es Livius durch Scipio vor der Schlacht von Zama in stolzer Siegeserwartung zum Ausdruck bringen läßt: **tum Mamertinorum sociorum periculum et nunc Sagunti excidium nobis pia ac iusta induerunt arma ... dei ... et illius belli exitum secundum ius fasque dederunt et huius dant et dabunt** [94]. Auch die Darstellung der römischen Ostpolitik in den Büchern 31-45 steht weithin unter dem Eindruck drohender Angriffe von seiten der makedonischen Könige Philipp und Perseus und des Antiochus von Syrien, so daß nahezu jede Unternehmung der Römer als Defensivmaßnahme gesehen werden soll [95]. Nur selten berichtet er von Angriffen, die von den Römern ausgehen, wie etwa durch Tullus Hostilius [96] oder die Tarquinier [97]. Selbst dabei versucht er, die Kriegsschuld möglichst abzumildern, wie er z.B. den Raub der Sabinerinnen durch Romulus sophistisch dadurch rechtfertigen läßt, daß die Nachbarn den Römern nicht das **ius conubii** gewährt und sie zu einer Art Notwehrhandlung gezwungen hätten [98]. Auch bei der Verletzung des Völkerrechts durch die römischen Gesandten, die bei den von den Galliern bedrängten Clusinern in den Kampf eingegriffen hatten, versucht er eine leise Rechtfertigung dadurch, daß er die Gallier als gefährliche, hemmungslose Erorberer bezeichnet, deren Angriffen Einhalt geboten werden muß [99].

Im übrigen ist er bemüht darzulegen, daß die Römer vor einem drohenden Krieg noch in letzter Minute einen Versuch machen, eine friedliche Regelung herbeizuführen. Dabei kommt es ihnen vor allem darauf an, den äußeren Formalitäten Genüge zu tun, selbst wenn sie bereits entschlossen sind, den Krieg zu beginnen. Den offensichtlichen Vorwurf der Heuchelei erhebt Livius freilich nicht. Schon vor dem Ausbruch der drei Samnitenkriege läßt er die Römer an die Samniten, mit denen sie eben noch verbündet waren, durch die Fetialen ihrem Ritual gemäß die Aufforderung zur Wiedergutmachung richten (**res repetere**) und, falls die Samniten sich weigern sollten, **sollemni more** den Krieg erklären [100]. Auch vor dem zweiten punischen Krieg sendet Rom, als Hannibal bereits Sagunt belagert, eine Gesandtschaft nach Karthago, um dem dortigen Senat die Möglichkeit zu geben, Hannibal abzuberufen und dem bereits begonnenen Krieg Einhalt zu bieten: **his ita comparatis, ut omnia iusta ante bellum fierent, legatos ... in Africam mittunt** [101]. Schließlich hat der römische Senat, obwohl der Krieg mit Perseus unmittelbar bevorstand, doch noch einmal makedonische Gesandte angehört, um den Schein einer Schuld am Ausbruch des Kriegs von sich abzuwenden und Perseus die Verantwortung zuzuschieben [102]. In Wahrheit aber waren die Römer entschlossen, die bereits eingeleiteten Rüstungen und Operationen weiterzuführen. Um so wirkungsvoller ist es, wenn Livius nach der Schlacht von Pydna die Gesandten der Rhodier im römischen Senat erklären läßt, daß alle von den Römern seit ihren ersten Kämpfen auf Sizilien geführten Kriege bella iusta gewesen seien: **certe quidem vos estis Romani, qui ideo felicia bella vestra esse, quia iusta sint, prae vobis fertis nec tam exitu eorum, quod vincatis, quam principiis, quod non sine causa suscipiatis, gloriamini** [103]).

Als zweite Besonderheit sei festgehalten, daß Livius oft die Römer zum Schutze ihrer von Feinden bedrängten Bundesgenossen zu den Waffen greifen läßt. Das ist beim Beginn des ersten Samnitenkriegs der Fall, als die von den Samniten bedrängten Campaner sich als **dediticii** in die römische Schutzherrschaft begeben hatten, die Samniten sie aber noch schärfer heimsuchten, so daß die Römer zu Hilfe eilen mußten [104]). In den Krieg mit den Puniern sind die Römer eingetreten, weil die mit Rom verbündete Stadt Sagunt von Hannibal belagert wurde. Freilich kam die römische Hilfe zu spät, und die Volcianer, um deren Bündnerschaft die römischen Gesandten werben, können mit Recht den Römern vorhalten, daß die Ruinen von Sagunt für die Spanier ein trauriges Dokument dafür seien, **ne quis fidei Romanae aut societati confidat** [105]). Den Übergang nach Griechenland haben die Römer u.a. auch deswegen unternommen, weil die von Philipp bedrohten Athener sie um Hilfe baten [106]).

Ein weiteres Motiv für militärisches Eingreifen sieht Livius in dem Bruch von Verträgen, wie z.B. in der Verletzung des mit Rom bestehenden Bündnisses durch die Samniten [107]) oder in der Nichtachtung des Ebro-Vertrags durch Hannibal [108]). Bisweilen hebt er gleich am Beginn seines Berichts die **iniusta arma** in den Händen der Feinde hervor [109]) oder bezeichnet sie sogar lange, ehe es zum Konflikt und Krieg kommt, als **tanti hostes futuri** [110]) mit dem Unterton der Urheber des späteren Krieges. Eine wichtige Rolle spielt in diesen Motivketten der wiederholte Hinweis darauf, daß die Feinde zum Kriege rüsten und daß ihre Kriegsvorbereitungen immer mehr zunähmen. Dies ist besonders in den Jahren vor den Kriegen mit Philipp und Perseus der Fall. Bei ihnen werden ebenso wie bei Hannibal die schlechten Charaktereigenschaften der Machtgier und Hinterlist durch immer neue Einzelverweise belegt, die auf ihre Kriegsabsichten hindeuten oder diese klar zum Ausdruck bringen [111]).

Man soll bei dieser Schwarz-Weiß-Malerei freilich nicht übersehen, daß Livius sich nicht scheut, die Gegner, wo er sie zu Wort kommen läßt, harte Kritik an Roms Expansionsdrang und Kriegsführung sowie an der Behandlung der von ihnen bezwungenen Staaten und Völker üben zu lassen. Bereits vor dem zweiten Samnitenkrieg läßt er Pontius, den hervorragenden Führer der Samniten, als die Römer die ihnen angebotene Wiedergutmachung abgelehnt hatten, eine bitterböse Anklage gegen die **intoleranda superbia** und Grausamkeit der Römer erheben [112]). Eine ebenso scharfe Kritik läßt er den König Antiochus in seinem Brief an Prusias üben: **venire eos (scil. Romanos) ad omnia regna tollenda, ut nullum usquam (orbis) terrarum nisi Romanum imperium esset e.q.s.** [113]). Zu den schärfsten Verurteilungen römischer Politik gehört die Rede, die auf dem panätolischen Landtag des Jahres 200 von dem makedonischen Gesandten gehalten wird [114]). Er geht davon aus, daß der angeblich als Bundesgenossenhilfe geleistete Einsatz militärischer Kräfte Roms für die Städte Siziliens zu einer Unterjochung der ganzen Insel geführt habe, bei der ein jährlich wechselndes Willkürregiment durch den römischen Praetor durchgeführt werde. Die Städte Italiens (**quarum ruinis crevit urbs Roma**), allen voran Capua (**sepulcrum ac monumentum Campani populi**), entbehren jeder geordneten Verwaltung und sie zu bewohnen sei grausamer, als wenn sie zerstört wären. Eine Herrschaft der Römer in Griechenland werde eine Fremdherrschaft sein: **cum alienigenis, cum barbaris aeternum omnibus Graecis bellum est eritque** [115]).

Diese schweren Anwürfe verlieren allerdings an Gewicht, weil sie aus gehässig-feindlichem Munde kommen und weil unmittelbar danach die Athener mit mehr Berechtigung (**iustius**, wie Livius vermerkt) noch schwerere Vorwürfe gegen die Makedonen erheben [116]). Indessen mag die harte Kritik an Roms Verwaltung von Sizilien manchen Leser des Livius zum Nachdenken und in einzelnen Punkten vielleicht sogar zur Zustimmung veranlaßt haben. Das mag auch der Fall sein, wenn Livius in dem Krieg mit Antiochus mehrfach berichtet, daß dieser sich dagegen verwahrt habe, daß die Römer nach Asien übergesetzt seien und sich in die asiatischen Verhältnisse einzumischen begännen [117]). Dabei hat Livius die Härte der Kritik an Roms expansiven Operationen gegenüber seiner Vorlage Polybios sogar noch verschärft [118]). Allerdings fügt er unmittelbar danach an, daß der römische Gesandte die Vorwürfe zurückgewiesen habe; denn die Römer seien als Befreier aller griechischen Städte in Kleinasien eingerückt, wie sie auch ganz Griechenland die Freiheit gebracht hätten [119]).

In diesem Zusammenhang verdient die **clementia** eine besondere Erwähnung, die bei der Behandlung der von den Römern besiegten Gegner oder der sich freiwillig unter ihren Schutz stellenden Stämme und Völker bisweilen eine entscheidende Rolle spielt. Es ist bezeichnend für die feste Vorstellung, die Livius von der Kraft dieser Tugend hat, daß er den Konsul Q. Fabius nach einem Treuebruch der Aequer sagen läßt, daß diese, falls sie Reue zeigten, auf die "oft erprobte römische Milde" hoffen dürften, obwohl Livius bisher keine Gelegenheit genommen hatte, ein Beispiel dieser **experta clementia** vorzuführen [120]). Überzeugender klingt es, wenn er bei den Verhandlungen im Senat nach der Niederlage des Antiochus seine Gesandten an die **clementia** der Römer appellieren läßt [121]).

Einen eindrucksvollen Vertreter der **clementia** hat Livius in der Person des Quinctius Flamininus gezeichnet, dessen Persönlichkeit und Taten wir noch würdigen werden [122]). In diesem Zusammenhang sei nur auf seine Äußerung gegenüber den Gesandten des besiegten Königs Philipp hingewiesen, daß es bei den Römern eine alte Sitte sei, die Besiegten zu schonen (**vetustissimum morem victis parcendi**) [123]). Dabei führt er als **praecipuum clementiae documentum** die Schonung Hannibals und Karthagos nach der Niederlage von Zama an. Er fährt fort: **cum armato hoste infestis animis concurri debere; adversus victos mitissimum quemque animum habere** [124]).

Die Voraussetzung, sich der **clementia Romana** erfreuen zu können, ist die Bereitschaft der Unterlegenen, die volle Unterordnung unter die römische Befehlsgewalt zu vollziehen. Als Beispiel dafür hat Livius im Anschluß an Polybios [125]), aber zugleich unter erheblicher Sinnesumdeutung [126]) des Vorgangs, eine einprägsame Szene festgehalten. Nach der Einnahme von Heraklea entschlossen sich die Ätoler, die trotz ihrer Niederlage ein besonders aufsässiges Verhalten zeigten, dennoch zu Waffenstillstands- und Friedensverhandlungen mit dem Konsul Acilius Glabrio. Vorher beriet sie der ihnen vom Konsul zugeteilte Valerius Flaccus über den Modus ihres Vorgehens und gab ihnen den Rat, auf den Versuch einer Berufung auf frühere Verdienste um das römische Volk zu verzichten, ihre Hoffnung ganz auf die **clementia** Roms zu setzen und sich als schuldbewußte Unterlegene der **fides** der Römer anzuvertrauen. Als der Sprecher der Ätoler Phaeneas dem Konsul die Bereitschaft zur Übergabe in die **fides** der Römer versicherte, versuchte er, weil ihm die Bedeutung der Übergabeformel nicht klar war [127]), der ersten vom Konsul an ihn gerichteten Forderung zu widersprechen. Dies wies der Konsul nicht nur barsch ab, sondern machte ihm seine Ohnmacht dadurch klar, daß er die Liktoren und Fesseln herbeiholen ließ [128]). Unter diesen bedrohlichen Umständen verzichtete Phaeneas auf jeden Widerspruch und bat nur um einen neuen Waffenstillstand. Dieser wurde ihm gewährt, weil sich Valerius Flaccus für die Erfüllung dieser Bitte einsetzte [129]). Der als **ferocia** gedeutete Einspruch des mit den römischen Termini unvertrauten Phaeneas wird durch die Autorität des römischen Befehlshabers im Keime erstickt und nur durch die maßvolle Haltung des Verrius Flaccus (**moderatio**) ein Gewaltakt des Konsuls verhindert. Zum gleichen Zeitpunkt stellt Livius dem römischen Heer das Zeugnis einer maßvollen Haltung aus: **omnibus perpacatis** (scil. **urbibus**) **sine ullius noxa urbis exercitus Thermopylas reductus multo modestia post victoriam quam ipsa victoria laudabilior** [130]) und fügt kurz danach hinzu, daß die Staaten Griechenlands trotz ihres Abfalls wieder ins Treuverhältnis von den Römern aufgenommen worden seien und daß die Ätoler, obwohl sie bis zuletzt ihre trotzige Haltung bewahrt hätten, auf Verzeihung und Milde rechnen könnten, wenn sie Reue zeigten [131]). Als die Ätoler ein Jahr später mit L. Scipio verhandeln wollen, suchen sie vorher P. Scipio auf, der ihnen Hoffnung auf Frieden macht, indem er ihnen versichert, daß sowohl in Spanien wie in Afrika viele Stämme sich seiner **fides** anvertraut hätten: **in omnibus se maiora clementiae benignitatisque quam virtutis bellicae monumenta reliquisse** [132]). Die Beweise römischer **clementia** [133]) bleiben freilich relativ gering im Vergleich zu der Härte, mit der die Römer als Sieger bei der Einnahme feindlicher Städte vorzugehen pflegten. Schon für die Frühzeit finden sich Beispiele, die diese Grausamkeit belegen, ohne daß ein Wort des Bedauerns von Livius hinzugefügt wäre. So heißt es im Kampf gegen die Auruncer: **nec magis post proelium quam in proelio a caedibus temperatum est: et caesi aliquanto plures erant quam capti et captos passim trucidaverunt; ne ab obsidibus quidem, qui trecenti accepti numero erant, ira belli abstinuit** [134]). Natürlich ist auch hier viel Topik im Spiel, wie die früheste, sehr ausführliche Szene der Zerstörung von Alba zeigt [135]). Auch in den späteren Büchern berichtet Livius von ähnlichen Vernichtungsaktionen, fügt aber in einzelnen Fällen eine mehr oder minder ausführliche Rechtfertigung an. Der Abfall der Stadt Capua zu Hannibal wurde verständlicherweise hart bestraft [136]), wobei Livius jedoch die Eigenmächtigkeit des Fulvius, der einer Entscheidung des Senats mit seinen Hinrichtungsbefehlen vorgreift, nicht verschweigt [137]). Gegen Ende des Spanienfeldzugs schildert er ausführlich den Kampf gegen die Iliturgitaner, die ursprünglich sich den Römern angeschlossen hatten, dann aber zu den Puniern übergegangen waren und die zu ihnen geflüchtete römische Resttruppe getötet hatten. Im Bewußtsein ihrer Schuld und der ihnen von den Römern drohenden Strafen bieten sie alles an Menschen und Material auf, um ihre Stadt zu verteidigen. Als das umsonst ist und die Stadt eingenommen wird, vollziehen die Römer ein fürchterliches Strafgericht, um für alle Zeit zu dokumentieren, **ne quis umquam Romanum civem militemve in ulla fortuna opportunum iniuriae duceret** [138]). Angesichts der Schwere der **perfidia** der Iliturgitaner und der Vernichtung der zu ihnen geflohenen römischen Soldaten erscheint dieser Racheakt Livius gerechtfertigt. Diese Einstellung setzt er offenbar auch bei seinen Lesern voraus, als er nach dem Ende des Kriegs mit Perseus - ohne nähere Begründung - die Plünderung der etwa 70 Städte in Epirus, ihre völlige Vernichtung und den Verkauf von 150 000 Gefangenen in die Sklaverei berichtet [139]). Was damals Usus war und als unbestrittenes Recht des Siegers galt, hatte auch zur Zeit des Livius kaum eine Veränderung oder Einschränkung erfahren.

Den Kunstraub, den die Römer in steigendem Maße vornahmen, versucht Livius zu rechtfertigen. So wird der Kunstraub des Marcellus nach der Einnahme von Syrakus im Jahre 212 nicht nur als Vermehrung seines persönlichen Ruhms gesehen, sondern auch als Erhöhung der **maiestas populi Romani.** Die geraubten **ornamenta urbis, signa tabulaeque, quibus abundabant Syracusae,** gelten als **hostium spolia,** die **belli iure** erworben worden sind [140]). Daher nimmt es auch nicht wunder, daß in der Beschreibung späterer Triumphe, die sich bis zu drei Tagen ausdehnen konnten, mit stolzer Nüchternheit die Summen und Pfunde aufgezählt werden, die an Gold und Silber in geprägter Form oder als pures Edelmetall eingebracht worden waren. Es werden auch Kunstwerke erwähnt, vor allem wenn sie aus Metall waren, wie wir dies in den ausführlich geschilderten Triumphzügen des T. Quinctius Flamininus [141]) und des Scipio Asiaticus über Antiochus [142]) lesen [143]). Der Abtransport der riesigen makedonischen Beute nach dem Sieg über Perseus wird leicht gerechtfertigt durch den Satz: **ut** (scil. **statuae tabulaeque ...**) **non in praesentem modo speciem, quibus referta regia Alexandreae erat, sed in perpetuum usum fierent** [144]). An den Bericht von dem eben erwähnten Triumph des Marcellus über Syrakus knüpft Livius zwei Bemerkungen an, die von Belang sind: einmal die Tatsache, daß von da an in Rom eine Bewunderung griechischer Kunstwerke eingesetzt habe – ein Faktum, das er weder positiv noch negativ bewertet; und zweitens, daß von da an die Willkür (**licentia**) um sich gegriffen habe, **sacra profanaque omnia volgo spoliandi** [145]), was er offensichtlich bei seiner Achtung vor der **religio** und den Göttern mit einer leisen Mißbilligung notiert.

2. Verfallserscheinungen

Das Rombild, das wir bisher gezeichnet haben und das Livius unter dem Eindruck des Sieges über Syrakus und der Einigkeit des römischen Volks als ideale, den Staat der Weisen überragende Staats- und Lebensordnung vor Augen hatte [146], weist aber auch Schwäche- und Gefährdungsmomente auf, denen wir im Folgenden nachzugehen haben.

Zwei verschiedene Wege der Behandlung dieser Probleme hat Livius gewählt. Auf der einen Seite macht er durch die direkte Gegenüberstellung von Sitten und Handlungen der Gegenwart und der Frühzeit den Sittenverfall [147] deutlich, auf der anderen Seite berichtet er ohne direkten Bezug auf die "besseren Zeiten" von einzelnen Verfallserscheinungen im Laufe der römischen Entwicklung [148].

Wenden wir uns zunächst der ersten Gruppe zu. Dabei können wir von den am Beginn unseres Überblicks skizzierten konstitutiven Elementen von Roms Geschichte ausgehen [149]. Wir hatten dort festgestellt, daß Livius in der **concordia ordinum** die wichtigste Voraussetzung für Roms Macht und Aufstieg sieht. So verwundert es nicht, wenn wir jetzt als negatives Gegenstück die **discordia** zu konstatieren haben, wie sie in den Ständekämpfen der Frühzeit und in erschreckender Weise in den Bürgerkriegen des letzten Jahrhunderts zu Tage getreten ist [150]. In seinem Bericht über die Entsendung von Gesandten der Stadt Ardea mit einem Hilfegesuch nach Rom nennt Livius als Ursache dieser Gesandtschaft innere Streitigkeiten und fügt hinzu, daß sie **ex certamine factionum** entstanden seien: **quae fuerunt eruntque pluribus populis (magis) exitio quam bella externa quam fames morbive quaque alia in deum iras velut ultima publicorum malorum vertunt** [151]. Was er hier bei einer verbündeten Stadt feststellt, bestätigt er, als er von der Revolte eines römischen Heeres in Campanien berichtet, das gegen Rom zieht, aber sofort die Waffen sinken läßt, als ihm der Diktator und der Reiteroberst mit Truppen entgegentreten: **extemplo omnibus memoria patriae iras permulsit. Nondum erant tam fortes ad sanguinem cicilem nec praeter externa noverant bella** [152]. Bei einem anderen Zwist im Heer, der aber ebenfalls zur allgemeinen Beruhigung beigelegt wird, fügt Livius hinzu: **tum imperio meliori animus mansuete oboediens erat, ut beneficii magis quam ignominiae hic exercitus memor** (scil. esset) [153]).

In einer zweiten Gruppe sind die Verfallserscheinungen zu nennen, die Livius im Ablauf der Jahre bei ihrem ersten Auftreten nennt. Schon sehr früh konstatiert er, daß eine Vernachlässigung und willkürliche Auslegung der kultischen Pflichten und religiös-rechtlichen Bindungen eingetreten seien: **nondum haec, quae nunc tenet saeculum, neglegentia deum venerat nec interpretando sibi quisque ius iurandum et leges aptas faciebat, sed suos potius mores ad ea accomodabat** [154]). Als eine besonders schwere Verirrung auf dem Gebiet der Religion hat Livius das Eindringen und die Orgien des Bacchuskultes [155]) im Jahre 186 mit sichtlicher Empörung geschildert, beginnend mit den nächtlichen Gelagen und sexuellen Ausschweifungen bis zu den heimlichen Morden und Leichenschändungen: **nunquam tantum malum in re publica fuit nec ad plures nec ad plura pertinens** [156]). Mit der spannenden Dramatik einer Kriminalgeschichte hat er die einzelnen Phasen des als **coniuratio** dargestellten Geheimkultes von über 7000 Frauen und Männern enthüllt [157]) und die Beschlüsse des Senats zum Verbot des Kults in Rom und ganz Italien festgehalten [158]).

Wie hier die Übernahme eines griechischen Kults so gehören die Einflüsse des hohen griechischen Lebensstandards und Lebensstils, wie ihn die römischen Heerführer und Soldaten bei ihren Feldzügen und ihrem Aufenthalt in den reichen Städten Siziliens, des Mutterlands und des griechischen Kleinasiens kennenlernten, zu den Gefährdungsmomenten der römischen Lebensordnung und Lebensführung. Die große Beute, die nach Rom einströmte, konnte die materielle Grundlage für eine Annäherung an den griechischen Lebensstil bilden, sehr bald aber auch zu Habgier und zu einer Lockerung des strengen römischen Familienverbands führen. Es ist bekannt, daß es in der Frühzeit vor allem M. Pocius Cato war, der sich vehement gegen die griechischen Einflüsse wandte. Livius läßt ihn die Gefahren der Hellenisierung in seiner Ablehnung des Antrags auf Aufhebung der Lex Oppia im Jahre 195 scharf geißeln und in der Lockerung der häuslichen Disziplin, namentlich gegenüber den Frauen, die Ursache des "Aufstands" der Frauen sehen. Er klagt: **diversis(que) duobus vitiis, avaritia et luxuria, civitatem laborare, quae pestes omnia magna imperia everterint.** Haec ego, quo melior laetiorque in dies fortuna rei publicae est imperiumque crescit - iam in Graeciam Asiamque transcendimus omnibus libidinum illecebris repletas et regias etiam adtrectamus gazas - eo plus horreo, ne illae magis res nos ceperint quam nos illas [159]). Gleichsam zur Bekräftigung dieser Klage Catos dient der Bericht, den wenige Jahre später Livius vom Triumph des Cn. Manlius Vulso gibt und in dem er in ausführlichen Details luxuriöses Mobiliar aufzählt, das als Kriegsbeute aus dem Osten von den Soldaten mitgebracht worden war und das er als **semina futurae luxuriae** bezeichnet [160]).

Kleinasien wurde seit langem als ein Land gesehen, das durch seine Lage und sein Klima zur Verweichlichung der Bewohner und zu einer üppigen Lebensführung verleite. Aus dieser Vorstellung heraus läßt Livius im Jahr 189 den Konsul Cn. Manlius vor seinen Soldaten ausführen, daß die einst mit Recht ob ihrer Tapferkeit gefürchteten Gallier durch die **amoenitas Asiae** und die **peregrinae voluntates** ihre alte Kraft verloren hätten und deswegen leicht geschlagen und unterworfen werden könnten [161]). Reichlich ein Jahr später stellt Livius mit Besorgnis fest, daß auch im Heere des Manlius durch die **amoenitas urbium Asiae, copia terrestrium maritimarumque rerum et mollitia hostium** die Zucht und Ordnung nachgelassen habe [162]). Demgegenüber erziehe die bergige, rauhe Landschaft von Ligurien ihre Bewohner zu wendigen Kämpfern und hartnäckigen Verteidigern ihrer befestigten Plätze. Wegen der steilen und engen Wege käme auch der sonst übliche Troß von Marketendern nicht in dieses Land. Er geht sogar so weit zu behaupten, daß der in Intervallen erfolgte Kampf die römischen Heere in strammer Disziplin gehalten habe [163]).

Dazu steht nun freilich in einem gewissen Gegensatz, was Livius sonst über die Feldzüge in Ligurien berichtet. Obwohl die Römer in den ersten Jahrzehnten des zweiten Jahrhunderts wiederholt, zeitweise Jahr für Jahr, einen der beiden Konsuln mit dem üblichen Truppenaufgebot gegen die Ligurer ins Feld schicken, weiß Livius nur wenig von ihren Unternehmungen zu berichten, die meist ohne härtere Kämpfe verliefen. Im Jahre 180 haben die beiden Konsul Postumius und Fulvius große Gruppen der Ligurer, die sich in die Wälder und auf die Berge zurückgezogen hatten, durch Unterbindung der Zufuhr von Lebensmitteln und Verwüstung der Felder in die Knie gezwungen.[164]). Ein Jahr später berichtet Livius, daß dem Konsul Q. Fulvius zwar ein Triumph bewilligt worden sei, fügt aber hinzu, daß dies mehr ein Gunstbeweis gewesen als auf Grund der Größe seiner Taten und Erfolge geschehen sei [165]). In der Schlacht am Fluß Scultennam erlitten die Ligurer so schwere Verluste, daß sie im folgenden Jahr bereits beim Erscheinen des römischen Heeres in Erinnerung an die schwere Niederlage des Vorjahres auf die Berge flüchteten, ohne daß es zum Kampfe mit den Römern kam [166]). Es ist offenbar der Ehrgeiz der verschiedenen Konsuln gewesen, der sie zu einem Feldzug gegen die Ligurer trieb, um zu einem relativ leichten Sieg zu kommen und einen Triumph zu erlangen [167]). Das wird durch eine Episode aus dem Jahre 169 bewiesen. Damals weigerten sich die jungen Männer in Rom, dem Befehl der Konsuln zur Aushebung zu folgen. Als die Konsuln beim Senat Klage erhoben, traten zwei Prätoren für die jungen Leute ein und wiesen darauf hin, daß diese sich mit Recht sträubten, für die Befriedigung des Ehrgeizes der Konsuln die Waffen zu ergreifen. Als daraufhin die Prätoren mit Genehmigung des Senats zur Aushebung aufriefen, folgten die jungen Männer ohne Zögern diesem Befehl [168]).

Nächst dem Ehrgeiz ist die Willkür zu nennen, mit der einzelne römische Magistrate über das Schicksal der bezwungenen Ligurer entschieden. So hat der Prätor A. Atilius den einzigen Stamm der Ligurer, die Statellater, die nicht am Kampf gegen Rom teilgenommen und sich freiwillig unter den Schutz der Römer gestellt hatten, so grausam behandelt, daß viele Ligurer ihr Leben verloren. Als er seine harten Maßnahmen vor dem Senat damit verteidigte, daß er ein Exempel hätte statuieren wollen, damit nicht andere Stämme auf römische Milde rechneten, wenn sie sich freiwillig ergäben, ordnete der Senat unverzüglich umfassende Wiedergutmachungsmaßnahmen an: **claram victoriam vincendo pugnantes, non saeviendo in adflictos fieri** [169]).

Es ist wichtig, daß Livius bei der Darstellung solcher Übergriffe und Ungesetzmäßigkeiten in diesem frühen Stadium der Lockerung altrömischer Verhaltensnormen den Senat eingreifen läßt, um das begangene Unrecht zu sühnen. Als im Jahre 170 einige Gesandte aus Spanien vor dem Senat sich bitter über die **avaritia** und **superbia** der römischen Magistrate beklagten, ließ der Senat sie vier Patrone unter den Senatoren wählen, die ihre Interessen wahrnehmen sollten, und schickte Beamte (**recuperatores**) zur Untersuchung der Zwistigkeiten nach Spanien [170]). Ein Jahr später kamen Gesandte aus dem Gebiet der Ostalpen nach Rom und führten harte Klage über Ausschreitungen und schwere Unrechtstaten, die römische Beamte in ihrem Amtsbereich begangen hätten. Sie berichteten von Plünderungen, die unter nichtigen Vorwänden durchgeführt worden waren, von der Zerstörung einzelner Städte und dem Verkauf der Gefangenen in die Sklaverei. Der Senat, den Livius seine Unkenntnis von diesen Grausamkeiten beteuern läßt, drückt seine Mißbilligung aus, verspricht ein Untersuchungsverfahren, sobald der betr. Magistrat nach Rom zurückgekehrt sei, und läßt den Gesandten reiche Geschenke übergeben. Mit ihnen entsendet er Legaten als Untersuchungsbeamte, die dafür sorgen sollen, daß die zu Unrecht in die Sklaverei Verkauften aufgesucht würden und ihnen die Freiheit zurückgegeben werde [171]).

Es kommt ein zweites Moment zur Entlastung des Senats hinzu, das den Leser diese bösen Übergriffe vermutlich schnell wieder vergessen läßt. Im unmittelbaren Anschluß an den Bericht über die Klagen der ausländischen Gesandten läßt Livius nämlich ein Kapitel folgen, in dem er ausführt, daß von vielen Gemeinden Griechenlands und Kleinasiens, ja sogar von Karthago Gesandte nach Rom gekommen seien, um ihre Treue zu bekunden. Sie hätten kostbare Geschenke verschiedener Art mitgebracht und sich bereiterklärt, in dem Krieg gegen Perseus die römischen Heere mit verschiedenen Materiallieferungen zu unterstützen. Durch die Betonung der großen Zahl der Gesandten und ihrer Hilfsangebote gelingt Livius eine glückliche und wirkungsvolle Überleitung von den Verfehlungen einzelner römischer Beamten zu einem dichten Bündel von **laudes Romae** [172]).

Mit der Kritik an dem Fehlverhalten römischer Magistrate im Ausland hat es aber nicht sein Bewenden. Livius berichtet auch von Fehlgriffen in der Stadt und Umgebung von Rom. So erzählt er ziemlich ausführlich, daß der Konsul L. Postumius, weil er ein Jahr vor seiner Amtsführung bei einem Besuch in Praeneste sich nicht genügend beachtet gefühlt und brieflich den Praenestinern befohlen habe, ihn jetzt bei einem zweiten Besuch der Stadt gebührend zu empfangen und ihm eine von der Gemeinde bezahlte Unterkunft und die nötigen Gespanne für die Weiterfahrt zu stellen [173]. Für Livius ist dies der Anlaß zu betonen, daß vor dieser Anordnung die Bundesgenossen nur zur Stellung von Gespannen, aber nicht zur Bereitstellung einer staatlichen Unterkunft verpflichtet gewesen wären, sondern daß die römischen Beamten für private Unterkunft gesorgt hätten und daß dies auf Gegenseitigkeit beruht habe. Dieser Fall des Postumius - fügt er hinzu - habe Schule gemacht und zu einer immer stärkeren Belastung der Bundesgenossen geführt [174]. Von der Willkür und der **ambitio** eines Censors gibt ein zweiter Fall Kenntnis. Q. Fulvius Flaccus wollte einen von ihm in einem Feldzug in Spanien gelobten Tempel der Fortuna equestris so prächtig als möglich gestalten - natürlich weniger um der Gottheit willen als für seinen Nachruhm als Stifter des Tempels. Um diesen mit Marmorplatten zu decken, ließ er vom Tempel der Juno Lacinia in Bruttium kraft seiner **auctoritas censoria** zum Schrecken der Bundesgenossen die Hälfte des Daches abdecken und per Schiff nach Rom transportieren. Dieses offenkundige Sakrileg löste in der Hauptstadt eine solche Empörung aus, daß der Censor heftige Vorwürfe im Senat erhielt und einstimmig die Wiedergutmachung durch die Rückgabe der Dachziegel beschlossen wurde. Dies wurde unter Beachtung aller religiösen Sühnevorschriften durchgeführt [175]. Als einen der schlimmsten Exzesse zitiert Livius voller Empörung aus einer Rede Catos die von ihm erhobene schwere Anklage gegen L. Quinctius, der einen Buhlknaben aus Rom in seine Provinz hatte nachkommen lassen und ihm zuliebe bei einem Gelage, weil er die Gladiatorenspiele in Rom nicht gesehen hatte, einem gefangenen Gallier das Haupt hatte abschlagen lassen [176].

Zu diesen Auflösungserscheinungen in der aristokratischen Oberschicht treten beunruhigende Lockerungen der alten Zucht unter den Soldaten [177]. So lesen wir, daß sich im Jahre 172 zahlreiche Soldaten der in Makedonien stehenden Legionen mit Billigung ihrer auf Gunst bei den Untergebenen spekulierenden Offiziere auf unbestimmte Zeit von der Truppe entfernt hätten. Livius berichtet diese Verfehlungen erst in dem Jahresbericht 169, als die Censoren die erforderlichen Maßnahmen zur Wiederherstellung der Ordnung treffen und infolge ihres Edikts sich eine ungewöhnlich hohe Zahl junger Leute zur Musterung stellt [178]. Die makedonischen Legionen werden aufgefüllt, und durch Aemilius Paulus wird im folgenden Jahr die alte Leistungsfähigkeit der Truppe wiederhergestellt. Es ist nun höchst überraschend, daß sich nach seinem großartigen Sieg plötzlich Differenzen zwischen ihm und seinen Soldaten ergaben. Obwohl die Soldaten vor der Schlacht von Pydna sich mit höchstem Eifer auf den Kampf vorbereitet und sich der Autorität des Paulus selbst in einer für sie nicht durchschaubaren Situation gefügt hatten [179], erwachten in ihnen nach dem Sieg Unwille und Unzufriedenheit. Sie hatten zwar noch auf dem Schlachtfeld reiche Beute machen und zwei Tage plündern dürfen [180]. Sie waren aber unzufrieden, daß Paulus ihnen keinen Anteil an der Beute aus dem Palast des Königs Perseus gegeben hatte. Livius formuliert sehr streng: **Paulum ... obrectatio carpsit. Antiqua disciplina milites habuerat; de praeda parcius quam speraverant ex tantis regiis opibus, dederat nihil relicturis, si aviditati indulgeretur, quod in aerarium deferret** [181]. Diese Abkehr von ihrem Feldherrn nutzt der Militärtribun Ser. Sulpicius Galba (**privatim imperatori inimicus**) dazu, die Soldaten aufzuhetzen und mit ihnen den Versuch zu machen, die Bewilligung des Triumphs an Paulus zu verhindern [182]. Dies stellt einen Angriff dar, der aus rein egoistischen und materiellen Gründen darauf zielt, die Autorität des siegreichen Feldherrn und des Senats zu untergraben. Livius scheut sich nicht, mit den schlagwortähnlichen Worten **licentia atque avaritia** [183] die drohende Gefahr einer militärischen Revolte beim Namen zu nennen. Es handelt sich freilich nur um einen Tumult von zwei Tagen, der durch die Rede des M. Servilius behoben wird [184].

Wenn durch die Aufzählung der verschiedenen Verfallserscheinungen, wie wir sie im Vorangehenden zusammengestellt haben, der Eindruck entstehen sollte, Livius habe im Jahre 167 - wie Sallust im Jahre 146 nach der Zerstörung von Karthago - eine entscheidende Wende der römischen Entwicklung zum Schlechten hin und den Anfang eines bedrohlichen Niedergangs anzeigen wollen, so muß einer solchen Vermutung entgegengehalten werden, daß sich die von uns aufgezählten Verfallserscheinungen auf das ganze erhaltene Werk verteilen und in ihm nur einen ganz geringen Platz einnehmen. Viele von ihnen sind als Kontrastphänomene zur römischen Frühzeit in der ersten Dekade anzusetzen und es liegt nahe, dies - wie bereits oben bemerkt - damit zu erklären, daß Livius unter dem Erleben der Schrecken der gerade erst abgeschlossenen Bürgerkriege einen besonders scharfen Kontrast zwischen der eigenen Zeit und der weitgehend verklärten Frühzeit Roms empfand. Außerdem ist darauf hinzuweisen, daß Livius in den vielen Fällen, wo er ein Versagen welcher Art auch immer feststellt, eine bald erfolgende Bemühung des Senats um Wiedergutmachung berichtet. Das Buch 45 wird nicht von dem Zwist zwischen den Soldaten und ihrem Feldherrn Aemilius Paulus beherrscht, sondern von der epochalen Größe des Sieges von Pydna und der politisch und moralisch vorbildlichen Gestalt des Aemilius Paulus.

3. Kritik am Rombild

Es liegt nahe, im Anschluß an die Darstellung des durch seine innere Konsistenz und nationale Würde ausgezeichneten Rombilds des Livius die Frage zu stellen, was durch die Sachaussagen der modernen Forschung bestätigt bzw. widerlegt wird. Welchen Wert hat sein erhaltenes Werk für die Kenntnis der römischen Geschichte? Eine Antwort kann hier natürlich nur in großen Zügen gegeben werden; sowohl in den Einzelbänden der Edition Budé-Tite-Live als auch in den Kommentaren von Briscoe sind die historischen Einzelheiten auf ihre Glaubwürdigkeit geprüft worden. Dabei sind zahlreiche Irrtümer sowie chronologisch und geographisch falsche Angaben nachgewiesen worden, und doch stimmen die meisten Interpreten darin überein, daß im Unterschied zur scharfen Kritik am Anfang unseres Jahrhunderts angesichts der Fülle des Stoffes und der besonderen Intention des Livius sein kritisches Versagen nicht allzu gravierend genommen werden soll. Diese Milderung des Urteils geht nicht zuletzt darauf zurück, daß durch archäologische und epigraphische Funde manche früher als legendär verworfenen Tatsachen und fiktiven Berichte der ersten Dekade ihre historische Bestätigung erfahren haben.

Wenn wir uns den ersten Büchern zuwenden, so ist zunächst zu vermerken, daß Livius am Anfang von Buch 6 konstatiert, daß die in den ersten fünf Büchern gegebene Darstellung der Jahre 753-293 wegen des hohen Alters, des Mangels an schriftlichen Quellen und der durch Brand beim Galliersturm erfolgten Vernichtung der Akten der Priester erhebliche Unsicherheiten aufweist und daß er erst danach **clariora deinceps certioraque ab secunda origine** zu berichten in der Lage sei [185]. Zwei Fakten seien zur Beurteilung der Anfänge vorausgeschickt. Der scharfe Schnitt, den Livius - und die anderen römischen Historiker - zwischen der Königszeit und den Beginn der Republik legt, ist falsch. Es ist zwar zutreffend, daß, wie man schon früher aus den Erzählungen über die beiden Tarquinierkönige geschlossen hatte, am Ende des 6. Jahrhunderts etruskische Geschlechter in Rom saßen, aber ihre militärische, wirtschaftliche und kulturelle Überlegenheit hat dort mindestens bis zum Ende des ersten Viertels, wenn nicht bis zur Mitte des 5. Jahrhunderts gedauert. Der Übergang zu der von zwei Konsuln geführten Gemeinschaft ist im Laufe von zwei bis drei Generationen nach der Erprobung verschiedener "Regierungsformen" (Praetor, Dictator, Tribunus militum consulari potestate) und nach der endgültigen Vertreibung der Etrusker erfolgt. Die Konsullisten der ersten Jahrzehnte der kapitolinischen Fasten sind wahrscheinlich spätere Erfindungen und verdienen erst ab 450 Vertrauen [186]).

Das zweite grundlegende Faktum ist die für das Jahr 510/09 bezeugte Errichtung und Einweihung des Tempels des Jupiter Capitolinus. Es handelt sich um ein etruskisches Bauwerk, dessen Fundamente noch heute zu sehen sind. Für die nächsten Jahrzehnte berichtet Livius glaubhaft die Weihung weiterer Tempel [187]), deren Gottheiten teils einheimischen Ursprungs sind, teils von den Etruskern oder unteritalischen Griechen übernommen worden sind, wie die Römer auch später in der Übernahme fremder Kulte großzügig waren [188]). Als kostbares Gut der Frühzeit überliefert Livius in der ersten Dekade eine Reihe von Formeln und Riten, die dauernde Gültigkeit erlangt haben und meist unter Berufung auf die Götter gesprochen wurden, wie etwa die Formel für einen Bündnisvertrag, die Kriegserklärung, die Dedition bis zu dem Text für das jährliche Einschlagen des Nagels in einer Zwischenwand des kapitolinischen Tempels [189]). Die genannten Fakten bestätigen das religiös-kultische Fundament, das im Rombild des Livius eine so große Rolle spielt. Vielleicht geht auch die dem König Servius Tullius zugeschriebene Centurien-Einteilung auf die Königszeit zurück. Was Livius von den anderen Königen vorbringt, besonders über die Gründungszeit, ist fast alles Legende, freilich mit so starker prägender Kraft, daß sie eine saekulare Nachwirkung gehabt hat. Dagegen ist in der Darstellung der Ständekämpfe, die in der ersten Pentade dominieren, trotz der parteipolitischen Ausweitung in gracchischer und sullanischer Zeit und der novellistischen Durchgestaltung einzelner Phasen ein historischer Kern zu sehen. Die

Etappen, in denen sich führende Vertreter der Plebejer im politischen, kultischen und privaten Bereich bis zur Gleichberechtigung mit den Senatoren durchgesetzt haben, sind im einzelnen frei ausgemalt, aber als Ablauf gesichert. Dies gilt besonders auch bei aller Einschränkung in der Auslegung einzelner Vorschriften und der spannenden, novellenartigen Rahmung für das Zwölf-Tafel- Gesetz.

Für die Kriege bildet der Galliersturm vom Jahre 390 mit der Einnahme Roms durch die Gallier den nächsten zuverlässigen Einschnitt. Die Ausmalung der Taten des Camillus, dessen Eingriff in letzter Minute Rom vor der schmachvollen Zahlung eines Lösegelds rettet, ist frühe Schönfärberei. Einzelne Schicksalsschläge oder Heldentaten des Camillus, der Fabier oder des L. Papirius Cursor, des berühmten mehrfachen Siegers über die Samniten, mögen in den Geschlechtern durch mündliche Tradition, der manche Forscher neuerdings ein gewisses Gewicht beimessen [190]), erhalten geblieben und im Laufe der Jahrzehnte ausgeschmückt worden sein. Im übrigen sind die Darstellungen der Kriege, die Rom mit den Nachbarstämmen im nächsten Jahrhundert unter mancherlei Wechselfällen geführt hat, und der zahlreichen Schlachten, die Livius in den Latiner- und Samniterkriegen beschreibt, Erzählungen aus topischem Material, das seine annalistischen Vorgänger boten. Ihnen kommt als historischen Zeugnissen nur insoweit Wert zu, als Rom am Ende die Herrschaft über Mittelitalien innehat. Dieser gewaltige Erfolg ist durch die Zähigkeit der Römer bei der Verteidigung ihres Kernlandes, aber gewiß auch durch einen kräftigen Offensivgeist errungen worden, den Livius in seinem Rombild mehr zurückgedrängt als gepriesen hat.

Bei einer kritischen Überprüfung der dritten Dekade treten zuerst die Schwächen der livianischen Arbeitsweise und die Unsicherheit von vielen Fakten, die er überliefert, zutage. Es stand ihm reichliches Quellenmaterial zur Verfügung, aber er hat es nur bedingt zu nutzen verstanden. Obwohl er selbst wiederholt betont hat [191]), daß zeitnahe Berichte die beste Gewähr für eine zuverlässige Darlegung böten, hat er es unterlassen, Fabius Pictor oder einen der anderen älteren Annalisten, die den zweiten punischen Krieg miterlebt hatten, seiner Behandlung zugrunde zu legen [192]. Zu seinen Hauptquellen zählt Coelius Antipater [193]. Dessen ihm durch die Hannibal-Historiker zugeflossenes Material hätte ihn vielleicht zu einem gerechteren Urteil über die karthagischen Verhältnisse und Leistungen führen können. Coelius hat ihn aber wohl mehr zu einer dramatisierenden Darstellungsweise als zu einem einwandfreien Sachbericht stimulieren können. Da Livius aber neben ihm auch andere Quellen benutzte, wäre eine saubere Scheidung der Vorlagen am Platze gewesen. Gegen diese Forderung hat er insofern verstoßen, als er wiederholt dasselbe Ereignis, wie z.B. den Übergang Hannibals über den Apennin, zweimal berichtet hat. Auch sonst finden sich Dubletten oder von ihm nicht beachtete Widersprüche zwischen den Angaben aus zwei Quellen. Eine besondere Verwirrung herrscht im 21. Buch über die Entstehungsursachen des Kriegs [194]. Zu diesen Schwächen tritt eine Reihe chronologischer Fehler, von denen vielleicht einige auf das Schuldkonto seiner Vorgänger gehören. So hat er den Beginn der Belagerung von Sagunt auf das Jahr 218 statt 219 und die Einnahme von Neu-Carthago auf 210 statt 209 gelegt. Die Angaben über die Ereignisse in Spanien entbehren überhaupt der Präzision. Dies ist mit dem Mangel an Ortskenntnis und militärischem Verständnis zu erklären. Die Vergeltungsaktion des L. Marcius nach der Niederlage und dem Tod der beiden Scipionen ist geradezu ein Musterbeispiel der "Erfindung" der jüngeren Annalistik als Ausgleich für die vorangehende Katastrophe der Römer. Livius hat wahrscheinlich im Anschluß an seine Vorlage den Bericht dramatisiert und die mit politischen und lebensphilosophischen Gemeinplätzen erfüllte Rede des Marcius wirkungsvoll mit topischen Kampfschilderungen gerahmt [195].

Wenn in der Beschreibung der Märsche und Schlachten Hannibals in Italien exakte geographische und militärische Angaben vermißt werden, so kann dies dadurch erklärt werden, daß Livius damit rechnete, daß seine Leser die wichtigsten Plätze kannten und mehr an der seelischen Haltung und Reaktion der Führer und Soldaten interessiert waren als an dem äußeren Verlauf des Kampfes. Die großen Schlachten von den ersten Kämpfen in Oberitalien über die Niederlage am Trasimenischen See und bei Cannae bis zur Entscheidung von Zama sind durch Livius gesichert. Die Angaben über die jährlichen Truppenstärken und militärischen Einheiten unterliegen aber ernsten Bedenken. Dagegen haben die Nachrichten über die von Q. Fabius Maximus bei seinem Amtsantritt und nach der Niederlage von Cannae durchgeführten Entsühnungsaktionen für die Geschichte der römischen Religion Seltenheitswert [196]. Es ist aber unverkennbar, daß er die Schuld an den beiden Hauptniederlagen einseitig den von der Tradition vorgeprägten plebejischen Kommandeuren zuschiebt, wie die Gesamtdarstellung des Kriegs eine prosenatorische Einstellung aufweist. Dabei können die wichtigsten Angaben über die Taten des Q. Fabius Maximus und des Marcellus auf mündliche Überlieferung der Gens zurückgehen, die in Generationsnähe von einem der älteren Annalisten aufgegriffen und von den jüngeren Annalisten ausgebaut worden sind.

Den bisher genannten Schwächen stehen erhebliche Vorzüge gegenüber. Es ist Livius gelungen, seine Leser durch das reiche äußere Geschehen und die Wechselfälle der langen Kriegsjahre hindurch zum Mit- und Nacherleben des schweren Ringens zu führen. Die in seinem idealen Rombild von uns aufgewiesenen ethischen und nationalen Kräfte werden als die entscheidenden Faktoren des historischen Geschehens in den Planungen und Taten der tragenden Gestalten und Gruppen bestätigt und freigelegt. Hierin besteht der große Wurf des Livius. Denn in der Tat hat Rom im zweiten punischen Krieg nicht nur militärisch, sondern auch politisch und moralisch seine große Bewährungsprobe bestanden und ist sich in der Folgezeit dieser einmaligen Leistung voll bewußt gewesen und geblieben. Mögen Einzelheiten der militärischen Aktionen oder der Senatsberatungen unzutreffend sein, der trotz der Niederlagen ungebrochene Geist des Widerstands und das zähe Durchhaltevermögen bis zur siegreichen Beendigung des Kriegs sind in der livianischen Darstellung zutreffend erhalten geblieben. Dabei ist hervorzuheben, daß Livius schwere Krisen in diesen 17 Jahren nicht verschwiegen hat, wie sie etwa durch den Zwist zwischen Fabius und seinem Reiteroberst M. Minucius Rufus [197], bei der Erkrankung Scipios in Spanien durch die Revolte seiner aufgehetzten

Soldaten [198]) oder im Senat durch die erbitterte Debatte zwischen
Fabius Maximus und Scipio vor der Überfahrt nach Afrika ausgebrochen
waren [199]). Zur Lösung dieser Zwischenfälle fügt Livius Reden ein,
die über den historischen Augenblick hinaus gehört sein wollen und
von seinem hohen Stolz auf die Leistungen der Vorfahren und seinem
Glauben an die Größe und Ewigkeit der römischen Herrschaft getragen
sind. Für die Reden Hannibals und Scipios vor der Schlacht von Zama
hat er entweder eine direkt übernommene oder durch eine Zwischenquelle (Coelius Antipater?) vermittelte Vorlage in dem Text des
Polybios gehabt, den er aber durch bedeutsame Zusätze erheblich erweitert hat. Polybios ist wahrscheinlich auch die Quelle für die
Operationen in Sizilien und Afrika gewesen und wird von Livius am
Ende der Dekade als **haudquaquam spernendus auctor** [200]) hervorgehoben.

Für die Persönlichkeit und die militärischen Leistungen Hannibals
hat Livius kein Verständnis [201]). Er erscheint als die Inkarnation
karthagischer Immoralität und Perfidie und als Verächter der Götter
und der Religion, der auf die Untreue der römischen Bundesgenossen -
freilich weithin vergeblich - spekuliert und mit Kriegslisten und
Hinterhalten seine Erfolge erringt. Die Anerkennung seiner hohen
Qualitäten in der Menschenführung bei den aus verschiedenen Stämmen
und Völkern stammenden Truppenverbänden geht auf Polybios [202])
zurück. Wenn einzelne Forscher [203]) auf Grund der Rede Hannibals vor
der Schlacht von Zama annehmen, Livius habe einen Gesinnungswechsel
des Puniers darstellen wollen, so bedeutet dies eine Verkennung des
situationsbedingten Überredungsversuchs.

Eine besondere Hervorhebung der livianischen Eigenleistung in der
dritten Dekade verdient die Kunst der Wiedergabe von Gefühlen und
Stimmungen, mit denen die Bevölkerung von Rom die historischen
Ereignisse verfolgt, wie z.B. beim Eintreffen der Schreckensnach-
richt von den Niederlagen am Trasimenischen See und von Cannae, bei
der Reaktion auf die Meldungen vor und nach der Schlacht am Metaurus
und bei der bangen Erwartung der Menschen in den beiden Hauptstädten
auf die Entscheidung von Zama [204]). Diese Schilderungen reichen über

die situationsgebundenen Ängste und Freuden hinaus in die mitmenschliche Erlebens- und Empfindungssphäre.

Für Roms militärisches und politisches Eingreifen in Griechenland, Makedonien und Kleinasien in den Jahren 200-167 ist Livius die wichtigste Quelle. Es ist in der Forschung umstritten, ob die Römer sich zu diesem weiten Ausgriff planmäßig aus "imperialistischen" Motiven entschlossen haben oder ob sie mehr oder minder in die recht verwickelten Verhältnisse der griechischen Staatenbünde hineingezogen worden sind. Livius vertritt auch hier, wie in seinem von uns gezeichneten Rombild, die Auffassung, daß die Römer defensive Kriege führten und nur auf Bitten und zum Schutz der befreundeten Stämme zu den Waffen gegriffen haben. Er ist daher darauf bedacht, in den Büchern 31-45 mit starker Konsequenz die Kriegsschuld den griechischen Verbänden, vor allem aber den Königen Philipp [205] und Perseus von Makedonien [206] sowie Antiochus von Syrien, zuzuweisen. Hierin unterscheidet er sich beträchtlich von Polybios, der ihm, wie dargelegt, als Quelle für die gesamten östlichen Verhältnisse gedient hat. Da jener auf Grund seiner persönlichen Beteiligung an den Ereignissen sowie durch seine Forschungen die Entwicklung von 200-167 mit ebenso großem militärischem wie politischem Sachverstand dargestellt hat, befindet man sich bei Livius, wo er Polybios im engen Anschluß folgt, auf weithin gesichertem Boden. Weil von den Büchern 16-30 des Polybios, die für den Vergleich mit Livius in Frage kommen, nur Fragmente erhalten sind, ist Livius für die Schließung der Lücken schlechthin unersetzlich.

Freilich ist seine Bearbeitung der polybianischen Vorlage nicht makellos, sondern weist, wie früher dargelegt, chronologische Schwächen, sachliche Widersprüche, Dubletten und andere Fehler, aber auch Zusätze, meist im nationalen und moralischen Sinne, auf. Von großer Bedeutung sind die Angaben über eine Reihe von Verträgen, Friedensschlüssen und die durch sie erfolgten Neuordnungen, wie z.B. die Friedensbedingungen für König Philipp; die nach langen Senatsverhandlungen im Jahre 189 erfolgten Neuordnungen in Kleinasien; der ein Jahr später abgeschlossene Friedensvertrag von Apamea mit Antiochos [207]) und im Jahr 167 die umfassende Neuregelung für Makedonien, Epirus und Illyrien. Im Unterschied zu diesen meist gedrängten Sachangaben, die historische Glaubwürdigkeit verdienen, sind die zahlreichen Berichte über die Landtage und Versammlungen in Griechenland zwischen den Vertretern Roms, Makedoniens und der griechischen Stämme in Anpassung an die jeweilige politische Situation ziemlich frei gestaltet. Livius hat im Anschluß an Polybios in Kongruenz mit seinem Rombild oder im Gegensatz dazu mit eigener Ponderierung der Argumente die Redner zu Wort kommen lassen und aus diesen Zusammenkünften geschlossene, von innerer Dramatik erfüllte Diskussionstage gemacht [208]).

Neben Polybios hat Livius auch lateinische annalistische Quellen, vornehmlich Claudius Quadrigarius und Valerius Antias, benutzt, deren Anteil nicht exakt zu bestimmen ist. Ihr Hauptwerk besteht - wie schon in der dritten Dekade - darin, daß sie Jahr für Jahr die Beamtenlisten mit den besonderen Aufträgen für die verschiedenen Magistrate überliefern. Dadurch ist ein unschätzbarer Zugang zu den Laufbahnen zahlreicher Vertreter der einzelnen Geschlechter und zu der Politik des Senats in seinen wechselnden Gruppierungen im Laufe der Jahre gesichert. Hierbei geht es bisweilen infolge der Verarbeitung von zwei Quellen nicht ohne Unklarheiten ab, die in der Behandlung der Scipionen- Prozesse besonders ärgerlich sind. Livius unterläßt es nicht, gewisse negative Lockerungen im Stil der bis zur Jahrhundertwende moralisch strengen Senatspolitik zu verzeichnen. So verweist er auf den Beginn eines aufwendigeren Lebensstils, Willkürmaßnahmen einzelner Magistrate und Übergriffe in den Provinzen [209]). Im Gegensatz dazu hat er wiederholt Gelegenheit genommen, in den Verhandlungen mit den Vertretern ausländischer Mächte oder im Senat diese im Sinne seines idealen Rombildes die Leistungen und Entscheidungen Roms rühmen zu lassen [210]).

Was die Annalisten und Livius über Roms Politik und militärische Operationen in Oberitalien gegen die Boier, Insubrer, Ligurer u.a. berichten, kann nur mit größter Skepsis gelesen werden. Die Angaben über die Märsche sind verschwommen und die Schlachtbeschreibungen voll topischer Motive. Immerhin bemerkt Livius, daß durch diese Kämpfe Roms Soldaten schlagkräftig erhalten geblieben seien, und es ist in der Tat des Nachdenkens wert, daß Rom neben seinen Großaktionen im Osten noch die Kräfte für diese Unternehmungen im Norden gehabt hat.

VI. Zielsetzung

"Die römische Geschichtsschreibung verfolgte von Anbeginn an ein außerhalb ihrer liegendes Ziel, indem sie nicht so sehr der Erkenntnis als vielmehr der Argumentation diente - sei es der Absicht außenpolitisch zu belehren, sei es dem Bestreben, innenpolitisch zu erziehen ... Das einzelne Faktum hatte keinen Eigenwert, sondern Beweiswert. Das moderne Postulat der Faktentreue wäre den römischen Autoren völlig unverständlich erschienen" [1]).

Was Livius bewogen hat, sein Geschichtswerk zu schreiben, und welche Zielsetzung er im Auge hatte, das hat er in der Praefatio [2]) zum Ausdruck gebracht. Darin folgt er einem seit Herodot, Thukydides, Polybios und anderen hellenistischen Historikern üblichen Verfahren, das wohl bereits die älteren Annalisten übernommen hatten und das wir bei Sempronius Asellio nachweisen können; denn das erhaltene Fragment 2 dürfte aus dem Prooemium seiner Monographie ausgewählt sein [3]). Auch in den leitenden Gesichtspunkten gibt es Berührungen zwischen der livianischen Praefatio und seinen Vorgängern. Darauf kann hier nicht eingegangen werden [4]).

Livius gibt am Anfang des ersten Teils seiner Praefatio (1-5) das Thema seines Werks an und begründet seine Wahl. Dabei geht er von einem leisen Zweifel aus, ob sein Werk sich lohnen werde, und konfrontiert sein geplantes Unterfangen einer Gesamtdarstellung der römischen Geschichte mit der Tätigkeit seiner Vorgänger, die entweder durch neue Sachkenntnis oder eine bessere Darstellungsweise die früheren Historiker zu übertreffen bemüht waren (1-2). Er nimmt weder zu dem inhaltlichen noch zu dem formal künstlerischen Argument in diesem Agon Stellung, sondern schiebt die Skepsis an der Berechtigung seines Plans damit beiseite, daß er erklärt, es werde ihm Befriedigung bringen (**iuvabit**, scil. **me**), von sich aus, selbst wenn er hinter den Vorgängern zurückstehen werde, etwas für die Überlieferung der Taten des ersten Volkes der Erde geleistet zu haben (3). Mit diesem Bekenntnis persönlicher Bescheidenheit gegenüber der historiographischen Tradition verbindet er das Faktum von der Führungsstellung Roms unter allen Völkern der Welt (**principis terrarum populi**). Darin darf er sich mit seinen Lesern einig fühlen. Dann wendet er sich der Größe seiner Aufgabe zu, den Umfang der mehr als siebenhundertjährigen römischen Geschichte darzustellen, deren Ablauf er zugleich dadurch charakterisiert, daß Rom nach seinem Aufstieg von bescheidenen Anfängen gegenwärtig an seiner Größe leidet (4). Von seiner Person und dem Plan und Umfang seines Werks geht er zu den Lesern über und stellt fest, daß diese im Gegensatz zu ihm von der Frühgeschichte weg nach der Darstellung der jüngsten Geschichte drängen, wobei er hinzufügt, daß in diesen jüngsten Zeiten sich Roms schon lange übermächtigen Kräfte selbst aufreiben (4). Dennoch will er seinen Plan durchführen in der Hoffnung, daß ihn die Arbeit an dem geplanten Werk Abstand gewinnen lassen werde von dem Unheil, das seine Generation lange Jahre hindurch erlebt hat (5). Damit hat er den am Anfang ausgesprochenen Zweifel an der Berechtigung seines Unterfangens behoben und kann mit der topischen Erklärung schließen, bei aller persönlichen Anteilnahme an den Ereignissen diese dennoch **sine ira et studio** darstellen zu wollen. Er sieht sich also in einer doppelten Spannung, in der er seine Entscheidung zur Abfassung einer gesamtrömischen Geschichte trifft: einmal in einem gewissen Interessenkonflikt mit den von ihm erwarteten Lesern, zum anderen in einer zwiespältigen Beurteilung der gegenwärtigen Lage in Rom: auf der einen Seite von dem Unheil der Bürgerkriege befreit (**quae nostra tot per annos vidit aetas**), auf der anderen Seite aber in Unruhe wegen der aus Roms Größe erwachsenen Gefahren für die Lebensordnung und den Lebensstil des Gemeinwesens. Trotz dieser Spannung wird er bemüht sein, eine sowohl von der Freude der Erleichterung als auch von der Sorge um die weitere Entwicklung Roms freie Darstellung zu schaffen (5).

Im zweiten Teil der Praefatio (6-10) umschreibt er den Stoff des geplanten Werks und gibt die leitenden Gesichtspunkte an, unter denen der Leser seine Darstellung aufnehmen soll. Damit greift er auf das im ersten Teil kurz angerissene Entwicklungsbild zurück und führt es nun genauer aus.

An dessen Spitze stellt er die legendären, durch die Verbindung von menschlichem und göttlichem Wirken verklärten Anfänge Roms, von denen aus die Römer als Abkömmlinge des Mars die Herrschaft über die ganze Welt errungen haben. Mit dem Stolz auf diesen Erfolg ihrer Kriege (**belli gloria**) verbindet er die nicht weniger bedeutende Tatsache, daß die Völker der Welt diesen Aufstieg anerkennen und Roms Herrschaft annehmen (6-7). Nach diesem Rückblick, in dem sich Ehrfurcht und verhaltene Kritik durchdringen, läßt er eine Caesur eintreten, die sowohl darstellerisch-formal als auch inhaltlich zu Neuem führt (8). Denn jetzt wendet er sich fast unvermittelt dem Leser zu und fordert ihn auf, wachen Sinns die ganze römische Entwicklung zu verfolgen (9). Die Trennung zwischen ihm selbst als dem Freund der Frühzeit Roms und der auf die Darstellung der jüngsten Geschichte gespannten Leser ist beiseite geschoben. Die Befriedigung des persönlichen Interesses und der persönlichen Freude an der eigenen Arbeit tritt hinter der Aufgabe einer nutzbringenden Leistung für die Allgemeinheit zurück. Livius erhebt den Anspruch auf die Aufmerksamkeit jeden Lesers (**pro se quisque ... intendat animum**) und findet in der didaktischen Aufgabe der Geschichtsschreibung die endgültige Rechtfertigung für seinen Plan der Darstellung der gesamten römischen Geschichte.

Diese stellt er als einen Prozeß dar, der in zwei Perioden abgelaufen ist [5]). In der ersten ist das Imperium **domi militaeque** aufgebaut und zu seiner Größe geführt worden, in der zweiten ist es aber in verschiedenen sich beschleunigenden Phasen abgesunken bis zur Gegenwart: **ad haec tempora, quibus nec vitia nostra nec remedia pati possumus**. Dieser Satz stellt gegenüber der im ersten Teil der Praefatio gemachten Aussage zur Lage Roms eine wichtige Erweiterung und eine ins Moralische gewendete Spezifizierung dar. Dort heißt es: **iam pridem praevalentis populi vires se ipsae conficiunt** (4). Dagegen ist hier der Hinweis auf **remedia** neu und von besonderer Bedeutung:

Er besagt, daß gegen die moralischen Schwächen und Schäden Roms jetzt Abwehr- und Aufbaukräfte (**remedia**) [6]) am Werke sind. Welcher Art diese Kräfte sind, sagt er ebensowenig wie er die **vitia** hier bei ihrem speziellen Namen nennt. Diese **remedia** schlagen im Augenblick noch nicht an. Aber Livius geht von hier unmittelbar zu der verstärkten Aufforderung [7]) an den Leser über, im Studium der römischen Geschichte eine wirksame Hilfe zu finden (**salubre ac frugiferum** (10). Damit nimmt er einen protreptischen Appell auf, der der römischen Geschichtsschreibung von Anfang eigen war [8]). Dieser Appell beruht auf der Überzeugung, daß der aufmerksame Leser nicht nur Einsicht in die Ursachen des historischen Geschehens und in die Motive und Entscheidungen der an ihnen beteiligten Menschen, sondern auch Maßstäbe für das eigene Handeln und für die Gestaltung der **res publica** gewinnt. Die individuelle Lebensführung ist eng mit der Gestaltung des Gemeinwesens, die moralische Verpflichtung mit der politischen verknüpft. Die Geschichte hält hervorragende Beispiele jeder Art sowohl zur Nachahmung als auch zur Ablehnung bereit: **hoc illud est praecipue in cognitione rerum salubre ac frugiferum omnis te exempli documenta in illustri posita monumenta intueri: inde tibi tuaeque rei publicae quod imitere capias, inde foedum inceptu, foedum exitu, quod vites** [9]). Livius mißt also den historischen Ereignissen und Gestalten eine exemplarische Bedeutung, einen Modellcharakter zu, den er mit seinem Werk aktivieren will.

Den Umfang der Lebens- und Handlungsräume, auf die der Leser seine Aufmerksamkeit richten soll, hat er sehr weit gespannt. An erster Stelle stehen bezeichnenderweise für die vorwiegend moralische Betrachtung der Geschichte die (einfache) Lebensführung (**vita**) [10]) und das strenge sittliche Verhalten der Vorfahren (**mores**), die in der Phase des Aufstiegs Roms Imperium begründet und zur Größe geführt haben, deren Erschlaffung und Verfall aber die Schuld am Niedergang tragen. Danach verweist Livius auf die vorbildlichen Gestalten und Träger des Aufbaus der römischen Herrschaft (**viri**). Mit dieser Nennung und Anordnung der beiden moralischen Orientierungspunkte wird sich der Leser an den monumentalen Vers des Ennius erinnert gefühlt haben, den Cicero an die Spitze des fünften Buchs von De re publica gestellt hat: **Moribus antiquis res stat Romana virisque** [11]). Dieser Verweis auf das hochgeschätzte Epos beinhaltet unausgesprochen eine Bekräftigung der livianischen Mahnung: **omnis ... exempli documenta in illustri posita monumenta intueri**. Erst an dritter Stelle nennt

Livius die Fertigkeiten und Mittel der politischen Gestaltung und der militärischen Lenkung und Leistung (**domi militiaeque**). In dieser Rangfolge und unter diesen Aspekten will er auch das Werk gelesen wissen, das zu schreiben er sich anschickt.

Und nun greift er noch einmal auf die am Anfang gestellte Frage nach dem Grunde seiner Stoffwahl zurück, indem er zugleich die im Vorangehenden geschilderte Entwicklung Roms aufnimmt und die Verbindung zwischen dem zweiten und dritten Teil der Praefatio herstellt (11-12). Wenn er seine Aufgabe in der Bereitstellung von Leitbildern für den Leser sieht, so bietet kein Staat so viel Möglichkeiten wie der römische. Diese Behauptung begründet er zunächst mit einer allgemeinen Aussage über die Fülle und den achtunggebietenden Charakter der guten Vorbilder und geht dann dazu über, ihre Verdrängung durch Fehlentwicklungen (**vitia**) kurz zu umreißen. Die ersten Einbußen haben Habsucht und eine aufwendige Lebensführung (**avaritia, luxuria**) bewirkt, die der große Reichtum erlaubt hatte. Ihnen ist ein Übermaß von Vergnügungen und Genüssen gefolgt, die den Drang geweckt haben, in Luxus und Lust unterzugehen und alles in den Untergang einzubeziehen. Das ist ein zutiefst erschreckendes Ergebnis des Absinkens Roms von seiner früheren Größe und Machtstellung. Aber Livius verharrt nicht bei diesem Eindruck, sondern konfrontiert den Niedergang mit dem großen Ausmaß und der langen Dauer der einfachen und sparsamen Lebensführung der Menschen der römischen Frühzeit. Er fügt hinzu - und das ist wichtig - , daß Reichtum, Habgier und Genußsucht sich erst spät in Rom verbreitet haben. Diese Einschränkung der Verfallsphase läßt eine gewisse Hoffnung offen. Denn wo eine langdauernde, feste moralische Grundlage vorhanden war und eine Depravation der Sitten und Lebensführung erst kürzlich (**nuper**) eingetreten ist, sieht Livius eine Chance der Rückkehr zu den moralischen Hochwerten und Leitbildern der römischen Frühzeit und des Aufstiegs gegeben [12]. Er hält Klagen, selbst wenn sie vielleicht notwendig sein sollten, am Beginn eines Werks für unangebracht und erbittet - wie es die Dichter tun - mit rituell-feierlichen Worten die Hilfe der Götter für einen erfolgreichen Anfang seines Werks. Man wird in dieser Prognose weder einen "hellen, freudigen Zukunftsglauben" des

Livius sehen, wie ich das vor fünfzig Jahren gemeint hatte [13], noch unter dem hier unangebrachten Hinweis auf die vorangegangene Äußerung des Livius **nec vitia nostra nec remedia pati possumus** der Praefatio einen pessimistischen Grundton zuschreiben, wie dies eine Reihe von Forschern getan hat [14]. Livius sieht die Gegenwart offensichtlich in einer Art Schwebezustand, in der noch keine Entscheidung über die weitere Entwicklung Roms getroffen ist [15]. In einer solchen Situation will er klärend und lehrend auf das Urteil und die Lebensgestaltung seiner Leser einwirken in der Erwartung, sie zur Wahl nachahmenswerter Leitbilder bestimmen zu können [16].

VII. Hauptgestalten

1. Allgemeine Charakteristik

Zu den eindrucksvollsten römischen Bräuchen zählt Polybios die Trauerfeiern für die verstorbenen großen Politiker und Feldherrn, vor deren Bestattung bzw. Einäscherung ein feierlicher Zug der mit den Masken der Vorfahren ausgestatteten Teilnehmer die Leiche zum Forum geleitet, wo der Sohn des Verstorbenen die Persönlichkeit und Leistung des Toten in einer Trauerrede würdigt [1]. Man sollte annehmen, daß dieser Sitte auch Livius gedacht hätte und aus diesen Laudationen Material für seine Darstellung führender Persönlichkeiten gewonnen hätte. Dem ist aber nicht so. Livius verhält sich gegenüber diesen Trauerreden skeptisch und verzichtet darauf, sie einer kritischen Prüfung zu unterziehen und das historisch zuverlässige Material von den Überhöhungen des Lobredners zu sondern. Eine gleiche kritische Haltung nimmt er gegenüber den Inschriften ein, die zur Fixierung der Leistungen der Hauptvertreter eines Geschlechts im Atrium ihrer Häuser, oft unter Büsten, angebracht waren. Er erklärt: **vitiatam memoriam funebribus laudibus reor falsisque imaginum titulis, dum familiae ad se quaeque famam rerum gestarum honorumque fallente mendacio trahunt; inde certe et singulorum gesta et publica monumenta rerum confusa** [2].

Dennoch verzichtet Livius nicht gänzlich darauf, für einzelne hervorragende Persönlichkeiten knapp zusammenfassende Würdigungen am Ende ihres Lebens zu geben [3]. Sie sind in den erhaltenen Büchern nur klein an Zahl und Umfang und liegen mehr in der Tradition der bekannten Scipionen-Inschriften [4]) als in der Nachfolge der Laudationes funebres. Sie haben gemeinsam, daß sie bei der einzelnen Persönlichkeit nach der Angabe des Lebensalters oder der Dauer ihres Wirkens mit einer Anerkennungsformel einsetzen, wie etwa bei Camillus (**vir unicus in omni fortuna, princeps paci bellique** [5]) oder bei Scipio (**vir memorabilis bellicis tamen quam pacis artibus memorabilior** [6]) und dann ihre Hauptleistung hervorheben. Das geschieht bei Camillus und Scipio in einer zweigeteilten Form, so daß bei jenem der Sieg über die Gallier und der Wiederaufbau Roms über seine früheren Verdienste, bei diesem umgekehrt der Sieg im punischen Krieg über seine späteren Verdienste herausgehoben wird. Fabius Maximus Cunctator wird mit den Leistungen seines Vaters und Großvaters verglichen und als derjenige gefeiert, der allein gleichwertig Hannibal Widerpart geleistet hat [7]. Bei den meisten Gestalten der ersten und dritten Dekade haben wir es nicht mit individuellen Charakteren zu tun, sondern mit Typen altrömischer Muster. Es mag sein, daß in Einzelfällen in diesem oder jenem Geschlecht die Erinnerung an eine hervorragende Leistung oder an einen besonderen Wesenszug eines der Vorfahren lebendig geblieben und von den frühen Annalisten in ihre Darstellung aufgenommen worden war. Ungleich häufiger dürften jedoch die Historiker einzelne markante Wesenszüge von zeitgenössischen Vertretern der verschiedenen Geschlechter in die Vergangenheit zurückprojiziert und mit den für ihre Vorfahren bezeugten Handlungen verbunden haben. Das wird bei den frühen Annalisten zunächst in knapper Form erfolgt sein, im Laufe der darstellerischen Erweiterung der annalistischen Berichte aber eine immer größere Ausgestaltung erfahren und in der Zuschreibung von Reden den Höhepunkt erreicht haben. Wie weit sich die einzelnen Autoren in ihrer Erfindungskraft haben fortreißen lassen oder sie gezügelt haben, wird von ihrem Streben nach Wahrheit ebenso wie von ihrer Darstellungsfreude und ihrem politisch-moralischen Wirkungswillen abhängig gewesen sein, den sie mit dem Bericht verbanden. Es ist charakteristisch für die Beurteilung zahlreicher Gestalten der ersten Dekade, daß die im Laufe der Jahrzehnte auftretenden Repräsentanten der einzelnen Geschlechter einander in ihrem Wesen und in ihren Handlungen oft sehr ähneln. In den Ständekämpfen erweisen sich die Vertreter der Gens Claudia immer aufs neue als hartnäckige Vertreter der Vorrechte der Patres und energische Gegner der für ihre Gleichberechtigung kämpfenden Plebs, während die Icilier, **familia infestissima patribus** [8], für die Acker- gesetze und den Aufstieg der Plebejer zu den Ämtern eintreten. Diese Wesenszüge waren in den meisten Fällen von den vorlivianischen Annalisten vorgeprägt, und Livius hat sie von Fall zu Fall verstärkt oder gemildert, seelisch vertieft und differenziert. Dies kann man ders gut bei den für die römischen Niederlagen verantwortlichen Feldherren C. Flaminius und C. Terentius Varro beobachten, deren persönliche Geltungssucht, Uneinsichtigkeit und Hybris er besonders eindringlich dargelegt hat [9]). Zugleich wird dabei eine politische Animosität spürbar, wie sie bei den Vertretern der jüngeren Annalistik eine nicht geringe Rolle gespielt hat und die für die Beurteilung der Darstellung wichtiger Persönlichkeiten in Anschlag gebracht werden muß. Je weiter sich Livius von den legendären und weithin typischen Gestalten der frühen Jahrhunderte entfernte, um so zahlreichere vorgeprägte Darstellungen der leitenden Persönlichkeiten wird er vorgefunden haben. Seneca berichtet, daß Livius allen großen Männern wohlwollend (**benignius**) eine Würdigung habe zuteil werden lassen [10]). Die Richtigkeit dieser Behauptung wird durch die Hinweise auf den Tod des Aemilius Paulus, des Massinissa und des Sertorius in den Periochae 46, 50 und 96 nahegelegt und durch die glücklicherweise erhaltene Würdigung Ciceros bestätigt. Sie ist ausführlicher als die oben erwähnten Kurzelogien von Camillus und Scipio, aber auch - wie diese - zweigeteilt, indem Ciceros Glanzzeit als Redner mit den schweren persönlichen und politischen Schicksalsschlägen seiner letzten Lebensjahre kritisch konfrontiert wird [11]). Von ausländischen Persönlichkeiten erhält König Attalus ein Elogium, in dem Livius von der sinnvollen Verwendung seines Reichtums, der Sicherung der Königswürde für drei Generationen und seinem Umgang mit Freunden und Familienangehörigen spricht [12]). Von ganz anderer Art sind die Schilderungen des Philopoemen und Hannibals [13]). Hier berichtet Livius mit lebhafter Dramatik der äußeren Vorgänge von der mannhaften Haltung der beiden Männer im Sterben und legt mit den ihnen zugeschriebenen letzten Äußerungen den Kern ihres - gegensätzlichen - Wesens frei: bei Philopoemen das hohe Verantwortungsgefühl gegenüber seinen Mitkämpfern und bei Hannibal seine Verachtung der zeitgenössischen Römer und die Verfluchung des ihnen hörigen Prusias. Als Vorlage hat hier Polybios [14]) gedient, den Livius auch in der ziemlich ausführlichen Skizze über Antiochos IV Epiphanes bei seinem Regierungsantritt zugrunde gelegt hat [15]). An dieser Schilderung ist exzeptionell, daß sie von dem öffentlichen Auftreten und dem persönlichen Lebensstil des Königs ausgeht und in der Angabe der von ihm an verschiedenen Orten errichteten und ausgeschmückten Bauten sowie in der Übertragung der römischen Gladiatorenspiele in den Osten gipfelt.

In diesem Zusammenhang sei betont, daß Livius in den erhaltenen Büchern es so gut wie vermieden hat, auf das Privatleben und den Lebensstil seiner Hauptgestalten einzugehen [16]. Man kann schwanken, ob er dies aus prinzipiellen Überlegungen oder aus Mangel an Stoff getan hat. In den späteren Büchern könnte er u.U. zur Veranschaulichung der Zunahme der **luxuria** Beispiele aus dem Privatleben einzelner Politiker oder auch Gegenbeispiele von einem vorbildlichen Lebensstil angeführt haben. Man wird wohl auch mit der Möglichkeit rechnen dürfen, daß er evtl. auf Anregung seiner Vorlage bei einzelnen Persönlichkeiten auf dem Höhepunkt ihrer politischen Laufbahn oder bei einer besonders herausragenden Leistung eine Würdigung der Person und ihres Wirkens während des ganzen Lebens gegeben hat. Diese Vermutung legt die im Vergleich mit den Kurz-Elogien erheblich ausführlichere Charakteristik des M. Porcius Cato nahe, die Livius ihm nach seiner Wahl zum Censor für das Jahr 183 gewidmet hat [17]. Er eröffnet diese mit der gedrängten, aber gerade dadurch besonders wirkungsvollen Aufzählung der Vielseitigkeit seines Schaffens, läßt sie kulminieren in dem monumentalen Satz **vivit immo vigetque eloquentia eius sacrata scriptis omnis generis** und beendet sie mit dem - wiederum in gedrängter Kürze gegebenen - Hinweis auf seinen harten Lebensstil und auf seine bis ins hohe Alter ungebrochene Tätigkeit vor Gericht.

Schließlich sei noch darauf hingewiesen, daß Livius von einzelnen Gestalten ziemlich umfangreiche Teilcharakteristiken gibt, indem er sie durch Zeitgenossen in ihrem Wesen und ihren Zielen geschildert werden läßt. Dabei handelt es sich zumeist um Beratungsszenen, in denen es um wichtige politische oder militärische Entscheidungen geht, für deren Durchführung die geeignete Persönlichkeit gesucht wird. So entwirft Hanno im karthagischen Senat bei der Beratung über die Frage, ob man es zu einem Krieg mit Rom kommen lassen soll, neben militärischen und juristischen Erwägungen ein Bild von Hannibal als einem ruhmgierigen, höchst gefährlichen Kriegstreiber [18]). Umgekehrt rühmt und verteidigt M. Servilius die militärischen Anordnungen des von Ser. Galba tückisch angegriffenen Aemilius Paulus und weist zugleich auf die von diesem auch sonst bewiesene **severitas** als bestimmenden Grundzug seiner Persönlichkeit hin [19]). Als gegen Ende des punischen Kriegs im römischen Senat die Frage umstritten ist, ob Scipio mit seinen Truppen nach Afrika übersetzen soll, obwohl Hannibal noch in Italien steht, liefern sich Fabius Maximus Cunctator und Scipio ein Rededuell, in dem sie außer militärischen Überlegungen auch die Überzeugung von der persönlichen Wesensart ihrer Kontrahenten als Argument Pro und Contra in die Wagschale werfen [20]). Der unselige Streit im makedonischen Königshaus zwischen den Brüdern Perseus und Demetrius vor ihrem Vater wird in zwei Reden ausgetragen, in denen jeder der beiden Brüder seine Unschuld zu erweisen sucht, den andern aber mit schweren Vorwürfen belastet [21]). In allen diesen Fällen ist zur Auswertung der Reden - natürlich nicht im Sinne ihrer Historizität - erstens zu fragen, ob Livius den Redner im Einklang mit seiner sonst in Taten und Worten bewiesenen Wesensart und Haltung sprechen läßt, und zweitens, ob die von dem Redner gegebene Charakteristik seines Kontrahenten mit dem Bild übereinstimmt, das der Leser aus den anderen Berichten über ihn gewonnen hat. Dabei wird man jeweils die Besonderheit der einzelnen Situation, die durch diese ausgelösten Affekte und die vom Redner beabsichtigte Wirkung auf seine Hörer in Rechnung zu stellen haben.

2. Hannibal und Scipio

Wenn wir im Folgenden die verschiedenen Charakterisierungsmöglichkeiten des Livius am Beispiel seiner Darstellung Hannibals und Scipios etwas näher veranschaulichen wollen, so müssen wir uns auf die Hervorhebung einiger Grundzüge beschränken [22]). Als Dominante im Charakter Hannibals ist sein unerbittlicher Wille zur Vernichtung Roms anzusehen, wie er ihn vor dem Übergang über die Alpen vor seinen Soldaten formuliert hat [23]) und wie er ihn am Lebensende gegenüber Antiochus als Richtschnur für sein ganzes Leben und Handeln bezeichnet [24]). Mit Berufung auf die Fortuna und auf die Größe der zu erwartenden Beute motiviert er seine Soldaten zur ersten Schlacht [25]); als *fortuna deceptus* bekennt er sich gegenüber Scipio vor der letzten Schlacht von Zama [26]). Seine großen militärischen Erfolge läßt Livius ihn weitgehend durch **insidiae, dolus** und **fraus** erringen, d.h. durch **belli artes**, mit denen die Römer nicht vertraut seien [27]). Doch unterläßt er es nicht mitzuteilen, daß einige seiner Täuschungsmanöver [28]) und Betrugsversuche [29]) mißlungen sind. Seine Grausamkeit belegen schon vor dem Beginn des Kriegs mit Rom die Zerstörung Sagunts und der Befehl, selbst alle Kinder zu töten [30]). Außer seiner Grausamkeit führt Livius als Triebfeder die Gier nach Geld an: **praeceps in avaritiam et crudelitatem animus ad spolianda, quae tueri nequibat, ut vastata hosti relinquerentur, inclinavit** [31]). Die Frau und Kinder des flüchtigen Dasius Alcinius läßt Hannibal verbrennen, um sich in den Besitz ihres Reichtums zu bringen [32]). In der zweiten Hälfte der dritten Dekade werden die Anwürfe geringer, und zum Jahr 206 fügt Livius im Anschluß an Polybios [33]) sogar eine achtungsvolle Würdigung der Kunst der Menschenführung Hannibals an, der es verstanden habe, die aus vielen Ländern stammenden Heeresabteilungen trotz der Verschiedenheit der Sprache und Sitten zusammenzuhalten [34]). Daß Livius dem Hannibal bis zum Ende des Kriegs seine Erfolge als Feldherr beläßt, lehrt die Rede des Fabius, in der dieser sich leidenschaftlich dagegen wendet, daß Scipio nach Afrika übersetzen will, solange Hannibal sich noch in Italien befindet [35]). Höchst eindrucksvoll schildert Livius schließlich die Unruhe und Besorgnis der stadtrömischen Bevölkerung über den bevorstehenden Ausgang der Schlacht von Zama angesichts der früheren Siege Hannibals und seiner Leistungen als Feldherr und Truppenführer [36]).

Scipio [37]) wird von Livius als **fatalis dux huiusce belli** [38]) eingeführt, dessen Selbstsicherheit und Entschiedenheit in Wort und Tat in einer Klimax vor Augen gestellt werden: als Retter seines verwundeten Vaters [39]), als rasch entschlossener Führer versprengter Truppenteile nach der Niederlage von Cannae [40]) und als selbstbewußter Bewerber um das ihm aus Altersgründen zunächst verweigerte Ädilenamt [41]). Durch eine knappe direkte Charakterisierung bei seiner Meldung zur Bereitschaft und Übernahme des Kommandos in Spanien bereichert Livius das Bild: **veris virtutibus mirabilis, sed arte quoque quadam ab iuventu in ostentationem earum compositus** [43]). Daran schließt er die Gewohnheit Scipios an, täglich vor seinen öffentlichen Aufgaben in den kapitolinischen Tempel zu gehen und dort kurz zu verweilen. Polybios, der dasselbe berichtet [44]), deutet diese Gewohnheit rationalistisch als Berechnung Scipios, um durch eine gleichsam göttliche Sanktionierung seiner Entschlüsse und Handlungen im Volke ein erhöhtes Ansehen zu gewinnen. Livius läßt dagegen die Deutung dieser Gewohnheit durch das Volk, das Vermutungen über eine göttliche Abkunft Scipios äußert, in der Schwebe, hebt aber die dadurch bewirkte Steigerung seines Ansehens und Vertrauens beim Volke nachdrücklich hervor [45]). In der Gewißheit seiner **virtutes**, d.h. sowohl seiner **pietas** gegenüber den gefallenen Scipionen als auch des persönlichen Leistungs- und Führungsvermögens, und im Vertrauen auf die Hilfe der Götter übernimmt er das Kommando über die römischen Truppen in Spanien und führt es nach hartem "Training" der Soldaten [46]) und nach souveräner Beilegung vorübergehender revolutionärer Umtriebe [47]) bis zum siegreichen Ende durch: durchdrungen von der Überzeugung der römischen Überlegenheit und von der Richtigkeit seiner Vorausschau und Planungen. Diese Selbstsicherheit und sein Streben nach Ruhm, sein Glaube an Roms gerechte Sache und an den Schutz der Götter [48]), lassen ihn bei Livius die Bitte Hannibals nach Frieden ablehnen: **di testes sunt, qui et illius (i. e. primi) belli exitum secundum ius fasque dederunt et huius dant et dabunt** [49]).

Nach dieser knappen Heraushebung der wichtigsten Wesenszüge beider Männer auf Grund ihrer Taten und Reden wollen wir unter Verwertung des von J. Bruns [50]) vorgelegten Materials der "indirekten" Charakterisierung die weiteren Mittel der Darstellungsweise des Livius prüfen. Wenn wir dabei mit einer gewissen gegensätzlichen Parallelität unserer Beobachtungen vorgehen, folgen wir der Methode des Livius, der zur schärferen Individualisierung solche Gegensatzpaare in der Konfrontation von Fabius Maximus Cunctator und C. Flaminius,

C. Terentius Varro und L. Paulus, Hiero und Hieronymus von Syrakus, Syphax und Massinissa zusammengestellt hat [51]).

Er führt sowohl Hannibal als auch Scipio als **iuvenes** ein und schildert bei ihrem ersten Auftreten vor dem Heer bzw. der Volksversammlung die Wirkung, die sie auf ihre Umgebung ausüben. Das ganze Heer richtet auf Hannibal seine Blicke, und es scheint den Soldaten die kraftvolle Gestalt des Vaters Hamilcar verjüngt wiedergeschenkt zu sein, den Hannibal jedoch bald an Begabung und Leistungsfähigkeit übertrifft [52]). Auch Scipio lenkt die Augen aller auf sich, als er sich in der drückenden Situation der Suche nach einer Persönlichkeit, die bereit ist, nach der schweren römischen Niederlage in Spanien das Kommando zu übernehmen, überraschend meldet und geradezu einen Jubel auslöst. Alle wählen ihn bis auf den letzten Mann [53]). Im Anschluß an ihren ersten Auftritt vor der Truppe zählt Livius bei Hannibal seine hervorragenden soldatischen Eigenschaften auf und stellt ihnen in harten Asyndeta seine **vitia** gegenüber, die darin gipfeln: **nullus deum metus, nullum ius iurandum, nulla religio** [54]). Die soldatischen Leistungen Scipios schildert Livius ebenfalls bei der Übernahme seines Kommandos in Spanien, als er im Winter 210/209 seine Truppen unter persönlicher Beteiligung einem strengen Exerzier-Reglement unterwirft [55]). Aber der Mißachtung der Religion durch Hannibal [56]) stellt er die oben erwähnte Gewohnheit Scipios gegenüber, täglich den Kapitolinischen Tempel zu besuchen [57]), was zu einer Erhöhung seiner Autorität führt. Trotz dieses Gegensatzes sieht Livius in beiden Personen ebenbürtige Führungsgestalten, die kraft ihres Ehrgeizes, ihrer Ausstrahlungskraft und Redefähigkeit in der Lage sind, die Soldaten zum höchsten Einsatz ihrer Kräfte aufzurufen und zum Erfolg zu führen. Zu dieser Gleichsetzung trägt auch die Achtung bei, die sie nach Livius voreinander haben, und die sich bis zur Bewunderung des anderen steigern kann: **paulisper alter alterius conspectu admiratione mutua prope attoniti conticuere** [58]).

Wie Hannibal vor der Schlacht von Zama die Siege Scipios in Spanien und Afrika als strategische Leistung voll anerkennt [59]), so räumt Scipio ohne Einschränkung ein, daß Hannibal die Schlachtordnung von

Zama hervorragend bedacht habe [60]). Sehr viel trägt zur Charakterisierung beider Persönlichkeiten bei, wie Livius ihre Bewertung durch das römimische Volk einflicht. Es ist bezeichnend für den schweren, jahrelangen Druck, der über Rom und Italien gelegen hat, daß die Stadtbevölkerung noch im Jahre 202, als Hannibal bereits nach Afrika zurückbeordert war, in ihrer Beurteilung der Lage schwankt, ob sie Hannibal im Lande oder in Afrika als gefährlicher ansehen solle [61]). Auf der anderen Seite zittert die Bevölkerung von Karthago angesichts der Vertreibung der Punier aus Spanien und der drohenden Anwesenheit der Römer in Afrika vor dem Entscheidungskampf, da alle diese Erfolge durch Scipio errungen worden seien: **omnia unius virtute et consilio Scipionis facta velut fatalem eum ducem in exitium suum natum horrebant** [62]). Diese Stimmung steht in scharfem Gegensatz zu der Zuversicht, mit der die von allen Seiten zuströmenden Römer Scipio bei seiner Abfahrt von Sizilien begleiten: **Scipio dux partim factis fortibus partim suapte fortuna quadam ingenti ad incrementa gloriae celebratus converterat animos** [63]).

Es ist naheliegend, daß Livius der Charakterisierung Scipios mehr nachgegangen ist als der Hannibals und dafür auch reichlicheres Material zur Hand hatte. Das gilt vor allem für seinen Aufenthalt in Spanien, den er durch großherzige Einzelhandlungen und durch die Wiedergabe des Eindrucks der Person Scipios auf die Spanier angereichert hat. Als Scipio seine kluge Politik und seine militärischen Erfolge damit krönt, daß er die in der Schlacht von Baecula gemachten spanischen Gefangenen ohne Lösegeld nach Hause entläßt, begrüßt ihn die herbeigeströmte Menge spontan als König. Scipio lehnt dies als unvereinbar mit der römischen Tradition ab und fordert sie auf, ihm im Stillen eine königliche Gesinnung zuzuschreiben, auf den Namen des Königs aber zu verzichten. Dies weckt selbst bei den Barbaren ein achtungsvolles Gefühl für die **magnitudo animi, cuius miraculo nominis alii mortales stuperent, id ex tam alto fastigio aspernantis** [64]). Als unter den Gefangenen eine schöne, junge Frau, die mit dem Celtibererfürsten Allucius verlobt war, ihm vorgeführt worden war, gibt er nach einem kurzen Gespräch mit Allucius ihm seine Braut und das von ihm dargebotene Gold als Brautgabe zurück mit der Auflage, nunmehr ein Freund der Römer zu werden. Nach dieser großartigen Geste der **humanitas** und **liberalitas** preist Allucius unter seinen Landsleuten Scipio glücklich und dankbar (**venisse dis simillimum iuvenem, vincentem omnia cum armis tum benignitate ac beneficiis**) und kommt bald danach mit einem Reiterkontingent zu Scipio zurück [65]).

Von Spanien aus segelt Scipio zum König Syphax, um ihn für die römische Sache zu gewinnen. Er trifft dort mit Hasdrubal zusammen, den er durch seine **comitas** und **ad omnia naturalis ingenii dexteritas** für sich einnimmt, und der ihm nach dieser Begegnung noch mehr Bewunderung als vorher für seine kriegerischen Erfolge zollt. Livius läßt ihn voraussehen, daß Scipio es erreichen werde, Syphax und seine militärische Macht auf die Seite der Römer zu ziehen. Und das gelingt ihm wirklich [66]). Nicht minder stark und für die Folgezeit bedeutsam ist die Ausstrahlungskraft Scipios auf den jungen Massinissa. Dieser hatte bereits vor seinem ersten Zusammentreffen auf Grund der Siege Scipios sich von ihm voller Bewunderung eine Vorstellung - selbst von seiner körperlichen Erscheinung - gemacht. Doch **ceterum maior praesentis veneratio cepit**. Denn Livius läßt Scipio, dem **suapte natura multa maiestas inerat**, jetzt nach der Genesung von seiner Krankheit in der Fülle seiner verstärkten Kraft poetisch wie eine Jugendblüte erscheinen: **velut renovatus flos iuventae**. Unter diesem Eindruck verspricht Massinissa Scipio für seinen bevorstehenden Feldzug in Afrika volle Hilfe und Unterstützung [67]).

Die bisher gewählten Beispiele belegen fast alle die von Hannibal und Scipio ausgehenden Wirkungen auf andere Personen im Sinne eines für jeden von ihnen positiven Eindrucks. Indessen hat Livius an ihnen auch Kritik üben und die Gegner zu Wort kommen lassen. Noch bevor er die Ankunft Hannibals beim Heer in Spanien beschreibt, läßt er Hanno als Vertreter eines den Barkiden feindlichen Geschlechts vor dem Machthunger jener und vor der Entsendung Hannibals nach Spanien ins Heer seines Vaters warnen: **ne quandoque parvus, hic ignis incendium suscitet** [68]). Als die von Hannibal zurückgewiesenen römischen Gesandten in Karthago den letzten Versuch einer friedlichen Regelung machen, tritt Hanno dafür ein, Hannibal den Römern auszuliefern oder in den äußersten Winkel der Welt zu verbannen [69]. Hannos Ahnungen und Warnungen dürfen über allen Erfolgen und Siegen Hannibals nicht vergessen werden, sondern stehen als dunkle Schatten hinter seiner Gestalt [70].

Wie Hannibal hat auch Scipio im eigenen Lager Gegenspieler. Durch seinen Plan, so rasch als möglich nach der Unterwerfung Spaniens das siegreiche römische Heer nach Afrika übersetzen zu lassen, läßt Livius bei den **primores patrum** Mißfallen, bei den anderen Senatoren **metus** und **ambitio** ausgelöst werden. Fabius stellt Scipios Forderung die Gegenforderung entgegen: **pax ante in Italia** (scil. **sit**) **quam bellum in Africa** und prangert Scipios übertriebenen Ehrgeiz und übersteigerte Ruhmsucht an [71]. Es ist der gleiche Vorwurf eines Strebens nach einer außerordentlichen Machtstellung, den Hanno gegen Hannibal erhoben hat: dieser vor dem kometenhaften Aufstieg Hannibals, Fabius vor der letzten Entscheidungsschlacht mit Hannibal, beide in Kenntnis der Persönlichkeit der beiden Feldherren aus tiefer Sorge um ihre durch den Ehrgeiz der zwei überragenden Männer bedrohte staatliche Gemeinschaft [72].

Abschließend wollen wir noch einige Äußerungen Hannibals und Scipios erwähnen, die Livius jeweils als spontane Reaktion auf eine bestimmte historische Situation zu berichten weiß. Es sind natürlich nicht authentische Sätze, sondern Worte, die ihnen in den Mund gelegt sind, um in prägnanter Kürze schlaglichtartig einen besonderen Wesenszug oder ihre Reaktionsfähigkeit bei einem unvorhergesehenen Ereignis zum Ausdruck zu bringen [73]. Livius hat diese Äußerungen schwerlich ersonnen, sondern sie wahrscheinlich bereits bei seinen Vorgängern gefunden, die sie entweder selbst formuliert oder aus älterer Tradition übernommen hatten. Es kommt dabei vor allem darauf an, daß die in einer solchen Anekdote gesprochenen Worte den Schein der Glaubwürdigkeit haben und mit dem sonst gezeigten Charakter des Sprechers übereinstimmen [74]. Um Hannibals Stolz auf den Erfolg seiner Kriegslisten mit der Achtung vor der taktischen Leistung seines Gegners zu verbinden, hat Livius Hannibal nach der Einnahme Tarents durch Fabius diese Tat mit den Worten würdigen lassen: **Romani suum Hannibalem habent: eadem qua ceperimus arte, Tarentum amisimus** [75]). Hannibals Haß auf den Senat von Karthago, der ihm den Nachschub verweigert hatte, entspricht es, wenn er den Boten, die ihm den Befehl zum Rückzug aus Italien gebracht hatten, voller Stolz und Bitterkeit entgegenhält: **vicit ergo Hannibalem non populus Romanus totiens caesus fugatusque, sed senatus Carthaginiensis obtrectatione atque invidia** [76]). Seine Entfremdung von diesem Senat und dem Leben in seiner Heimatstadt macht folgende Episode deutlich: Er soll, als bei den Beratungen im Senat über den Friedensschluß mit Rom Gisgo für dessen Ablehnung eintrat, diesen von seinem höher gelegenen Platz heruntergerissen und erst, als man lärmend gegen dieses undisziplinierte Verhalten protestierte, sich wegen seiner langen Abwesenheit und seiner daraus resultierenden Unkenntnis der Versammlungsbräuche mit den Worten entschuldigt haben: **urbis ac fori iura, leges, mores vos me oportet doceatis** [77]). Die letzten Sätze, die Livius Hannibal unmittelbar vor seinem Selbstmord sprechen läßt, enthalten einen bitter-bösen Vorwurf gegen die Römer, die einst, als König Pyrrhos mit seinen Truppen in Italien stand, diesen vor einem Giftanschlag gewarnt hatten, jetzt aber den ehemaligen Konsul Flamininus in die Ferne zum König Prusias schicken, um ihn zum Mord an Hannibal anzustiften. Livius scheut sich nicht, diesen Schandfleck auf dem Schilde römischer Ehre zu berichten [78]).

Auch Scipio sehen wir - aber am Anfang, nicht am Ende seiner Laufbahn - in einer Versammlung, in der er sich um die Adilität bewarb, von den Volkstribunen aber wegen seines jugendlichen Alters abgewiesen wurde. Da schob er ihre Einwände kurzerhand beiseite: **Si me, inquit, omnes Quirites aedilem facere volunt, satis annorum habeo** [79]). Diese Selbstsicherheit, verbunden mit einer leisen Mißachtung gegenüber den Magistraten und den juristischen Bedingungen, entspricht genau der souveränen Überlegenheit, mit der er am Tage, als der Prozeß gegen ihn beginnen sollte, das Volk aufforderte, entgegen der gerichtlichen Vorladung mit ihm aufs Kapitol zu gehen, um den Tag des Sieges von Zama zu feiern [80]): jene Episode am

Anfang, diese am Ende seiner öffentlichen Tätigkeit in Rom. Seine Fähigkeit zu rascher Reaktion auf eine unerwartete Situation erhellt auch aus seinem Verhalten kurz vor der Landung seiner Flotte in Afrika. Als die Schiffe wegen Nebels und eines starken Sturms an dem vorgesehenen Küstenpunkt nicht landen konnten, sondern über Nacht verankert liegen bleiben mußten, um nicht miteinander zu kollidieren, erschien dies beinahe als ein böses Vorzeichen. Als aber am nächsten Morgen der Nebel zerriß und Scipio nach dem Namen des vor ihnen liegenden Vorgebirges gefragt und die Antwort Pulchri promonturium erhalten hatte, soll er ausgerufen haben: **Placet omen, huc dirigite naves** [81]). Diese Wendung einer naturbedingten Situation in den religiösen Bereich erinnert an Scipios ähnliche Deutung des Erfolgs der Einnahme von Neu-Karthago [82]). Man wird also sagen dürfen, daß sowohl bei Hannibal als auch bei Scipio die spontanen Äußerungen in voller Stimmigkeit zu ihrem sonst gezeichneten Wesen und Handeln stehen und sie in historisch bedeutsamen Szenen verankern.

3. Philipp V. und T. Quinctius Flamininus

Bei den Taten und Reden der Hauptgestalten der Bücher 31-45 sind wir, soweit sie in Griechenland und Kleinasien oder vor dem römischen Senat erfolgen, in der glücklichen Lage, diese mit größeren Teilen des Polybios vergleichen zu können. Dabei ergibt sich, daß Livius im großen und ganzen, wie wir dies bei den früheren Vergleichen beider Autoren feststellen konnten, auch in der Zeichnung dieser Persönlichkeiten sich eng an den Griechen angeschlossen hat. Er hat gelegentlich einzelne Handlungen oder Wesenszüge, die Polybios zur Charakterisierung einer Gestalt gegeben hatte, weggelassen, namentlich wenn sie einen Römer in ein ungünstiges Licht rückten, oder er hat einzelne vorteilhafte Züge eines der römischen Feldherren oder Legaten leicht verstärkt. Dabei handelt es sich auch hier vornehmlich um moralische Qualitäten, die lobend hervorgehoben oder kritisiert werden, während die von Polybios oft mit besonderer

Sachkenntnis beurteilten militärischen und strategischen Fähigkeiten von Livius kaum beachtet werden.

Wie in den vorangehenden Pentaden Scipio und Hannibal weitgehend als Gegensatzpaar geschildert werden, so trifft dies in den folgenden Büchern sowohl auf Philipp von Makedonien und T. Quinctius Flamininus als auch auf Perseus und Aemilius Paulus zu. Dabei sind allerdings im Unterschied zur dritten Dekade die Gegner nicht während eines langjährigen Kampfes miteinander konfrontiert, sondern nur während des kurzen Zeitraums, in dem Flamininus und Aemilius Paulus das Imperium innehatten. Die Gegensätzlichkeit in der Charakterisierung der beiden Paare tritt weniger hervor als dies bei Hannibal und Scipio der Fall ist; dennoch ist die Konfrontierung recht erhellend.

In der Gestalt Philipps V., des langjährigen Königs von Makedonien, hat Polybios eine nicht nur durch seine königliche Erscheinung und Stellung, sondern vor allem durch die reichen Naturanlagen, die rasche Entschlußkraft, Energie und den persönlichen Mut herausragenden Staatsmann gesehen. Diese Vorzüge hebt er neben seinem guten Gedächtnis und dem gewinnenden Wesen an ihm bereits hervor, als er ihn vor Beginn des zweiten punischen Kriegs im Jahre 219 vorstellt [84]. Vier Jahre später wiederholt er nach dem Abschluß des Vertrags zwischen Hannibal und einem Gesandten Philipps diese Charakteristik [85]. Vor allem hat ihn interessiert, daß im Leben und Handeln Philipps verschiedene Umbrüche und gegensätzliche Veränderungen festzustellen sind und daß er sich von einem viel Gutes versprechenden jungen Mann zu einem unberechenbaren, grausamen Tyrannen entwickelt hat [86]. Sein Leben und Wirken erscheinen Polybios so bedeutsam, daß alle Staatsmänner es studieren und bedenken sollten, die aus der Geschichte lernen wollten [87]. Daher ist aber auch eine kritische Haltung ihm gegenüber nötig, und daran hat es Polybios nicht fehlen lassen. Nach der Plünderung und Zerstörung der Stadt und Tempel von Thermos, die Philipp als Racheakt auf ähnliche Missetaten der Ätoler zugelassen hatte, hält er ihm am Gegenbild Alexanders des Großen vor, wieviel mehr Nachsicht und Mäßigung gegenüber einem besiegten Gegner für die Zukunft erreichen als blinder Haß und die Verachtung der Götter [88]. Nach der Verwüstung von Messenien tadelt er scharf die Unbesonnenheit und den Jähzorn Philipps, den er auch sonst für einzelne unbedachte Unternehmungen verantwortlich macht [89]. Umgekehrt empfindet er es als Versagen, daß Philipp, als sich eine günstige Gelebenheit bot, seinen ursprünglich geplanten Feldzug gegen Ägypten durchzuführen, nichts unternommen habe [90]. Dagegen verurteilt er es als schändlich, daß sich Philipp (und Antiochus) nach dem Tode des Königs von Ägypten daran machen, dem noch unmündigen Sohn und Erben das Königtum zu entreißen und sich gegen ihn wenden wie "wilde Tiere", die sich auf ihre Beute stürzen [91].

Als Entschuldigung für einzelne unbedachte Fehlentscheidungen oder für die Härte der Kriegsführung weist Polybios einmal auf die Jugend Philipps hin. Wiederholt und nachdrücklich schiebt er die Verantwortung für den jähen Umschlag seiner Entscheidungen und Handlungen auf den Einfluß seiner Ratgeber, von denen Arat ihm zum Besten geraten, Demetrius von Pharos dagegen seiner eigenen Natur entsprechend Philipps Übergriffe und Gewaltsamkeiten gebilligt oder gar verstärkt habe [92]. Zum Verständnis Philipps hat Polybios aber vor allem dadurch beigetragen, daß er eine Entwicklung in seinem Leben feststellen zu können glaubt. Bei der Übernahme der Regierung genoß er trotz seiner Jugend nicht nur bei seinen Untertanen, sondern auch bei den Griechen größte Sympathie, und die Kreter wählten ihn aufgrund seiner wohltätigen Haltung und Vertrauenswürdigkeit zum Schutzherrn für einen von ihnen geschlossenen Bund [93]. Als er aber im Jahre 209 von den Nemeischen Spielen nach Argos zurückkehrte, zeigte er eine völlig andere Haltung. Er machte sich, nachdem er die Zeichen der königlichen Würde abgelegt hatte, mit dem einfachen Volk gemein, hatte es auf die Frauen der Stadt abgesehen und vollbrachte manche Gewalttat [94]. Als er die Stadt Kios widerrechtlich eingenommen, die Bevölkerung versklavt und sich dieser Tat sogar gerühmt hatte, sank sein Ansehen so sehr ab, daß er bei den Griechen das ganze Vertrauen verlor, das er besessen hatte. Sowohl die Rhodier als auch die Ätoler betrachteten ihn von da an als Feind [95].

Im gleichen Zusammenhang meint Polybios, daß Philipps Fehler und Untaten um so mehr zugenommen hätten, je mehr er Erfolge hatte: "Er verstieß von allen am meisten gegen Treue und gegen die Gesetze"[96]). Zu seinen schlimmsten Untaten zählt er es, daß er im Kriege gegen Attalus von Pergamon in den heiligen Bezirken wüste Zerstörungen anrichtete und Tempel und einzelne Altäre bis auf den letzten Stein zerstörte[97]). Nach der verlustreichen Seeschlacht von Chios im Jahre 201 verzeichnet Polybios, daß Philipp und seine Makedonen sehr niedergeschlagen gewesen seien und daß er in seinem Handlungsdrang nachgelassen habe[98]). Hier beginnt für Polybios nach der verheißungsvollen Jugendperiode und nach den Jahren der hektischen Unausgeglichenheit eine dritte Phase seiner Entwicklung: "Er versuchte auf alle Weise sein Reich zu stärken, um für die Zukunft gewappnet zu sein"[99]). Mit Anerkennung hebt er die Umsicht hervor, mit der Philipp nach seiner Niederlage von Kynoskephalai die Staatsakten hatte vernichten lassen, damit diese nicht, wenn sie in die Hände der Römer fielen, von seinen Feinden gegen ihn und seine Freunde ausgespielt werden könnten[100]). Ähnlich beurteilt er es als eine königliche Haltung und als ein Zeichen von hohem Mut und Beharrlichkeit, ein günstig begonnenes Vorhaben auch dann weiterzuführen, wenn sich die Tyche dagegen gewendet hatte, um durch kluge Planungen einen Ausgleich herbeizuführen[101]). Dieses Lob spricht er aus, ohne daß er - so fährt er fort - den Charakter des Königs im Ganzen loben wolle, sondern um sein Verhalten in dieser besonderen Situation auszudrücken. Es sei notwendig, bei der Beurteilung eines Menschen bald ein Lob, bald einen Tadel auszusprechen, je nachdem er im Wechsel des Schicksals das Richtige oder das Falsche tue. Genau in diesem Sinne hat Polybios sich bemüht, die Gestalt Philipps und sein Wirken darzustellen.

Bei aller Bindung des Livius an Polybios in zahlreichen Fakten gewinnt der Leser von der Gestalt Philipps und seinen Entscheidungen ein verschiedenes Bild. Das liegt vornehmlich an zwei Änderungen. Erstens verzichtet Livius darauf, die erfolgreichen Jugendjahre Philipps in dem glücklichen Verhältnis zu den Griechen zu erwähnen, und zweitens unterläßt er es, den Lebenslauf des Königs in drei einigermaßen klar voneinander abgehobene Phasen zu gliedern. Nach dem kurzen Bericht über den Vertragsabschluß zwischen Philipp und Hannibal durch Philipps Gesandte [102]) setzt er mit der Schilderung der militärischen und diplomatischen Tätigkeiten Philipps in Mittelgriechenland im Jahre 208 ein. Noch ehe diese Aktionen eine Lösung fanden, nahte die Zeit der Nemeischen Spiele: **Nemeorum adpetebat tempus, quae celebrari volebat praesentia sua** [103]). Der kleine Hieb auf den Stolz [104]) und die Repräsentationsfreudigkeit des Königs, die Livius auch Repräsentationsfreudigkeit des Königs, die Livius auch später erwähnt [105]), wird dadurch verstärkt, daß Livius fortfährt, Philipp habe sich dort länger aufgehalten, als es die militärische und diplomatische Lage erlaubt habe [106]). Eine römische Aktion nötigte ihn dennoch, die Spiele vorzeitig zu verlassen. Als er die Römer vertrieben hatte und nach Nenea zurückkehrte, wurde die Festfreude dadurch gesteigert, daß er die Zeichen der königlichen Würde ablegte [107]), wie es auch Polybios berichtet hatte. Er hätte sich dadurch große Beliebtheit erwerben können, wenn er sich nicht **intoleranda libidine** zu Ausschreitungen **per maritas domos dies noctesque** und zu Gewalttätigkeiten hätte hinreissen lassen. Livius fügt zur Steigerung seiner Sinneslust hinzu: **uni etiam principi Achaeorum Arato adempta uxor ... ac spe regiarum nuptiarum in Macedoniam asportata fuerat** [108]) und findet den Übergang zu seinem folgenden Bericht mit den gravierenden Worten **per haec flagitia sollemni Nemearum peracto**. Unbeschadet der Tapferkeit, die Livius ihm sowohl in diesen frühen Kämpfen als auch später zuerkennt, fallen von diesem ersten Auftreten Philipps dunkle Schatten auf seine Gestalt, die Livius am Ende der Dekade noch verschärft. Als nämlich im Jahre 201 Gesandte Philipps vor dem römischen Senat teils mit Entschuldigungen, teils mit Forderungen erscheinen, läßt Livius ihnen durch den Senat vorhalten, daß Philipp zweimal das Bündnis gebrochen, die Bundesgenossen geschädigt und die Karthager mit Geld und Hilfsmitteln unterstützt habe. Er suche den Krieg und werde ihn auch finden [109]).

Es ist das Ziel des Livius, ihn als Kriegstreiber zu charakterisieren und all sein Sinnen und Denken auf den Konflikt mit Rom zu konzentrieren [110]). Wie er dies Philipp am Ende der dritten Dekade zuschreibt, so läßt er am Beginn der neuen Dekade den römischen Konsul vor der Volksversammlung erklären: **mihi videmini, Quirites, non, utrum bellum an pacem habeatis non vos consuli - neque enim liberum id vobis Philippus permittet, qui terra marique ingens bellum molitur - sed utrum in Macedoniam legiones transportetis an hostes in Italiam accipiatis** [111]). Der Notruf der von Philipp schwer bedrohten Stadt Athen löst die Kriegserklärung als Schutzmaßnahme für die Bundesgenossen aus [112]). Auf dem panätolischen Landtag des Jahres 200 läßt Livius im Munde der Vertreter Athens die **crudelitas** und **saevitia** des Königs in der Verwüstung des attischen Gebiets und in der Schändung und Zerstörung von Heiligtümern allen Anwesenden vor Augen rücken [113]), wie es Polybios mit den oben erwähnten Freveln Philipps vor Pergamon getan hatte. In der gleichen Versammlung läßt er den römischen Legaten unter Vorgriff auf die erst später eintretenden Ereignisse Philipp die Ermordung seines Sohnes Demetrius von Verwandten und Freunden und seine Sinnlichkeit und Grausamkeit schärfstens vorhalten [114]).

Durch diese verschiedene Spiegelung der Person und Handlungen Philipps stellt Livius am Beginn der Pentade die konstitutiven Züge seines Wesens so klar heraus, daß sie eine bestimmende und deutende Kraft für die Erklärung seines gesamten Wirkens in den folgenden Büchern besitzen. Philipp trägt die Schuld am Kriege, und durch sein ganzes Leben hindurch trachtet er danach, die Auseinandersetzung mit den Römern zu erneuern und zu einem Erfolg zu führen [115]). Das unterstreicht Livius dadurch, daß er gegen Ende der Regierungszeit Philipps die Gelegenheit der Versammlung in Tempe im Jahre 185 dazu benutzt, mit ausführlicher Begründung darzulegen, daß der spätere Krieg des Perseus mit den Römern seinen Ursprung im Haß Philipps gegen Rom gehabt habe: **inchohata initia a Philippo sunt; et ipse, si diutius vixisset, id bellum gessisset** [116]).

Während Polybios davon spricht, daß Philipp mit zunehmendem Alter milder geworden sei [117]), betont Livius zum Jahre 183, d.h. fünf Jahre vor seinem Tod, daß die Zahl der über Philipps Gewalttaten klagenden Stämme und sogar von Privatleuten vor dem römischen Senat so groß wie nie zuvor gewesen seien, seit die Römer angefangen hätten, solchen Klagen nachzugehen [118]. Ein Jahr später berichtet er, daß Philipp neue Kriegsvorbereitungen treffe und daß er in großen Teilen Makedoniens die Einwohner mit Weib und Kind aus ihren Häusern vertreibe, um Thraker und andere Barbaren dort anzusiedeln, auf deren Zuverlässigkeit er in dem bevorstehenden Kriege mit Rom mehr vertraue [119]. Verfluchungen und Haß der Vertriebenen sind die Folge. Aber Philipp geht noch weiter in seiner wilden Entschlossenheit [120], alle, die seine Pläne durchkreuzen könnten, und sogar deren Kinder gefangennehmen und nacheinander töten zu lassen. Den Gipfel dieser Grausamkeiten bildet die als in sich geschlossene dramatische Einzelepisode gestaltete Erzählung von der Verfolgung und Vernichtung der Theoxena samt ihrer Familie [121]. Den Fluch dieses Geschehens faßt Livius darin zusammen, daß er Philipp durch die von allen Göttern vernommenen Verwünschungen seiner Person zur Raserei gegen sein eigenes Haus getrieben werden läßt [122]. Diese führt schließlich zu dem Befehl der Ermordung seines jüngeren Sohnes Demetrius (**innoxius adulescens**) [123] und zur Entmachtung seines ränkeschmiedenden und am Tode des Bruders schuldigen Sohnes Perseus, da er keine Möglichkeit sieht, ihn zu strafen [124], und zum Entschluß der Übertragung der Herrschaft an Antigonus [125]. Daß durch den Bruderzwist und die Intrigen des Perseus über dem persönlichen Schicksal Philipps eine gewisse Tragik liegt, bringt Livius kaum zum Ausdruck, da die Sätze über seinen Tod in den Hintergrund treten [126] gegenüber den folgenden Kapiteln, in denen er noch einmal die Operationspläne Philipps gegen die Römer zusammenfaßt, die seine schonungslosen Planungen über das Geschick ganzer Stämme enthüllen und die unheilvollen Folgen der begonnenen Umsiedlungen schildern.

Die Wirkungszeit und das Wirkungsfeld des T. Quinctius Flamininus sind im Vergleich mit Philipp sehr begrenzt. Aber er ist doch die Zentralfigur im zweiten makedonischen Krieg und wird von Livius [127] in seinem Wesen und seinen Zielen sorgfältig geschildert. Der Anschluß an Polybios ist in vielen Abschnitten sehr eng, namentlich was die militärischen Fakten und die politischen Regelungen betrifft. Unmittelbar nach der Quaestur wird Flamininus gegen den Widerstand von zwei Volkstribunen im Alter von 33 Jahren zum Konsul gewählt und setzt eilends (**maturius quam priores soliti erant consules**) nach Griechenland über [128]), wo es jedoch zunächst nicht zu einem Kampf mit Philipp kommt. Nachdem Flamininus einen ersten Sieg errungen hatte, bat der König ihn um einen Verhandlungstermin, den ihm dieser nicht leichten Herzens (**gravate**) gewährte [129]). Denn er wußte noch nicht, ob ihm sein Kommando in Griechenland, auf dessen siegreiche Beendigung er natürlich gesetzt hatte (**ipse victoriae quam pacis avidior** [130]); das fehlt bei Polybios) verlängert würde. Für diese Verlängerung hatte er nach übereinstimmendem Bericht von Polybios und Livius seine Freunde in Rom mobilisiert [131]), die dies auch erreichten und ihm freie Hand für weitere Aktionen schafften. In den Verhandlungen mit König Philipp am Malischen Golf [132]) erwies er sich als umgänglich, bestand aber unnachgiebig auf der Erfüllung der von den griechischen Stämmen erhobenen Forderung nach ihrer Freiheit von makedonischer Besatzung. Nach weiteren Verhandlungsversuchen Philipps in Rom läßt Livius Quintius erklären: **neque colloquium postea Philippo dedit neque legationem aliam quam omni Graecia decedi nuntiaret admissurum dixit** [133]) (Zusatz des Livius). Unter starkem, persönlichem Einsatz schlug er Philipp bei Kynoskephalai, ließ aber dem König danach durch dessen Gesandte die Hoffnung auf eine milde Behandlung zukommen [134]) und gewährte ihm einen Waffenstillstand [135]). Den ätolischen Verbündeten gegenüber geriet er nach dem Zeugnis des Polybios und Livius [136]) wegen ihrer Gier nach Beute und der Prahlerei über ihren Anteil am Siege in Zorn. In einer Art Grundsatzerklärung läßt Livius ihn Roms Bereitschaft zur Milde gegenüber dem besiegten Gegner erklären und sich zur Freiheit der griechischen Städte bekennen [137]).

Daher trat er auch bei der vom Senat zur Friedensregelung nach Korinth entsandten Zehn-Männer-Kommission für die Freiheit aller griechischen Städte ein und hatte Erfolg [138]). Im Jubel über seine und des Senats verkündete Freiheitserklärung bei den isthmischen Spielen erntete er den ungestümen Dank der ihn umdrängenden Menge [139]). Diese allgemeine Sympathie bezeugt Livius auch, als er im folgenden Jahr auf die Verhandlungen eingeht, die Flamininus mit den griechischen Stämmen über die Aufnahme des Kriegs gegen Nabis, den Tyrannen von Sparta, führt und die er mit den Worten einleitet: **ita hibernis actis, ut ... universa Graecia simul pacis libertatisque perfruens bonis egregie statu suo gauderet nec magis in bello virtutem Romani ducis quam in victoria temperantiam iustitiamque et moderationem miraretur** [140]). Es gelang ihm, durch geschickte Verhandlungsführung einen einmütigen Beschluß zum Kriege zu erreichen, wobei er zunächst zögernd seine Einwilligung zu geben schien, in Wahrheit aber die Fortsetzung des Krieges wünschte: **haec propalam dicebat; illa tacita suberat cura, ne novus consul Graeciam provinciam sortiretur et inchoata belli victoria successori tradenda esset** [141]). Trotz ernster Schwierigkeiten errang er einen vollen Sieg über Nabis und schränkte dessen Machtbefugnisse erheblich ein. Als er vor der Rückkehr nach Rom seine Maßnahmen gegen Nabis vor den griechischen Stämmen rechtfertigte und sie zur Eintracht mahnte, empfanden diese seine Worte wie die Rede eines um das Wohl seiner Kinder besorgten Vaters (**velut parentis voces**), nahmen sie unter Tränen (**voces velut oraculo missas**) auf und priesen ihn als **servator** und **liberator** [142]). In Rom feierte er einen dreitägigen Triumph, in dem der Sohn des Nabis und Demetrius, der Sohn König Philipps, als Gefangene und eine ungeheuer reiche Beute vorgeführt wurden [143]). Eine weitere Spiegelung des Flamininus nimmt Livius vor, als er in einer erregten Versammlung der Magneten im Jahre 192 in Gegenwart des als Legat nach Griechenland entsandten Quinctius einen ihrer Vornehmen das Wort nehmen und versichern läßt, daß die Magneten nicht nur die Freiheit, sondern **omnia, quae hominibus sancta caraque sint**, T. Quinctius und den Römern verdankten [144]). Als nach der Niederlage des Antiochus und der Ätoler bei den Thermopylen die von den Ätolern verteidigte Stadt Naupactus von den Römern belagert wurde und die Einnahme und Zerstörung kurz bevorstanden, hielt Quinctius trotz des Grolls, der ihn gegen die Ätoler erfüllte (weil sie als einzige seinem Ruhm, ganz Griechenland befreit zu haben, im Wege standen), sich vor Augen, wie Livius berichtet, daß kein Stamm in Griechenland ausgerottet werden dürfe. Daher bot er sich nach Fühlungnahme mit den belagerten Ätolern und im Einvernehmen mit dem Konsul und Heereskommandanten als Vermittler an und erklärte den Ätolern: **ego tamen sorte quadam nutriendae Graeciae datus ne ingratis quidem benefacere absistam ... ego apud consulem deprecator defensorque vobis adero** [145]). Hier verbinden sich persönliche Selbstüberwindung und Milde mit echtem Verantwortungsbewußtsein gegenüber den Griechen.

Als letzten Eingriff in die große politische Entwicklung [146]) berichtet Livius, daß Quinctius als Gesandter im Jahre 183 zum König Prusias geschickt worden sei, um ihn zu veranlassen, Hannibal, der beim König Aufnahme gefunden hatte, auszuliefern oder unschädlich zu machen. Unmittelbar nach diesem Gespräch hat sich Hannibal, als ihm die Flucht mißglückte, das Leben genommen [147]).

4. Perseus und L. Aemilius Paulus

Wie bei Philipp und Flamininus ist auch bei Perseus und Aemilius Paulus die Darstellung ihrer Wirkungszeit umfangmäßig ungleich. Während Perseus in jedem der Bücher 39-45 eine wichtige Rolle spielt, treten die Berichte über die Taten des Aemilius Paulus vor der Übernahme seines Kommandos in Makedonien zurück und gewinnen erst in den Büchern 44 und 45 das entscheidende Gewicht. Was aber die Gesamtbedeutung beider Tatenberichte betrifft, sind sie einander gleichwertig und haben einen tiefgreifend gegensätzlichen, ja symbolischen Charakter für die epochemachende Wende, die mit der Entscheidung von Pydna eingeleitet wird. Das nach seiner Tradition bis auf Philipp II. und Alexander den Großen zurückreichende makedonische Reich [148]), das in den letzten hundert Jahren eine große politische und militärische Aktivität bewiesen hatte, bricht mit einem Schlage zusammen, und an seine Stelle tritt das an politischer Tradition [149]) und militärischen Erfolgen nicht minder reiche Rom, das nunmehr die Rolle der ersten Weltmacht einnimmt.

Die Gestalt des Perseus [150]) erscheint bei Livius nach ihrem Wesen und ihren Handlungen komplex und ist nicht widerspruchsfrei gezeichnet. Das Bild, das Polybios von ihm gibt, zeigt, soweit die Fragmente, die wir von ihm haben, etwas aussagen und die von den Benutzern des Polybios geschilderten Eigenschaften dies bestätigen, eine Reihe positiver Züge, namentlich vom Anfang seiner Regierung [151]. Er erneuerte bald nach der Übernahme der Herrschaft die Freundschaft mit den Römern, ordnete nicht nur in Makedonien, sondern auch in Griechenland einen großen Schuldenerlaß und eine Amnestie für die aus politischen Gründen Verbannten an. Er zeigte eine seiner Stellung angemessene Haltung und hielt sich frei von seines Vaters Neigung zu sexuellen Ausschweifungen und zum Trunk. Auch bei Livius findet sich eine Reihe ähnlich lobenswerter Züge, freilich wiederholt in Reden über die Gestalt und Politik des Perseus, wobei man nicht übersehen darf, daß sie, wie z.B. im Munde des Eumenes, dem Zweck dienen, durch diese positive Charakterisierung die den Römern drohende Gefahr vor Augen zu führen. So läßt Livius den eben erwähnten Eumenes, den König von Pergamon, hervorheben, daß Perseus eine strahlende, jugendliche Erscheinung und ein von Jugend auf wie Hannibal hervorragend durchtrainierter Soldat sei und daß er sich in verschiedenen politischen Missionen bewährt habe [152]. In der gleichen Rede weist Eumenes darauf hin, daß Perseus bei den Griechen **auctoritas** genossen und man in Griechenland, Asien und sogar unter den Königen seine **maiestas** geachtet habe. Dieses diplomatische Geschick bestätigt Livius, wenn er im Jahr 174 berichtet, daß Perseus mit einer großen Truppenmacht nach Delphi gezogen und durch die griechischen Landschaften marschiert sei, ohne irgendwelche Schäden angerichtet zu haben [153]. Das war natürlich ein politischer Trick, wie er auch persönlich, brieflich und durch Gesandte versucht habe, die griechischen Stämme für sich zu gewinnen. Seine diplomatisch-politische Wendigkeit oder sogar Gerissenheit kommt auch in den verschiedenen Unterhandlungen mit den Vertretern der griechischen Stämme oder den Legaten Roms zum Ausdruck. Man darf auf Grund der Berichte der erhaltenen Polybios-Benutzer vermuten, daß die positiven Eigenschaften und Leistungen des Perseus - wenn sie auch bei Polybios mit Kritik verbunden gewesen sein mögen - stärker zur Geltung gekommen sind als bei Livius. So fehlen sogar nicht einige von Livius übernommene Nachrichten, daß Perseus nach seiner Thronbesteigung als eine der ersten Maßnahmen die Anordnung getroffen habe, in Rom die Anerkennung seiner Herrschaft und der von seinem Vater geschlossenen Bündnisse zu erreichen [154]), und daß er sich wiederholt geneigt gezeigt habe, mit Rom zu einer friedlichen Übereinkunft zu kommen [155]).

Dies steht nun aber in einem eklatanten Gegensatz zu dem Hauptbericht des Livius, den er offensichtlich unter dem Eindruck und in Anlehnung an die annalistische Tradition geschrieben hat. Ganz in ihrem Geist hat Livius das Gewicht darauf gelegt, die Kriegsschuld auf Perseus zu schieben und ihn wie seinen Vater Philipp als Erzfeind Roms und Kriegstreiber erscheinen zu lassen. So hebt er hervor, daß Perseus schon bei Lebzeiten seines Vaters in dessen Sinn den Krieg gegen Rom geplant habe: **Perseus bellum iam vivo patre cogitatum in animo volvens omnes non modo Graeciae, sed civitates ... pollicendo plura quam praestando sibi conciliabat** [156]). Ebenso erklärt Livius beim Auszug des Aemilius Paulus aus Rom in den Krieg gegen Makedonien: **tum ipsius Persei nunquam ex quo regnum accepisset, desitum belli expectatione celebrari nomen** [157]). In diesem Geiste soll Philipp seinen Sohn zum König gemacht haben: (scil. **Philippus) Persea quem belli cum populo Romano prius paene quam regni heredem futurum sciebat, regem fecit. Itaque quid hic post mortem patris egit aliud quam bellum paravit** [158]). Diese Situation läßt Livius auch mit folgenden Worten des Eumenes festhalten: **itaque Persea hereditarium a patre relictum bellum et simul cum imperio traditum iamiam proximum alere ac fovere omnibus consiliis** [159]).

Die Übernahme der Regierung durch Perseus leitet Livius, nachdem er berichtet hat, daß er den Tod seines Vaters zunächst mit Erfolg verheimlicht habe, mit dem unheilschwangeren Satze ein: **oppressit igitur necopinantes ignarosque omnes Perseus et regnum scelere partum invasit** [160]). Mit dieser schweren Belastung des Perseus greift Livius auf den Anfang des Buches zurück, in dem er mit großer Ausführlichkeit und Spannung die Entstehung des unseligen Bruderzwists zwischen Perseus und Demetrius, die Verleumdungskampagne des Perseus und den Mord an Demetrius berichtet hatte [161]). Mag den Befehl zu dieser Mordtat auch Philipp gegeben haben, so ist Perseus doch derjenige, der durch seine bösen Intrigen gegen Demetrius dessen Tod herbeigeführt hat. Dieser Bericht ist es vor allem, der Perseus brandmarkt und so dunkle Schatten auf sein Bild wirft, daß der Leser des Livius ihn immer als Mörder vor Augen behält, zumal Livius durch kleine Wendungen mehrfach auf diese Tat zurückweist und ihm weitere Morde vorwerfen läßt. So gab es das Gerücht, daß er seine Frau eigenhändig getötet und zahlreiche Morde von ausländischen und inländischen Gegnern angeordnet habe [162]). Er hatte auch einen Anschlag auf Eumenes vorbereiten lassen, als dieser sich in Delphi aufhielt und nach schwerer Verwundung nur mit Mühe von den Seinen gerettet werden konnte [163]). Ausführlich berichtet Livius ferner, daß Perseus den Versuch gemacht habe, durch L. Rammius aus Brandisium, bei dem die römischen Beamten vor ihrer Fahrt nach Griechenland oder bei ihrer Rückkehr zu übernachten pflegten, einige von ihm bestimmte Personen vergiften zu lassen [164]). Diesem Bericht fügt er den Satz an: **quippe quem** (scil. **Persea**) **non iustum modo apparare bellum regio animo, sed per omnia clandestina grassari scelera latrociniorum ac veneficiorum cernebant** [165]). Solche hinterlistigen Gemeinheiten sind um so unverständlicher, als Perseus eine große militärische Macht zur Verfügung stand, deren Leistungsfähigkeit Livius nicht in Zweifel zieht - schon deswegen nicht, damit die Schwere und Größe der römischen Siege keine Minderung erleidet. Aus dem gleichen Grunde läßt er an gegebener Stelle Perseus in der Planung und Durchführung verschiedener Feldzüge und Schlachten seinen Mann stehen, aber bei der Meldung vom Anmarsch des Aemilius Paulus und der Römer durch panikartige Befehle ein chaotisches Durcheinander auslösen. In der Schlacht von Pydna, deren Bericht freilich nur zum Teil erhalten ist, hat er eine Gewinnchance vertan und, als die Reiterei fast noch ohne Verluste war, als erster das Schlachtfeld verlassen: **princeps fugae rex ipse erat** [166]).

Mit dem Augenblick seiner Flucht nach Amphipolis wechselt Livius von dem bis dahin leitenden Aspekt des Kriegstreibers über zu dem des erbarmenswerten und sich selbst bemitleidenden Opfer des Schicksals, das ihn von der Höhe seiner königlichen Stellung zu völliger Ohnmacht herabgestürzt hat. Selbst Aemilius Paulus soll angesichts der Tiefe dieses Sturzes über das menschliche Schicksal in Tränen ausgebrochen sein, als ihm ein Brief des Königs überbracht wurde. Nachdem er allerdings den Inhalt und die **minime regiae preces** gelesen hatte, schickte er die Boten ohne Antwort weg [167]. Aber als er Perseus in die Versammlung seiner Offiziere führen ließ, soll er ihm in griechischer Sprache die Milde des römischen Volkes in Aussicht gestellt, seinen eigenen Offizieren aber in lateinischer Sprache das Schicksal des Perseus als Beispiel plötzlicher Lebensumschläge und der Unbeständigkeit der menschlichen Verhältnisse vor Augen gehalten haben. Livius hat ihn fortfahren lassen: **ideo in secundis rebus nihil in quemquam superbe ac violenter consulere decet nec praesenti credere fortunae, cum, quid vesper ferat, incertum sit. Is demum vir erit, cuius animum neque prosperae res flatu suo efferent nec adversae infringent** [168].

Die Haltung, die Livius hier Aemilius Paulus auf der Höhe seiner Erfolge und seines Lebens den römischen Offizieren zu bedenken geben läßt, hat dieser in den Tagen seines Triumphes in ergreifender Weise selbst bewiesen, als er nach dem plötzlichen Tod der beiden Söhne in seinem persönlichen Unglück als letzter, einsamer Vertreter seines Geschlechts Halt und Trost im Sieg und Glück des römischen Volkes findet [169]. Die Hörer seiner Worte sind bewegter, als wenn er über seine Trauer und seinen schweren Verlust gesprochen hätte [170]. Wie Paulus die exemplarische Haltung eines in stoischer Weisheit gefestigten römischen Senators verkörpert, so läßt ihn Livius, am Abend des Sieges von Pydna in maßvoller Beherrschung die Siegesfreude erst voll genießen, als er den spät von der Verfolgung der Feinde zurückkehrenden Sohn unversehrt wieder bei sich hat [171]. So menschlich-verständlich Livius Paulus hier charakterisiert, so hat er auch sonst seine Leistungen in menschlichen Grenzen gezeichnet und trotz des Riesenerfolgs von Pydna es vermieden, ihn zu einem Heros zu erhöhen [172].

Bei seinen Kämpfen als Prokonsul in Spanien, die zuletzt glücklich endeten, hat Livius die vorher erlittene Niederlage nicht verschwiegen, aber zur Milderung - ähnlich wie in vergleichbarer Lage bei

Scipio [173]) - im Vorgriff hinzugefügt: **qui postea regem Persea magna gloria vicit** [174]). Auch die höchst bedrohliche Lage, in die er als Prokonsul bei seinem Feldzug gegen die Ligurer geraten war, beschönigt Livius in keiner Weise [175]). Ja sogar seine strategische und taktische Leistung in der Schlacht von Pydna wird von Livius eher übergangen als gerühmt [176]). Die überragenden Wesenszüge, die ihn auszeichnen, sind seine **auctoritas, severitas imperii**, die Strenge der **disciplina** und die umsichtige Planung der für eine erfolgreiche Kriegsführung in Makedonien notwendigen Maßnahmen sofort nach der Übernahme des Konsulats. Die Forderungen, die er an den Senat stellt, läßt Livius ihn in großer Zahl dicht gedrängt vortragen, so daß der Leser das Tempo spürt, mit dem der neu gewählte Konsul an seine Aufgabe herangeht [177]). In der Rede, die er vor dem Volke hält, verbittet er sich mit aller Strenge die "weisen" Reden von "Stammtischpolitikern [178]), jede Besserwisserei und Gerüchtemacherei und fordert Vertrauen zur Umsicht und Tatkraft der Führung [179]). Das große Geleit, das Livius ihm bei seinem Auszug durch das Volk gibt, ist als Zeichen der Zuversicht auf den kommenden Sieg zu sehen [180]).

Seine Ankunft beim Heer und seine Ansprache an die Soldaten [181]) bewirken einen vollkommenen Umschwung der allgemeinen Lage aus dreijähriger "Schlamperei" zu neuer Tatkraft und bringen Paulus sofort **fama** und **auctoritas** bei den Soldaten ein [182]). Mit der gleichen Entschiedenheit wie in Rom fordert er in der Ansprache vor dem Heer den unbedingten Gehorsam gegenüber seinen Anordnungen [183]). Die Soldaten folgen diesen unverzüglich, wie Livius mit großer Anschaulichkeit ausführt, und kommen seinem Befehl auch nach, als er gegen die Erwartung der meisten den Beginn der Schlacht um einen Tag verschiebt. Dabei weist er den Einwand des jungen Nasica mit Hinweis auf seine Erfahrung und die **auctoritas veteris imperatoris** scharf zurück. Mit leicht ironischem Einschlag läßt Livius ihn einen Tag nach dem Sieg diese Verschiebung auffallend ausführlich, u.a. auch mit dem Hinweis auf die **maiores**, rechtfertigen [184]). Er selbst erscheint weithin als achtunggebietender Vertreter der Vorfahren. In diesem Sinne spricht Livius ihm in der Schlacht die Motivation der Soldaten zu: **movebat imperii maiestas, gloria viri, ante omnia** aetas, quod maior sexaginta annis iuvenum munia in parte praecipua laboris periculique capessebat [185]). Als vollgültiger Repräsentant des römischen Staates erscheint er, als er in Amphipolis vor einer großen Menschenmenge - umgeben von allen Amtsträgern - vom Tribunal aus die Neuordnung Makedoniens verkündet [186]). Dieser ungewohnte Anblick löst zwar bei der Versammlung eine bedrückende Wirkung aus, aber die folgenden prächtigen Spiele finden höchste Bewunderung, und die Paulus zugeschriebene Äußerung gibt die menschliche Kehrseite der **maiestas** und der **severitas imperii** zu erkennen: **convivium instruere et ludos parare eiusdem esse, qui vincere bello sciret** [187]). In diesem Zusammenhang ist auch die "Bildungsreise" zu erwähnen, die Paulus mit seinem Sohn im Herbst 167 durch die bedeutendsten Kult- und Kulturstätten Griechenlands gemacht hat [188]). Mitgefühl und Takt, mit denen er Perseus in den Kreis der versammelten römischen Offiziere einführt und behandelt, bezeugen seine Achtung vor der Menschenwürde des durch den Verlust seiner Herrschaft ins Elend gestürzten Königs [189]). Die bei seiner Rückkehr nach Rom gegen ihn von Ser. Galba aus persönlicher Feindschaft vorgebrachten Vorwürfe und Angriffe finden in der Gegenrede des erfahrenen und betagten Servillius eine glänzende Widerlegung. Er führt darüber hinaus aus, daß Paulus in hervorragender Weise ebenso die religiös-kultischen Verpflichtungen des Triumphs wie die von den Soldaten und der ganzen Bevölkerung mit Recht an den Triumph geknüpften Erwartungen zu erfüllen vermag [190]). Die Bedeutung des ungeheuer erfolgreichen Feldzugs des Paulus wird in der Darstellung des Livius an vier Fakten deutlich: an der nach dreijähriger Untätigkeit des Heeres unvergleichlichen Schnelligkeit des Erfolgs; an der Vernichtung des Makedonenreichs, des im ganzen Osten hochangesehenen Erbes Alexanders des Großen; an der Stabilisierung der politischen Machtstellung Roms in Griechenland und Makedonien und schließlich an der riesigen Beute [191]).

5. Frauen

Frauen spielen im Geschichtswerk des Livius nur eine untergeordnete Rolle. Man darf dabei allerdings nicht ganz außer acht lassen, daß die lange Reihe der Vestalinnen gleichsam im Hintergrund ihre heiligen Pflichten zum Schutz der Gemeinschaft erfüllt und nur erwähnt wird [192], wenn von der Verfehlung einer Vestalin und deren Sühnung zu berichten ist. So wenig die Frauen in das historische Geschehen eingreifen [193] und meist nur Opfer schlimmer Übergriffe sind, stellen sie fast alle ein moralisches Verhaltensmuster dar, das Livius in dramatischen Einzelerzählungen entwickelt, von denen der Raub der Sabinerinnen die früheste ist. Ihnen teilt Livius unmittelbar vor dem Kampf der Väter und Gatten eine pointierte Rede zu, die zur Versöhnung führt [194]. Die berühmtesten Frauen aus der Frühzeit Roms [195], Lucretia [196] und Verginia [197], sind die unschuldigen Opfer ihrer verletzten oder bedrohten **pudicitia**. Lucretia wird in der für Ehefrauen gültigen Lebensform einer bis in die Nächte hinein inmitten ihrer Sklavinnen Wolle spinnenden **domina** gezeichnet [198]. Nach ihrer Vergewaltigung durch Tarquinius fordert sie in Anwesenheit ihres Gatten und seiner Freunde, Rache an dem Täter zu nehmen und gibt sich selbst den Tod: **nec ulla deinde impudica Lucretiae exemplo vivet** [200]. Eine Ausnahmestellung nimmt Tullia Minor ein. Livius hat sie als eine von der Gier nach der Königswürde für ihren Gatten getriebene, raffiniert psychologisch operierenrende Verbrecherin gezeichnet, die vor keinem Mord zurückschreckt und wie von Furien gehetzt zuletzt über die Leiche ihres Vaters hinwegfährt [201]. In scharfem Kontrast zu ihr steht Veturia. Sie tritt, als Coriolan seine Vaterstadt mit Waffengewalt bedroht, als ehrfurchtgebietende Mutter und Hüterin der mit dem Beginn der Republik den Römern geschenkten Freiheit ihrem Sohn entgegen, der nach den zwei vergeblichen Versöhnungsversuchen von Gesandten und Priestern durch die Härte der von seiner Mutter antithetisch zugespitzten Fragen von dem Angriff auf die **libera patria** abläßt [202].

In einen ganz anderen Bereich führt Livius mit der Gestalt der um ihr Leben bangenden Libertine Hispala, die von Aebutius über ihre

Kenntnis der Bacchanalia vernommen wird. Damit berühren wir eine der beiden Großaktionen, in deren Mittelpunkt Frauen stehen: die Enthüllung der Geheimnisse des Bacchuskults [203]). Mit großer Intensität schildert Livius gleich bei Beginn, als er die Ursprünge des Kultes in Etrurien berichtet, etappenweise die Entartung der nächtlichen Feiern bis zu den schlimmsten sexuellen Exzessen, Giftmorden und anderen Gewalttaten, an denen in gleicher Weise Frauen wie Männer beteiligt waren. Die Erzählung der Hispala bestätigt und vertieft diese Verwirrung der Geister, ohne daß die leitende Priesterin oder einzelne Frauen schärferes Profil gewännen [204]). Der weitere Gang der Handlung liegt in der Hand von Männern.

Der zweite große Bericht befaßt sich mit der Abschaffung der lex Oppia. Durch dieses im zweiten punischen Krieg beschlossene Gesetz war bekanntlich den Frauen verboten worden, Schmuck und bunte Kleider zu tragen, im Wagen in der Stadt zu fahren u.a.m. [205]). Als im Jahre 195 zwei Volkstribunen für die Aufhebung dieses Gesetzes eintraten, erhob sich heftiger Widerstand, vor allem von seiten Catos. In dieser gespannten Atmosphäre ergriffen die Frauen die Initiative, versuchten nach der Schilderung des Livius, einzelne Politiker für ihre Interessen zu gewinnen und gingen so weit, Versammlungen abzuhalten und auf dem Forum zu demonstrieren [206]). In einem ausführlichen Redepaar zwischen Cato und einem der Befürworter der Abschaffung des Gesetzes, Valerius, läßt Livius eindringlich die beiden gegensätzlichen Positionen begründet werden [207]). Cato verteidigt die seit den Vorfahren bestehende Familienordnung, in der die Frau unter der **manus** ihres Vaters oder Gatten in Sittsamkeit und Sparsamkeit lebt und die aus dem Ausland eindringende Lebensführung und Kulte ablehnt. Daß die Frauen sich zu Demonstrationen hätten hinreißen lassen, komme einer Revolution gleich, und die Gleichheit zwischen Mann und Frau führe nur dazu, daß die Frauen bald die Überlegenen sein würden [208]). Auf der Gegenseite führt Valerius Belege aus Catos Geschichtswerk an, nach denen Frauen bereits früher geschichtliche Wenden herbeigeführt hätten. Er verweist auf die Opfer, die die Frauen in den schweren Tagen nach Cannae gebracht hätten. Die von Cato gepriesene Manus-Ehe drohe durch die **omnipotente patria** potestas der Gatten, die Frauen in eine sklavenähnliche Lebensform zu bringen. Er will des Gesetzes Härte und Starrheit durch ein glückliches Einvernehmen von Mann und Frau unter Wahrung von **pudor** und **sanctitas** abgelöst sehen und einen Ausgleich im Sinne der **moderatio** herbeiführen. Der Leser des Livius fühlte sich vermutlich durch diese Diskussion an die Probleme erinnert, die Augustus bei seiner Ehegesetzgebung vor sich sah und zum Gedeihen der Familie und des Staates zu lösen suchte.

Von ausländischen Frauen hat Livius dem Schicksal der Sophonibe, der Tochter Hasdrubals und Gattin des Königs Syphax, größere Aufmerksamkeit geschenkt [209]). Sie war nach Livius eine leidenschaftliche Gegnerin Roms, die mit Überredungskünsten und wilder Entschlossenheit ihren Gatten dazu brachte, auf die Seite der Karthager zu treten [210]). Als Syphax in die Gefangenschaft der Römer gefallen war und der junge, mit den Römern siegreiche Masinissa den Palast des Syphax betrat, legte sie kniefällig ihr Schicksal in seine Hand und hatte nur die eine Bitte, sie eher zu töten als in die Hände der Römer fallen zu lassen [211]). Masinissa war von der Schönheit dieser Frau entflammt [212]) und vermählte sich ihr am nächsten Tage [213]). Dieser Schritt fand bei Scipio [214]) und Laelius so schwere Mißbilligung, daß Masinissa sich in seinem Kummer entschloß, der Bitte der Sophonibe zu entsprechen und ihr als seine Hochzeitsgabe einen Giftbecher überreichen zu lassen. Sie nahm ihn mit den stolzen Worten entgegen: **accipio ... nuptiale munus nec ingratum, si nihil maius vir uxori praestare potuit. Hoc tamen nuntia melius me morituram fuisse, si non in funere meo nupsissem** [215]).

In zwei höchst spannungsreichen Kurzerzählungen [216]) berichtet Livius von der Schändung und Rache der Chiomara [217]), der Gattin des Fürsten Orgiagon, und von dem Schicksal der Theoxena. Jene war bei den Kämpfen gegen die Gallier in die Gefangenschaft der Römer geraten und wurde von dem Wachoffizier, als sie sich ihm nicht freiwillig hingab, vergewaltigt [218]). Als dieser in seiner Habgier sie gegen ein Lösegeld freizugeben bereit war und ihr erlaubte, einen Boten zu den Ihren zu schicken, um das Geld zu holen, übernahm einer ihrer Sklaven, der sich zufällig unter den Gefangenen befand, diese Aufgabe. Bei seiner Rückkehr und der Übergabe des geforderten Betrags töteten die Boten auf einen Wink der Chiomara den Wachoffizier und hieben ihm das Haupt ab. Dieses läßt Livius ihrem Gatten als Zeugnis der Rache für ihre verletzte **pudicitia** entgegenhalten und rühmt sie: **sanctitate et gravitate vitae huius matronalis facinoris decus ad ultimum conservavit** [219]).

Theoxena und Archo waren die Töchter des thessalischen Princeps Herodicus, den Philipp vor Jahren hatte umbringen lassen [220]). Als dieser in seiner blindwütigen Mordgier auch die Schwiegersöhne des Herodicus hatte töten lassen und als Archo verstarb, heiratete Theoxena einen Princeps Poris und nahm die Kinder ihrer Schwester zu sich. Ein neues Edikt Philipps ordnete den Tod derjenigen Kinder an, deren Väter bereits getötet worden waren. Theoxena war entschlossen, lieber die Kinder zu töten, als sie in die Gewalt Philipps fallen zu lassen. Ihr Gatte konnte sie überreden, mit ihm übers Meer zu fliehen. Auf der Fahrt wurden sie aber von einem königlichen Schiff entdeckt und verfolgt. Als sich dieses ihrem eigenen Schiff näherte, entschloß sich Theoxena, ihre Todesabsicht auszuführen. Sie forderte ihre Kinder auf, die Todesart zu wählen [221]), und stürzte sich mit ihnen und ihrem Gatten ins Meer. Ein ganzes Geschlecht ist ausgelöscht.

VIII. Augustus

Das persönliche Verhältnis des Livius zu Augustus und seinem Prinzipat ist oft und unter sehr verschiedenen Aspekten erörtert worden, ohne daß man bisher zu einem Konsens gekommen wäre [1]. Das liegt vor allem daran, daß die direkten Zeugnisse darüber sehr spärlich sind und daß die indirekten Schlüsse auf Textstellen beruhen, deren Aussage und persönlicher Bezug vieldeutig sind. Immerhin besteht darüber weithin Übereinstimmung, daß Livius wie seine Zeitgenossen Vergil und Horaz nach zwanzig Jahren Bürgerkrieg den durch Oktavians Sieg bei Aktium heraufgeführten Frieden und die durch seine ersten Maßnahmen erreichte Stabilisierung der Lebensverhältnisse begrüßt hat. Das wird u.a. dadurch bewiesen, daß er die Schließung des Janus im Jahre 27 als ein Geschenk der Götter feiert [2] und unbeschadet der vielen Kriegsberichte und des Stolzes auf die römischen Siege die Vormachtstellung Roms über die ganze Welt in der Eintracht des römischen Volkes und im Frieden gesichert sehen will. Wann und unter welchen Umständen eine erste Berührung zwischen beiden Männern erfolgt ist und wie sich ihr Verhältnis zueinander entwickelt hat, ist nur andeutungsweise zu ermitteln.

Drei Notizen erlauben vielleicht wenigstens einen Hinweis. Als Livius davon berichtet, daß er einen Irrtum über die Erringung der **spolia opima** durch A. Cornelius Cossus berichtigen will - wir werden darauf gleich zurückkommen -, weist er auf eine Äußerung des Augustus hin, mit der dieser die bestehende Unklarheit unter Hinweis auf seine Autopsie der Weihinschrift geklärt habe: **hoc ego cum Augustum ... se ipsum in thorace linteo scriptum legisse audissem** [3]. Diese Formulierung legt die Vermutung nahe, daß er nicht von Augustus selbst, sondern von dritter Seite den Ausspruch des Augustus gehört hat und daß offenbar damals noch keine Beziehung zwischen beiden bestand. Es ist auch kaum damit zu rechnen, daß der Paduaner Livius, selbst wenn er Buch 1 als Probe seines Schaffens in einem kleinen oder größeren Kreise vorgetragen haben sollte, in Rom die Aufmerksamkeit des Publikums und vor allem des Princeps vor der Publikation der ersten Pentade auf sich gelenkt hat. Da ich annehme, daß Livius erst nach der Rückkehr Oktavians nach Rom im Jahre 29 oder gar erst 27 mit der Arbeit an seinem Werk begonnen hat und daß die erste Pentade im Jahre 25 fertig vorlag, wird man mit der Möglichkeit rechnen müssen, die Bekanntschaft des Livius mit Augustus erst nach diesem Termin anzusetzen.

Die viel zitierte Stelle des Tacitus, daß Augustus Livius einen Pompeianer genannt, dies aber ihrer Freundschaft keinen Eintrag getan habe [4]), läßt sich vielleicht chronologisch andeutungsweise verwerten. Wir erfahren nämlich durch Sueton, daß der spätere Kaiser Claudius in seinen jungen Jahren auf Anraten des Livius angefangen habe, sich mit historischen Studien zu beschäftigen: **historiam in adulescentia hortante T. Livio ... scribere aggressus est** [5]). Da Claudius im Jahre 10 v. Chr. geboren war, dürfte der Beginn dieser historischen Arbeiten in das erste Jahrzehnt n. Chr. zu datieren sein. Das ist etwa die Zeit, in der Livius das Leben und Schicksal des Pompeius in den Büchern 91-112 behandelte. Es ist gut denkbar, daß damals das Urteil des Augustus über Livius als Pompejaner gefallen ist, sei es im persönlichen Gespräch des Princeps mit Livius über seine laufende Arbeit, sei es auf Grund einer Vorlesung des Livius aus seinem Werk oder auf Grund der Lektüre eines Werkteils durch Augustus. Sowohl die Notiz des Tacitus als auch die Nachricht Suetons sprechen für die Annahme, daß eine auf Vertrauen begründete und wohl auch schon länger währende Verbundenheit zwischen beiden Männern bestand.

Schließlich sei noch erwähnt, daß sich vor der Periocha des Buches 121 die Notiz findet: **(liber) qui editus post excessum Augusti dicitur**. Falls diese Bemerkung auf eine Anordnung des Livius zurückgeht, wird man nach dem Grund dieser Verfügung fragen. In Buch 120 hatte Livius über den Zusammenschluß von Antonius, Oktavian und Lepidus zum sog. zweiten Triumvirat und die unmittelbar darauf folgenden Proskriptionen berichtet, denen nach Ausweis der Periocha zahlreiche römische Ritter und 130 Senatoren zum Opfer fielen, unter ihnen auch Cicero. Die Zustimmung Oktavians zur Ermordung Ciceros war wahrlich kein Ruhmesblatt für ihn. Voller Blut und Opfer waren

auch die von Buch 121 an berichteten folgenden Jahre bis zum
Perusinischen Krieg, an dessen Ende Oktavian im Februar des Jahres
40 zwar gegenüber dem belagerten Antonius und seinen Soldaten Milde
walten ließ, aber als Akt der Rache für den Tod Caesars 300 Senatoren und Ritter hinrichten ließ. Wir wissen nicht, wie Livius diese
Oktavian schwer belastenden Jahre dargestellt hat. Aber die Vermutung liegt nahe, daß er diese Bücher dem Augustus vorenthalten
wollte: vielleicht weniger aus Furcht, das bestehende Vertrauensverhältnis zu stören oder sich gar den Zorn des Princeps und eine
Strafe zuzuziehen als vielmehr aus Rücksichtnahme und Taktgefühl,
Augustus zu einer Stellungnahme zu seiner Behandlung dieser Jahre zu
nötigen. Auch hier kommt man über Vermutungen nicht hinaus. Als eine
solche erweist sich auch die - sehr wahrscheinliche - Annahme, daß
Livius und Augustus sich bei einer Vorlesung des Historikers zuerst
begegnet sind, wie eine Bemerkung Suetons dies nahelegt: **recitantis
et benigne et patienter audiit nec tantum carmina et historias, sed
et orationes et dialogos** [6]).

Welchen Eindruck gewinnt man von den Erwähnungen des Augustus in den
erhaltenen Büchern? An den beiden bereits erwähnten Stellen spricht
Livius vom **imperator Caesar Augustus** [7]) und bei den **spolia opima** des
Cornelius Cossus von **Augustus Caesar, templorum omnium conditor aut
restitutor** [8]): das erste ist gleichsam ein offiziöser Titel [9]), das
zweite ein naheliegender Hinweis bei der Erwähnung des von Augustus
wiederhergestellten Tempels des Iupiter Feretrius, in dem die **spolia
opima** aufbewahrt waren, auf eine der ersten kultischen Regelungen
des Augustus. Dieser Erwähnung der Äußerung des Augustus, daß er die
Weihinschrift für Cossus im Tempel gesehen habe, fügt Livius die
Worte hinzu: **prope sacrilegium ratus sum Cosso spoliorum suorum
Caesarem ipsius templi auctorem subtrahere testem.** In dieser Formulierung hat Stübler [10] einen Hinweis auf eine göttliche Erhöhung
des Augustus gesehen und sich bemüht, in weiteren Textstellen eine
solche Huldigung zu finden. Dabei ist er so weit gegangen, die These
aufzustellen, daß Livius Augustus als Gott und Gottes Sohn auf Erden
- wie Romulus - gesehen willen wollte [11]). Das ist völlig verfehlt.
Das Wort **sacrilegium** hat sich offenbar eingestellt, da Augustus

gleichsam aus dem Tempel heraus gesprochen hat und der restitutor dieses Tempels mit dem obligaten Hüter des Heiligtums gleichgesetzt wird. Briscoe [12]) und Mette [13]) haben aus der Stelle - zu Unrecht, wie ich meine - eine gewisse Skepsis gegenüber der Allwissenheit des Augustus heraushören wollen. Das Richtige hat Walsh gesagt, der die Worte als "respektvoll" und als Zustimmung zu den kultisch- religiösen Erneuerungen deutete [14]).

Eine dritte Erwähnung findet sich zum Jahre 206 bei der Vertreibung der Punier aus Spanien, als Livius darauf hinweist, daß erst in der Gegenwart (**nostra demum aetate**) [15]) Spanien **ductu auspicioque Augusti Casaris** endgültig bezwungen worden ist. Auch hier handelt es sich um eine sachliche Feststellung, die gewiß ehrenvoll ist, die Livius aber notiert, ohne sie zu einem Ruhmesblatt für Augustus zu machen. Die Gelegenheit dazu hätte hier - wie an manchen anderen Stellen der erhaltenen Bücher - nahe gelegen, zumal Augustus nach längerer Abwesenheit bei seiner Rückkehr nach Rom freudig begrüßt [16]) und die Ankündigung der endgültigen Unterwerfung Spaniens sicher mit großer Genugtuung aufgenommen worden ist.

Schließlich haben einzelne Forscher wie Ross Taylor [17]), Scott [18]) und Stübler gemeint, daß Livius mit dem relativ häufigen Auftreten des Wortes **augustus** das dem Oktavian im Jahre 27 beigelegte Cognomen Augustus in der Öffentlichkeit habe beliebt machen wollen. Das ist schon deshalb abzulehnen, weil das Wort, worauf Erkell [19]) hingewiesen hat, nur in der Form **augustiora** im Gegensatz zu den **res humanae** auftritt und weil die religiöse Haltung des Livius in dem Geflecht von Schicksalsfügungen, göttlichen Wendungen und Zufällen kaum zu eruieren ist. Alles in allem wird man also festhalten dürfen, daß Livius bei der Erwähnung des Augustus an allen Stellen in Distanz zu ihm steht und sachlich- nüchtern von ihm spricht.

Auf der anderen Seite liegt es offen zu Tage, daß Livius in der hohen Wertschätzung des frühen Römertums den Bemühungen des Augustus um eine innere Erneuerung Roms nach dem Bilde der Vorfahren nahe steht. Jedem Leser des Livius sind die zahlreichen Bemerkungen gegenwärtig, in denen er direkt oder indirekt auf den Vorbildcharakter einer Handlung oder Person aus der Frühzeit Roms verweist oder einzelne Verfallserscheinungen im Lebensstil der Gegenwart wie die Mißachtung religiös-kultischer Gepflogenheiten und Tradition [20]), die luxuriöse Lebensführung [21]), den Hang zu Bürgerkriegen [22]) in einen schroffen Gegensatz zu den Normen der **mores maiorum** setzt. Eine solche Verklärung der Vergangenheit, verbunden mit mehr oder minder heftiger Zeitkritik, war bei dem hohen Traditionsbewußtsein der Römer in der vorlivianischen Annalistik bereits angelegt, und manche der kritischen oder lobenden Äußerungen des Livius mag er seinen Quellen entnommen haben. Aber es dürfte kaum ein Zweifel bestehen, daß eine solche Beurteilung der Geschichte durch die Zeitereignisse mit der Beendigung der Bürgerkriege und der Einkehr eines umfassenden Friedens eine erhebliche Verstärkung erfahren hat. Syme [23]) und Luce [24]), die beide die erste Pentade bereits vor 27 abgeschlossen halten, vertreten die Ansicht, daß Augustus für seine Reformmaßnahmen Orientierungshilfen durch Livius erhalten habe und von ihm zu eigenen Entscheidungen und Maßnahmen angeregt worden sei. Walsh nimmt an, daß Livius vierzig Jahre in Frieden mit Augustus gelebt und "großen Einfluß" auf ihn gehabt habe [25]).

Solche Annahmen unterschätzen die Eigeninitiative des Augustus [26]) und finden im Text des Livius keine Stützen. Es liegt nur nahe, daß Livius bei seiner Arbeit an der ersten Pentade in den Jahren nach 29 (27) mit seiner hohen Bewertung des frühen Römertums die auf die Erneuerung der **mores maiorum** gerichteten Reformen des Augustus bejaht hat und sie vielleicht sogar habe unterstützen wollen. Dabei braucht man in dieser Zustimmung keineswegs, wie das gelegentlich geschehen ist [27]), eine Huldigung an Augustus zu sehen. Diese Konfrontation der vorbildlichen Frühzeit und gewisser Dekadenzerscheinungen der Gegenwart bietet einen Einblick in die Diskussion, die in Rom in den Jahren nach Aktium und besonders nach der Rückkehr Oktavians stattgefunden hat und der Frage galt, wie sich das neue Regiment entwickeln und welchen Kurs der Princeps einschlagen werde. Solche Erörterungen sind um so lebhafter zu denken, als wir wissen, daß bereits in den beiden vorangegangenen Generationen die Probleme einer

Umgestaltung der römischen Führungsschicht und einer kritischen Überprüfung der traditionellen römischen Politik und Staatsführung aktuell waren. Es sei, um nicht weiter zurückzugreifen, im theoretischen Bereich nur an Ciceros Schrift De re publica erinnert und in der praktischen Politik an die Regelung des Jahres 52, als Pompeius **consul sine collega** war. Sogar bis in die Dichtung hatten diese Probleme Eingang gefunden. So stellt Vergil im Prooemium des ersten Buchs der Georgika [28]) die Frage, über welchen Bereich der Welt Oktavian (**quem mox quae sint habitura deorum concilia, incertum est**) nach seinem Tode und der Aufnahme in den Kreis der Götter die Herrschaft ausüben wolle. In den visionären Versen über die Veranstaltung künstlerischer Agone in Mantua gelobt Vergil, einen Tempel zu errichten, in dessen Mitte Oktavian verehrt werden soll: **in medio mihi Caesar erit templumque tenebit** [29]). Er schließt die Georgika mit dem Hinweis auf Oktavians Siege und Rechtsprechung im Osten und wählt dafür das aussagestarke Bild Caesar **dum magnus ad altum fulminat** [30]). Auch Horaz läßt die Unsicherheit erkennen, die über der Institutionalisierung des neuen Herrschaftssystems und der künftigen Stellung Oktavians lag. In der wohl ins Jahr 29 zu datierenden Ode 1,2, in der er die Frage stellt, welche Gottheit die Römer nach den Freveln der Bürgerkriege entsühnen werde, nennt er nach Apoll, Venus und Mars an letzter Stelle Oktavian, den Rächer Caesars, in dem er eine Epiphanie des Merkur preist [31]). Auch in einigen Oden der folgenden Jahre rückt er Augustus in die Nähe von Heroen oder Halbgöttern, wie Pollux, Romulus und die Dioskuren [32]), oder sieht ihn gar als Stellvertreter Jupiters auf Erden [33]).

Es wäre fast unverständlich, wenn Livius an diesen tastenden Versuchen nicht teilgenommen und einen eigenen Weg zu einer Stellungnahme gefunden hätte. Liegt es schon nahe, daß ein Historiker bei seiner Behandlung vergangener Perioden und Persönlichkeiten - unbewußt oder bewußt - die eigenen Erfahrungen und Überlegungen in seine Darstellung einfließen läßt, um das vergangene Geschehen sich zu verdeutlichen und seine Ursachen und Wirkungen zu klären, so haben die annalistischen Vorgänger des Livius, insbesondere die Vertreter der jüngeren Annalistik [34]), wie der Niederschlag ihrer Werke noch bei

Livius zeigt, sich nicht gescheut, die Vergangenheit in erheblichem Ausmaß aus zeitgenössischem Geschehen und dem eigenen Erleben zu deuten. Dies ist teils aus ihrer politischen Überzeugung, teils aus darstellerischen Gründen zur Belebung der vergangenen Ereignisse geschehen. Natürlich lag die Versuchung nahe, Perioden der frühen Geschichte, für die wenig zuverlässiges Quellenmaterial vorlag, durch eigene Erfahrungen oder Erfindungen von politischen oder militärischen Ereignissen "aufzufüllen" und anzureichern. So darf es uns nicht wundern, daß Livius dieses Material benutzt hat, um seine Stellungnahme zu den akuten Diskussionen über die Gestaltung der politischen Entscheidungen und der Neuordnung des gesamten Lebens nach dem Sieg von Aktium zum Ausdruck zu bringen [35]).

Als eine der gegenwärtigen Lage vergleichbare historische Periode bot sich eine der schärfsten Caesuren der römischen Geschichte an, in der die Römer eine existentielle Wende sahen: die Situation nach der Zerstörung der Stadt durch die Gallier und die Phase des äußeren und inneren Wiederaufbaus durch Camillus. In der Darstellung seiner Person und Taten haben wir eine indirekte Stellungnahme des Livius zu der Neuordnung der Jahre 29-27 und zu Augustus und seinen politischen Zielen zu sehen. Zugleich bot die gewählte Epoche mit der großen Zahl der überlieferten Ereignisse die Möglichkeit einer spannenden Dynamik und starken Verlebendigung des Geschehens. Es spricht viel dafür, daß bereits die Vorlagen des Livius diese Epoche des Camillus einer Heraushebung für wert gehalten und sie ziemlich ausführlich aus dem Geist ihrer Person und ihrer Zeit behandelt hatten. Nun erhielt die gesamte Ereigniskette durch Livius eine neue Ausrichtung und Sinngebung [36]).

Den ersten Anknüpfungspunkt an die politisch-geistige Situation in Rom zwischen den Jahren 29 und 27 [37]) liefert die Tatsache, daß Livius darauf Bezug nimmt, daß man damals nach einem Ehrennamen für den Sieger von Aktium suchte und daß dafür verschiedene Vorschläge (indirekt auch von Oktavian selbst?) [38]) im Umlauf waren. Dazu gehörte der "Titel" (**alter**) **Romulus**, bis schließlich die Entscheidung für "Augustus" fiel. So ist es wohl kein Zufall, daß Livius

Camillus bei seinem verschiedenen Auftreten mit wechselnden Beinamen charakterisiert und auszeichnet. Als Camillus nach seinen zwei Siegen über die Gallier als gefeierter Triumphator in Rom einzieht, läßt Livius ihn durch die Soldaten als **Romulus ac parens patriae conditorque alter urbis** [39]) gepriesen werden. Am Beginn des folgenden Jahres führt er ihn mit den Worten ein: **Ceterum primo adminiculo** (scil. **urbs**) **erecta erat, eodem innixa, M. Furio principe, stetit** [40]) und fügt bei seinem Erfolg in der Schlacht gegen die Volsker die Wendung ein: **in ea parte, in qua caput rei Romanae Camillus erat** [41]). In die Nähe der religiösen Sphäre rückt er ihn mit der fundamentalen Wende, die mit dem Sieg des Camillus über die Gallier für Rom eintrat, wenn er schreibt: **iam verterat fortuna, iam deorum opes humanaque consilia rem Romanam adiuvabant** und fortfährt: **eiusdem ductu auspicioque Camilli** (scil. **Galli**) **vincuntur** [42]). Über diese Annäherung an die **opes deorum**, mit deren Hilfe Camillus den Sieg erringt, ist Livius aber nicht hinausgegangen und hat es vermieden, die mit dem Wiederaufbau der Stadt Rom und seiner Tempel beschäftigten Römer erwägen zu lassen, Camillus einen Kult und göttliche Ehren zu erweisen, wie es Vergil und Horaz als Möglichkeit in Betracht gezogen hatten. Er begnügt sich mit dem Satz: **omnium primum, ut erat diligentissimus religionum cultor, quae ad deos immortales pertinebant, rettulit et senatus consultum facit, fana omnia ... restituerentur** [43]). Dieser Satz stellt eine enge Assoziation an die von Augustus getroffenen religiös-kultischen Maßnahmen dar, die er unmittelbar nach seinem Eintreffen in Rom in Gang gesetzt hat. Die Rückkehr des Camillus nach seinem Sieg über die Volsker und nach der Einnahme der von den Etruskern eroberten Stadt Sutrium formuliert Livius mit den Worten **in urbem triumphans rediit trium simul bellorum victor** [44]). Es kann kaum ein Zweifel bestehen, daß der Leser des Livius mit diesem monumentalen und einprägsamen Satz an die Rückkehr Oktavians und an seinen dreifachen Triumph im Jahre 29 erinnert werden sollte. Dies wird noch dadurch unterstrichen, daß aus der durch den Verkauf der Gefangenen eingebrachten Summe zu Ehren des Camillus drei Schalen aus Gold mit seinem Namen gefertigt wurden, die in der Cella des kapitolinischen Jupitertempels aufgestellt wurden, so wie der im Jahre 27 vom Senat und

Volk Augustus verliehene Ehrenschild mit den eingearbeiteten vier virtutes (**virtus, clementia, iustitia, pietas**) [45]) in der **curia Iulia** Aufstellung fand.

Die Ereignisse des Jahres 386 bedürfen einer besonderen Prüfung. Damals war Camillus mit fünf Kollegen **tribunus militum consulari potestate**. Rom stand unter schwerem militärischem Druck, und Livius läßt den Senat den Göttern danken, daß Camillus in der Magistratur steht: **dictatorem quippe dicendum eum fuisse, si privatus esset** [46]). Die Amtskollegen stimmen zu, daß Camillus diktatorische Befehlsgewalt erhält, und bringen zum Ausdruck, daß sie bereit sind, sich ihm unterzuordnen: **nec quicquam de maiestate sua detractum credere, quod maiestati eius viri concessissent** [47]). Diese Formulierung läßt an die berühmte Aussage des Augustus im Monumentum Ancyranum denken, daß er an amtlichen Befugnissen nicht mehr als seine Amtskollegen besessen und **non potestate, sed auctoritate** das Regiment in der Hand gehabt habe [48]). Ob eine sinngleiche Aussage als Willensäußerung des Augustus bereits am Anfang der zwanziger Jahre gefallen und in der Öffentlichkeit bekannt geworden sein könnte? [49]). Livius läßt Camillus für den ihm erwiesenen Vertrauensbeweis danken, die Schwere der ihm übertragenen Verantwortung zum Ausdruck bringen und versichern, daß er alle Kräfte einsetzen werde **ut tanto de se consensu civitatis opinionem, quae maxima sit, etiam constantem efficiat** [50]). Diese Erklärung weckte beim Leser mit großer Wahrscheinlichkeit die Erinnerung an den Eid, mit dem Oktavian im Jahre 31 vor dem Krieg mit Antonius ganz Italien und die Provinzen sich zur Treue verpflichtet hatte und der ihm den von ihm genützten **consensus universorum** eingebracht hatte, wie er es später im Monumentum Ancyranum bezeugt hat [51]). Livius läßt Camillus bei der Verteilung der militärischen und politischen Aufgaben L. Valerius als **socius imperii consiliique** kooptieren und Ser. Cornelius die verantwortungsvolle Aufgabe des **praeses huius publici consilii, custos religionum, comitiorum, legum, rerum, omnium urbanarum** übertragen [52]), wie es Oktavian getan hatte, als er nach Aktium aufbrach und Maecenas die Obergewalt in Rom übergeben hatte.

Bei aller Anerkennung der auf gleiche Achtung und Aufgaben der Amtskollegen bedachten Regelungen des Camillus darf aber eine Einschränkung nicht überlesen werden, die Livius am Beginn seines Berichts macht. Die Amtskollegen betonen bei ihrer freiwilligen Unterordnung unter die Befehlsgewalt des Camillus, daß es sich hierbei um eine durch den drohenden Krieg herbeigeführte Sonderregelung handelt : **et collegae fateri regimen omnium rerum, ubi quid bellici terroris ingruat, in viro uno esse** [53]). Dieser Sonderfall wird dadurch möglich und gerechtfertigt, daß zwei Voraussetzungen erfüllt sind: die Amtskollegen haben die Einsicht zur Behebung einer Notlage des Staates einem ihnen überlegenen Kollegen eine Sonderstellung einräumen und ihm außergewöhnliche Machtkompetenzen übertragen zu müssen. Aber auf der anderen Seite darf der Herausgehobene von der ihm gegebenen Vollmacht nur so viel Gebrauch machen, wie es die Krisensituation und die Achtung vor der Persönlichkeit der **socii imperii consiliique** gebieten [54]). Camillus ist sich dieser Ausnahmesituation bewußt und übt **moderatio** [55]). Zugleich betont er die Notwendigkeit einer doppelten Führung, wenn er seine Antwort auf die Gewaltabtretung der anderen Militärtribunen mit dem Satz schließt: **circumsederi urbem Romanam ab invidia et odio finitimorum; itaque et ducibus pluribus et exercitibus administrandam rem publicam esse** [56]). Als die von Antium und den Volskern drohende Gefahr abgewendet ist, erteilt der Senat, nachdem er mit Camillus verhandelt hat (!) (**senatui cum Camillo agi placuit**) [57]), den Auftrag, den Krieg gegen die Etrusker aufzunehmen. Trotz einer gewissen inneren Hemmung kommt Camillus dem Senatsauftrag nach: **quamquam expertum exercitum adsuetumque imperio, qui in Volscis erat, mallet, nihil recusavit. Valerium tantummodo imperii socium depoposcit** [58]). Wieder ersieht der Leser aus der Betonung des Gehorsams des Camillus gegenüber dem Senat und aus der erneuten Hervorhebung der Teilung des Kommandos, daß Livius mit seiner Darstellung der gesamten Maßnahmen sowohl des Camillus als auch der Amtskollegen einen starken Nachdruck darauf legt, daß trotz aller Bedrängnis Roms die Alleinherrschaft eines einzelnen Führers begrenzt wird. Dieser Tendenz gibt Livius starken Ausdruck, indem er die freudige Zuversicht der Senatoren hervorhebt, daß die von Camillus getroffenen Dispositionen die beste Regelung **et de bello et** de pace universaque re publica darstellen und der Staat keinen Diktator benötige: si talis viros in magistratu habeat, tam concordibus iunctos animis parere atqui imperare iuxta paratos laudemque conferentis potius in medium quam ex communi ad se trahentis [59]). Dieser Satz faßt den Zustand der concordia ordinum zusammen, in der Livius, wie wir gesehen hatten [60]), eines der höchsten Ziele des römischen Gemeinwesens sieht. Man kann vermuten, daß dieses bereits von Cicero erstrebte politische Ideal sowohl einzelnen Politikern als auch Livius als erhofftes Leitbild für die nach der Rückkehr Oktavians im Jahre 29 einsetzende Neuorientierung des römischen Gemeinwesens vor Augen gestanden hat [61]).

Wenn wir auf die von uns betrachteten Camillusberichte zurückblicken, können wir folgende Feststellungen treffen:

1) Livius hat diesen Berichten schon durch ihre Plazierung an herausgehobenen Buchstellen [62]) eine besondere Bedeutung zugemessen. Der erste Teil bildet den Abschluß der ersten, der zweite Teil den Anfang der zweiten Pentade.

2) Beide Teile entsprechen einander im Umfang, sind als kontrastierende Gegenstücke gearbeitet und weisen die Merkmale höchster livianischer Gestaltungskunst auf. Der Abschluß von Buch 5 entbehrt jeglichen Tatenberichts und wird durch eine der bedeutsamsten Reden des Livius gebildet; die Einleitung von Buch 6 ist im Gegensatz durch hohe Dynamik wichtiger Entscheidungen und Handlungen charakterisiert. Die Rede des Camillus ist wesentlich rückwärts gewandt und stellt eine Besinnung auf die religiös-kultischen Grundlagen und bewährten Traditionen der Stadt Rom dar mit dem Ziel ihrer Wiederaufnahme an dem von der Natur und den Göttern ausgezeichneten Platz [63]). Die Schilderung der ersten Jahre nach 390 ist auf die Zukunft gerichtet, zeigt den Eifer, mit dem der Wiederaufbau der Stadt betrieben wird [64]), und berichtet die neuen militärisch-politischen Regelungen und Erfolge.

3) In dem Aufbaubericht finden sich Formulierungen von Fakten und Reden, die beim Leser Assoziationen an die Neuordnung in Rom in den ersten Jahren nach dem Sieg von Aktium und an Entscheidungen und Handlungen des Augustus wecken sollen. Diese Hinweise auf Augustus sind im ganzen verhalten [65]) und können nur in einigen Fällen, wie etwa in dem indirekten Hinweis auf den dreifachen Triumph des Camillus und die Weihung der goldenen Schalen, als eine indirekte Huldigung an Augustus gesehen werden.

4) Von entscheidender Bedeutung ist die Tatsache, daß Livius die Übertragung der Herrschaftsgewalt auf <u>eine</u> Person nur in Sonderfällen, wie z.B. in schweren Kriegsnöten, gerechtfertigt sieht. Dabei soll dem Senat die letzte Entscheidung zufallen, nachdem er ein Einvernehmen mit dem im Konsens mit seinen Amtskollegen herausgehobenen Inhaber der höchsten Befehlsgewalt erzielt hat.

5) Wenn wir abschließend fragen, warum Livius die lockere Verschmelzung des Camillusberichts mit den Ereignissen der Jahre 31-27 in Rom vorgenommen hat und in welchem Sinne er diese assoziative Verquickung vom Leser aufgenommen wissen wollte, so bieten sich zwei Antworten an. Die eine ist in dem Wunsche zu sehen, die Ereignisse der Vergangenheit möglichst verständlich und aus dem eigenen Erleben heraus nacherlebbar zu machen. Dies war deswegen möglich, weil die miteinander in Beziehung gesetzten historischen Abschnitte in ihrer Grundsituation einander ähnelten. In beiden Fällen handelt es sich, wie bereits oben erwähnt, darum, daß nach einer die Existenz Roms bedrohenden Kriegslage, die durch die Kelten bzw. durch Antonius und Kleopatra herbeigeführt worden war, eine grundlegende Wende für Rom erreicht und ein Neuanfang **consensu omnium** gesetzt worden ist. Die zweite Antwort ist darin zu sehen, daß die Ereignisse der jüngsten Gegenwart in wichtigen Entscheidungen festgehalten werden sollen. Beide Abschnitte bilden zusammen einen Modellfall, aus dem der Leser die Möglichkeiten und Wege erkennen kann und soll, eine existentielle Krise der Gemeinschaft zu bewältigen [66]). Die Lösung nach 390 hat sich durch mehr als drei Jahrhunderte bewährt. Die Lösung von 29-27 soll sich in der Zukunft bewähren, wenn die Leser des Livius

seinem in der Praefatio ausgesprochenen Rat folgen: **inde tibi tuaeque rei publicae quod imitere capias, inde foedum inceptu, foedum
exitu, quod vites** (10).

IX. Sprache und Stil

Die Beschäftigung mit der Sprache und dem Stil des Livius [1]) hat nach dem Ausgang der Antike in bescheidenen Anfängen wohl bereits bei einzelnen Kopisten unserer Handschriften eingesetzt, wenn sie in ihrer Vorlage eine Lücke oder eine verderbte Stelle zu heilen suchten und dies mit einer zum Inhalt passenden, ihnen präsenten Parallele aus Livius wagten. In ungleich größerem Ausmaß dürfen wir solche Bemühungen bei den gedruckten Textausgaben voraussetzen, zumal wenn eine größere Zahl von Handschriften mit verschiedener Textfassung den Editor zu einer Entscheidung nötigte. Freilich müssen wir uns darüber im Klaren sein, daß unter dem übermächtigen Einfluß des in der Humanistenzeit und der Aufklärung herrschenden Ciceronianismus manche Ergänzungen verfehlt waren und daß sogar einzelne livianische Besonderheiten, die man erst viel später als solche erkannte, durch ciceronische Wendungen ersetzt worden waren. Um den Gang der Entwicklung kurz anzudeuten, seien einige der früheren Ausgaben und Sonderpublikationen hervorgehoben, die für Jahrzehnte oder gar noch länger in Geltung waren. Durch ihren kritischen Sinn ist die Ausgabe von J.Fr. Gronovius (1645) ausgezeichnet. Die Ausgabe von A. Drakenborch (1738-46) enthält mit ihren voluminösen sechzehn Bänden (einschließlich der Supplementa Freinsheimensia) [2]) eine gewaltige, vornehmlich sprachliche Erklärungsmasse. In sie ist auch viel Stoff aus den frühesten Ausgaben von Lorenzo della Valle [3]), den Annotationes des Glareanus [4]) und der bemerkenswerten Ausgabe von Beatus Rhenanus - S. Gelenius [5]) aufgenommen worden.

Die erste einigermaßen planmäßig-systematische Verwendung der Handschriften erfolgte für die erste Dekade und die Bücher 21-22 durch C.F.S. Alschefski (1841-46). Einen gewaltigen Fortschritt brachten dann die Livius-Ausgabe (1861-66) und die Emendationes Livianae (1860) von J.N. Madvig. Dazu trug die Erkenntnis bei, daß man Livius eine Art Mittelstellung zwischen dem klassischen Latein eines Caesar und Cicero und den sprachlichen und stilistischen Neuheiten des Lateins der frühen Kaiserzeit einzuräumen und seinen Text vornehmlich durch die Sprach- und Stilgewohnheiten des eigenen Werks zu konstituieren hätte. Eine Hilfe bot hierbei das 1769 von A.W. Ernesti erstellte und von J.G. Kreißig 1827 in vierter Auflage erweiterte und revidierte Glossarium Livianum. Man hatte inzwischen auch beobachtet, daß die erhaltenen Dekaden bzw. Pentaden ein leicht verschiedenes Gepräge tragen und daß vor allem die erste Dekade sich sprachlich und stilistisch von den späteren unterscheidet. Man war einerseits auf eine Reihe von archaischen Worten und Formen in der ersten Dekade aufmerksam geworden, die in den späteren Büchern nicht mehr auftreten, und hatte zahlreiche poetische Wendungen festgestellt, die an Vergil erinnerten. Auf Grund dieser Beobachtungen sprach E. Wölfflin 1864 [6]) die Vermutung aus, daß sich der Stil und Sprachgebrauch des Livius im Laufe der Zeit gewandelt habe. Am Anfang seiner Arbeit habe er sich den für sein Werk geeigneten Stil erst langsam schaffen müssen, und dabei habe er durch poetische und archaische Wendungen, wie sie für die Prosa der frühen Kaiserzeit charakteristisch sind, den ersten Büchern, namentlich dem Buch 1, einen besonderen Glanz gegeben. In den folgenden Dekaden habe er auf solche Momente der sprachlich-dichterischen Erhöhung mehr und mehr verzichtet und den ihm vertrauten klassischen Stil der goldenen Latinität von der Mitte des letzten Jahrhunderts wieder aufgegriffen, nicht zuletzt auch deswegen, um eine Abwechslung des Stils zu erreichen. Diese These hat S.G. Stacey [7]) aufgegriffen und unter Einschränkung der von Wölfflin und anderen Forschern vertretenen Behauptung von angeblich übernommenen Wendungen aus Vergil zu beweisen unternommen. Seine Untersuchung hat große Anerkennung gefunden und wirkt noch bis heute nach [8]).

Gegen die These von Stacey hat K. Gries [9]) Stellung genommen, der in seinem Buche "Constancy in Livy's' Latinity" den Nachweis von einer weitgehenden Einheitlichkeit des Stils dadurch zu erbringen suchte, daß es sich bei den Archaismen der ersten Dekade um Wendungen der Umgangssprache handele und solche sich in gleicher Zahl in den späteren Büchern fänden. Dieser Versuch ist nach allgemeinem Urteil auf Grund der unzulänglichen Kenntnisse des Verfassers von der Umgangssprache als gescheitert anzusehen [10]). Dagegen hat H. Tränkle [11]) nicht nur altertümliche Wendungen in allen Teilen des Werks, sondern auch einzelne Archaismen und Poetismen nachweisen können, die sich nur am Anfang und nach längerer Pause wieder in den letzten Teilen finden, und schließlich auch solche altertümlichen Wörter, die nur in den späteren Dekaden stehen. Das herausgezogene Material ist nicht gerade reichlich, aber doch überzeugend und im Laufe der Zeit vermehrt worden [12]). Von einem Stilwandel des Livius im Sinne der Wölfflin-Staceyschen These kann also unbeschadet gewisser Unterschiede in den einzelnen Dekaden nicht die Rede sein. Auf die Frage, wann und warum Livius solche Archaismen und Poetismen angewandt hat, wird die Antwort lauten, daß es sich offensichtlich um sprachliche Heraushebungen handelt, mit denen Livius die inhaltliche Besonderheit der betreffenden Textpartie auch sprachlich deutlich machen wollte [13]). Für die Sonderstellung von Buch 1 und für einzelne Abschnitte der ersten Dekade wird man die zusätzliche Erklärung annehmen dürfen, daß die Archaismen den Ereignissen und Persönlichkeiten der frühesten römischen Geschichte einen leichten altertümlichen Schimmer verleihen sollten. Hierin dürften Livius die annalistischen Vorgänger aus der Sullanischen Zeit vorausgegangen sein, nachdem die historiographische Darstellungsweise wohl bereits durch Sempronius Asellio und Coelius Antipater einen Aufschwung gegenüber den Werken der älteren Annalisten genommen hatte [14]).

Bald nach Wölfflins Beobachtungen und Überlegungen zum Stil des Livius erschien der erste Versuch einer systematischen Erfassung livianischer Besonderheiten, durch die er sich vom klassischen Prosastil unterscheidet und mit denen er auf den Stil der frühen Kaiserzeit vorausweist. Diese Grammatik wurde von dem Gymnasialprofessor H. Kühnast [15]) verfaßt und war zur Einführung und Begleitung der Livius-Lektüre im Schulunterricht gedacht. Dazu war sie freilich wegen der Überfülle des Materials, des Mangels an Übersichtlichkeit und durch die Neigung des Verfassers zu Abschweifungen wenig geeignet. Sie wurde daher bald überholt durch die klar gegliederte Grammatik von V. Riemann, Etudes sur la langue de la grammaire de Tite-Live, Paris 1883. Er übernahm in voller Anerkennung der großen Sammelarbeit Kühnasts viel Material von ihm und zog laufend auch die "Historische Syntax der lateinischen Sprache" von A.

Draeger [16]) heran. Sein Ziel war es, die damals häufig vertretene Auffassung, daß Livius in erheblichem Abstand von den klassischen Autoren zu den "Neuerern" der frühen Kaiserzeit [17]) gehöre, zu widerlegen und ihn in eine Mittelstellung zwischen der leicht weiter entwickelten Prosa Ciceros und Caesars auf der einen Seite und den frühen Prosaikern der silbernen Latinität auf der anderen Seite zu rücken. Das ist ihm auch gelungen, indem er in fünf Kapiteln im Vergleich mit Cicero, Caesar, Cornelius Nepos, Sallust und Lukrez livianische Eigenheiten bei Substantiven, Adjektiven, Pronomina, Verben und Adverbien aufzeigte. Diese Besonderheiten hat er in drei Gruppen aufgeteilt, die auch heute noch als Paradigmengruppen gelten [18]). Dabei muß man sich freilich dessen bewußt bleiben, daß sich, wie bereits erwähnt, erstens diese Eigenheiten besonders in Buch 1 und den anschließenden Büchern finden und ihm das besondere Gepräge geben, während sie in den späteren Büchern zurücktreten, und daß zweitens die Zuteilung einzelner Wörter und Wendungen zu diesen Gruppen nicht immer exakt festzulegen ist [19]).

Als ersten Bereich nennt Riemann die Verwendung von archaischen Wörtern und Formen, wie sie sich vor allem in religiösen Formeln finden. Die eindrucksvollsten von ihnen sind die Formeln vor der Devotion des Decius Mus [20]), zur Entsendung des **ver sacrum** im Jahre 217 [21]), das Gelöbnis für die Abhaltung von Spielen [22]) und der Redeschluß bei einem Gesetzesantrag [23]), wo sich die altertümlichen, von Livius wiederholt gebrauchten Formen **faxit, faxitis, faxitur, duellum, clepsit, cleptum erit, duis und duit** finden. Hierzu gehören auch die Formeln beim Abschluß eines Bündnisses und bei der Kriegserklärung [24]). In Anlehnung an diese kultischen Formeln ist die Übersetzung des Orakelspruchs der Delphischen Sibylle [25]) und das Gebet Scipios vor der Abfahrt des Heeres nach Afrika [26]) gehalten. Wiederholt gebraucht Livius bei einer eigenen Stellungnahme oder im Munde eines Redners die Formen **ausim** und **ausit** [27]). Einen archaischen Schimmer vermerkt Riemann bei der Zunahme von Substantiven auf -en (**hortamen, placamen**) und bei der in den frühen Büchern häufigen, später aber abnehmenden Endung der dritten Person Pluralis Perfecti Activi auf -re (**iere; fuere**) [28]).

In eine zweite Gruppe ordnet er die zahlreichen dichterischen Wörter und Wendungen und die kleinen metrischen Einheiten ein, die sich wie **haec ubi dicta dedit** gelegentlich finden [29]. Es ist ja bekannt, daß Livius - wie nach ihm auch Tacitus - sein Proömium mit einer metrischen Silbenfolge eröffnet hat. Auffallend ist ferner die Tatsache, daß sich zahlreiche, oft zusammengesetzte Adjektiva (**fatiloquus, exsors, semustus**) oder Wendungen wie **nulli secundus** sowie zahlreiche Verben (**incessere, praevehi, pererrare**) und einzelne Substantiva (**pugnator, rudimentum**) auch bei Vergil, vor allem in der Aeneis, finden. Einige Vorgänger Riemanns hatten die Ansicht vertreten, daß Livius diese Wörter unmittelbar Vergil entnommen habe [30]. Demgegenüber ist Riemann mit vollem Recht skeptisch. Solche Entlehnungen aus der Aeneis sind schon deswegen unwahrscheinlich, weil Vergil in den Jahren, als Livius die ersten Bücher schrieb, die Aeneis gerade erst begonnen hatte. Wahrscheinlich geht diese Verwendung "poetischer" Wörter auf eine gemeinsame Quelle, die Annalen des Ennius, zurück, denen sie sowohl Vergil als auch die annalistischen Vorgänger des Livius [31] entnommen haben. Unlängst hat Briscoe in seinem Kommentar zu den Büchern 34-37 die in ihnen vorkommenden etwa 50 archaischen und poetischen Wendungen mit der Häufigkeit ihres Auftretens bei Livius zusammengestellt, darunter **inclutus, expirare, ingruere; cupido** und **iuventa** statt der bei den Klassikern üblichen Form **cupiditas** und **iuventus**. Außerdem hat er 56 Wörter und Wendungen aus den Büchern 34-37 hinzugefügt, die nicht vor Livius belegt sind, darunter **convivator, legiuncula** (Neologismus des Livius) [32]; **hebetare. interfari; inaestimabilis, infabre**. Es sind Wörter, die häufig an betonten Stellen von Reden oder in besonders herausgearbeiteten Fakten der Erzählung stehen [33], oder auch Fachausdrücke.

In der dritten Gruppe hat Riemann umgangssprachliche Wörter und Wendungen zusammengefaßt, wobei die Zuweisung nicht immer eindeutig erfolgen kann. Die wichtigsten Veränderungen sind bei den Verben festzustellen. Wiederholt hat Livius statt der im Klassischen üblichen Komposita Verba simplicia gebraucht (wie **dare** statt **edere**, **dicere** statt **edicere**) oder umgekehrt (**prognatus, proloqui**). Weiter

finden sich transitive Verben als Intransitiva (**bene habet; fama tenet**) und intransitive Verben transitiv verwendet (**invadere, manere, incidere**). Von besonderer Bedeutung ist die in der Kaiserzeit erheblich zunehmende Verwendung von intensiven und frequentativen Verben, auch dort, wo keine besondere Akzentuierung vorliegt (**imperitare, rogitare, adventare**) [34]).
Ebenso wichtig ist die erhebliche Zahl von Verbaladjektiven auf -**bundus** mit dem verstärkten Sinn eines aktiven Partizips Praesentis oder Futuri (**cunctabundus, gratulabundus**) [35]). Einzelne von ihnen sind mit einem Akkusativ verbunden (**haec contionabundus; vitabundus castra hostium**). Nicht minder charakteristisch ist die Zunahme der Adjektiva auf -**osus** (**furiosus; laboriosus**) [36]). Bei den Substantiven ist eine Zunahme von Konkreta auf -**tor** (**assertor; concitor**) und von Abstrakta auf -**us** festzustellen (**effectus; comploratus**). Zum Ausfall von Konjunktionen sei wenigstens vermerkt, daß nicht nur **non dubitare**, sondern auch die Verba des Fürchtens oft mit dem Infinitiv und dem Akkusativ verbunden sind und daß im indirekten Fragesatz statt **num** oder **an** ein **si** steht (**ab iis quaesivit, si aquam ... imposuissent**). Schließlich sei noch erwähnt, daß Riemann die Verwendung von pleonastischem **itaque ergo** und **tum inde** [37]) sowie den Gebrauch von **qua - qua** für **et - et** als umgangssprachlich erklärt. Vor der Annahme eines zu großen Einflusses des Griechischen warnt er, führt aber neben dem Gebrauch des Accusativus Graecus (**virgines longam indutae vestem**) die Substantivierung von Adjektiven (**serum diei**), die Adjektivierung von Adverbien (**omni circa agro potiuntur; multis invicem cladibus**) und die Abhängigkeit eines Infinitivs von einem Adjektivum (**dubius, assuetus**) oder Substantivum (**spes, timor**) an.

Riemann war sich klar darüber, daß der Zahl der von ihm als livianische Neuerung oder Besonderheit herausgestellten Wörter und Formen im Rahmen des gesamten livianischen Wortschatzes nur ein geringes Gewicht zukommt. Es sind vor allem die Syntax, die Abfolge der Wörter, der Bau und Umfang der Sätze, ihr äußerer und innerer Zusammenhang und ihre Dynamik, die über große Strecken hinweg den individuellen Stil eines Autors ausmachen.

Daher haben sich die neueren Untersuchungen in zunehmendem Maße diesen Phänomenen zugewandt. Dabei kann an die Spitze der Satz gestellt werden, daß Livius - wie Cicero in der rhetorischen Prosa - in der historiographischen Prosa den Höhepunkt der Periodisierung erreicht hat. Umfangreiche Perioden treten in den ersten Büchern zwar etwas zurück [38]), sind aber von der dritten Dekade an so häufig, daß sie dem Werk das entscheidende Gepräge geben [39]).

Im Anschluß an eine Beobachtung Madvigs [40]), daß für den Periodenbau des Livius ein "künstliches Zusammenschrauben zweier Gedankenabschnitte in einer Periode" charakteristisch sei, hat Kl. Lindemann in seiner Dissertation "Beobachtungen zur livianischen Periodenkunst", Marburg 1964, etwa 150 längere Perioden analysiert, von denen jede "eine Fülle verschiedener Tatsachen und Vorstellungen auf verhältnismäßig engem Raum mit Hilfe von partizipialer Verkürzung und Unterordnung in sich vereint" (3). Er beginnt mit der Analyse einer Einleitungs- und einer Abschlußperiode am Anfang bzw. Ende eines längeren Berichts, wobei die Einleitungsperiode zahlreiche Einzelheiten rafft, um schnell zum Einsatz der Haupthandlung zu kommen [41]); die Abschlußperiode dagegen der Abrundung eines ereignisreichen Berichts dient, z.B. bei einer Schlachtbeschreibung das Fazit der Kämpfe zieht [42]). In dem von Lindemann als "ratus-Periode" bezeichneten Handlungsgefüge zeigt Livius, wie die im Mittelpunkt stehende Person auf Tatbestände, die von außen an sie herantreten, reagiert und zu einer neuen Einsicht oder einem Entschluß kommt [43]). Dies sind Beispiele, in denen die Perioden einer Handlungsstufe angehören. Andere Perioden können zwei aufeinander folgende Handlungsstufen umfassen, die einander gegenübergestellt werden, wobei meist "eine Person in den Vordergrund tritt, um die sich das Geschehen verdichtet" (42) [44]). Sehr häufig sind bei Livius, namentlich in der dritten und vierten Dekade, Perioden, in denen zwei Darstellungsformen (Bericht und Szene) miteinander verbunden sind, wobei das Schwergewicht auf der Fortführung des kurz unterbrochenen Berichts [45]) oder auf der Szene liegen kann [46]). Die Bedeutung und Auswirkung dieser Strukturen sind anhand des Inhalts der Periode zu klären, wobei die reiche Variation bei oft sehr ähnlichen Inhalte und die gedankliche Linienführung sowohl von dem vorangegangenen Textabschnitt her als auch zum folgenden hin besondere Beachtung verdienen.

In einem großen Umfang hat anhand von 14000 Belegstellen J.-P. Chausserie-Laprée [47]) den Erzählstil der römischen Historiker von den Annalisten-Fragmenten an mit dem Schwergewicht auf Caesar, Cornelius Nepos, Livius [48]) und Tacitus untersucht. Im Unterschied zu Lindemann hat er sich auf die Analyse kleinster Erzähleinheiten konzentriert. Die Einheit des Satzes und die Satzverknüpfungen bei den einzelnen Autoren bilden den Mittelpunkt seiner Untersuchungen und Statistiken; die historische Entwicklung tritt dahinter zurück. Das voluminöse Buch zerfällt in zwei Teile, deren erster den récit soutenu, deren zweiter den récit dramatique behandelt, d.h. die gleichmäßige, die Kontinuität und zeitliche Abfolge betonende Berichtsform [49]) und die stärker bewegte, ins Dramatische laufende Erzählweise. Bei allen Sätzen handelt es sich um ein Geschehen, einen historischen Ablauf, bei dem der Autor zwei Handlungen durch die Erzähltechnik in ein inneres Verhältnis setzt, das über die rein zeitliche Abfolge hinausgeht. Beide Teile hat der Verfasser in minutiöser Weise, der man freilich nicht immer beistimmen kann, in zahlreiche Untergruppen aufgeteilt. Zu dem récit soutenu rechnet er z.B. die am Satzanfang stehenden Eigen- oder Ortsnamen und Zeitangaben, die verschiedenen Formen der Rahmung [50]) und die fast clichéhaften Ablativi absoluti **quibus rebus gestis, quibus rebus permotur** oder **dum haec geruntur** o.ä. Ebenso hat er den récit dramatique systematisiert, dessen erste Untergruppe er mit der provokativen Stellung des Verbs am Anfang des Satzes eröffnet werden läßt. Er geht über u.a. zu der Wirkung der narrativen Infinitive, der Verbindung von zwei verschiedenen Tempora der Erzählung [51]), bespricht dann die im Rahmen des récit dramatique wichtigen, mit **iam, vix, nondum** eingeleiteten Temporalsätze, die mit **cum inversum** fortgeführt werden, sowie die irrealen Kondizionalsätze (**socii fugissent, nisi...**). Einen Umbruch können auch **tum, sed, ceterum** und **tandem** bewirken. Zu großen Wert mißt er rhythmischen Sequenzen bei, die durch Silbengleichheit, Assonanzen und Anaphern verstärkt werden können.

Hierzu zählt er auch - ob mit Recht? - die bei Livius so beliebte Form der Veranschaulichung **alii - alii; pars - pars**. Alle diese Möglichkeiten dienen dem Ziel, gewisse bedeutsame Fakten vom Stil der reinen Narratio abzuheben und ihnen eine affektvolle, pathetische Wirkung zu geben [52]).

In lockerem Anschluß an die Untersuchungen von Chausserie-Laprée, in deren Mittelpunkt die Verbindung von zwei Sätzen steht, hat sich J. Dangel mit ihrem nicht minder voluminösen Buch "La Phrase oratoire chez Tite-Live" [53]) dem einzelnen Satzgefüge zugewandt. Sie geht davon aus, daß zwar sowohl für den Erzählstil des Livius als auch für die von ihm eingelegten Reden zahlreiche Interpretationen vorliegen, daß aber bisher weder Ähnlichkeiten noch Unterschiede in der Darstellungsweise dieser beiden Gruppen untersucht worden sind. Als Grundlage für einen solchen Vergleich hat sie die Analyse des Satzgefüges unter dem Gesichtspunkt durchgeführt, durch welche Bestandteile die Begrenzung und Integration des Satzes in beiden Darstellungsweisen erreicht wird. Das Material für diesen Vergleich nimmt sie für die direkten Reden aus den Büchern 1-8 und aus je zwei der folgenden Dekaden, für die Erzählung aus 30 Kapiteln der Bücher 4, 5 und 21 [54]). Sie stellt fest, daß der lateinische Satz eine grammatisch-syntaktische Einheit bildet, zugleich aber auch durch rhythmische und metrische Komponenten bestimmt wird. Daher führt sie den Vergleich in drei Gruppen durch: den structures syntaxiques, den structures rhythmiques und den structures métriques, wobei der umfangreichste dritte Teil eine eingehende Behandlung der livianischen Klauseltechnik und ihrer Bedeutung für die Integration des Satzes enthält. Jede dieser drei Gruppen hat sie mit oft diffiziler Begrifflichkeit in zahlreiche Untergruppen aufgeteilt [55]). So verschieden die integrierenden Bestandteile nach Art und Umfang auch sind, werden sie nach Prozenten statistisch erfaßt und in ihrer Unterschiedlichkeit zwischen dem Satz der Erzählung und dem Rednersatz einander konfrontiert. Dabei verzichtet die Verfasserin bedauerlicherweise fast ganz darauf, die Integration von Satzbestandteilen in Verbindung zu ihrem Inhalt und dem Sinnzusammenhang des Kontextes zu setzen und dadurch die künstlerische Absicht und

Leistung des Livius zur vollen Wirkung zu bringen. Ohne auf die Differenzen eingehen zu können, die sich prozentual bei dem internen Vergleich in den verschiedenen Untergruppen ergeben, sei als eines der Ergebnisse festgehalten, daß beim Satzschluß die drei Strukturengruppen in der Erzählung in 72 %, in der Rede in 92,8 % der Fälle zur Integration der Sätze dienen. Die Verfasserin schließt mit der Aufforderung, die anderen lateinischen Historiker mit der gleichen Methode zu analysieren und durch den Vergleich mit Livius dessen Arbeitsweise noch mehr zu klären.

Schon vor Chausserie-Laprée und Lindemann hatte E. Mikkola [56]) unter einem syntaktischen Aspekt gewisse Besonderheiten des livianischen Stils festzustellen und in ihrer Wirkung darzulegen versucht. Er war nicht von der Struktur der Sätze und Perioden, sondern von ihrem Inhalt ausgegangen. Im Rahmen einer geplanten Großuntersuchung über die verschiedenen sprachlichen Ausdrucksmöglichkeiten zur Bezeichnung der Konzessivität in der lateinischen Prosaliteratur hat er für die Erfassung der livianischen Konzessivität die erste Dekade und die Bücher 41-45 durchgearbeitet. Er kommt dabei u.a. zu dem überraschenden Ergebnis, daß die explicite Konzessivität mit den Konjunktionen **quamquam**, **quamvis** und **etsi** sehr wenig belegt ist, daß aber der ganze Bereich der Konzessivität sehr häufig zu finden ist. Mikkola unterscheidet auf Grund der grammatischen Konstruktionen mit höchst subtiler (bisweilen schwer nachvollziehbarer) Differenzierung zehn Untergruppen und ordnet ihnen das gesamte Material zu, das er - ohne wesentliche Einzelinterpretationen - tabellarisch nach Prozenten aufschlüsselt. Dabei ergibt sich, daß die Häufigkeit der Konzessionen in den Reden doppelt so groß ist wie in der gewöhnlichen Erzählung, daß jedoch zwischen Oratio recta und Oratio obliqua kein Unterschied besteht. Auf Grund der Tatsache, daß der Gehalt an Konzessivität sich in den Büchern 41-45 gegenüber der ersten Dekade um mehr als ein Viertel vermindert hat, schließt Mikkola auf eine "Verarmung und Schematisierung des Sprachgewandes". Diese Behauptung berührt sich mit einer gelegentlichen Äußerung von Briscoe, daß in diesen Büchern hier und da ein Mangel an Sorgfalt durch einen zu engen Anschluß an eine chronikartige Vorlage festzustellen sei, sofern Livius diese schmucklosen Abschnitte nicht mit Absicht um der **variatio** des Stils willen eingelegt habe [57]. Hier werden weitere Untersuchungen notwendig sein.

Seit 1968 liegt der mit Hilfe eines Computers erstellte Wortschatz des Livius mit 505 000 Wörtern in vier stattlichen Bänden vor [58]. Man wird hoffen dürfen, daß hierdurch eine neue Arbeitsmöglichkeit geschaffen ist, durch welche die Erfassung der Besonderheiten der livianischen Sprache und seines Stils belebt werden wird. Dabei ist es ebenso wichtig, einzelne syntaktische Probleme wie weitere Untersuchungen zu den Strukturen der livianischen Periodenkunst in Angriff zu nehmen. Mit der Analyse der sprachlich- syntaktischen Formen und Ziele hat die Inhaltsinterpretation Hand in Hand zu gehen.

Wichtige neuere Erkenntnisse finden sich in den Kommentaren von Ogilvie und Briscoe, der nach anfänglicher Zurückhaltung bei sprachlich-philologischen Problemen im Fortgang seiner Kommentierung der späteren Bücher und in seiner Textausgabe der Bücher 41-45 auch diesen Fragen volle Aufmerksamkeit gewidmet hat. Dies gilt auch für die Textgestaltung und die Anmerkungen der in den beiden letzten Jahrzehnten erschiedenen Bänden der Ausgabe des Budé-Tite-Live. Daneben sind die sprachlichen Notizen und Parallelen in dem nachgedruckten Kommentar von W. Weissenborn - J.J. Müller noch immer der Beachtung wert [59].

X. Rezeption

1. Antike

Ausstrahlung und Anerkennung des livianischen Geschichtswerkes haben sich früh eingestellt. Vielleicht hat bereits Vergil in seiner Schilderung der künftigen Könige und Führer Roms im sechsten Buch der Aeneis bei der Beschreibung des Brutus, des ersten Konsuls der Republik, auf Livius Bezug genommen und ihm durch diesen Hinweis auf die für Livius bedeutsame Darstellung des Anfangs der **libera res publica** seine Achtung bekundet [1]. Livius selbst hat - wohl in der Einleitung eines neuen Buchs nach einer Schaffenspause - zum Ausdruck gebracht, daß er genug Ruhm erworben habe und daß er hätte aufhören können weiterzuschreiben, **ni animus inquies pasceretur opere** [2]. Plinius d.J. berichtet, daß ein Spanier aus Gades nur zu dem Zweck nach Rom gekommen sei, den berühmten Autor zu sehen, und danach sofort wieder in seine Heimat zurückgekehrt sei [3]. Schließlich hat Augustus, wie wir bereits erwähnt hatten [4], Livius zur Erziehung des Sohnes des Drusus, des späteren Kaisers Claudius, herangezogen. Um diese Zeit weist Ovid in seinen Fasti eine Reihe von Berührungspunkten mit Kurzerzählungen des Livius aus der ersten Pentade auf [5]. Aus den folgenden Jahrzehnten liegt eine nicht geringe Zahl von anerkennenden, ja rühmenden Urteilen über Livius vor, die sich sowohl auf ihn als Kritiker und Menschen als auch auf den Inhalt und die Form seines Geschichtswerks beziehen. Vor allem wird die hohe Kunst der von ihm verfaßten Reden herausgestellt. Zu diesen bereits früher angeführten Urteilen [6] seien noch einige weitere Äußerungen hinzugefügt, die von der frühen Kaiserzeit bis Tacitus und Quintilian reichen. Seneca Rhetor hebt die Lauterkeit seines Urteils hervor (**ut est natura candidissimus omnium magnorum ingeniorum**) [7], und sein Sohn charakterisiert ihn als **dissertissimus vir** [8]. Quintilian hat Livius in Parallele zu Herodot gesetzt, seine **mira facundia** gelobt [9] und gefordert, daß Livius ebenso wie Sallust zu den Schulautoren gehören solle und aus sprachlichen Gründen vor Sallust den Vorzug verdiene [10]. Im Urteil des Tacitus, der auch sprachlich mancherlei Livius verdankt [11], darf man wohl die höchste

Anerkennung sehen: **eloquens ac fidei praeclarus imprimis** [12]). Gegenüber diesen positiven Stimmen fallen einige wenige negative Äußerungen und Handlungen nicht ins Gewicht, zumal wenn man bedenkt, von wem sie stammen. So hat der Kaiser Caligula die Bücher des Livius - ebenso wie die des Vergil - beinahe aus allen Bibliotheken entfernen lassen und Livius vorgeworfen, daß er **verbosus** und **neglegens in historia** sei [13]). Der Kaiser Domitian hat den Schriftsteller Mettius Pompusianus töten lassen, weil er eine Sammlung von Reden von Königen und Führern aus dem Werk des Livius zusammengestellt und öffentlich verbreitet hatte [14]).

Bis zu dieser Wahnsinnstat hatte das Werk des Livius außer den bereits genannten Lesern und Kritikern schon eine starke Benutzung erfahren, in erster Linie natürlich durch Historiker - wie vermutlich bereits durch Velleius Paterculus und bald danach durch Plinius d.Ä. - und durch einzelne, an der römischen Geschichte interessierte Autoren, wie z.B. durch Valerius Maximus, der zur Zeit des Tiberius für seine zu rhetorischen Zwecken veranstaltete Beispielsammlung eine große Zahl vorbildlicher Gestalten Livius entweder direkt oder über eine Zwischenquelle entnahm. Auch Asconius Pedianus, Landsmann des Livius, der in der Mitte des ersten Jahrhunderts n.Chr. einen historisch und sachlich orientierten Kommentar zu allen Reden Ciceros verfaßte, von dem ein Teil erhalten ist, hat Livius benützt; ebenso der als Feldherr in Britannien erfolgreiche und als **curator aquarum** des Jahres 97 bekannte Frontin für die drei Bücher seiner Strategemata und wohl bald nach ihm der Verfasser eines an Kuriositäten und Spekulationen reichen Realienbuchs L. Ampelius (**liber memorialis**). In der ersten Hälfte des zweiten Jahrhunderts haben der Historiker P. Annius Florus in seiner erhaltenen, zwei Bücher umfassenden Epitome des Livius, eine raffende Kurzfassung vor allem der Kriege Roms von den Anfängen bis Augustus und der nur teilweise erhaltene Antiquar Granius Licinianus in seinem Handbuch der römischen Geschichte und Altertümer Livius zugrunde gelegt. Der wohl im zweiten Drittel des Jahrhunderts lebende Schriftsteller Alfius Avitus, von dem nur 11 Verse erhalten sind, hatte hervorragende Einzelereignisse, wie den Raub der Sabinerinnen, in jambischen

Dimetern nachgestaltet [15]). Nach diesem poetisierenden Versuch seien schließlich zwei Dichter aus neronischer und flavischer Zeit genannt, die auf Livius zurückgegriffen haben oder weitgehend auf ihm fußen, so souverän sie auch das historische Geschehen nach eigenen Intentionen künstlerisch umgestaltet haben: Lucan in seiner (unvollendeten) Darstellung des Bürgerkriegs zwischen Caesar und Pompeius (Pharsalia)und vor allem Silius Italicus in seinem 17 Bücher umfassenden Epos über den Hannibalkrieg (Punica), dessen Tatsachenmaterial zum größten Teil auf der dritten Dekade des Livius - vielleicht unter Mitbenutzung des Valerius Antias - beruht.

Wie Florus und Granius Licinianus Kurzfassungen des Livius erstellten, so hat man in der neueren Forschung bereits für das erste Jahrhundert die Abfassung einer Epitome bald nach dem Tode des Livius angenommen. Bei dem großen Umfang des Werks lag eine solche Vermutung nahe. Sie wurde dadurch gestützt, daß B.G. Niebuhr und dann Th. Mommsen sachliche Differenzen und fehlerhafte Abweichungen von dem originalen Liviustext in den Periochae einzelner Bücher und bei den späteren Benützern feststellten [16]). Mommsen glaubte, diese Differenzen sowie einige kleine, im originalen Liviustext fehlende Zusatzangaben dadurch erklären zu können, daß er eine bereits im ersten Jahrhundert angefertigte Epitome als Zwischenquelle annahm. Diese These hat durch mehrere Jahrzehnte die Forschung bis zur Gegenwart beschäftigt, indem man die Entstehung und Eigenart dieser Epitome sowie ihre Verwendung als Nebenquelle für die Periochae und als einzige Vorlage oder Nebenquelle für die Livius-Bearbeiter zu fassen und zu beschreiben versuchte [17]). Alle diese Bemühungen sind durch eine wichtige Untersuchung von P. Jal gegenstandslos geworden [18]). Von seinen Argumenten seien die wichtigsten kurz referiert. Er entkräftet zunächst das Zeugnis des Martial, das man als erste Stütze für die Annahme einer solchen Epitome postuliert hatte. Man nahm an, daß die hier ausgesprochene Umfangsverringerung [19]) auf die Anfertigung eines verkürzten Auszugs aus dem ganzen Werk, auf eine Epitome, hinweise [20]). In Wirklichkeit handelt es sich, wie ein Vergleich mit anderen inhaltlich verwandten Epigrammen des gleichen Buchs zeigt und wie der Charakter eines witzigen Saturnaliengeschenks es nahelegt, um eine kleine Buchattrappe mit einigen Zeilen des Livius - vielleicht aus jedem Buch ein Satz oder einige Sätze vom Anfang und Ende des Werks. Zum anderen hat Jal die Zahl der von verschiedenen Autoren zusammengetragenen Differenzen zwischen dem livianischen Original und den Periochae bzw. dem letzten "Ausläufer" des livianischen Werks, dem Historiker Orosius, wegen der minutiösen Unterschiede (Wortumstellungen, leichte Umgruppierungen, kleine Auslassungen, Zusätze von einem oder zwei Wörtern) erheblich reduzieren können. Schließlich hat er durch intensive Stilvergleiche für den Verfasser der Periochae [21]), einen Mann von einer gewissen Kultur und Ausdrucksfähigkeit, eine eigene sprachliche Note und Beweglichkeit nachgewiesen und einige Differenzen durch die zeitbedingte Situation, in welcher der Verfasser schrieb, geklärt und aufgelöst [22]). Wir sind also von dem Vexierspiel einer frühkaiserzeitlichen Epitome, die als Zwischenquelle neben oder ohne den originalen Text des Livius von dem Verfasser der Periochae und den späteren "Livianern" benutzt worden sein soll, befreit und können damit rechnen, daß er seinen Text unmittelbar anhand eines vollständigen Livius-Exemplars gefertigt hat. Dies gilt auch für Eutropius, der im Auftrag des Kaisers Valens im Jahre 369 ein bis zum Jahre 364 reichendes Breviarium der römischen Geschichte verfaßte, für dessen erste Hälfte er Livius zugrunde legte, und für Julius Obsequens, den etwa gleichzeitigen Verfasser eines für die Zeit vom Jahre 190 an erhaltenen Liber prodigiorum, in dem er die Prodigien vom Jahre 249 bis zum Jahre 11 nebst einer Reihe historischer Fakten zusammenstellte [23]).

Als mit der Wende vom vierten zum fünften Jahrhundert in Rom eine geistig-kulturelle Restauration einsetzte, die den - freilich vergeblichen - Versuch einer Rückkehr zum Heidentum gegenüber der erfolgreichen Ausbreitung und Festigung des Christentums machte, erwuchs ein neues Interesse an dem Geschichtswerk des Livius. Q. Aurelius Symmachus [24]), in gleicher Weise als Politiker wie als Redner berühmt, von dem uns zehn Bücher Briefe meist panegyrischen Inhalts erhalten sind, schrieb im Jahre 401 an seinen Freund Valerian, daß sich das ihm versprochene Geschenk einer vollständigen Livius-

Ausgabe leicht verzögern werde [25]. Er ließ durch einen gewissen Tascius Victorianus eine Abschrift des ganzen Werks herstellen, die der Stadtpräfekt des Jahres 431 Virius Nicomachus Flavianus und sein Sohn Appius Nicomachus Dexter einer Revision unterzogen [26]. Auf diese Männer geht der eine Zweig der Überlieferung der ersten Dekade des Livius, die sog. Editio Nicomachea, zurück, zu der - mit Ausnahme des gleich zu erwähnenden Codex Veronensis - alle Handschriften der ersten Dekade gehören.

Am Ende des Jahrhunderts haben der in Konstantinopel lebende Verfasser einer 18 Bücher umfassenden Grammatik, der berühmte Priscian, dessen Werk im Mittelalter als Schulbuch viel benutzt wurde sowie der unter den Gotenkönigen Theoderich und Alarich wirkende Staatsmann und Schriftsteller Cassiodor das Werk des Livius gekannt und benutzt. Cassiodor hat als eines seiner ersten Werke eine Chronik (Konsulartafel mit historischen Notizen) verfaßt, die von Adam bis zum Jahre 519 n. Chr. reichte und für die er Livius und die bekannte Chronik des Eusebius Hieronymus heranzog. In der zweiten Lebenshälfte zog er sich in das von ihm gegründete Kloster Vivarium zurück, wo er sich unter den Mönchen für die Kenntnis und Pflege der klassischen lateinischen Autoren und das Abschreiben ihrer Handschriften einsetzte. Es läßt sich vermuten, daß sich unter diesen Werken auch ein - vollständiges oder unvollständiges - Livius-Exemplar befunden hat. Mit Sicherheit läßt sich konstatieren, daß keine der annalistischen Quellen, die Livius benutzt hat, bis in diese Zeit noch erhalten war und gelesen wurde. Darin ist gewiß die stärkste - vielleicht darf man auch sagen eine schmerzliche - Ausstrahlung des Livius zu sehen, daß er die Werke seiner annalistischen Vorgänger völlig verdrängt hat. Wann sich dieser Vorgang vollzogen hat, ist nicht festzustellen.

Bis in diese Zeit reichen die ältesten Handschriften [27] zurück, die freilich teilweise nur Textpassagen von kleinem oder mittlerem Umfang umfassen. Dabei ist festzuhalten, daß jede der drei Dekaden und die Pentade 41-45 eine getrennte Überlieferung aufweisen. Von der ersten Dekade sind aus dem vierten Jahrhundert Palimpsestblätter erhalten, die von 3, 6, 5-6, 7, 1 reichen (Codex Veronensis). Von der dritten wird der Hauptzeuge (Codex Puteanus in Unziallettern) in das fünfte Jahrhundert datiert, zu dem aus der gleichen Zeit noch sieben Turiner Palimpsestblätter mit einigen Stellen aus den Büchern 27 und 29 treten. Auch für die vierte Dekade sind einige Pergamentfragmente aus den Büchern 33, 34, 35 und 39 erhalten (Fragm. Placentina) sowie die in Unziallettern geschriebenen Fragmenta Romana der Bücher 34 und 36-40, die ins 4./5. Jahrhundert gehören. Eine Sonderstellung nimmt die letzte Pentade ein, für die nur eine einzige Handschrift aus dem 5./6. Jahrhundert (Codex Vindobonensis) (mit einigen Lücken) vorhanden ist. Wann und unter welchen Umständen die restlichen Bücher des Livius verlorengegangen sind, entzieht sich unserer Kenntnis.

Im Mittelalter ist das Werk des Livius ganz zurückgetreten. Die lange vertretene Ansicht, daß Einhard in der kaiserlichen Bibliothek Livius gelesen und in seiner Vita Karls d.Gr. sich an ihn angelehnt habe, scheint sich nach der sorgfältigen Analyse des Textes durch H. Mordek "in nebelhafte Unbestimmtheit aufzulösen" [28]). Am Ausgang des Mittelalters hat Dante im ersten Teil seiner "Göttlichen Komödie" bei der Schilderung der furchtbaren Verluste der Römer in der Schlacht von Cannae sich auf Livius als den glaubwürdigen Zeugen, **che non erra** (I 28, 11), berufen und Brutus und Lucretia in der Vorhölle unter den Heroen der heidnischen Antike ehrenvoll erwähnt (II 4, 129), Ludretia auch im Paradies (III, 6, 21). Seine Bewunderung für Roms Größe im zweiten Buch von De monarchia weist ebenfalls auf Livius zurück [29]).

2. Neuzeit

In der Frührenaissance erstand Livius ein hoher Verehrer in der Gestalt und in dem Wirken des Petrarca. Als dieser nach den Jahren seiner jugendlichen Reisen 1326 in Avignon in den geistlichen Stand getreten war, brachte zwei Jahre später Landolfo Colonna die Kopie einer Livius-Handschrift mit, die bei Petrarca eine bleibende Beschäftigung mit diesem Geschichtswerk weckte. Er besaß 29 Bücher [30]) und hat das damals fehlende Buch 33 mit Hilfe der um 1330 ihm zugekommenen Periochae ergänzt. Ein zweites Livius-Exemplar, das Landolfo 1328/29 fertigte, hat Petrarca lange benutzt und 1351 erworben [31]). Unter dem frischen Eindruck der Entdeckung von Ciceros Briefen, die Petrarca freilich in mancher Hinsicht menschlich enttäuschten, auf der anderen Seite aber auch in ihm neue Kräfte weckten, hat er 1345 begonnen, eine Sammlung von Freundesbriefen zu verfassen [32]), darunter auch "Totenbriefe", u.a. (außer an Cicero, Seneca, Varro und Vergil) auch an Livius. Am 22.2.1350 richtete er von Padua aus einen Brief an Livius, in dem er von der unerfüllbaren Sehnsucht nach einem persönlichen Kontakt ausgeht, um dann den moralischen Verfall der geldgierigen Zeit zu beklagen. Er wünscht von seinen Zeitgenossen wie Livius eine Versenkung in die Vergangenheit, um an dem Muster besserer Menschen Vorbilder für die Gegenwart zu erhalten. Mit besonderer Bewunderung erfüllten ihn die Gestalt und die Taten des Scipio Africanus, dem er in Anlehnung an die dritte Dekade des Livius und an Vergils Aeneis ein eigenes Epos 'Africa' widmete [33]).

Für kurze Zeit war um 1342 der mit Petrarca befreundete Tribun Cola di Rienzi in Avignon, teilte mit ihm die Bewunderung für die Größe Roms und gewann aus Livius Kraft und Impulse für seinen Kampf um die Errichtung einer **libera res publica** in Rom und Italien. Schließlich sei noch erwähnt, daß im Umfeld von Avignon der englische Dominikaner Nicolas Trevet einen Kommentar zu Livius verfaßte, der bis zum 16. Jahrhundert die einzige Livius-Erklärung bot. Alle Verehrer des Livius hatten damals die Hoffnung, daß mit der Entdeckung zahlreicher Handschriften antiker Autoren auch die verlorenen Bücher des Livius ans Licht kommen würden. Die Suche nach ihnen ging so weit, daß der Papst Nicolaus V. (1328-30), als das Gerücht auftauchte, im hohen Norden sei ein neuer Codex des Livius gefunden worden, seinen Agenten Enoch von Ascoli dahin entsandte - leider vergeblich. Der Zuwachs blieb auch in den folgenden Jahrzehnten spärlich. Die erste im Buchdruck erschienene Ausgabe, die von Andreas, dem späteren Bischof von Aleria, besorgte Editio Romana des Jahres 1469 umfaßte die Bücher 1-10, 21-32 und 34-40 (Buch 40 nicht vollständig). Die von N. Carbach edierte Mainzer Ausgabe von 1518 brachte nach einer Mainzer Handschrift den ergänzenden Zusatz für Buch 40 und für Buch 33 die Kapitel 7 bis Buchende. In der Baseler Ausgabe von 1531 erschienen erstmalig aus einer Handschrift in Lorsch (jetzt in Wien Cod. Vind. V.) die letzten fünf Bücher und in der von dem Jesuiten Horreo besorgten Ausgabe von 1616 der erste Teil des Buches 33. Alle Nachrichten über einen Neufund erwiesen sich bis heute als falsch; nur auf einem 1988 gefundenen Papyrus ließ sich, wie oben erwähnt [34]), ein kleiner Passus aus Buch 11 nachweisen. Im Anschluß an Livius und andere antike Historiker schrieb am Ende des 15. Jahrhunderts Bernhard Schöfferlin die erste römische Geschichte in deutscher Sprache, die bis zum Ende des zweiten punischen Kriegs reichte. Dem Mainzer Erstdruck von 1505 fügte der Herausgeber Iver Wittlich eine Übersetzung der vierten Dekade des Livius an. Das kombinierte Werk hat bis ins 17. Jahrhundert eine starke Verbreitung erfahren [35]).

In der Hochrenaissance wurde Livius immer wieder gedruckt. Fast jedes Jahrzehnt brachte eine Neuausgabe mit textkritischen Verbesserungen und einzelnen erläuternden historischen Anmerkungen [36]). Aus dieser Beschäftigung mit Livius ragen die - drei Bücher umfassenden - Discorsi sopra la prima deca di T. Livio (1513-1522) [37]) des großen Florentiner Staatsmanns und Politikers Nicolo Macchiavelli [38]) heraus. In diesem Werk, das er als Ersatz für die verlorene politisch-praktische Tätigkeit verfaßte, setzt sich der Verfasser immer im Blick auf die Gegenwart [39]) unter scharfer Kritik an ihr anhand ausgewählter Livius-Passagen mit politischen, staatsrechtlichen und sozialen Problemen auseinander, die sich von der Gründung eines Staates über administrative Aufgaben, militärische Richtlinien, religiös-moralische Erörterungen bis zu Appellen für eine staatliche Neuordnung im Sinne der Einigung ganz Italiens erstrecken [40]). Livius gilt ihm als eine unbeschränkte Autorität für alle diese Probleme in seiner von Machtkämpfen und politischen Rancünen beunruhigten Zeit, und Altrom bietet durch die Sittenstrenge, die Disziplin der Heere und die überragenden Persönlichkeiten

Vorbilder von allgemeiner Gültigkeit. Wie achtungsvoll und lernbegierig man auf Livius' Werk schaute, zeigt auch die Tatsache, daß hundert Jahre nach Macchiavelli Johann Freinsheim sich mit Erfolg daran machte, auf Grund der vorliegenden Parallelwerke die fehlenden Bücher zu ersetzen [41]). Es war die erste zusammenhängende Darstellung der römischen Geschichte der republikanischen Zeit.

Kritik am Werk des Livius wurde zuerst an einigen Stellen des Werks von dem bedeutenden italienischen Humanisten Lorenzo della Valla geübt [42]). Diese Berichtigung blieb aber ohne Konsequenzen für die Anerkennung der Autorität des Livius [43]). So haben Voltaire, der Livius außerordentlich schätzte [44]), und vor allem Montesquieu, der in seinem Buch Sur les causes de la Grandeur des Romains et de leur décadence (1734) eine intensive Theorie über die vielfältigen Bedingungen des Aufstiegs und des Verfalls einer Großmacht aufstellte und das Beweismaterial dem Livius entnahm [45]), sich von der damals wachsenden Kritik kaum beeinflussen lassen. Montesquieu bewunderte die römischen Gesetzgeber, weil sie es verstanden hätten, die moralischen Anlagen und Hochwerte des frühen bäuerlichen Roms zu den maßgeblichen politischen Werten, zu den "Staatstugenden ihres Volkes", emporzusteigern und so die römische Republik zu dem großartigen Aufstieg stark zu machen, wie ihn Livius in den erhaltenen Büchern darstellt. Auch Rousseau fand für seine Studien über perfekte Gesellschaftsordnungen in den von Livius geschilderten Ständekämpfen entscheidende Anregungen zur Klärung seiner eigenen Vorstellungen von dem Verhältnis der Staatsgewalt zum Willen des Volks und von den sittlichen Werten in einer im Kontrast zur verkommenen Gegenwart zu bildenden neuen Gesellschafts- und Lebensordnung.

Umfassendere Kritik setzte an der Wende vom 17. zum 18. Jahrhundert ein. Die Zweifel an der Zuverlässigkeit des Livius gingen vor allem von der Prüfung der an Details reichen und dramatisch zugespitzten Kurzerzählungen der Königszeit, der Ständekämpfe und der frühen Republik aus. Man fragte sich, wie der Augusteer Livius, der von den Ereignissen jener Frühzeit so weit entfernt gewesen sei, solche ausführliche Schilderungen habe geben können, und wies darauf hin, daß urkundliche Grundlagen ihm nicht zur Verfügung gestanden hätten. Man stellte also die Forderung auf, daß jede Angabe des Livius darauf zu prüfen sei, ob sie sachlich möglich und glaubwürdig sei und nicht im Widerspruch zu allgemeinen menschlichen Erfahrungen oder zu den Berichten anderer Autoren stehe. Der Holländer P. Perizonius [46]) versuchte, den Ursprung dieser legendären Berichte dadurch zu erklären, daß er im Hinblick auf die Entwicklung bei anderen Völkern, vor allem natürlich bei den Griechen, annahm, daß es auch in Rom eine epische Dichtung vor dem Beginn der Geschichtsschreibung gegeben habe und daß aus ihr die heroischen Berichte in die Darstellungen der ersten Historiker eingeflossen seien.

Neben Perizonius übten zunehmend Kritik an den livianischen Berichten der Italiener G.B. Vico [47]) und der Franzose L. de Beaufort [48]), der die livianische Darstellung der ersten fünf Jahrhunderte kritisch durchmusterte und zu erheblichen Beanstandungen kam. Dabei ging man in der Skepsis mit Recht bald so weit, daß man die Könige und Helden der frühen Republik als poetische Erfindungen ansah, die die Römer erfunden hätten, um ihre Vergangenheit mit großen Gestalten und Ereignissen zu beleben. So hätten sie in Romulus die Vorbildgestalt eines Stadtgründers, in Numa Pompilius die Idee eines Religionsstifters verkörpern wollen.

Einen gewissen Abschluß dieser Entwicklung, die zu einem immer stärkeren Abbau der Glaubwürdigkeit des Livius führte, bildet das dreibändige Hauptwerk des großen Nestors der Althistoriker B.G. Niebuhr, seine "Römische Geschichte von den Anfängen Roms bis zum ersten punischen Krieg" [49]). Er hat nach den bis dahin vorgebrachten kritischen Stimmen zu einzelnen Personen und Ereignissen der livianischen Darstellung mit souveräner Kritik und Methode den weitreichenden Nachweis von dem legendären Charakter der älteren römischen Geschichte geliefert und die livianische Behandlung nahezu preisgegeben. Zugleich hat er aber darzulegen versucht, wie die Vorstellungen von diesen legendären Persönlichkeiten und Ereignisse zustande gekommen sind. Unter Berufung auf eine von Cicero überlieferte Äußerung des M. Porcius Cato, daß die Römer der Frühzeit die

Sitte gehabt hätten, bei festlichen Gelagen durch einzelne Teilnehmer unter Flötenbegleitung Lieder zum Lob großer Männer vorzutragen [50]), hat er die These aufgestellt, daß diese carmina Balladen gewesen seien, in denen sich die "Stimme des Volkes", die Gefühle und Wünsche der römischen Plebs niedergeschlagen hätten. Diese Theorie entspricht weitgehend den Vorstellungen von dem dichterischen Drang und den schöpferischen Kräften des einfachen Volkes ("dichtende Volksseele"), wie sie im Kreis der deutschen Romantiker zur Zeit Niebuhrs weit verbreitet waren. Diese Heldenlieder, in denen sich Wahres mit Erfundenem gemischt habe, hätten den Grundstock der Überlieferung gebildet, seien von Generation zu Generation weitergegeben worden und schließlich von den ersten römischen Historikern mit dem kargen und nüchternen Tatsachenmaterial, das die von den Priestern geführten Annales geboten hätten, verbunden worden [51]).

Diese Balladen-Hypothese hat sich freilich nicht halten können, und zwar schon deshalb nicht, weil die Helden dieser Balladen, falls es sie gegeben haben sollte, keineswegs Vertreter der Plebs, sondern fast ausschließlich Patrizier waren. Ferner ist darauf hinzuweisen, daß die Weitergabe solcher Legenden von Generation zu Generation nur in den "Familienchroniken" adliger Geschlechter hätte erfolgen können. Außerdem wies A.W. Schlegel sehr bald nach der Publikation von Niebuhrs Ausführungen darauf hin, daß sich in diesen legendären Erzählungen griechische Ursprungs- und Heldensagen feststellen ließen, die auf die literarische Übernahme deuteten [52]). Entscheidend ist aber die Tatsache, daß H. Dahlmann [53]) überzeugend nachgewiesen hat, daß Ciceros Nachricht von den Tafelliedern, von der Niebuhr ausgegangen war, eine Fiktion römischer Antiquare nach dem Muster der homerischen Aoiden ist. So wichtig Niebuhrs Kritik an dem legendären Charakter der frühen römischen Geschichte war und auch heute noch ist, so mußte ein neuer Weg zur Erklärung der historischen Überlieferung eingeschlagen werden. Er bestand darin, daß man sich nunmehr der Untersuchung der historischen Quellen und Vorgänger zuwandte, die Livius selbst als seine Vorlagen angibt. Damit war ein

Arbeitsfeld erschlossen worden, das über ein Jahrhundert weg die Forschung - namentlich in Deutschland - in Anspruch nahm.

Parallel zu dem zuletzt skizzierten Abwertungsprozeß des livianischen Werks ist eine gegenteilige Entwicklung verlaufen, die durch Anlehnung an Livius und durch die Rezeption einzelner livianischer Szenen und Erzählungen zu einer ungewöhnlich hohen Ausstrahlung seines Werkes führte. Dabei bildete - man möchte fast sagen: paradoxerweise - die wissenschaftlich besonders in Mißkredit geratene erste Dekade den Ausgangspunkt für die künstlerische Nach- und Umgestaltung einzelner ihrer Kurzerzählungen und weckte die schöpferischen Kräfte zahlreicher Dramatiker, die in lebhafter Aemulatio mit dem Original und mit ihren Vorgängern römische Tragödien schrieben und auf die Bühne brachten. Da seit den Tagen des frühen Humanismus das Werk des Livius durch zahlreiche Übersetzungen in breiteren, des Lateins unkundigen Kreisen bekannt war, konnten die Bearbeiter livianischer Texte mit einem aufnahmebereiten Publikum rechnen, das trotz der fremden römischen Welt die von der Gegenwart ausgehenden und auf sie zielenden Intentionen der Dramatiker zu erfassen und zu beurteilen in der Lage war. Unter dem frischen Eindruck dieser Kenntnisse schrieben bereits um 1530 der Schweizer Reformator und Politiker H. Bullinger ein Drama über die Lucretia- und Brutus-Erzählung und Hans Sachs 1527 einen kurzen Einakter "Tragedie von der Lucretia", dem er im Jahre 1563 sieben weitere Stücke mit direkter Berufung auf Livius folgen ließ [54]). Mit diesem doppelten Themenkreis wählten sie einen Stoff, der in den folgenden Jahrhunderten immer wieder aufgegriffen wurde und seine Verbreitung in der Weltliteratur gefunden hat [55]).

R. Rieks [56]) hat eine größere Zahl solcher Lucretia- und Brutus-Dramen analysiert, von denen im Zeitalter des Barock und der Aufklärung bis in die Tage der französischen Revolution hinein nahezu in jedem Jahrzehnt eines in den verschiedenen europäischen Ländern erschien. Die livianischen Grundzüge der Doppelerzählung blieben unverändert, doch wurden die Schwergewichte sehr verschieden gesetzt, hier und da einzelne Personen zu den Hauptgestalten hinzugefügt und die dramatischen Verwirrungs- und Spannungsmomente vermehrt. In der Bearbeitung beider Themen wurden im Barockzeitalter vor allem die exemplarische moralische Haltung der tragenden Hauptgestalten und die hohe vaterländische Gesinnung und Gesetzestreue des Brutus [57]) sowie die verabscheuungswürdigen Absichten der ihre Rückkehr nach Rom betreibenden Tarquinier und der mit ihnen konspirierenden Söhne des Brutus in affektisch-pathetischen Szenen und Reden herausgearbeitet. Ein von Rieks instruktiv durchgeführter Vergleich zwischen den beiden berühmten Brutus-Dramen des Landsmanns des Livius Antonio Conti [58]) und des strengen Klassizisten Vittorio Alfieri [59]) - beide lebten in Paris - führt zu folgender Zusammenfassung: "Ließ Conti uns teilhaben an der hin- und herwogenden Auseinandersetzung menschlicher Affekte, so repräsentiert der Brutus das Alfieri mit leidenschaftlicher Entschlossenheit die freiheitlich republikanische als die einzig menschenwürdige Überzeugung" (391 f.) [60]). Je näher nämlich die Bearbeiter dieses Dramenstoffs an die französische Revolution herankamen, um so stärker traten die politische Problematik des Herrschaftswechsels und der Kampf um die Freiheit in den Vordergrund, bis schließlich die stürmisch aufgenommene zweite Bearbeitung des Brutus-Dramas von Voltaire 1790 einen wahren Rausch der Begeisterung in ganz Frankreich auslöste und Brutus zu einer Leitgestalt der Revolution machte [61]). So gelangten die Franzosen durch die Auseinandersetzung ihrer Dramatiker mit den Ereignissen und Gestalten der livianischen Begründung der römischen **libera res publica** zu einer Verherrlichung der freiheitlichen republikanischen Ideale Roms und zu einer Klärung und Stärkung ihrer eigenen politischen Pläne und Ziele.

Etwa um die gleiche Zeit hatte in Deutschland der junge Lessing diesen Themenkreis aufgegriffen und zwei Dramenentwürfe in Prosa "das befreite Rom" - wohl nicht ohne Einfluß von der ersten Fassung des Brutus-Dramas von Voltaire - und "Verginia" verfaßt (1756/57). Auf die livianische Erzählung vom Schicksal der Verginia griff er fünfzehn Jahre später in seinem in das zeitgenössische Italien verlegten Drama "Emilia Galotti" zurück. In scharfer Kontrastierung des edlen Verlobten der Emilia und des von Sinnenlust getriebenen

Prinzen von Guastell, der vor keiner Intrige und selbst der Ermordung seines Gegners nicht zurückschreckt, arbeitet er das Bild eines absoluten Despoten und gemeinen Lüstlings als Gegenstücke zu dem livianischen Icilius und Appius Claudius heraus. Daß der Vater der Emilia nicht den Prinzen tötet, sondern seine Tochter, die Lessing freilich nicht ohne eine leise Zuneigung zu dem Prinzen sein läßt, zeigt die strenge Bindung an die livianische Vorlage [62]).

Ein anderes Thema, das bereits Livius voller Spannungen und Krisen dargestellt hat, übte in den gleichen Jahrhunderten eine starke Anziehungskraft aus; der Krieg der Römer unter Romulus gegen die Albaner unter Mettius Fufettius mit der Entscheidungsszene des Kampfes der drei Horatier und der drei Curiatier und der Tötung der Schwester der Horatier durch ihren siegreichen Bruder [63]). Die heftige äußere Dramatik des Dreikampfes und der Ermordung der Schwester wird durch den Seelenkonflikt der von einzelnen Bearbeitern neu eingeführten Mutter der Horatier und der Gattin des Siegers, einer Schwester der Curiatier, vertieft. Die entschlossene Bereitschaft der heroisch gesinnten und vor dem Opfer des eigenen Lebens nicht zurückschreckenden sechs Kämpfer wird als Beispiel höchsten Mutes und vorbildlich moralischer Gesinnung ebenso gefeiert wie das Schicksal der Mutter und Schwester der Horatier Anlaß zu scharfen Verwünschungen des Kriegs und zu schmerzvollen Klageszenen gibt.

Am Anfang dieses Rezeptions- und Umgestaltungsprozesses stehen, worauf H. Meusel [64]) hingewiesen hat, die dramatische Bearbeitung L'Orazia von P. Aretino vom Jahre 1546 und das Kleinepos des Petrus Paganus, das bei einer Universitätsfeier 1571 vorgetragen wurde und mit dem Preis der vaterländischen Gesinnung der Kämpfer endet [65]). Eine hervorragende Neuformung im Geist der französischen Klassik erfuhr der Stoff durch P. Corneille in seiner Tragödie Horace (1649). Das Drama spielt bei strenger Wahrung der Einheit von Raum und Zeit unter Verlagerung des ganzen Schwergewichts auf die am Geschehen passiv beteiligten Personen im Hause des Vaters der Horatier. Dort fassen die jungen Männer den Entschluß zum Kampf. Als nach dem Kampf durch einen "Botenbericht" die Nachricht von seinem

Ausgang eintrifft, entwickelt Corneille in affektvollen pathetischen Reden die Reaktion des Vaters, der als glühender Patriot die Finte des siegreichen Sohnes lange als Flucht mißachtet und sich mit dem Ruhm der beiden gefallenen Söhne über ihren Verlust tröstet, während seine Tochter in höchster Erregung den Krieg und Rom verwünscht. Nach dem Schwestermord wird der siegreiche Horatius nach mehreren eindrucksvollen Plädoyers für ihn vom König Tullus straffrei gesprochen. Ehre, Ruhm und Vaterlandsliebe haben in dieser Tragödie der Staatsräson den Sieg über die tragische Liebe einer Frau davongetragen. In ähnlichem Geist hat Corneille in seiner Tragödie Sophonisbe 1663 im Anschluß an Livius das tragische Schicksal der Hannibaltochter und Gattin des afrikanischen Königs Syphax behandelt.

Aus jüngster Zeit ist B. Brechts kurzes "Lehrstück über Dialektik für Kinder" (1958) zu nennen, das er, wie er selbst angegeben haben soll, im Auftrag der Roten Armeee geschrieben habe [66]). In seiner knappen Bearbeitung hat er das Schicksal der Schwester ausgeschlossen [67]), aber zwei Chöre beider Stämme und zahlreiche andere Kämpfe der Drillinge eingeführt sowie die drei Kämpfer mit verschiedenen Waffen ausgestattet. Bei ihm führen die Curiatier einen Angriffs- und Eroberungskrieg, um von inneren wirtschaftlichen Schwierigkeiten abzulenken, während die Horatier "als die entschlossene Organisation der Werktätigen erfolgreich ihre Produktionsmittel verteidigen" [68]).

Schließlich sei in dem betrachteten Zeitraum von den Humanisten bis zur französischen Revolution auf einen Rezeptionsprozeß von einem ungewöhnlichen Ausmaß hingewiesen: Es handelt sich um die Aneignung einzelner Szenen aus den ersten Büchern des Livius in der Malerei und bildenden Kunst. Es gehörte zur Ausstattung festlicher Räume, diese mit Fresken, Deckengemälden, Wandteppichen, Truhenbildern und verzierten Kunstgegenständen aller Art zu schmücken, für die sich griechisch- mythologische Themen ebenso wie legendäre Szenen aus Roms Vergangenheit eigneten. An solchen Räumen hat es in den fürstlichen Palästen vieler europäischer Herrscher und in den Rathäusern und offiziellen Gebäuden zahlreicher Städte nicht gefehlt. Ob und inwieweit sich die verschiedenen Künstler ihre Vorlage direkt aus Livius gewählt haben oder ob dies ihre Auftraggeber taten oder ob die handwerkliche Tradition solche Themen von Generation zu Generation weiterreichte, wird in vielen Fällen nicht leicht zu klären sein. Manche Künstler und Handwerker haben sicher auch aus reiner Freude an der Umsetzung einer solchen dramatischen Kurzerzählung in einen Bereich der bildenden Kunst diese oder jene Szene für eine malerische oder plastische Darstellung aufgegriffen. Um eine erste Vorstellung von der Fülle solcher Kunstwerke zu gewinnnen, genügt ein Blick in das große Sammelwerk von A. Pigler, der in zwei Bänden ein Verzeichnis von Themen aus der Biblischen Welt und aus der griechisch-römischen Mythologie und Geschichte zusammengetragen hat, die in den westeuropäischen Ländern in Malerei, Plastik und anderen Kunstwerken im Zeitalter des Barock bearbeitet worden sind; ein Tafelband schließt das Werk ab [69]). Aus der römischen Geschichte führt er rund dreißig Episoden an, die auf eine Kurzerzählung des Livius zurückgehen. An erster Stelle stehen die Bearbeitungen des Selbstmords der Lucretia, für die Pigler zwei Fassungen nachweist: die erste, in der Lucretia als Einzelfigur dargestellt ist (130 Gemälde, Skizzen u.a.m.) [70]), die zweite, in der sie sich in Gegenwart ihres Gatten, ihres Vaters und des Iunius Brutus ersticht (etwa 60 Belege) [71]). Der Tod der Sophonisbe hat 80 und der Tod der Verginia 40 Bearbeiter gefunden [72]). Es ist in hohem Maße für das Lebensgefühl der Menschen der Barockzeit bezeichnend, daß sie Darstellungen pathetischer Selbstmord- und Todesszenen neben Episoden praller Lebenslust und Daseinsfreude in ihrem Schaffen bevorzugt haben. Als durcheinander gewirbelte Massenszene ließ sich der Raub der Sabinerinnen darstellen [73]), für die Pigler 150 Belege anführt - ohne die Versöhnungsszene mit 25 Kunstwerken [74]). Überraschend ist es wohl für uns, daß die Episode nach der Einnahme von Cartagena, in der Scipio die ihm als Gefangene zugefallene schöne Celtiberin ihrem Bräutigam zurückgibt und die Geschenke der dankbaren Eltern an Allucius weiterreicht, fast 150 Bearbeitungen aufweist [75]) - ein Beispiel für die hohe Wertschätzung der **humanitas, clementia** und **continentia** als Paradigma für Selbstbeherrschung, Milde und Großherzigkeit der Adelskultur der Barockzeit. Die am wenigsten beachtete Szene ist der Schwur Hannibals vor seinem Vater, der nach Pigler acht Bearbeitungen (u.a. als Karton für einen Wandteppich) erfahren hat [76]).

Ich beschränke mich darauf, zum Abschluß noch auf zwei Gemälde hinzuweisen, deren Thema wir bereits berührt haben und die eine starke Effizienz und politische Wirkung beim französischen Publikum ausgelöst haben.

Einer der bedeutenden, dem politischen Geschehen seiner Zeit aufgeschlossenen Maler, J. Louis-David [77]), hat nach Vorarbeiten zwei große Gemälde geschaffen, die eine sehr selbständige Rezeption livianischer Anregungen bieten [78]). Das 1785 in Paris vorgestellte Gemälde "Der Schwur der Horatier", dessen Darstellung nur kurz angedeutet werden kann, zeigt die drei mit Helmen und Lanzen gerüsteten, in Frontstellung nach rechts nebeneinander gruppierten Horatier auf der linken Seite des Bildes, wie sie mit weitem Ausfallschritt die Arme ihrem Vater (in der Bildmitte) entgegenstrecken, der in den erhobenen Armen drei Schwerter hält: alle vier in höchster Anspannung und Entschlossenheit zum Kampf, der ihnen den Sieg bringen wird. Auf der rechten Seite sitzen die der Bildmitte zugewandten, trauernd aneinander gelehnten Frauen, Mutter und Schwester der Horatier, und nehmen mit ihrer hingesunkenen Haltung den schmerzlichen Ausgang des Kampfes vorweg. Der Gegensatz zwischen dem hohen Pathos der zum Kampf für die Gemeinschaft des Heeres und Volkes entschlossenen Männergruppe und dem Schmerz der beiden Frauen über die drohende Auflösung der Familie geben dem Gemälde eine starke innere Spannung, wie wir sie aus barocken Kunstwerken im Kontrast von höchsten menschlichen Aktivitäten und den Symbolen der Vergänglichkeit kennen. Der "Schwur der Horatier" wurde nach dem Ausbruch der Revolution - ganz anders als bei seiner ersten Vorstellung in Paris - als eine Aufforderung zum Kampf für die Freiheit der französischen Bürger gedeutet: ein "Vorläufer der Revolution" wie die Brutus-Tragödie des Voltaire.

Der Gestalt des Brutus hat David ein 1789 ausgestelltes Gemälde gewidmet, das zwar auch als geistigen Hintergrund die schweren politischen Entscheidungen und die Opferbereitschaft eines vorbildlichen Römers aufweist, ihn aber am Ende seines zusammengebrochenen Lebens in tiefer Düsternis zeigt [79]. In diesem Gemälde, dessen Ausführung wiederum nur kurz umrissen sei, stellt uns David vor einen hohen, durch hell verkleidete Säulen im Hintergrund gestützten Wohnraum, in dem Brutus die Überführung der Leichen seiner beiden Söhne nach der von ihm selbst befohlenen Hinrichtung erwartet. Auf der linken Seite des Bildes sitzt die von schwerem Leid auch äußerlich gekennzeichnete Gestalt des Brutus, der sein Gesicht dem Betrachter zuwendet und in der linken Hand das Dokument für den Verrat der Söhne hält. Zu seiner Rechten steht ein mit einem Emblem der römischen Wölfin (Zwillinge) gezierter Podest, auf dem eine Sitzstatue der Göttin Roma aufgestellt ist, die den etwas höher gelegenen Eingang des Hauses leicht verdeckt. Dort sind Liktoren - ohne die Beile in den Fasces als Zeichen der Vollstreckung des Urteils - dabei, die erste Bahre in den Raum hereinzutragen. Durch eine Säule von Brutus getrennt nehmen ein leerer Sessel und ein Tisch, auf dem ein Wollknäuel und eine Schere liegen, die Mitte des Bildes ein. Rechts davon streckt eine eng aneinander gerückte Frauengruppe in hoher Erregung ihre Arme den Liktoren und der Leiche an der Eingangstür entgegen. Der eindrucksvolle ästhetische Kontrast zwischen den beiden Bildhälften, dem gleichsam in Todesstarre endenden Schicksal des Brutus und dem eben aufbrechenden, hochpathetischen Entsetzen und Schmerz der Frauen hat seine Entsprechung in dem Gegensatz zwischen der unerbittlichen Gesetzestreue des Vaters zum Schutz der jungen **res publica** und dem Verlust der durch die leere Mitte des Bildes symbolisch angedeuteten Zerstörung der Familiengemeinschaft und tiefer menschlicher Bindungen. Diese Version der Brutus-Erzählung hat sich von der livianischen Vorlage am weitesten entfernt, bleibt aber dennoch ein eindringliches Zeugnis dafür, welche hohen produktiven Kräfte im Weiterdenken und in der Ausgestaltung der von Livius berichteten Fakten entbunden worden sind.

A N M E R K U N G E N

Zur Einleitung:

1) Die Entwicklung der Forschung von der Renaissance bis zur Jahrhundertwende habe ich kurz in der Einführung zu dem Bande "Wege zu Livius" skizziert, ausführlicher im Kapitel X dieses Buchs behandelt.

2) W. Kroll, Studien zum Verständnis der römischen Literatur (1924; Darmstadt 1964, 351-369).

3) Vgl. S. 23.

4) Im Folgenden wird nur diejenige Sekundärliteratur angegeben, die nicht im Literatur-Verzeichnis aufgeführt ist.

5) Von den 20 Büchern sind die Bücher 1-10 ganz, die anderen in Auszügen erhalten, vgl. S. 16.

6) Dies ist von H.A. Gärtner (1975) bestätigt worden.

7) Selbstverständlich waren die kompositionellen Möglichkeiten durch den Inhalt und die Jahresabfolge der Berichte eingeschränkt und sind deswegen auch lange unerkannt geblieben.

8) Budé-Tite-Live, Buch 21 (1988) und Buch 26 (1991).

9) A. Stadter, The Structure of Livy's History, Historia 21, 1972, 287-307.

10) G. Wille, Der Aufbau des Livianischen Geschichtswerks, Amsterdam 1973 rechnet mit Einheiten von 15 Büchern.

11) Vgl. S. 21, Anm. 37.

12) S. 81; Walsh 1961, 271; 283.

13) Cic., De har. resp. 19; de nat. deor. 2,8.

14) Suet. Augustus 89, 3.

15) Suet. Augustus 44, 1.

16) C. Stübler, Die Religiosität des Livius, Tübinger Beitr. z. Altertumswiss. 35, 1941.

17) **Hic vir, hic est... Augustus Caesar, Divi genus, aurea condet saecula...** (Aen. 6, 791). Dabei ist - wie fast unvermeidlich in einer historischen Untersuchung - zeitgenössischer Einfluß unter dem Eindruck der politischen und wirtschaftlichen Umordnung nach

den Jahren der großen Arbeitslosigkeit und parteipolitischen Kämpfe in Deutschland unbewußt bei der Schilderung der Lage in Rom um das Jahr 27 im Spiel gewesen. Dies ist mir in zwei Aufsätzen von Thraede als außerwissenschaftlicher Einfluß 35, bzw. 50 Jahre nach dem Erscheinen meiner beiden ersten Livius-Arbeiten mit heftiger Polemik vorgehalten worden. In den folgenden Arbeiten habe ich jede Beziehung zu zeitgenössischen Strömungen gemieden. Wer livianische Gedanken mit den Erziehungszielen der Nationalsozialisten in Verbindung gebracht hat, hat dies auf eigene Verantwortung getan. Im übrigen urteilt Thraede in dem Vortrag von 1970: "Seine (scil. Burcks) Ergebnisse und glänzenden Einzelanalysen, die Wittes Befund vertieften, ... sind allgemein anerkannt und Ihnen vertraut" (1,65).

18) 4, 6, 12. Weitere Beispiele bei von Haehling 80-158.

19) Vgl. S. 109 ff.

20) Vgl. S. 116 ff.

Zu Kap. I:

1) Syme 1958, 137 Anm. 1; ders. 1959, 40-85. Ihm folgen, zum Teil zögernd u.a. J. Bayet, Budé-Tite-Live, B. 1, VII; Ogilvie 1; T.I. Luce, The Dating of Livy's First Decade, TAPHA 96, 165, 231 ff.; Walsh 1961, 116 läßt die Frage offen. Ablehnend Mette 1961, 274; Mensching 1986, 573. Weitere Datierungsvorschläge bei J.E. Philipps ANRW II 30, 2, 1029.

2) **Liber, qui editus post excessum Augusti dicitur.**

3) Dieser Ansicht neigt von Haehling 218 zu.

4) Strabo, Geogr. 3, 5, 3; 5, 1, 7.

5) Pomp. Mela 2, 60.

6) Plin. Ep. 1, 14, 6.

7) Cicero fordert in seinem Bildungsideal eine sichere Verwendung historischer Beispiele und die gründliche Kenntnis der Geschichte (De or. 1, 5, 18; 34, 158; 36, 165; 46, 201).

8) Quint. Inst. or. 10, 1, 39 (= Fgm. 76, W.-M.; P.Jal, Budé- Tite-Live B. 45, Fgm. 82).

9) Sen. Ep. 100, 9; McDonald 155 f. denkt an eine Schrift nach der Art von Ciceros De re publica.

10) U. Schindel, Livius philosophus?, Festschr. Burck 411-419.

11) Die von Quint. Inst. Or. 10, 1, 39 bezeugte Epistula ad filium (Fgm. 76 W.-M.; Jal, Budé-Tite-Live, B. 45, Fgm. 82) ist natürlich später anzusetzen; vgl. U. Schindel, Livius philosophus, Festschr. Burck 411-419.

12) Liv. 10, 2, 1-15; 41, 27, 3-4 berichten über Padua. Ob Livius noch in Padua war, als es im Jahre 43 in den Bürgerkriegswirren schwer heimgesucht wurde, wissen wir nicht.

13) Quint. Inst. or. 1, 5, 56; 8, 1, 2.

14) K. Latte, CPh 35, 1940, 56-60; Ogilvie 4; Walsh 1961, 270 vermutet entweder Besonderheiten des Lateins der Leute von Padua oder die **rusticitas** des Livius im allgemeinen. Vgl. J.B. Hofmann - A. Szantyr, Lateinische Syntax und Stilistik, Hdb. d. Altertumsw. München 1965, 756 f. - Zu dem in unmittelbarer Nähe stehenden Stilurteil Quintilians (Inst. Or. 10, 1, 32) **lactea ubertas** vgl. F. Quadlbauer, Livi lactea ubertas, Bemerkungen zu einer quintilianischen Formel und ihrer Nachwirkung, Festschr. Burck 347-366. - Quint. Inst. Or. 1, 7, 24 berichtet, von Asconius Pedianus gehört zu haben, daß dieser (auf Grund persönlicher Einsichtnahme?) für Livius die Schreibweise **sibe** (statt

sibi) und **quase** (statt **quasi**) bezeugt habe.

15) R. Syme 1939, 485; leicht verändert ders. 1986, 358: a Deniel of **urbanitas**. Die Annahme einer frühen Bekanntschaft zwischen Livius und Augustus anläßlich einer öffentlichen Vorlesung des Livius hat Syme wiederholt vertreten ebenso wie einen politischen Ausgleich in der Beurteilung der politischen Lage etwa im Jahre 29 oder 28, zuletzt 1986: he (scil. Livy) usefully combined admiration for the Republic with a happy acquiescence in the new order (214; 357; 448 f.).

16) R. Syme, Tacitus 137 und A.D. Leeman (Helikon 1, 1961) treten für einen ständigen Aufenthalt in Padua mit wenigen kurzen Besuchen in Rom ein. Nach Ogilvie 5 hat Livius einen großen Teil seines Lebens in Rom verbracht; ebenso Walsh 1961, 18.

17) Tac. Ann. 4, 34; darüber s. S. 164-176.

18) **Hortante Livio**: Suet. Claud. 41, 1.

19) D.M.Z.T 1. Last und R.M. Ogilvie, Latomus 17, 1958, 476-87 haben in der inschriftlich erhaltenen Rede des Kaisers Claudius aus dem Jahre 48 mit dem Antrag auf die Verleihung des **ius honorum** an den gallischen Adel Anlehnungen an livianische Reden und Phraseologie festgestellt.

20) Plin. Ep. 2, 3, 8.

21) CJL V 2975 (= Dessau 2919); dazu Billanovich IMU 20, 1977, 15 f.

22) S. S. 24 ff.

23) A. Klotz, Caesar und Livius, RhM 96, 1953, 62-67; ders., 268; Walsh, Livy 43.

24) 9, 17, 1 - 19, 7.

25) Davon sind ein Teil des Proömiums sowie einige Reden und Briefe erhalten.

26) Seneca Rhet. Contr. 9, 24, 14 hat uns ein wichtiges Urteil des Livius überliefert: **T. Livius tam iniquus Sallustio fuit, ut hanc ipsam sententiam "res secundae mire sunt vitiis obtentui" tamquam translatam et tamquam corruptam dum transfertur, obiceret Sallustio. Nec hoc amore Thucydidis facit, ut illum praeferat. Laudat, quem non timet, et facilius putat posse a se Sallustium vinci, si ante a Thucydide vincatur** (Fgm. 73 W.-M.; P. Jal, Fgm. 2 (83)). In einem weiteren Fragment lesen wir, daß Livius eine scharfe Ablehnung gegenüber den Rednern ausgesprochen hat, die nach **verba antiqua et sordida** suchen und die **obscuritas** der Rede als **severitas** angesehen wissen wollen (fgm. 74 W.-M.; P. Jal, Fgm. 3 (84). - Zum Verhältnis des Livius zur Geschichtsauffassung des Sallust vgl. S. 275 Anm. 5).

27) Praef. 3 und 5.

28) R. von Haehling 21 hat sich das Ziel gesetzt, ausschließlich auf Grund der sprachlichen Gestaltungsmittel des Livius die Zeitbezüge gezielter, "kommentierender Eingriffe" in die Schilderung vergangenen Geschehens darzulegen, wobei die Vergangenheit mit der Gegenwart verbunden wird. Als Typen des Zeitbezugs dienen die "Vergegenwärtigung" (195 Belege), der "Gegenwartsbezug" (15 Belege), die "Anspielung" (6 Belege) und die "Wertung" (50 Belege). "Die Analyse der Verklammerung einer fernen Vergangenheit mit der aktuellen Gegenwart soll Aufschluß über das livianische Geschichts- und Zeitbewußtsein vermitteln" (12), und dies tut sie in der Tat an den meisten Stellen.

29) **Bis deinde post Numae regnum clausus fuit, semel T. Manlio consule post Punicum primum perfectum bellum, iterum...post bellum Actiacum ab imperatore Caesare Augusto** (1, 19, 3 = im Jahre 29).

30) 4, 20, 7; vgl. von Haehling 120.

31) Cass. Dio 53, 27, 1.; Vell. Pat. 2, 90.

32) Klotz, R.E. XIII 818; darauf führt auch rein rechnerisch die Verteilung der 142 Bücher auf die 44 Jahre Schaffenszeit von den Jahren 27/26 v.Chr. bis 16/17 n.Chr.

33) Das tut Syme entgegen seinen früheren Terminvorschlägen in seiner letzten Äußerung zu dieser Frage in: Sallust, übers. von H.W. Scholz, Darmstadt 1975, 232, Anm. 101; 141, Anm. 2.

34) Bayet, Budé-Tite-Live, B. 1, XVII hat den Werkbeginn auf die Jahre 33/32 und die Vollendung der ersten Pentade auf die Jahre 31-29 angesetzt und mit einer zweiten Auflage der ersten Pentade samt der Praefatio und der Eintragung von Caesar Augustus um das Jahr 25 gerechnet; ähnlich Mensching 1967, 12 ff; ders. 1986, 1-33. T.J. Luce, TAPHA 96, 1965, 209-40 nimmt an, daß die erste Pentade im Jahr 27 fertig vorlag, und nennt später Livius einen "uneven writer", der bald hastig, bald mit Konzentration geschrieben habe. Ogilvie rechnet jetzt mit einer zweiten Auflage mit kleinen Änderungen (Oxford-Ausgabe von Buch 1-5, 1974 V. - Weitere Datierungsvorschläge für die erste Pentade bei H.G. Nesselrath, Die gens Julia und Romulus bei Livius (Liv. I, 1-16) WJA 16, 1990, 168, Anm. 15).

35) Mensching 1986, 1-33 nimmt an, daß Livius auf das einzelne Buch wenig Zeit verwandt und rasch gearbeitet habe. Auch Syme 1959, 42 ff. und Walsh 1982, 1058 ff. nehmen eine rasche Arbeitsweise mit einer Jahresleistung vom Umfang einer Pentade als Minimum an; ders. 1961, 123.

36) Mit einer Pause etwa im Jahr 1 n.Chr. rechnet Syme 1986,2. 422; 445 - neben anderen Möglichkeiten - nach Abschluß des ursprüng-

lich bis zum Jahr 29 vorgesehenen Umfangs. Er sieht die Bücher 134-142 vom Jahre 28 bis zum Jahr 9 als Epilog, den Livius nach der Adoption des Tiberius durch Augustus begonnen und zum Lob der Feldzüge des Drusus und Tiberius verfaßt habe; zuletzt 1986, 81; 357; 422 f.

37) Plin. N.H. Praef. 16.

38) 9, 17, 1-19, 17; besonders 18, 6 T.J. Luce, 209-240 hält die ganze Passage für eine Jugendarbeit des Livius. H.R. Breitenbach, Der Alexander-Exkurs des Livius, MH 26, 1969, 146-157; J.C. Richard, Alexander et Pompée, Festschr. P. Boyancé, Mél. de philos., de lettre et d'histoire ancienne, Roma 1974, 653-669.

39) Die Worte **clades Quintilii Vari** sind ein (falscher) Zusatz von P. Pithou in der zweiten Auflage seiner Livius- Ausgabe von Sigonius (1566), vielleicht nach einer alten Handschrift; vgl. P. Jal, Budé-Tite-Live, B. XXXIV, 1; XIX f., CIII f.

40) Syme 1986, 70; Der Titel lautete wahrscheinlich **ab urbe condita libri** CXXXXII.

Zu Kap. II:

1) Die Bücher 41, 43 und 44 haben einige größere Lücken.

2) Ein weiteres, mit großer Wahrscheinlichkeit Livius zuzuschreibendes, 1986 bei Ausgrabungen im Fajum gefundenes Papyrus-Fragment, das ein Ereignis aus dem Jahre 291 um den Konsul L. Postumius Magillus behandelt und das dem Buch 11 zuzuordnen ist, dessen Periocha das gleiche Ereignis erwähnt, haben unlängst B. Bravo und M. Griffin publiziert: Un frammento del 1. XI di Tito Livio Athenaeum 66, 1988, 447-521.

3) 1987 sind drei Doppelblätter in Nancy aufgetaucht mit Fragmenten aus Buch 27, 29 und 30 (vgl. Jal, Budé-Tite-Live, B. 26, XLV).

4) T. Livi Periochae omnium librorum; Fragm. Oxyrhynchi reperta; Julii Obsequentis Prodigiorum liber ed. O. Roßbach, Lipsiae 1930 (= Stuttgart 1959). Abrégés des Livres de l'Histoire Romaine de Tite-Live ed. P. Jal, Budé-Tite-Live, T. XXXIV 1+2, Paris 1984. Von Buch 1 sind zwei Periochae vorhanden; dazu der sehr schlecht erhaltene Oxyrhynchos-Papyrus 668 mit einer Epitome der Bücher 37-40 und Resten der Epitome von 48-55 (bei Jal 108-142). Über den literarischen Charakter der Periochae und ihren historischen Wert: Jal, Introduction LXVII-XCV.

5) Veröffentlicht in der Ausgabe des Livius von A. Drakenborch, Leiden 1738-46 und in zahlreichen zeitgenössischen Liviusausgaben bis zum Jahre 1825. Vgl. P.G. Schmidt, Supplemente lateinischer Prosa in der Neuzeit, Hypomn. 5, Göttingen 1964, 25-36.

6) Die Seiten der Oxfordausgabe entsprechen ungefähr im Umfang.

7) Prooemien haben die Bücher 2, 6, 21, 31; Ein Binnenprooemium 7, 29, 1-2.

8) 6, 1, 3.

9) 21, 1, 1; 30, 45, 2.

10) 31, 1, 6.

11) 31, 1, 1-5.

12) Diese Aufteilung war nicht mit dem Stoff gegeben, sondern beruht auf eigener Entscheidung, durch die eine Angleichung an die drei Pentaden der punischen Kriege erfolgt. Vgl. H. Brüggmann, Komposition und Entwicklungstendenzen der Bücher 31-35 des Titus Livius, Diss. (maschschr.) Kiel 1960; F. Kern, Aufbau und Gedankengang der Bücher 36-45 des Titus Livius, Diss. (maschschr.) Kiel 1960; A. Hus, La composition des IVe. et V^e. décades de Tite-Live, RPh 99, 1973, 225-250 lehnt eine Gliederung in Pentaden ab, dagegen P. Jal, Budé-Tite-Live B. 41/42, VII; ders., Sur la composition de la Ve. décade de Tite-Live, RPh 49, 1975,

278-285; ders., Budé-Tite-Live, B. 21, VII-IX. Vgl. Luce 112 f., 185-229; 227 ff.

13) Es ist zu beachten, daß er auch den Schluß der Samnitenkriege nicht an das Ende einer Pentade oder Dekade gesetzt hat.

14) Klotz passim.

15) Syme 31 ff.

16) J. Bayet, Budé-Tite-Live B. 1, XII ff.

17) A. Stadter, The Structure of Livy's History, Historia 21, 1972, 287-307. Zustimmung durch Walsh, Livy 2, 8-11; Luce 5.

18) G.Wille, der Aufbau des Livianischen Geschichtswerks, Amsterdam 1973 rechnet mit Einheiten von 15 Büchern (Pentekaidekaden), was auf die erhaltenen Bücher zutrifft, für die späteren aber schwerlich anzunehmen ist. Unwahrscheinlich ist eine Vermutung, daß Livius von vornherein zehn Pentekaidekaden geplant habe; ähnlich C. Giarratano, Tito Livio in Res Romanae, Roma , o.J. 23; gegen Pentekaidekaden Luce 19.

19) Per. 68.

20) Per. 75.

21) Tac. Ann. 4, 34, 4.

22) Sen. Nat. Quaest. 6, 184 (Livius, Fgm. 48 W.-M.): **Quod de Caesare maiore vulgo dictitatum est et a T. Livio positum in incerto esse, utrum illum magis nasci rei publicae profuerit an non nasci, dici etiam de ventis potest.** Jal hat in seiner Ausgabe der Fragmente (Budé-Tite-Live B. 45, 1978) die Worte **de Caesare maiore** in **de C.Mario** geändert (= Fgm. 20); erwägenswert. H. Strasburger, Livius über Caesar, Festschr. Burck 265-291 enthält sich der Stellungnahme (270, Anm. 28) bemüht sich aber nachzuweisen, daß Livius die Persönlichkeit und Leistungen Caesars kritisch, wenn nicht sogar auf größere Strecken moderiert ablehnend dargestellt habe. Nesselrath 164 ff. hält es für wahrscheinlich, daß Livius in dem Machtstreben des Romulus caesarische Wesenszüge und Handlungen praefiguriert habe.

23) Laistner 82.

24) Per. 104.

25) Fgm. 50, 51 (W.-M.), 59, 60 (Jal).

26) R. Syme 1986, 422 betont, daß Livius den Jahren 12-9 je ein Buch gewidmet, die Feldzüge der beiden Stiefsöhne des Princeps wie die Eroberungszüge republikanischer Zeit mit Würde und Kraft dargestellt und die **virtus** der jungen Claudier gepriesen habe wie Horaz in den c. 4,4 und 4,14.

Zu Kap. III:

1) Auf die geringe Zahl der nicht-annalistischen Vorlagen kann hier nicht eingegangen werden; vgl. dazu J.E. Philipps, 1022 f.

2) Diese Vorstellung hatten manche Autoren des 19. Jhs., vor allem der um Livius sonst hochverdiente H. Nissen 33 ff.

3) Es sei daran erinnert, daß Augustus die berühmte Rede des Censors Q. Metellus Macedonicus **De prole augenda** aus dem Jahre 131 im Rahmen seiner Ehegesetzgebung persönlich im Senat vorgelesen hat (Suet. Aug. 89).

4) **Exstat oratio eius** (scil. Catonis) **de pecunia regis Antiochi (38, 54, 11); Catonis et aliae quidem acerbae orationes exstant (39, 42, 61);** Catos Rede für die Rhodier: **ipsius** (scil. Catonis) **oratio scripta exstat Originum quinto libro inclusa (45, 25, 3);** vgl. Per. 49: **exstat oratio** (scil. Catonis) **in annalibus ipsius inclusa;** Ebda. drei Reden des Ser. Galba erwähnt. Luce 183 Anm. 104 rechnet damit, daß Livius Catos und Galbas Reden eingesehen hat.

5) Vgl. oben S. 2.

6) Dazu Luce 172 ff.

7) Attizistischer Rhetor, der seit 30 in Rom lebte und rhetorisch-technische Schriften und literarische Essays verfaßte, von denen eine Reihe erhalten ist. Außerdem schrieb er eine römische Geschichte in zwanzig Büchern von den Anfängen bis zum Beginn des Werkes des Polybios (264) unter Benutzung gleicher Quellen wie Livius, von der die Bücher 1-10 (bis zur Mitte des 5. Jhs.) vollständig, die restlichen Bücher in Exzerpten erhalten sind; K. Ziegler, R.E. XXI 636 ff. (1951). Einen Vergleich seines Werks mit den Büchern 1-5 des Livius führte durch Burck 1934 (^{2}1964) sowie W. Pabst, Quellenkritische Studien zur inneren römischen Geschichte bei Livius und Dionys von Halikarnass, Diss. Innsbruck 1969; vgl. Nesselrath (s.o. S. 5 Anm. 5) passim.

8) Gegen diese Annahme wendet sich T.J. Cornell in: Raaflaub, 52-76, der - ähnlich auch Luce 161-168 und Briscoe 1971, 9 - annimmt, daß Livius die von ihm genannten annalistischen Vorgänger selbst eingesehen hat.

9) E. Meyer, Die römische Annalistik im Lichte der Urkunden, ANRW II, 30.2, 970-986.

10) K. Gast, Die zensorischen Bauberichte und die römischen Bauinschriften, Diss. Göttingen 1965.

11) U. Bredehorn, Senatsakten in der republikanischen Annalistik, Diss. Marburg 1968; K.J. Hölkeskamp, Das Plebiscitum Ogulnium de

sacerdotibus, RhM 131, 1988, 51-67 hält Livius' Angaben über dieses und noch ältere Gesetze für glaubwürdig.

12) J. von Ungern-Sternberg, Gn. 43, 1871, 369-74.

13) CIL I 581; Liv. 39, 8, 3-19, 7 (hier 17, 1-3).

14) Praefatio 1-3.

15) Die Fragmente (Fgm.) und Testimonien (T.) werden nach der Ausgabe von H. Peter, Historicorum Romanorum Reliquiae (HRR) I 1914 (1967) zitiert.

16) Fr. Klingner, Römische Geschichtsschreibung, Die Antike 13, 1937, 1 ff. (= ders., Römische Geisteswelt München 1965, 81 ff.) U. Knoche, Roms älteste Geschichtsschreibung, Neue Jahrb. für antike und deutsche Bildung 2, 1939, 193-207 (= ders., Kl. Schr. 1986, 1-15); ders., Das historische Geschehen in der Auffassung der älteren römischen Geschichtsschreiber, ebda 289-299 (= ders., Kl. Schl. 1986, 16-26). Howald 171 ff., W. Hoffmann, Livius und die römische Geschichtsschreibung, AuA 14, 1954, 171-186 (= Wege zu Livius (68-95)). Klotz 1940 passim. Laistner 1947. Walsh 1961, 28 ff.; Luce 139-184. G. Perl, Geschichtsschreibung in der Zeit der römischen Republik und in der Kaiserzeit, Klio 66, 1984, 562-573. D. Flach, Einführung in die römische Geschichtsschreibung, Darmstadt 1985. K. Christ, Römische Geschichtsschreibung, Propyläen-Geschichte der Literatur, Bd. I Berlin 1988^2, 409-437. K. Bringmann, Weltherrschaft und innere Krise Roms im Spiegel der Geschichtsschreibung des zweiten und ersten Jahrhunderts v.Chr., AuA 23, 1977, 30 ff. Für die Glaubwürdigkeit eines erheblichen Grundstocks der Annalistenberichte tritt ein T.J. Cornell (vgl. S. 218, Anm. 8); zur Vorsicht mahnt J.v. Ungern-Sternberg. Von Bedeutung für die Quellenkritik sind die Beiträge im 2. Kapitel von "Staat und Staatlichkeit in der frühen römischen Republik" (Slbd. hgg. von W. Eder, Stuttgart 1990) 92-219 mit besonderer Berücksichtigung der Ständekämpfe; ferner von Ungern-Sternberg 1988, 257-265.

17) Peter, HRR I 5-39; 28 Fgm.

18) Liv. 23, 11,6.

19) Als ein weiteres auslösendes Moment ist die Tatsache zu sehen, daß sich seit dem Jahre 240 in Rom eine rasch emporblühende Dichtung entwickelt hatte. Neben Theaterstücken, für welche griechische Tragödien und Komödien als Vorlagen dienten, hat der Dichter Naevius auch ein Epos geschrieben, das die legendären Anfänge Roms von der Auswanderung der Trojaner bis zu ihrer Landnahme in Italien sowie den ersten punischen Krieg zum Gegenstand hatte. Man wird in der Annahme nicht fehlgehen, daß in diesem Bellum Poenicum, falls das Epos bereits fertig vorlag, ein Stimulans für Fabius Pictor gesehen werden darf. Während man

lange annahm, daß Naevius das Werk des Fabius Pictor benutzt habe, hat Kr. Hanell "Zur Problematik der älteren römischen Geschichtsschreibung" das Gegenteil vertreten, wohl mit Recht (Entr. Fond. Hardt IV 1956, 149-170).

20) Hieronymus von Kardia, ca. 350-250, dessen Geschichtswerk bis zum Tode des Pyrrhos von Epirus reichte, enthielt die erste römische Archäologie (Jacoby, FGrHist 1954). Timaios von Tauromenion, ca. 356-280, Verfasser einer mindestens 38 Bücher umfassenden Geschichte Siziliens und des Westens bis zum Pyrrhuskrieg (Jacoby, FGrHist 566). Philinos von Akragas (3. Jh.) behandelte den ersten und zweiten punischen Krieg (Jacoby, FGrHist 174).

21) S. S. 22.

22) Vgl. M. Gelzer, Der Anfang römischer Geschichtsschreibung, H. 69, 1934, 46-55; ders., Römische Politik bei Fabius Pictor, H. 68, 1933, 129-166; ders., Nochmals über den Anfang der römischen Geschichtsschreibung, H. 82, 1954, 342-348. D. Timpe, Fabius Pictor und die Anfänge der römischen Geschichtsschreibung, ANRW I, 2, 1972, 928 ff., der die Phase der Gründungszeit mit der Zwölftafelgesetzgebung enden läßt. Dagegen sieht v. Ungern-Sternberg 1988, in dem Werk des Fabius Pictor "weder inhaltlich noch auch in der Form seines Werks" den Anfang des traditionell gewordenen Entwicklungsbildes des frühen Rom, sondern den Endpunkt einer von Fabius Pictor aufgenommenen mündlichen Tradition (11-2 ff.).

23) F. Jacoby, FGrHist. 820; W. Eisenhut, Kl. Pauly II 1967, 54.

24) Man hat lange darüber gestritten, ob er diese Epoche unter einem systematischen Gesichtspunkt oder in annalistischer Form behandelt hatte; letzteres dürfte zutreffend sein; vgl. P. Bung, Q. Fabius Pictor, Der erste römische Annalist, Diss. Köln 1950. D. Timpe (vgl. vor. Anm.) nimmt die Abfolge der Kriege mit den Nachbarn an (vgl. Dion. v. Hal., A.R. 1, 6, 2) Timpe 1988, 266-288.

25) Fgm. 16.

26) Das können wir Polybios entnehmen, der Fabius Pictor in den Büchern 1 und 2 kritisch benutzt hat.

27) Vgl. H. Bellen, Metus Gallicus - Metus Punicus, AAWM, 1985, 17 ff.

28) Fgm. 23 bezeugt seine Teilnahme am Kampf gegen die Gallier.

29) Livius erwähnt Fabius Pictor - abgesehen von seiner Mission nach Delphi - siebenmal. Daß sein Werk bei den Zeitgenossen eine erhebliche Resonanz ausgelöst hat, lehrt die Tatsache, daß er einige Nachfolger fand und daß diese ihre Werke ebenfalls in griechischer Sprache schrieben.

30) Als eine Generation nach Fabius Pictor der Annalist A. Postumius Albinus noch die griechische Sprache verwendete, erntete er den Spott Catos (Plut. Cato 12).

31) Peter, HRR I 120 ff.; 45 Fgm. erhalten; Livius nennt ihn fünfmal in der ersten und einmal in der dritten Dekade. - K. Latte, L. Calpurnius Piso, SB Ak. Berlin 1960.

32) Über sein Leben sind wir einigermaßen unterrichtet: Volkstribun im Jahre 149; Praetor 136; Konsul 133; Censor 120. In den durch Tib. Gracchus ausgelösten politischen Kämpfen vertrat er scharf die Interessen des Senats (Fgm. 19; 24). Wie weit das Werk heruntereichte, wissen wir nicht; das letzte aus Buch 7 erhaltene Fgm. (39) gehört ins Jahr 146. - Cicero, Brut. 27, 106 hat seine und der Zeitgenossen Annales als **sane exiliter scriptos** bezeichnet, aber der für die Reize eines altertümlichen Stils aufgeschlossene A. Gellius hat anders geurteilt: **simplicissima suavitate et rei et orationis ... usus est in primo annalium** (Noct. Att. 11, 14 = Fgm. 8).

33) Fgm. 8; 25; 27.

34) Fgm. 5; 16.

35) Vgl. D. Gutberlet, passim. Ähnlich bereits R. Seager, Populares in Livy and the Livian Tradition, CQ 27, 1977, 377-390.

36) Fgm. 34; 38; 40.

37) Peter, HRR I 179-184; 14 Fgm. erhalten; Livius nennt ihn nicht.

38) Fgm. 1 und 2, in denen er sich scharf gegen die Berichterstattung von nackten Fakten wendet: **id fabulas pueris est narrare, non historias scribere.**

39) Cic. de or. 2, 12, 54; de leg. 1, 2, 6.

40) Resque eas, quibus gerendis ipse interfuit, conscripsit (Gell. Noct. Att. 2, 13, 3 (Peter, HRR I T.1.).

41) Peter, HRR I 158-177; 64 Fgm. erhalten; Livius nennt ihn zehnmal in der dritten Dekade. - W. Herrmann, Die Historien des Coelius Antipater, Beitr. zur klass. Phil. 104, 1979.

42) **Duo, qui cum eo** (scil. Hannibale) **in castris fuerunt simulque vixerunt quamdiu fortuna passa est, Silenus et Sosilus Lacedaemonius** (Corn. Nep. Hann. 13).

43) Sosylos von Lakedaimon, Jacoby, FGrHist. 176.

44) Silenos von Kale Akte; Jacoby, FGrHist. 175.

45) An einer weiteren Stelle hat Coelius (Fgm. 50) von einem Traum des C. Gracchus berichtet, in dem ihm sein toter Bruder erschienen sei und ihm das gleiche Schicksal vorausgesagt habe, das er erlitten habe.

46) Liv. 29, 27, 14 (= Fgm. 40).

47) Fgm. 39.

48) Fgm. 20.

49) Es handelt sich um die sog. peripatetische oder tragische Geschichtsschreibung, als deren Hauptvertreter Duris von Samos (etwa 340-270), Verfasser von mindestens 23 Büchern Historien (Jacoby, FGrHist. 76) und Phylarch (um 300, Verfasser eines vielseitigen Geschichtswerks in 28 Büchern von 272-220; Jacoby, FGrHist. 81) gelten. - K. von Fritz, Die Bedeutung des Aristoteles für die Geschichtsschreibung, Entr. Fond. Hardt 4, 1956, 107 ff.; N. Zegers, Wesen und Ursprung der tragischen Geschichtsschreibung, Diss. Köln 1959; F.W. Walbank, History and Tragedy, Historia 9, 1960, 216-234; A.H. McDonald 9-10; H. Strasburger, Wesensbestimmung der Geschichte durch die antike Geschichtsschreibung, Wiesbaden 1975 (= Studien zur Alten Geschichte II, 1982, 969-1014). Polybios hat sich wiederholt gegen die Vertreter dieser Richtung gewandt, namentlich in Buch 12; vgl. auch die treffliche Kritik nach dem Tode des Agathokles 15, 36, 1-11. Vgl. P. Pédech, La méthode historique de Polybe, Paris 1964; K. Meister Palingenesia 9, 1975 (gegen Timaios und Phylarch 93-126; 185 ff.).
Walsh, 1961, 28 ff., 40 ff. nimmt außerdem einen erheblichen Einfluß der sog. Isokrateischen Richtung im Stile von Theopomp und Timaios auf die vorlivianischen Annalisten an.

50) Ob Coelius Polybios benutzt hat, ist umstritten. Klotz 112 verneint es; M. Gelzer, Gn. 18, 1942, 227 hält es für wahrscheinlich, Tränkle 223 ff. bejaht es.

51) Damit hängt es zusammen, daß wir von ihrem Leben wenig wissen. Nach Cicero, de leg. 1, 2, 6 und Velleius Paterculus 2, 9, 7 waren sie Zeitgenossen des Cornelius Sisenna, der etwa von 120-67 lebte, Historien in 12 (23?) Büchern schrieb und durch seine Übersetzung milesischer Märchen aus dem Griechischen Berühmtheit erlangte.

52) D. Timpe 1979, 97-118.

53) Peter, HRR I 205-237; knapp 100 Fgm. erhalten; zu den beiden größeren Fgm. s. S. 50 f. Livius nennt Claudius Quadrigarius in der ersten Dekade viermal, in der dritten nur einmal, in der vierten und fünften dagegen siebenmal. A. Klotz, Claudius Quadrigarius, R.E. VII A_2, 2313-2340.

54) A. Klotz, Zu den Quellen der vierten und fünften Dekade des Livius, Hermes 50, 1915, 481-536; ders. 1940, 24 ff. (passim).

55) 38, 50, 4-60, 10.

56) Luce 96 ff.; Walsh, Livy 1, 133 ff.

57) Schon in der ersten Dekade bemerkt er, daß es schwer sei, bei einer Niederlage in so früher Zeit (zum Jahre 463) genaue Angaben zu machen, fügt aber hinzu: **audet tamen Antias Valerius concipere summas** etc. (3,5,12). In der dritten Dekade wirft er ihm bei einer gewaltig überhöhten Beutezahl von Schätzen vor: **adeo nullus mentiendi modus est** (26,49,1). Bei seiner Angabe über fünftausend gefallener Feinde fügt Livius hinzu: **tanta res est, ut aut impudenter ficta sit aut neglegenter praetermissa** (30,19,11) und schließlich im gleichen Buche noch: **Antias, qui magis immodicus in numero augendo esse solet** (30, 29, 7).

58) **Historiam quoque scripsere ... Claudius lepide, Antias invenuste.** Dieses Urteil Frontos (ed. van de Hout 1954) 132 hilft nicht weiter. - Auch der Versuch von U. Kahrstedt, Die Annalistik von Livius, B. XXXI-XLV, Berlin 1913, 1-20 auf Grund der verschiedenen Amtsbezeichnungen für die römischen Magistrate in Spanien (bei Antias proconsul, bei Claudius praetor oder propraetor) eine Zuweisung der betr. Abschnitte an diese beiden Autoren vorzunehmen, hat zu keinem überzeugenden Ergebnis geführt. Sein Versuch der Aufgliederung der annalistischen Teile in den Büchern 31-45 (103-112) ist von sehr bedingter Beweiskraft.

59) M. Zimmerer, Der Annalist Q. Claudius Quadrigarius, Diss. München 1937.

60) A. Klotz, Der Annalist Q. Claudius Quadrigarius, RhM 91, 1942, 268-285.

61) Klotz 1940, 24 ff. (passim).

62) Peter, HRR I 238-275; 66 Fgm. A. Klotz R.E. VII A 2, 2313-2340 (1948). Ogilvie 12-16, R.A. Laroche, Valerius Antias and his numerical totals: a reappraisal, Hist. 26, 1977, 358-68. Livius nennt ihn in der ersten Dekade zweimal, in der dritten siebenmal, in der vierten zwanzigmal und in der fünften fünfmal.

63) Der Umfang ist umstritten, da nach 24 ziemlich vollständig belegten Büchern noch drei Fragmente aus den Büchern 45, 74 und 75 erhalten sind: Zeugnisse eines ungewöhnlich großen Umfangs oder Schreibfehler? Als Werkschluß wird der Tod Sullas vermutet.

64) Vgl. S. 219 Anm. 57.

65) Liv. 32, 6, 5-8 (= Fgm. 31).

66) Ogilvie 12-16 schreibt ihm eine Bevorzugung der Gens Valeria zu, deren Vertreter noch bei Livius als Neuerer von Institutionen (erster Diktator; erster Fetiale u.a.m.) genannt werden, sowie die Bevorzugung der Gestalten der Gens Claudia der Frühzeit. Walsh 1961, 122 ist der Ansicht, daß Antias von der dramatisierenden hellenistischen Geschichtsschreibung stark beeinflußt gewesen sei und der Tyche (Fortuna) einen erheblichen Einfluß auf das historische Geschehen eingeräumt habe.

67) Peter, HRR I 298-307; 27 Fgm. erhalten, Livius erwähnt ihn siebenmal in der ersten Dekade.

68) Wir haben von Cicero eine etwas ausführlichere Charakterisierung dieses Mannes, wie wir sie von keinem anderen Annalisten besitzen (Cic. Brut. 67, 238; de leg. 1,2,7).

69) Sallust, Fragmente ed. B. Maurenbrecher, Leipzig 1891 (1966), III 48 (S. 126 ff.).

70) 5, 2, 2-12.

71) Walsh 1961, 220-272, 295 sieht in der Benutzung von zwei politisch gegensätzlichen Autoren (Antias senats-, Macer plebejerfreundlich) ein Zeichen für das Bemühen des Livius um Unparteilichkeit. Ogilvie 7-12; ders., Livy, Licinius Macer and the libri lintei, JRS 48, 1958, 40-46.

72) Peter, HRR I 308-372; 13 Fgm. Livius nennt ihn zweimal in der ersten Dekade. Klotz 1940, 220-272; 295 sieht in ihm die Hauptquelle für Livius und Dionys von Halikarnass.

73) 4, 23, 1; 10, 9, 10.

74) Walsh 1961, 115 f.; H. Tränkle, Der Anfang des römischen Freistaats in der Darstellung des Livius, H 93, 1965, 311-337.

75) Cic., Pro Q. Ligario aus dem Jahre 46.

76) Darauf gründet Walsh seine Vermutung, daß die Rechtskenntnisse des Tubero Livius bewogen hätten, ihn als wichtige Quelle für die Ständekämpfe heranzuziehen.

77) Eine nahezu vollständige Aufteilung des erhaltenen livianischen Werks auf die annalistischen Vorgänger gab W. Soltau, Die Anfänge der römischen Geschichtsschreibung, Leipzig 1909. Einen ähnlichen Versuch bietet Klotz 1940 passim; dazu M. Gelzer, Gn. 18, 1942, 220-230.

78) Ein sehr negatives Urteil bei E. Badian, The Early Historians, in T.A. Dorey (Hrsg.): Latin Historians, London 1966, 18 ff.

79) Vgl. S. 219 Anm. 57. Immerhin sei bemerkt, daß weder Livius - abgesehen von Antias - noch Cicero, wo er auf die Annalisten zu

sprechen kommt, einen von ihnen der Fälschung bezichtigt.

80) B.W. Frier, Roman Historiography from the Annales Maximi to Cato Censorius, Diss. Michigan 1969; ders., Libri annales pontificum maximorum, Papers and Monogr. of the American Academy in Rom 27, 1979; E. Rawson, Prodigy Lists and the Use of the Annales Maximi, CQ N.S. 21, 1971, 158-169.

81) Tränkle 222 ff. nimmt an, daß einzelne von ihnen auch Polybios benutzt hätten, was nicht ganz unwahrscheinlich ist.

82) 4, 20, 8; 23, 2; vgl. 4, 7, 10. Man hat diese Angabe lange in Zweifel gezogen und die **libri lintei** als Fiktion des Macer zur Erhöhung der Glaubwürdigkeit seiner Angaben angesehen. Heute neigen einige Forscher zu der Ansicht, daß es sich um echte Urkunden gehandelt habe: Ogilvie 544; ders. Livy, Licinius Macer and the libri lintei, JRSt. 48, 1958, 40-46; Walsh 1961, 111.

83) Diese lange bestrittene Möglichkeit wird heute zunehmend positiv beurteilt; vgl. D. Timpe 1988, 266-289.

84) Livius verhält sich gegenüber diesem von einzelnen Gentes gebotenem Material skeptisch: **familiae ad se quaeque famam rerum gestarum honorumque fallenti mendacio trahunt; inde certe et singulorum gesta et publica monumenta rerum confusa** (8, 40, 5).

85) C. Flaminius und C. Terentius Varro, die Hauptschuldigen an Roms Niederlagen am Trasimenischen See und bei Cannae, haben wohl schon früh in der Überlieferung das Siegel eines schlechten Charakters aufgedrückt bekommen. Es scheint aber ihre **ferocia** und **impietas** von der jüngeren Annalistik verstärkt worden zu sein.

86) Vgl. o. S. 21.

87) Sp. Cassius (2,41,1-9); Sp. Maelius (4, 13, 1); M. Manlius Capitolinus (6, 11-20). Zuerst Th. Mommsen, besonders Römische Forschungen II 153-179; Ed. Schwartz R.E. V 1, 952. Weitere Literatur bei Gutberlet und von Haehling 66 Anm. 189. - Von Ungern-Sternberg 1988, 77-104 rechnet in seiner Analyse des livianischen Berichts vom Decemvirat damit, daß hier eine Rückblendung aus der Zeit des ersten Triumvirats vorliegt, und hält einen Bericht aus den vierziger Jahren für wahrscheinlich; ders. hat bereits in seiner Hab. Schrift "Capua im zweiten punischen Krieg", München 1975, 7-10 u. über die Probleme der Rückprojizierung aktueller Ereignisse in die Vergangenheit gehandelt.

88) Briscoe 1971, 9; T.J. Cornell (s.S. 214 Anm. 8) nimmt an, daß Livius alle von ihm genannten Annalisten eingesehen habe.

89) Bei der von Walsh 1961, 124-132 vorgenommenen Zuteilung auf die verschiedenen Quellen bleibt vieles sehr unsicher.

90) Tränkle 193-241 lehnt dies - ähnlich wie Klotz (292), der aber Polybios als Quelle für die Kämpfe in Afrika erwägt, strikt ab, während sein Recensent Kl. Meister, AAHG 32, 1979, 175-182 dies annimmt. Walsh 1961, 125; 139; 1974, 15 ist der Ansicht, daß Livius bereits bei Beginn seiner Arbeit an der dritten Dekade Polybios kannte, für die ersten Jahre aber Coelius und Valerius Antias folgte und erst für die Kämpfe in Sizilien und Afrika Polybios heranzog.

91) Zuletzt Walsh 1990, 9.

92) Vgl. Meister passim.

93) Eine Interpretation der meisten kritischen Bemerkungen des Livius in den Büchern 21-45 gibt V. Wiehemeyer, Proben historischer Kritik aus Livius XXI-XLV, Diss. Münster, Emsdetten 1938.

94) F. Hellmann, Livius-Interpretationen, Berlin 1939, 8 ff.

95) 2, 21, 4.

96) 6, 1, 2.

97) 26, 49, 2.

98) 1, 24, 1.

99) 8, 40, 3.

100) 8, 40, 4.

101) 8, 40, 5; 29, 14, 9.

102) 10, 9, 12.

103) 22, 7, 4.

104) 10, 30, 4.

105) 43, 13, 2.

106) 6, 12, 4.

107) 2, 14, 4.

108) 8, 18, 3 und öfter.

109) Als Zeugnis seiner **fides** ist die Tatsache zu werten, daß er häufig am Ende eines größeren Berichts abweichende Angaben anderer Autoren anführt.

110) Polybii Historiae ed. Th. Buettner-Wobst I-V, Leipzig 1889-1904 (1962-1963). - F.W. Walbank, A Historical Commentary on Polybios, 3 Bde., Oxford 1957-79; ders. in Dorey 1971, 47-72; - Slbd. Polybios, her. von Kl. Stiewe und N. Holzberg, Darmstadt 1982. - Polybios, Geschichte, eingeleitet und übertragen von H. Drexler, Zürich 2 Bde., 1961/63. - Grundlegend H. Nissen 1863 und Witte, passim. Walsh 1961, 128 ff.; Tränkle, passim; Luce 205-229).

111) Petzold 1983, 247.

112) Walbank 1971, 46 ff. - Für schubweise Abfassung K. Ziegler, R.E. XXI 2 (1952), 1440-1570; für kontinuierliche Arbeit H. Erbse, Polybios-Interpretationen, Philol. 101, 1957, 269-295; alii aliter.

113) Besonders im Buch 12 mit wichtigen methodologischen Erörterungen.

114) Eine tabellarische Gegenüberstellung der Liviusabschnitte und der Polybios-Vorlagen aus den Büchern 16-30 gibt Tränkle 29-32 mit Hinweisen auf die Besonderheiten der Polybios-Exzerpte (32-44); ebenso für die Bücher 31-33, 34-37 Briscoe 1973, 1 ff; ders. 1981, 1 mit einem Verzeichnis der annalistischen Zusätze des Livius, der Mißverständnisse, Dubletten und Varianten.

115) 30, 45, 5.

116) 33, 10, 10.

117) 39, 52, 1.

118) 45, 44, 9.

119) E. Pianezzola, Traduzione e Ideologia: Livio Interprete di Polibio, Bologna 1969; Tränkle passim.

120) Meist zitierte Beispiele des Mißverständnisses ist die Wiedergabe von Pol. 21, 28, 12 (29, 11) thyreous (= Schilde, aber auch Türsteine) mit thyras = foribus raptis objectis (Liv. 38, 7, 10), ferner Pol. 18, 24, 9 mit hastis positis (Liv. 33, 8, 13) in Unkenntnis des makedonischen Kommandos zum Angriff.

121) So noch Walsh 1961, 143 f.

122) Tränkle 178-191; Luce 163 f.

123) Meister, passim.

124) Timaios ca. 356-260 (Jacoby, FGrHist 566).

125) Phylarch um 300 (Jacoby FGrHist 81).

126) 12, 25 e.

127) 12, 25 a, b, k ff.

128) 12, 25 d.

129) Etwas günstiger urteilen A. Maiuri, Con Livio attraverso Sannio e Campania, A & R. N.S. 1, 1951, 52 ff.; M.R. Girod, La Géographie de Tite-Live, ANRW II. 30.2. (1982), 1190 ff.; K. Gries, The Personality of Livius, Coll. Latomus 101, 1969, 383-393 rechnet mit Autopsie der italischen Orte. Die Autopsie (wohl zufälliger Art) einer Scipio-Statue in Liternum bezeugt Livius 38, 56, 3 und die der Statuen in der Scipionen-Grabstätte außerhalb der Porta Capena (ebda.).

130) Ausnahme: 21, 45; 47, 7-8.

131) Polybios gibt für den Alpenübergang keine exakten Angaben, betont aber, daß er selbst zur Kontrolle dieses Übergangs die Alpen überquert habe (3, 48, 12).

132) 33, 35, 8. Daß Livius in Griechenland gewesen sei, wie Tränkle (166 f.) erwägt, ist weder zu beweisen noch wahrscheinlich.

133) W. Papst, Quellenkritische Studien zur inneren römischen Geschichte der älteren Zeit bei T. Livius und Dionys von Halikarnass, Diss. Innsbruck 1969; dazu E. Petzold, Gn. 50, 1978, 182 ff.; von Haehling 63, Anm. 5.

134) Um ein Jahr zu früh datiert (200) der Feldzug des P. Sulpicius Galba vom Jahre 199 (31, 47, 1-3); um ein Jahr zu spät die Verhandlungen von Nicaea (32, 32, 9-37,6) im Jahr 197 (statt Winter 198); vgl. Tränkle 47-50; Walsh, Livy 145 ff.; Briscoe 1973, 2 f.

135) Dubletten finden sich bereits in der 1. und 3. Dekade, z.B. beim Kampf gegen Saticula (9, 20, 4-7; 9, 20-22), beim Übergang über den Apennin (21, 58; 22, 2), bei den Kriegsvorbereitungen (21, 57, 5-14; 21, 59), die beiden letzten offenbar durch Benutzung von Coelius und einem Annalisten.

136) 42, 3, 1; 42, 10, 5; vgl. dasselbe 34, 55, 7; 35, 41, 8; vgl. Walsh 1961, 146 ff.

137) 35, 10, 12; 35, 41, 10.

138) 32, 29, 1; 34, 45, 1.

139) 41, 12, 1; 42, 16, 7-9.

140) 39, 29, 8; 39, 41, 6.

141) 34, 21, 8; 34, 42, 1.

142) Mit Fug und Recht haben die Herausgeber des Budé- Tite- Live von Buch 31 an für jedes Buch in der Einleitung die chronologischen Probleme gesondert behandelt; desgleichen Briscoe.

143) Walbank 54; ebenso Briscoe 1973, 11 f. "Clearly Livy cannot be convicted of continuel negligence; considering the extensive scale of his work his errors are no more than occasional lapses" (Walsh 1961, 151); ähnlich Tränkle 49 und 54.

144) H. Nissen 18-34.

145) Pol. 16, 14, 1-10.

146) Pol. 9, 12, 1-16, 5.

147) Pol. 29, 21 (6c) 1-9. Zum Schicksalsbegriff des Polybios Tränkle 96; zuletzt Walbank 1990, 18 f., 30.

148) Weitere Beispiele in den folgenden Interpretationen.

149) Nissen 18 ff.

150) Näheres im Folgenden.

151) S. S. 58 ff.

152) 38, 7, 12.

153) 32, 17, 11.

154) 35, 34, 2.

155) 33, 32, 1-2.

156) Walsh 1961, 271 (profound patriotisme); 283 (blind patriotisme); chauvinistically (Walsh, Livy, Book XXXVI (191 B.C.), Warminster 1990, 81.

157) Vgl. Jal in der Einleitung seiner Ausgabe der Bücher 21 und 26, Budé-Tite-Live 1988; 1992).

158) 38, 38, 1-39, 17.

159) 31, 29-32.

160) 32, 32, 1-36, 10.

161) 37, 37, 1-45, 3.

162) 34, 31, 1-32, 20.

163) Luce 185-229.

164) Zur Zeitbestimmung Tränkle 48 f.; 121 f.

165) Im Folgenden lasse ich die Angaben der Bücher weg.

166) Bei Polybios Oratio obliqua.

167) Statt der Übergangsformel bei Polybios (I, 1, 8) läßt Livius Quinctius unmittelbar in direkter Rede replizieren, so daß ein lebhafter Dialog entsteht.

168) 4,5 - 5,9.

169) Den ersten Teil gibt er stark verkürzt nach der Empörung des Königs (34, 6).

170) Bei Polybios (6, 1) lacht Titus am Ende dieses Absatzes; das läßt Livius als eine einem Feldherrn nicht angemessene Reaktion weg.

171) Bei Polybios äußert er dies erst am nächsten Tage (9,3).

Zu Kap. IV:

1) McDonald 155-172; Walsh 1961, 173-190; 191-218; ders. 1974, 23-28; Luce 185-225. Chausserie-Laprée 1969, passim. M. Fuhrmann, Narrative Techniken im Dienste der Geschichtsschreibung (Buch 21-22), Festschr. Burck 19-29. G.A. Seeck, Livius: Schriftsteller oder Historiker? Festschr. Burck 81-95. P. Jal, Tite-Live et le métier d'historien dans la Rome d'Auguste, Bull. de l'Association Guillaume Budé, Paris 1990, 1, 32-47.

2) E.W. Frier, Roman Historiography from the Annales Maximi to Cato Censorius, Diss. Michigan 1969; ders., Libri annales pontificum maximorum, Papers and Monogr. Am. Acad. in Rome 27, 1979. E. Rawson, Prodigy lists and the Use of the Annales Maximi CQ N.S. 21, 1971, 158-169.

3) 2, 19, 1-2. Vgl. den Jahresbericht von 474 (2, 54, 1-2) und 429-428 (4, 30, 4-11). Auch in den späteren Büchern finden sich gelegentlich ähnliche chronikartige Abschnitte (41, 13, 1-5).

4) Wir können sie freilich nur aus späteren Autoren erschließen; einige Belege im Folgenden aus Livius. Vgl. Timpe 1988, 266-289; von Ungern-Sternberg 1988, 11-27; G. Wille bei Vogt-Spira, Quellen zur Verwendung mündlicher Texte in römischen Gesängen vorliterarischer Zeit 199-225.

5) 2, 48, 1-49, 8; 50, 1-11.

6) 2, 10, 1-12.

7) 2, 12, 1-16.

8) 2, 34, 9-35, 8; 37, 8-40, 10.

9) 5, 31, 1-4; 5, 47, 1-8; 6, 5, 6; 6, 11, 1-20, 14.

10) 7, 9, 6-10, 14; Vorlage Claudius Quadrigarius (Peter, HRR I , Fgm. 10^b).

11) 7, 25, 13-26, 5. Vorlage wahrscheinlich Claudius Quadrigarius (Peter, HRR I , Fgm. 12); dagegen Klotz 207 und M. Zimmerer, Der Annalist Claudius Quadrigarius, Diss. München 1937.

12) Zuletzt M. von Albrecht, Meister der römischen Prosa, Heidelberg 1971, 110-126, W. Schibel, Sprachbehandlung und Darstellungsweise in römischer Prosa, Amsterdam 1971. W. Richter, Charakterzeichnung und Regie bei Livius, Festschr. Burck 59-80. J. Fries, Der Zweikampf, Beitr. z. klass. Phil. 169, 1985, 88-104. - Texte: Wege zu Livius 376-382. -
Keltische Elemente sehen in beiden Geschichten J. Bayet und R. Bloch (Budé-Tite-Live, B. 7, 98-117); Ch. Peyre, Tite-Live et la ferocité Gauloise, REL 48, 1970, 277-296.

13) K. Witte, passim. McDonald 155-172. Förderlich Gärtner, der "bildhafte Einzelscenen" bzw. "Stimmungsbilder" und "Reflexionen" herausarbeitet. Ähnlich P. Steinmetz, Eine Darstellungsform des Livius, Gymn. 79, 1972, 191-208.

14) S. S. 46 ff.

15) 1, 10, 5-6; 17, 7-11; 18, 5-10; 24, 4-9; 32, 11-14; 43, 1-13.

16) Eine besonders umfangreiche Aufgliederung der Jahresaufgaben auf die einzelnen Magistrate bietet angesichts der Schwere und Fülle der Aufgaben für den Krieg gegen Antiochus der Jahresbeginn 191 (36, 1-4). Hier auch einer der wenigen Angabenkataloge über die Lieferung von Lebensmitteln für die Truppeneinheiten und die Stadt Rom (vgl. 31, 50, 1; vgl. auch 43, 12, 1-15, 8 vor der Entscheidung im Kampf gegen Perseus).

17) E. de Saint Denis, Les énumerations de prodiges dans l'oeuvre de Tite-Live, RPh 16, 1942, 126-142.

18) J. Phillips, Form and Language in Livy's Triumph Notices, ClPh 16, 1974, 263-274.

19) 40, 42, 6-13.

20) Ebenso urteilt jetzt Walsh 1990, 9.

21) Vgl. S. 46-49.

22) Im Folgenden lasse ich die Buchzahlen weg.

23) Hauptstelle: Ars Poet. 7, 1450 b 23.

24) Vgl. M. Treu, Das Camillusgebet bei Livius (5, 21, 14 ff.) WJA 1947, 63-74.

25) 21, 10.

26) **Clamor omnia variis terrentium ac paventium vocibus mixto mulierum ac puerorum ploratu complet** (21, 11).

27) 5, 32, 8-9.

28) 21, 8; 22, 6.

29) 31, 16, 6-18, 9. Die Buchzahl lasse ich im Folgenden weg. Zur Einzelerklärung und zum Vergleich beider Texte Witte 290-294; 304-305; Briscoe 1973, 101-110 mit weiterer Literatur sowie McDonald, 168 f.

30) Polyb. 16, 29, 3-34, 12. Die Buchzahl lasse ich im Folgenden weg.

31) Vgl. Tränkle 169.

32) Polybios nennt ihre Namen, Livius verzichtet darauf wie in ähnlichen Fällen.

33) Hier kürzt Livius erheblich gegenüber der detailreichen Kampfsituation bei Polybios (33, 2-3).

34) Die tragische Geschichtsschreibung (vgl. S. 23 und S. 217), mit der sich Polybios trotz seiner Ablehnung dieser Species gelegentlich berührt, hat Schreckens- und Vernichtungsszenen sowie Grausamkeiten, überhaupt das Leid ins Unglück geratener Menschen oft ausgemalt, um eine Erschütterung des Lesers zu erreichen. Livius vermeidet es im allgemeinen, Grausamkeiten und Scheußlichkeiten auszumalen - Ausnahme 22, 31, 5-9 (das Schlachtfeld von Cannae) - und beschränkt sich auch hier auf die Wendung **seque ipsi per omnes vias leti interficerent.**

35) Dieser Hinweis nimmt die bereits bei der Vorbereitung der Vernichtungsaktion eingefügte Bemerkung über die **Saguntina rabies** auf, von der die Abydener getrieben werden (17, 5). Das unterstreicht die Bedeutung des abschließenden Satzes (18, 9).

36) H.G. Plathner, Die Schlachtschilderungen bei Livius, Diss. Breslau 1934; Kroymann 1949, 124-131.

37) Anders Tränkle 204 f.

38) Zahlreiche Beispiele bei Witte 393-97 und J.P. Chausserie-Laprée, 497-517; 673 f.

39) 2, 65; 36, 9, 12.

40) 22, 47, 1-10.

41) Ebenso beliebt ist die Formulierung, daß ein Vernichtungsschlag beinahe eingetreten wäre, wenn nicht (**factum esset, nisi**) unerwartet eine Wendung dies verhindert hätte.

42) S. S. 81 ff.

43) Pol. 11, 1-3; Liv. 27, 48 f. (Schlacht am Metaurus; vgl. Walsh 1961, 161.

44) 22, 51, 5-9.

45) Das ist besonders eindringlich nach der Niederlage am Trasimenischen See geschehen (22, 7, 6-14).

46) Schon H. Taine, Essai zur Tite-Live, Paris 1856 hat festgestellt: "Les passions étant les causes des événements sont la substance même de l'histoire"; vgl. Walsh, 1961, 177 f.; ders., 1974, 25 ff.; zuletzt von Haehling 167.

47) Vgl. Ennius Fgm. 547 V. (= 560/61 Sk.): **at Romanus homo, tamenetsi res bene gestat, corde suo trepidat.** Wie T. Quinctius Flamininus in dem Jubel über die Freiheitserklärung von Korinth die neue Kriegsgefahr nicht aus den Augen läßt, die von Antiochus droht (33, 34, 1-3), so fordert M. Fulvius Nobilior in einer Anlage zum Friedensvertrag mit Antiochus die Auslieferung Hannibals und anderer Romgegner, von denen eine Kriegsgefahr ausgehen könnte (38, 38, 18).

48) 2, 49, 1-2; 4, 60, 1-3; 22, 7, 6-14; 25, 22, 1; 26, 18, 8-11; 27, 44, 1-10; 27, 50-51, 10.

49) Livius spricht allerdings im Rückblick auf die Niederlage am Trasimenischen See von wenigen Niederlagen (**inter paucas memorata populi Romani clades** 22, 7, 1) - eine situationsbedingte Einschränkung. - H. Bruckmann, Die römischen Niederlagen im Geschichtswerk des T. Livius, Diss. Münster 1936 führt einschließlich kleiner Rückschläge rund 70 Niederlagenberichte an und bespricht exemplarisch von den großen Niederlagen je fünf in der 1. und 3. Dekade und zwei aus den Büchern 39 und 41.

50) 26, 41, 9. Livius läßt den Samniten Herennius Pontius die Römer charakterisieren: **ea est Romana gens, quae victa quiescere nesciat** (9, 3, 12 vgl. 9, 19, 9); vgl. Horaz c. 4,4, 65 ff. (im Munde Hannibals). H. Hoch 19-32.

51) 22, 54, 10. Nach der Niederlage am Trasimenischen See läßt Livius Hiero von Syrakus Gesandte mit Lebensmittelvorräten nach Rom schicken und seiner Überzeugung Ausdruck geben: **probe sciat magnitudinem populi Romani admirabiliorem prope adversis rebus quam secundis esse** (22, 37, 3).

52) 21, 57, 14.

53) 21, 54, 6-56, 9; 22, 3, 4-6, 12; 22, 44, 1-49, 18. Vgl. A. Klotz, Dichtung und Wahrheit in der livianischen Erzählung von Cannae, Gymn. 56, 1949, 58-70.

54) Z.B. bei C. Flaminius (21, 62, 1-11; 63, 1-15; 22, 1, 5-8,13; 3,4-14; 4, 4 bei Terentius Varro: 22, 25, 18-26, 4; 35, 4; 38, 6; 41, 1-5; 42, 3-12; 44, 5-7. Vgl. W. Will, Imperatores victi: Zum Bild römischer Konsuln bei Livius, Historia 32, 1983, 173-182 vermutet - nicht ohne Grund -, daß bereits Fabius Pictor die Grundzüge der für die römischen Niederlagen verantwortlichen Konsuln fixiert habe.

55) 21, 54, 6-9.

56) 22, 6, 1-4; 7, 5.

57) 5, 38, 5-10; 22, 6, 5-12.

58) 22, 49, 15-18.

59) 22, 4, 3; 6, 12; 43, 1; 53,11.

60) Grundschema: **ibi ex insidiis prope magna accepta clade virtus militum rem prolapsam neglegentia consulis restituit** (2, 63, 5); vgl. den Untergang der Fabier (2, 50, 5-11).

61) 21, 5, 3-6; 22, 5, 6-8; dazu Bruckmann (vgl. S. 230 Anm. 49) 68; 85.

62) 22, 50, 4-12.

63) **Hic erit iuvenis, penes quem perfecti huiusce belli laus est, Africanus ob egregiam victoriam de Hannibale Poenisque appellatus** (21, 46, 8).

64) 22, 49, 1-12; vgl. Gärtner 13-18.

65) Vgl. S. 230, Anm. 54.

66) 22, 50, 6-12.

67) 22, 53, 7-13.

68) Die Niederlage des Cn. Fulvius wird hart kritisiert (**foede caesus fugatusque**); seine Soldaten werden strafversetzt (26, 1, 9-10), und er geht in die Verbannung (**id ei iustum exilium esse scivit plebs** (26, 3, 12). Zum Mangel an Disziplin der Soldaten des Fulvius vgl. 25, 20, 6-21, 10.

69) 5, 36, 6; 50, 5. Gegensatz: Die Römer haben die Gesandten der Tarquinier, die in Rom eine Verschwörung anzetteln wollten, unter Beachtung des **ius gentium** nicht bestraft, sondern nach Hause entlassen (2, 4, 7).

70) 5, 38, 4; 9, 1, 8-2, 1.

71) 5, 49, 5.

72) 9, 5, 11; 6, 1-9; 7, 10-12.

73) 9, 9, 1-19; Bruckmann (S. 230 Anm. 49) 3-31; J. Kroymann 1949, 124-131; von Haehling 169, Anm. 25.

74) Noch immer lesenswert das Kapitel 'Les discours' in H. Taine, Essai sur Tite-Live, Paris 1856; vgl. ferner H. Bornecque, 155-174. - B. Laggner, Untersuchungen zur Topologie in den Reden der 1. und 3. Dekade des livianischen Geschichtswerks, Diss. Graz 1972. - H. Aili, Livy's Language: Dramatic Speech in Livy, ANRW II.2, Berlin New York, 1982, 1130-35. - K. Gries 118-141.

75) Belege erübrigen sich.

76) Ausnahme: M. Porcius Cato, der einige der von ihm gehaltenen Reden oder Teile von ihnen in sein Geschichtswerk aufgenommen haben soll.

77) Cic. de leg. 1, 2, 5; de or. 2, 15, 62 (munus oratoris).

78) Sen. Ep. mor. 100, 9 **eloquentissimus**.

79) Quint. Inst. or. 8, 1, 3.

80) Tac. Agr. 10 **Livius veterum** (scil. oratorum) **eloquentissimus auctor**.

81) Quint. Inst. or. 10, 1, 101.

82) Sen. Suas. 6, 22.

83) Suet. Dom. 10.

84) Wie Livius die Reden zur Charakterisierung einzelner Personen, Gruppen oder Situationen nutzt, so setzt er auch das Schweigen im gleichen Sinne ein, namentlich bei der Reaktion größerer Gruppen. Mit Schweigen reagieren die Anwesenden entsetzt bei der Drohung des Übergriffs des Appius Claudius gegen Verginia (3, 47, 4-6), bei der Betroffenheit über die Härte des Urteils des T. Manlius gegen seinen Sohn (8, 7, 21); in ihrer Ratlosigkeit auf die Einschließung in den Caudinischen Pässen, aber auch bei der ihnen plötzlich übereilt erscheinenden Wahl Scipios zum Feldherrn in Spanien (26, 19, 10). Die dumpfe Ahnung einer zweiten Niederlage läßt das römische Heer in Spanien in Schweigen verfallen (25, 35, 3). Die Thraker, die umgesiedelt werden, tragen schweigend ihren Schmerz (40, 3, 5). Aber auch bei einzelnen Persönlichkeiten kann das Schweigen ihre Reaktion auf eine ungewöhnliche Situation zum Ausdruck bringen. So läßt Livius Perseus die Haßrede gegen seinen Bruder infolge höchster Erregung durch eine Schweigepause unterbrechen (40, 8, 20) und Demetrius ob der gegen ihn zu Unrecht erhobenen Verdächtigungen und Vorwürfe schweigend in Tränen ausbrechen (40, 12, 1). Umgekehrt läßt Livius zum Ausdruck ihrer gegenseitigen Bewunderung Hannibal und Scipio vor Zama schweigend einander gegenübertreten (30, 30, 2). Schweigend mit gesenktem Blick nimmt in stummer Ablehnung der mit Papirius Cursor verfeindete Konsul Q. Fabius die Bitte des Senats entgegen, jenen zum Diktator zu ernennen, und geht weg, bis er in der Nacht die Ernennung schließlich vollzieht (9, 38, 13). Vgl. E. Dutoit, Silence dans l'oeuvre de Tite-Live, Mélanges Marouzeau, Paris 1948, 141-151; ders., REL 20, 1942, 98-105.

85) R. Treptow, Die Kunst der Reden in der ersten und dritten Dekade des Livius, Diss. Kiel 1964 und I. Paschkowski, Die Kunst der Reden in der vierten und fünften Dekade des Livius, Diss. Kiel 1966 haben die Angaben von Q. Kohl, Über Zweck und Bedeutung der

livianischen Reden, Jahresb. d. Realschule I.U. und des Gymn. Barmen, Barmen 1872 leicht korrigiert.

86) 5, 3, 1-6, 17; 5, 50, 1-54, 7. Vergleichbar ist das Paar von Reden eines Sprechers des Senats (Oratio obliqua 4, 2, 1-14) und des Volkstribunen Canuleius (Oratio recta 4, 3, 1-5, 6).

87) Vgl. Gärtner 98-115.

88) Nach J. Dangel, La Phrase oratoire chez Tite-Live, REL 54, 1976, 221-239 stellen die kurzen Reden (bis zu 200 Wörtern) 55,3 Prozent, die mittleren (bis zu 700 Wörtern) 24,7 Prozent, die langen (bis zu 1500 Wörtern) 20 Prozent dar.

89) "Die schlichten Sätze des Griechen sind in klangvolle Perioden verwandelt": Witte 100 nach Besprechung der vier "rhetorischen Meisterstücke" (Pol. 21, 14 f.; Liv. 37, 35-36).

90) Pol. 21, 22, 5-23, 13; Liv. 37, 54, 3-28. Im Folgenden lasse ich die Buchzahl weg. Zur Rhodier-Rede Tränkle 125, f.; Hoch 12 ff.

91) Pol. 22, 5-11 (Oratio obliqua); Liv. 54, 3-10 (Oratio recta).

92) **Ne decederetis instituto vestro** (54, 9); **licet non decedere instituto vestro** (54, 13).

93) Schwächer die Erwähnung der Götter bei Polybios (23, 4).

94) Liv. 54, 15-16.

95) **Gentis vetustissimae nobilissimaeque vel fama rerum gestarum vel omni commendatione humanitatis doctrinarumque** (54, 17); vgl. **eruditissima omnium gens** als Urteil des Livius (39, 8, 3); dagegen **gens lingua magis strenua quam factis** (ebenfalls Urteil des Livius 8, 22, 8). - **Athenienses quidem litteris verbisque, quibus solis valent, bellum adversus Philippum gerebant** (31, 44, 49).

96) **Hoc patrocinium receptae in fidem et clientelam vestram universae gentis perpetuum vos praestare decet** (54, 17).

97) 54, 23-25.

98) Vgl. J.A. Foucault, Tite-Live, Traducteur de Polybe, REL 46, 1968, 208-211; Tränkle, Gymn. 79, 1972, 13-31; ders., 137-138; Briscoe 1973, 16, 304-317.

99) Pol. 23, 7-12; Liv. 54, 26-28.

100) **Carthago libera cum suis legibus est** (54, 26).

101) Inducetis in animum negare Eumenis cupiditati, quod iustissimae irae vestrae negastis (54, 27).

102) Während Polybios anfügt, daß die Rhodier maßvoll und treffend zur Lage gesprochen hätten, schließt Livius seinen Bericht mit dem Blick vom Hörer her: **apta magnitudini Romanae oratio visa est** (54, 28).

103) 34, 2, 1-4, 20.

104) 38, 54, 11. Es ist kein Fgm. von ihr erhalten, obwohl sie zu seinen bekanntesten Reden gehört hat.

105) Vgl. Luce 252.

106) Vgl. I. Paschkowski (s. S. 232, Anm. 85) 70-125; gewisse Einschränkungen bei Briscoe 1981, 40 (z.St.). Es ist erwähnenswert, daß Livius diese Rede etwa zu der Zeit geschrieben haben kann, als Augustus seine ersten Ehegesetze erließ. Einzelne Abschnitte wecken Assoziationen an die von Sallust vorgetragenen Ursachen von Roms politischem und moralischem Niedergang und an die Warnungen des Horaz vor der depravierenden Wirkung von **avaritia** und **luxuria** und sind stärker aus den Erfahrungen des Livius als aus denen Catos heraus gesprochen: **saepe me querentem de feminarum, saepe de virorum nec de privatorum modo, sed etiam magistratuum sumptibus audistis diversisque duobus vitiis, avaritia et luxuria, civitatem laborare, quae pestes omnia magna imperia everterunt** (34, 4, 1).

107) H. Tränkle, Cato in der vierten und fünften Dekade des Livius, AAWM Kl.4, 1971 erwägt, ob Livius Catos Bericht direkt oder durch Vermittlung eines Annalisten (Valerius Antias?) benutzt hat.

108) 34, 9, 12.

109) **L. Aemilius L.F. Paulus cos. II cens. interrex. pr. aed. cur. que ts. mil. tertio. aug. Liguribus domitis priore consulatu triumphavit. iterum cos. ut cum rege Perse bellum gereret apsens factus est. copias regis decem diebus quibus Macedoniam attigit delevit regemque cum liberis cepit** (CJL I p. 194 Nr. XV.XVI, 1829).

110) 45, 41, 1-12; vgl. I. Paschkowski (s. S. 232 Anm. 85) 221-248.

111) Quint. Inst. or. 10, 1, 101.

112) 42, 34, 2-15. Lohnender Vergleich mit der Rede des Revolutionärs T. Manlius Capitolinus (6, 8, 5-15) und der Hetzrede des Attius Tullius (2, 38, 2-5).

113) Ebda., 2-4.

114) Ebda., 5-6.

115) Ebda., 6-7.

116) Ebda., 8-10.

117) Ebda., 15.

118) 5, 3, 2-12.

119) 5, 3, 2.

120) 5, 3, 2-6, 17.

121) 5, 50, 1-54, 7; vgl. Ogilvie 741 ff.

122) 28, 40, 1-45, 11.

123) 34, 2, 1-7, 15.

124) Dazu trägt auch die Hervorhebung der Rede durch ihre Stellung am Buchanfang bei. - Die Bedeutung Catos, der in der Schlacht bei den Thermopylen eine Schlüsselrolle spielte, hat Livius dort wenig hervortreten lassen und keines besonderen Lobes gewürdigt (36, 17-21).

125) 39, 40, 3-12; u.a. **invicti a cupidinibus animi, rigidae innocentiae, contemptor gratiae, divitiarum** (10); **vivit immo vigetque eloquentia eius sacrata scitis omnis generis** (7).

126) 39, 15, 2-16, 13.

127) 38, 50, 4-60, 10.

128) 38, 51, 7-11.

129) **Adiecit decreto indignationem; sub pedibus vestris stabit, tribuni, domitor ille Africae Scipio? ideo quattuor nobilissimos duces Poenorum in Hispania, quattuor exercitus fudit fugavitque; ideo Syphacem cepit, Hannibalem devicit, Carthaginem vectigalem nobis fecit, Antiochum - recipit enim fratrem consortem huius gloriae L. Scipio - ultra iuga Tauri emovit, ut duobus Petilliis succumberet?** (38, 53, 1-3).

130) **L. Scipionem, qui regem opulentissimum orbis terrarum devicerit, imperium populi Romani propagaverit in ultimos terrarum fines, regem Eumenem, Rhodios, alias tot Asiae urbes devinxerit populi Romani beneficiis, plurimos duces hostium in triumpho ductos carcere incluserit...** (38, 60, 5-6).

131) Vgl. vor allem die Forderungen des Fulvius Nobilior (38, 43, 2-13; 39, 4, 1-5,5) und des Cn. Manlius (38, 45, 1-46, 15).

132) 45, 36, 2-5.

133) 45, 37, 1- 39,20 (mit kleinen Lücken).

134) 45, 39, 2.

135) 45, 39, 17-19.

136) 45, 41, 1-12; vgl. S. 74.

137) 31, 29, 3-16; 30, 2-11; 31, 1-20 vgl. Briscoe 1973, 20 f.; Wege zu Livius: (Burck), Die Reden auf dem panätolischen Landtag (452-463).

138) 31, 32, 2-5.

139) Pol. 18, 1, 1-10, 11; Liv. 32, 32, 9-36, 10.

140) Liv. 32, 32, 12-16; 33, 1-16.

141) Liv. 32, 34, 1-13.

142) Pol. 18, 36 (19) 1-38 (21) 9; Liv. 33, 11, 1-13, 15.

143) **Adiecta etiam illa vox bono animo esse regem** (33, 11, 4); dieser Hinweis fehlt bei Polybios; vgl. aber Pol. 38, 37 (20), 2-7.

144) 33, 12, 5-13.

145) **Desistite tumultuari, inquit, ubi consultandum** (33, 12, 13).

146) 33, 13, 11.

147) Nach der Realisierbarkeit solcher Ansprachen vor dem Heere soll man nicht fragen. Die Reden dienen dazu, die Bedeutsamkeit der folgenden Schlacht hervortreten zu lassen.

148) Die im Folgenden aufgezählten Einzelheiten finden sich - außer im Kontext vor und in den Schlachtschilderungen - in diesen Reden vor einer Schlacht: M. Valerius Corvus (Schlacht am Berge Gaurus 7, 32, 6-17); Decius Mus (Durchbruch 7, 35, 2-12); Scipio und Hannibal am Ticinus (21, 40-44); Marcellus (27, 13, 2-8); Hannibal und Scipio vor Zama (30, 30, 3-31, 9); M. Acilius Glabrio (Schlacht an den Thermopylen (36, 17, 2-16); Cn. Manlius (Schlacht gegen die Gallier (38, 17, 2-20); Aemilius Paulus (Schlacht bei Pydna 44, 38, 1-9).

149) 21, 40, 1-17; 43, 1-44, 9.

150) Wege zu Livius: Burck, Hannibal und Scipio vor Zama (mit weiterer Literatur), 440-452.

151) 21, 21, 3-6.

152) 26, 41, 9.

153) 26, 41, 12-13. Eng berührt sich mit dieser Überzeugung der Schluß der Rede Scipios nach der Meuterei der Soldaten, die von den harten Vorwürfen des Anfangs zu der fast gebetshaften Hinwendung zu Iupiter übergeht: ne istuc Iuppiter optimus maximus sirit urbem auspicato deis auctoribus in aeternum conditam fragili huic et mortali corpori aequalem esse ... superstes est populus Romanus eritque mille aliis (scil. absumptis) nunc ferro, nunc morbo morientibus (28, 28, 12). Der Ansatz für solche Paränesen findet sich bereits in der ersten Dekade, wo Camillus zagende Soldaten zum Vertrauen auf ihre Tapferkeit und seine auctoritas aufruft (6, 7, 3-6).

154) 36, 17, 2-16.

155) Tränkle 130 f.

156) 38, 17, 1-20. Knapp sind die Reden König Philipps und des Flamininus vor der Schlacht von Kynoskephalai (33, 3, 11-4, 3; 8, 4-5).

157) 5, 44, 4-6.

158) 6, 8, 1-2. Accelera signifer, sequere miles! (3, 27, 7). Auch sonst tragen pointierte Kurzäußerungen, wie etwa Zwischenrufe bei politischen Verhandlungen (32, 34, 2-3), spontane Ausrufe des Schreckens (1, 58, 7), abschließende Entscheidungen nach Beratungen (32, 21, 37; 45, 12, 5-6), charakterisierende Bemerkungen einzelner Persönlichkeiten (32, 34, 3; 39, 50, 8) zur Auflockerung bei.

159) A. Lambert, Die indirekte Rede als künstlerisches Stilmittel des Livius, Diss. Zürich 1946.

160) Gries 118-141 weist darauf hin, daß das Verhältnis zwischen den direkten und indirekten Reden in den einzelnen Büchern sehr verschieden ist: in Buch 10 ist das Verhältnis von Oratio recta (28,9 Prozent) zu Oratio obliqua (71,1 Prozent), in Buch 21 beinahe umgekehrt: 69 Prozent Oratio recta, 31 Prozent Oratio obliqua. In den von ihm herangezogenen Büchern 1, 10, 21, 30, 39 und 45 ergeben sich 49 Prozent für Oratio recta und 51 für Oratio obliqua.

161) "Sie" (scil. die Oratio obliqua) "tönt echter, sie ist intimer, scheint mehr aus dem Inneren des Sprechers zu kommen, ihre wahren und fast unaussprechlichen Gedanken wiederzugeben" (Howald 187).

162) Die Reden gehören fast alle dem Genus deliberativum an, wobei bisweilen einzelne Abschnitte dem Genus demonstrativum nahe-

kommen. In die Nähe des Genus iudiciale sind die Reden der beiden Söhne Philipps von Makedonien vor ihrem Vater zu setzen (40, 8-15). Zum Genus demonstrativum sind die Reden der Gesandten Sagunts, in der sie Roms Verdienste preisen (28, 39), und die Rede des Aemilius Paulus (45, 41 zu zählen.

163) Als Ergänzung zu seinem o.a. Buch (vgl. S. 85) hat R. Ullmann in seiner Abhandlung Étude sur le style des discours de Tite-Live, Oslo 1929, eine Zusammenstellung des rhetorischen Schmucks von den Gleichnissen und Sentenzen über die Tropen, Sinn- und Wortfiguren bis zu den Klauseln aus 90 Reden gegeben; vgl. ders., Les Clausules dans les Discours de Salluste, Tite-Live et Tacite, SO 3, 1925, 65-75. Die häufigsten Klauseln sind nach Ullmann der Doppelspondeus; Spondeus Paeonius; Doppelchoreus; anders H. Aili, Livy's Language ANRW II 30. 2, 1129. - H.V. Canter, Rhetorical Elements in Livy's Direct Speeches, AJPh 38, 1917, 125-151. H. Aili, The Prose Rhythme of Sallust and Livy, Stockholm 1979. J. Dangel (vgl. S. 233 Anm. 88) (mit eingehender Behandlung der Klauseln) 255-439.

164) Mit Nachdruck weist Briscoe 1973, 20 ff. anhand der Analyse von vier Reden aus Buch 31 und 32 die von Ullmann vorgeschlagene Gliederung, namentlich der Tractatio, zurück, ebenso 1981, 245 (Rede Glabrios). Desgleichen hat er erhebliche Zweifel an der Art der Auswertung des rhetorischen Schmucks (**elocutio**) durch Ullmann (21 f.). Ogilvie folgt dagegen weitgehend Ullmann.

165) Als Beispiel verweise ich auf die S. 232 Anm. 85 genannten Dissertationen von R. Treptow und I. Paschkowski sowie auf Wege zu Livius, Burck 430-452. Briscoe verzichtet meist auf eine Strukturanalyse der Reden.

Zu Kap. V:

1) Hoch passim; Walsh 1961, 46-109; ders. 1974, 48; Luce 230-297; Petzold 1983, 241-263.

2) Ebenso 42, 39, 3.

3) Praef. 6-7.

4) 1, 16, 7; vgl. K.-H. Weeber, Abi nuntia Romanis, RhM 127, 1984, 262-343 betont die Situationsgebundenheit der vielleicht von Ennius stammenden Stelle, siehe aber Anm. 7.

5) 5, 48, 8.

6) 1, 55, 3-6.

7) 5, 54, 7. Dieser Rückverweis gibt den Worten des Proculus Julius über die Situationsgebundenheit (1, 16, 17) hinaus eine weitreichendere Bedeutung (vgl. Heuss, Festschr. Burck 210).

8) 2, 44, 8; 4,4,4; 5,7,10; 52,7; 6,21,2; 28,28,11; 34,6,4 (meist in Reden); vgl. C. Koch, Roma aeterna, Gymn. 59, 1952, 128-143; 196-209 (bes. 208, Anm. 43).

9) 30, 32, 2; unnötig zu sagen, daß dies eine Übertreibung ist.

10) 34, 58, 8-11; 37, 35, 8-10 (Zusatz des Livius zur polybianischen Vorlage), vgl. Heidemann passim.

11) 30, 37, 1.

12) 37, 45, 7-9 im Anschluß an Polybios 21, 16 (13) 8.

13) 44, 1, 12.

14) 9, 17, 1-19, 17. H.R. Breitenbach (vgl. S. 6 Anm. 38) 146-157; J.-C. Richard, Alexandre et Pompée, Mélanges offerts à P. Boyancé, Roma 1974, 653-669. Von Haehling (mit weiterer Literatur) 56, Anm. 144.

15) 9, 17, 3.

16) 45, 7, 3. Diese Vorstellung ist selbstverständlich älter als Livius; es sei nur auf die Stellensammlung bei J. Vogt, Ciceros Glaube an Rom, Würzb. Stud. z. Altertumsw. 6, 1935, 72 ff. verwiesen.

17) 26, 22, 14.

18) 31, 30, 11.

19) 45, 13, 5.

20) Pol. 29, 27, 11.

21) Popilius pro cetera asperitate animi virga, quam in manu gerebat, circumscripsit regem ac 'priusquam hoc circulo excedas, inquit, redde responsum senatui, quod referam' (45, 12, 6).

22) Es war lange umstritten, ob die Römer zielstrebig diese Expansion nach dem Osten unternommen hätten und ob sie als "Imperialisten" zu bezeichnen seien - so umstritten dieser Begriff auch ist - oder ob sie mehr oder minder in diese Kämpfe hineingezogen worden seien. Die zweite Auffassung scheint sich für die Zeit bis zu den Gracchen gegenwärtig durchzusetzen. Doch kann auf diesen Problemkreis hier nicht eingegangen werden. Zu einer ersten Orientierung sei verwiesen auf R. Werner, Das Problem des Imperialismus und die römische Ostpolitik im zweiten Jahrhundert v. Chr. ANRW I 1, 1972 501 ff. W. Harris, War and Imperialisme in Republican Rome 327-70 B.C. Oxford 1979; F. Hampl, Das Problem des Aufstiegs Roms zur Weltmacht, in: J. Weiler, Geschichte als kritische Wissenschaft, (Hg.) Darmstadt, Bd. III, 1979, 48-119; Kl. Bringmann, Weltherrschaft und innere Krise Roms im Spiegel der Geschichtsschreibung des zweiten Jahrhunderts v.Chr., AuA, 23 1977, 28-49; ferner E. Doblhofer, Livius und andere "Imperialisten" Festschr. Burck 133-162 sowie K. Christ, Römische Geschichte , Darmstadt 1973, 74-85; 85-91. Zuletzt J.L. Ferrary, Philhellénisme et Impérialisme, Paris 1988; dazu R.M. Errington, Gn. 63, 1991, 119 ff.

23) So soll Kineas, der Gesandte des Königs Pyrrhos, im Jahre 279 nach Verhandlungen mit dem Senat diesen als eine Versammlung von Königen bezeichnet haben (Plut. Pyrrh. 19).

24) Verg. Ecl. 9 und 1.

25) Hor. Epo. 7 und 16.

26) Praef. 4; 9-10; darüber mehr vgl. S. 126 ff.; meine Beurteilung (Burck 1934, 246 (= Wege zu Livius 2, 121) war irrig.

27) 7, 32, 17.

28) 1, 51, 3.

29) 1, 1, 4.

30) 1, 4, 1.

31) 1, 42, 2.

32) 5, 19, 1; 22, 8.

33) 5, 33, 1.

34) 5, 36, 6.

35) 5, 37, 1 (fortuna hier im Sinne von fatum).

36) 5, 32, 7.

37) J. Kajanto, God and Fate in Livy, Turku 1975 kommt mit Recht zu dem Ergebnis, daß Livius die Götter, das Fatum und Fortuna ohne nennenswerte Unterschiede bisweilen auf den Gang der Ereignisse wirken und dennoch den Lauf der Geschichte durch die Taten der Menschen bestimmt sein läßt. P.G. Walsh, Livy and Stoicisme, AJPh 79, 1958, 355-375 und M.L.W. Laistner 68-74 nimmt eine durch stoische Vorstellungen bestimmte Haltung des Livius an. J. Bayet, Budé-Tite-Live B. XXXIX ff. spricht von skeptischem Rationalismus und religiöser Indifferenz des Livius. Von wesentlicher Bedeutung A. Heuss, Festschr. Burck 209-212. Vgl. auch Tränkle 97 f. und von Haehling 169 Anm. 24.

38) Polybios schreibt der Tyche eine bedeutsame Rolle im Ablauf des historischen Geschehens zu, ohne dadurch der Größe der römischen Leistung Abbruch zu tun. Von grundlegender Bedeutung ist seine Erklärung am Beginn seines Werks: "Wie die Tyche beinahe das gesamte Geschehen in der Welt alles auf einen Punkt ausgerichtet und alles gezwungen hat, sich auf ein- und dasselbe Ziel (scil. die Eingliederung in das römische Imperium) einzustellen, so muß mein Werk es erreichen, den Leser zu einer Gesamtschau dieses Geschehens zu führen und ihn erkennen zu lassen, wie die Tyche diese vollständige Einheit erreicht hat." (1, 4, 1-2) - "Tyche ist für Polybios wie für die meisten seiner Zeitgenossen ein zwiespältiger Begriff: das irrationale und unberechenbare Element menschlicher Angelegenheiten ... andererseits war es der Name einer göttlichen Macht, die ... einen Wechsel des menschlichen Schicksals bewirkte, Fehlverhalten bestrafte und Tugend belohnte. Wenn Polybios den Aufstieg Roms dem Zutun der Tyche zuweist, denkt er wohl an eine bewußte, zielgerichtete Macht, die wir etwa mit "Schicksal" und "Vorsehung" beschreiben würden" (Walbank 1990, 19). Ähnliches gilt für den Gebrauch von fatum und fortuna bei Livius.

39) In ähnlicher Weise ist die Zuschreibung exzeptioneller Ereignisse an das numen deorum zu erklären; vgl. R. Muth, Numen bei Livius, Festschr. Burck 207-224.

40) Vgl. S. 64 ff.

41) Mit Recht betont von W. Liebeschuetz, The religious Position of Livy's History, JRS 57, 1967, 45-55.

42) 26, 41, 9. Diese Überzeugung wird unterstrichen durch das Urteil aus Feindesmund, als Herennius Pontius vor der Versammlung der samnitischen Führer erklärt: **ea est Romana gens, quae victa quiescere nesciat ... nec eos** (scil. **Romanos) ante multiplices poenas expetitas a vobis quiescere sinet** (9, 3,12. vgl. Hoch 94 ff).

43) 26, 41, 18.

44) Vgl. Urbes quoque ut cetera ex infimo nasci; dein quas sua virtus ac dii iuvent, magnas opes sibi magnumque nomen facere satis scire origini Romanae et deos adfuisse et non defuturam virtutem (1, 9, 3). Vgl. die Rede Scipios nach der Schlacht von Magnesia zu den Gesandten des Königs Antiochus: Romani ex iis, quae in deum immortalium potestate erant, ea habemus quae dii dederunt; animos, qui nostrae mentis sunt, eosdem in omni fortuna gessimus gerimusque, neque eos secundae res extulerunt nec adversae minuerunt (37, 45, 11-12; Zusatz zur polybianischen Vorlage vgl. Walbank 1990, 19). Welcher Gegensatz zur Rede eines der Gesandten des Antiochus nach dem römischen Sieg, nach dessen Worten es die Tyche gewesen ist, die ihnen die Herrschaft gegeben hat (Pol. 21, 16, 7)! (Vgl. S. 241 Anm. 38.

45) Burck 1935, 473-484 (= Wege zu Livius 126-140). Walsh 1961, 82-109; P. Zancan, Tito Livio, Milano 1948, 24-100; Bornecque 98-111; Luce 230 ff., der die Ansicht vertritt, daß in der ersten Dekade einzelne Bücher gleichsam unter einen moralischen Leitbegriff gestellt seien: libertas (Buch 2); moderatio (Buch 3 und 4); pietas (Buch 5); ähnlich F. Hellmann 46; 79 ff.

46) T.J. Moore, Artistry and Ideology: Livy's Vocabulary of Virtue, Beitr. z. Klass. Phil. 192, 1989.

47) Es handelt sich nicht nur um Nomina, sondern auch um die dazugehörigen Adjektiva und Adverbien; in sechs Fällen sind die Eigenschaften nur durch Adjektiva bezeugt.

48) Für diese Werte sei auf J. Hellegouarc'h, La Vocabulaire latine des relations et des partis politiques sous la république, Paris 1972, 295-424 verwiesen. A. Weische, Studien zur politischen Sprache der römischen Republik, Orbis antiquus, Münster 1975. Vgl. ferner Pöschl, passim. H. Drexler, Politische Grundbegriffe der Römer, Darmstadt 1988.

49) 2, 12, 9.

50) 5, 27, 8. (Fortsetzung im Senat von Falerii: fides Romana, iustitia imperatoria in foro, in curia celebrabatur 5, 27; 10). - M. Merten, Fides Romana bei Livius, Diss. Frankfurt 1965 (wo auch Fides-Verletzungen durch die Römer besprochen werden); vgl. Thiel, Punica fides, Medel. d. Nederl. Akad. f. Wetensch. Phil. Kl. XVII 9, 1954.

51) 25, 36, 16.

52) 42, 47, 5-7. Nur in Kürze sei vermerkt, daß religio nicht den religiösen Glauben des einzelnen Menschen, sondern die zur Verehrung der Götter erforderlichen Kultverpflichtungen des einzelnen und des Volkes beinhaltet.

53) 1, 53, 4.

54) 2, 58, 8.

55) E. De Saint Denis, Les Énumerations de Prodiges dans l'oeuvre de Tite-Live, RPh 16, 1942, 126 ff. J. Jimmenez Delgado, Clasificacion de los prodigios titolivianos, Helmantica 12, 1961, 441 ff.

56) Von Haehling 168 ff., 177 ff.

57) 3, 20, 5 (vgl. **iuvenis ante doctrinam deos spernentem natus** 10, 40, 10).

58) 6, 41, 8. Es sei wenigstens am Rande vermerkt, daß Cicero in der Mitte des Jahrhunderts, als ein Verfall der Religion und des Kultes eingetreten war, im Rückblick auf die römische Geschichte nachdrücklich von den Römern sagt: **pietate ac religione atque hac una sapientia, quod deorum numine omnia regi gubernarique perspeximus, omnes gentes nationesque superavismus** (har. resp. 19); ebda.: **si conferre volumus nostra cum externis, ceteris rebus aut pares aut etiam inferiores reperiemur, religione, i.e. cultu deorum, multo superiores** (de nat. deor. 2, 8). Mit diesem Urteil Ciceros trifft sich - wie in so manchem anderen - die Überzeugung des Livius.

59) 5, 22.

60) 5, 39, 11.

61) 5, 46, 2-3.

62) 5, 50, 1-7.

63) 22, 9, 7-10, 11.

64) B. Schönberger, Motivierung und Quellenbenutzung in der Decius-Episode des Livius (X 24-40), H. 88, 1960, 217-230.

65) 8, 11, 1. Zu dem eindringenden neuen Gedankengut gehört auch die "aufklärerische" **doctrina** der Philosophie; vgl. von Haehling 177.

66) Vgl. Ch. Wirszubski, Libertas als politische Idee im Rom der späten Republik und des frühen Prinzipats, Darmstadt 1967, 10-19. L. Bruno, "Libertas plebis" in Tito Livio; "Crimen regni" e "Superbia" in Tito Livio, GJF 19, 107-130; 236-259.

67) 2,1,1. Vgl. H. Tränkle, Der Anfang des römischen Freistaats in der Darstellung des Livius, H. 93, 1965, 311-337; E. Lefèvre, Argumentation und Struktur der moralischen Geschichtsschreibung der Römer am Beispiel von Livius' Darstellung des Beginns des römischen Freistaats (2, 1-2, 15), Festschr. Burck 31-57.

68) Darüber ist eine lebhafte Diskussion im Gange, in die u.a. die zwölf Beiträge einführen, die K.A. Raaflaub herausgegeben hat; vgl. dazu die Rezension von K.-J. Hölkeskamp, Gn. 61, 1989, 304-318 sowie sein Buch: Die Entstehung der Nobilität, Stuttgart 1987 und seinen Aufsatz: Das Plebiscitum Ogulnium de sacerdotibus, RhM 131, 1988, 51-67.
Vgl. ferner den von W. Eder herausggb. Slbd.: Staat und Staatlichkeit in der frühen römischen Republik, Stuttgart 1990 mit den für die Ständekämpfe wichtigen Beiträgen von J. von Ungern-Sternberg, Die Wahrnehmung des Ständekampfes in der römischen Geschichtsschreibung (12-102) und von R.T. Ridley, Patavinitas among the Patricians? Livy and the Conflict of the Orders (03-138).

69) 3, 71, 5.

70) 3, 67, 1-68, 13.

71) Von Haehling 206-210.

72) 3, 69, 1-4.

73) 10, 6, 7-9, 1.

74) 10, 6, 11.

75) Livius läßt Decius dabei rückblickend die einzelnen Stationen des Verzichts der Patres auf die Vorrechte aufzählen und am Ende der Dekade noch einmal die Kämpfe in den Büchern 2-10 in den Blick nehmen.

76) Vergleichbar sind die eindrucksvollen Schilderungen der **concordia** 4, 59, 60; 5, 7, 4-13; 26, 36, 1-12.

77) 22, 61, 14-15.

78) 2, 19, 3-20, 13.

79) Vgl. S. 50.

80) 7, 9, 6-10, 14 (Titus anlius); 7, 25, 13-26, 5 (M. Valerius).

81) 2, 10, 1-13.

82) 2, 12, 1-16.

83) 8, 7, 1-22.

84) 8, 7, 17.

85) 3, 66, 1-69, 10.

86) Vgl. H. Dahlmann, Virtus Romana, Kl. Schr., Hildesheim 1970, 9-22. H. Haffter, Geistige Grundlagen der römischen Kriegsführung und Außenpolitik, Heidelberg 1967, 17-24.

87) T.M. Moore (s. S. 242, Anm. 46 weist darauf hin, daß Livius von 92 Belegen für **audacia** 43 bei Roms Gegnern, meist im negativen Sinne, verwendet hat.

88) N. Erb, Kriegsursachen und Kriegsschuld in der ersten Dekade des T. Livius, Diss. Zürich, Winterthur 1963; J.W. Richt, Declaring War in the Roman Republik, Coll. Lat. 149, Brüssel 1976; S. Albert, Bellum iustum, FAS 10, 1980, 31-36. M. Mantovani, Bellum iustum, Diss. Zürich 1989, Bern/Frankfurt 1990, besonders 1-83, 110-113; vgl. auch D. Timpe, Das Kriegsmonopol des römischen Staates, Slbd. ed. W. Eder (vgl. S. 244, Anm. 68), 368-387; J. Ruepke, Domi Militiae, Die religiöse Konstruktion des Krieges in Rom, Stuttgart 1990.

89) S.o. S. 20 f.

90) Cic., De re publ. 2, 17, 31; 3, 23, 35; de leg. 3, 3, 9; de off. 11, 34 f., 80; 2, 8, 26.

91) 1, 32, 1-14; vgl. 31, 5, 4; 8, 3, 36, 3-9; 41, 47, 4-7. Bereits Polybios weist auf diese Besonderheit hin (13, 3, 7).

92) Vgl. Erb passim (s. S. 245 Anm. 88.

93) Pol. 15, 8, 2.

94) 30, 31, 4.

95) Petzold 1983, 241-263.

96) 1, 22, 2.

97) 1, 53, 1-2.

98) 1, 9, 13.

99) 5, 36, 5.

100) 7, 32, 1-2.

101) 21, 18, 1. Im übrigen sind die Ausführungen des Livius über die Entstehung und Anfänge des zweiten punischen Kriegs verworren und ein Ärgernis für die Historiker.

102) 42, 36, 1-5; 48, 1-3. Vgl. Petzold 1940.

103) 45, 22, 5-8. Nach dieser Beteuerung folgt die eindrucksvolle Kette der wichtigsten Kriege, die zur römischen Weltherrschaft geführt haben.

104) 7, 32, 1; 8, 23, 1 ff.; 10, 12, 1 ff.

105) 21, 19, 10.

106) 31, 30, 11.

107) 7, 29, 4 ff.

108) Es ist bezeichnend für Livius, daß er am Beginn des zweiten punischen Kriegs den Karthager Hanno, der gegen eine Unterstützung Hannibals spricht, folgendes Urteil über den Ausgang des ersten punischen Kriegs abgeben läßt: **vicerunt ergo di hominesque et id, de quo verbis ambigebatur, uter populus foedus rupisset, eventus belli velut aequus iudex, unde ius stabat, ei victoriam dedit** (21, 10, 9).

109) 7, 29, 3.

110) 4, 29, 8. Solche Vorverweise bilden das negative Gegenstück zu den wiederholten Hinweisen auf Scipio Africanus, **penes quem perfecti huiusce belli laus est** (21, 46, 3).

111) Vgl. S. 149 ff. und 155 ff.

112) **Quorum** (scil. **Romanorum**) **saevitiam non mors noxiorum, non deditio exanimatorum corporum, non bona sequentia domini deditionem exsatient; qui placari nequeant nisi hauriendum sanguinem laniandaque viscera nostra praebuerimus** (9, 1, 9; dazu 9, 11, 5-13).

113) 37, 25, 5-7 (fehlt in der polybianischen Vorlage); ähnlich die Briefe des Perseus an Eumenes und Antiochus (44, 24, 1-5); vgl. die Rede des Antiochus zu den römischen Gesandten (33, 40, 1-6; Verstärkung gegenüber Polybios).

114) 31, 29, 1-16.

115) 31, 29, 15.

116) 31, 30, 1-11.

117) 33, 40, 1 ff.; 37, 25, 5 ff.

118) 37, 35, 5 ff.; Pol. 21, 14, 4 ff.; Hoch 99.

119) 37, 35, 10; Heidemann passim.

120) **Si paeniteat tutum receptum ad expertam clementiam fore** (3, 2, 5). Für die Beurteilung der **clementia** in der Rechtspflege ist das Urteil des Livius nach der Verurteilung des Mettius Fufettius bezeichnend: **in aliis gloriari licet nulli gentium mitiores placuisse poenas** (1, 28, 11).

121) Obtestati sunt patres conscriptos, ut suae potius clementiae quam regis culpae ... memores consulerent (37, 55, 1). Auf die clementia der Römer hoffte sogar ein Teil der für den Anschluß an Hannibal verantwortlichen Senatoren von Capua (26, 14, 1-2).

122) Vgl. S. 150 ff.

123) 33, 12, 7 f., vgl. die Äußerung des Vertreters Roms auf dem panätolischen Landtag im Jahre 200: magis illud est periculum, ne nimis facile victis ignoscendo plures ob id ipsum ad experiundam adversus nos fortunam belli incitemus (31, 31, 16).

124) 33, 12, 9; vgl. die Äußerung, die Livius Scipio nach seinem Sieg in Spanien tun läßt: venisse ... eos in populi Romani potestatem, qui beneficio quam metu obligare homines malit e.q.s. (26, 49, 8).

125) Pol. 20, 9-11; Liv. 36, 27, 1-29, 3.

126) Vgl. Fr. Hellmann 82-102; Tränkles Versuch (171-177), Hellmann zu widerlegen, ist mißglückt.

127) W. Flurl, Deditio in Fidem, München 1969.

128) Liv. 36, 28, 6.

129) Petente Flacco pro Aetolis indutiae datae (36, 28, 8).

130) 36, 21, 3.

131) 36, 22, 3.

132) 37, 6, 6.

133) Als Sonderfälle von Befehlen römischer Offiziere zur Schonung von Bewohnern eroberter Städte sei auf 5, 21, 13; 6, 3, 6-10; 37, 12, 13 verwiesen; vgl. Walsh 194 ff.

134) 2, 16, 9; 30, 15.

135) 1, 29, 1-6; 21, 57, 14.

136) 26, 12, 16-19; 15, 8; 16, 5-13; 46, 10.

137) 26, 14, 6-16, 3.

138) 28, 19, 8; 20, 6.

139) 45, 34; Plut., Aem. Paul. 30,1 bemerkt, daß diese Gewaltakte gegen die Natur des Aemilius Paulus erfolgten. Aber Livius verliert auch in den anderen Fällen von römischen Vernichtungsakten oder Versklavungen kein Wort des Bedauerns oder Mitleids; vgl. dazu P. Jal, Budé-Tite-Livy B. 41/42 LXXIX.

140) 25, 40, 1.

141) 34, 52, 3-12.

142) 37, 59.

143) Vgl. die kleineren Triumphe mit vergleichbaren Angaben: Marcellus über die Insubrer (33, 37, 10); Cato über Spanien (34, 46, 2-4); P. Cornelius über die Boier (36, 40, 11-14); Cn. Manlius Vulso über die Gallier (39, 6, 3-7, 5) u.a.m.

144) 45, 33, 5-7.

145) 25, 40, 2.

146) 26, 22, 14.

147) Die Vorstellung von Verfallserscheinungen gegenüber einer besseren, älteren Zeit findet sich bereits bei den ersten Annalisten: Fabius Pictor (Fgm. 20); Calpurnius Piso (Fgm. 34; 38, 40). - Über das Niedergangsbewußtsein sei auf J. Vogt, Ciceros Glaube an Rom, Würzb. Stud. z. Altertumsw. 6, 1935, 34 ff. verwiesen; Kroymann 1961, 69-91.

148) Vgl. Luce 250 ff.; Jal, Budé-Tite-Live B. 41/42 CXXI ff.

149) Vgl. S. 93.

150) **Civilia bella absint** (9, 19, 15); vgl. 7, 40, 2.

151) 4, 9, 1-3.

152) 7, 40, 1-2.

153) 3, 29, 3.

154) 3, 20, 5; vgl. nach der Devotion des P. Decius Mus im Jahre 340: **haec etsi omnis divini humanique moris memoria abolevit nova peregrinaque omnia priscis ac patriis praeferendo, haud ab re duxi...referre** (8, 11, 1); vgl. 10, 40, 10.

155) 39, 8, 3-19, 7.

156) 39, 16, 2.

157) M. Gelzer, Die Unterdrückung der Bacchanalien bei Livius, H. 71, 1936, 275-287. J. McDonald, JRS 34, 1944, 26. D.W.L. van Son, Livius' Behandeling van de Bacchanalia, Amsterdam 1960. Es verdient eine besondere Erwähnung, daß Livius, obwohl der Bacchuskult aus Griechenland eingeführt worden war, es nicht unterläßt, im gleichen Satz die **artes** hervorzuheben, **quas multas ad animorum corporumque cultum nobis eruditissima omnium gens invexit** (39, 8, 2; vgl. 25, 40, 2). Auf der anderen Seite

bezeichnet er die Griechen als **gens lingua magis strenua quam factis** und urteilt über die Athener:**Athenienses quidem litteris verbisque, quibus solis valent, bellum adversus Philippum gerebant** (31, 44, 9).

158) 39, 17, 1-7.

159) 34, 4, 1-3.

160) 39, 6, 6-9.

161) **Vobis ... cavenda ac fugienda quam primum amoenitas est Asiae: tantum hae pergrinae voluptates ad extinguendum vigorem animorum possunt; tantum contagio disciplinae morisque accolarum valet** (38, 17, 17-18). - Die gegenteilige Vorstellung von der Lebensdauer einer Stadt in geographisch begünstigter Lage läßt Livius durch Camillus entwickeln (5, 54, 4-5). Beide Vorstellungen sind angelegt in der Schrift des Hippocrates, De aere, aquis, locis ed. H. Diller, CMG I 1.2., Berlin 1970.

162) 39, 1, 1, 3-4.

163) **Is hostis velut natus ad continendam inter magnorum intervalla bellorum Romanos disciplinam erat** (39, 1, 2).

164) 40, 41, 1-5.

165) 40, 59, 1.

166) 41, 12, 7-10; 18, 1-13.

167) Vgl. U. Schlag, Regnum in senatu, Kieler Hist. Studien 4, 1968.

168) 43, 14, 2-5.

169) 42, 8, 8. Ebenso eigenmächtig handelt ein Jahr später M. Popilius als **consul** und **proconsul**, der die Statellates **contra ius ac fas** angegriffen und ihnen schwere Verluste beigebracht hatte. Nur durch geschickte Manipulation **(arte fallaci)** und auf Bitten der Familie entgeht er der Anklage und Bestrafung (42, 21, 1-22, 8).

170) 43, 2, 1-10. Der erste Fall, den Livius berichtet, daß die Gesandten eines besiegten Volkes vor dem römischen Senat Anklagen und heftige Beschwerden vorbringen, ist die ausführliche Rede der Gesandten von Syrakus im Jahre 210 gegen Marcellus, der aber die von ihm getroffenen Maßnahmen eingehend rechtfertigt und sie nach längerer Debatte der Senatoren als gültig bestätigt bekommt: in Zukunft werde der Senat sich der Stadt Syrakus annehmen (26, 30, 1-32, 8).

171) 43, 5, 1-10. Mit derselben Offenheit berichtet Livius in den gleichen Jahren von griechischen Gesandten, die vor dem Senat

Klage über Gewalttätigkeiten und Willkürmaßnahmen römischer Beamten erheben. Auch hier unternimmt der Senat sofort Schritte zur Behebung der Schäden und Bestrafung der schuldigen Beamten (43, 4, 5-13; 43, 8, 1-10).

172) 43, 6, 1-14; 7, 1-4.

173) 42, 1, 6-12.

174) L.J. Bolchazy, Hospitality in early Rome: Livy's Concept of its humanizing force, Chicago 1977 (mir unbekannt).

175) 42, 3, 1-11.

176) 39, 42, 7-43, 5.

177) Anläßlich der Notwendigkeit, ein besonders starkes Heer aufzustellen, bezweifelt Livius, ob dies in seiner Zeit noch möglich sei: **hae vires populi Romani, quas vix terrarum capit orbis, contractae in unum haud facile efficiant. Adeo in quae laboramus sola crevimus, divitias luxuriamque** (7, 25, 8 f.).

178) 43, 14, 7-10

179) 44, 36, 9-39, 9.

180) 44, 45, 3-4.

181) 45, 35, 6 ff. Die Situation ist in manchen Punkten der politischen und persönlichen Zuspitzung bei den Scipionen-Prozessen vergleichbar, die ja eine bedenkliche Phase im Verlauf der Verfallserscheinungen darstellen. Livius hat den Gang der Verhandlungen und ihre Lösung freilich ganz anders entwickelt als hier den Streit um die Bewilligung des Triumphs für Paulus.

182) 45, 36, 1-7.

183) 45, 36, 8; 37, 11.

184) 45, 37, 1-39, 20.

185) 6, 1, 1-3.

186) R. Bloch, Tite-Live et les premiers siècles de Rome, Paris 1965 (mit weiterer Literatur).

187) Für Saturn 496; Mercur 495; Ceres, Liber, Libera 493; Dioskuren 484; Dius Fidius 466.

188) Vgl. die Überführung der Stadtgöttin von Veji, vgl. S. 52 ff.

189) 1, 24, 4-9; 32, 3-14; 38, 1-4; 7, 3, 5-9.

190) Vgl. S. 227 Anm. 4.

191) Vgl. S. 33 ff.

192) Die Berufung auf Fabius Pictor (22, 7, 4) ist tralatizisch.

193) Vgl. S. 22 f., wo auch die Hannibal-Historiker erwähnt sind.

194) Vgl. N. Mantel, Poeni foedifragi, München 1991, 68-104.

195) 25, 37-39.

196) Aufträge an die Decemviri sacris faciundis zur Befragung der **libri fatales** und des Orakels in Delphi durch Fabius Pictor; vier Menschenopfer (22, 57, 4-6). Befragung der Sibyllinischen Bücher; Gelöbnis von Spielen für Jupiter, eines Tempels an Venus Erycina und Mens; Lectisternium; Gelöbnis eines ver sacrum (22, 9, 7-11).

197) 22, 14, 1-15; 24, 1-14; 27, 1-30, 10.

198) 28, 24, 1-29, 12.

199) 28, 40, 3-44, 18.

200) 30, 45, 5.

201) Vgl. S. 137 ff.

202) 28, 12, 1-9; Pol. 11, 19 und 9, 22-26.

203) R. Porod, vgl. S. 255, Anm. 22.

204) 22, 7, 6-14; 55, 5-56, 6; 60, 1-2; 27, 40, 1-9; 44, 1-45, 12; 27, 50, 1-51, 10; 30, 21, 6-10; 28, 1-11.

205) Vgl. S. 147 Anm. 96 ff.

206) Vgl. S. 155 ff. und 169 ff.

207) 33, 30, 1-34, 12; 37, 51, 8-56, 10; 38, 37, 1-39, 17; 45, 18, 1-8; 26, 1-15.

208) 31, 29, 1-32, 5;32, 19, 1-21, 37; 32, 32, 9-37, 6; 39, 25, 1-28, 14; 39, 25, 1-28, 4; 39, 35, 5-37, 21; 41, 23, 1-24, 19; 42, 11, 2-13, 12; 42, 39, 1-42, 9. Vgl. o. S. 88 ff.

209) Vgl. S. 111 ff.

210) 31, 30, 11; 32, 21; 37, 44, 7-9; 54, 13-28; 39, 25, 11-15; 41, 33, 9.

211) 39, 1, 2.

Zu Kap. VI:

1) Lefèvre 331; vgl. Pöschl passim. Zuletzt K. Heldmann, Libertas Thraseae servitium aliorum rupit, Überlegungen zur Geschichtsauffassung im Spätwerk des Tacitus, Gymn. 98, 1991, besonders 207-211.

2) Aus der zahlreichen Literatur zur Praefatio seien neben Ogilvie 23-27 (mit weiteren Literaturangaben) nur wenige Arbeiten angeführt: P.G. Walsh, Livy's Preface and the Distortion of History, AJPh 76, 1955, 369 ff. (= Wege zu Livius 181 ff.); A.D. Leeman, Are we fair to Livy, Helikon 1, 1961, 28-39 (= Wege zu Livius 200-216); H. Oppermann, Die Einleitung zum Geschichtswerk des Livius, Der altspr. Unterr. 1955, 90-98 (= Wege zu Livius 169-180); M. Mazza, Storia e ideologia in Livio, Catania 1966; zuletzt von Haehling 22 f.; 179; 197; 211-213.
Im allgemeinen wird angenommen, daß Livius die Praefatio nach Vollendung der ersten Pentade um das Jahr 25 geschrieben habe; anders K. Vretska: "sicher vor Beginn seines Werkes" (Gymn. 61, 195, 199). Syme 37 denkt an das Jahr 27, erwägt aber auch das Jahr 23 nach einer zweiten Auflage der ersten Pentade (49); ders., Sallust, übers. von U.W. Scholz, Darmstadt 1975, 232, Anm. 101: "vermutlich nicht lange nach der Schlacht von Aktium".

3) HRR (Peter) 170.

4) T. Jansen, Latin Prose Prefaces, Stud. Lat. Stockholm., Stockholm 1964.

5) Daß Livius hier - neben seinen annalistischen Vorlagen - auch das von Sallust entwickelte Verfallsbild mit dem Einschnitt im Jahre 146 vor Augen hatte, ist allgemein anerkannt. Zu Sallust: F. Klingner, Über die Einleitung der Historien des Sallust, H. 63, 1928, 165-192. Kroymann 1961, passim. D.C. Earl, The Political Tought of Sallust, Cambridge 1961. G. Perl, Sallust und die Krise der römischen Republik, Philol. 113, 1969, 201 ff. Syme, Sallust (vgl. S. 252, Anm. 2). Ogilvie 23; 28.
Einer der wichtigsten Unterschiede zwischen beiden Autoren liegt darin, daß Livius auf die von Sallust herausgearbeitete verhängnisvolle Rolle der **ambitio** nicht eingeht und daß er die Unaufhaltsamkeit des Verfalls ablehnt; vgl. J. Korpanty, Sallust, Livius und ambitio, Philol. 127, 1983, 61-71 vermutet, daß Livius wegen der ambivalenten Bewertung der **ambitio** durch Sallust diese weggelassen habe. Vgl. ferner Ogilvie 24.

6) Von Haehling 21 nimmt an, daß Livius unter Remedium eine "Notstandsmagistratur" als "Form einer verschleierten Alleinherrschaft - im Blick auf Augustus" verstehe; das ist ebenso unwahrscheinlich wie die Annahme von Walsh 1961, 117; 128, daß unter den Remedia auch gewisse Veränderungen der ökonomischen und sozialen Verhältnisse zu verstehen seien.

7) Anstelle pro se quisque ... intendat jetzt: (te) ... intueri; tibi ... tuaeque rei publicae ... capias (107).

8) Vgl. Sall. Jug. 4, 5: Nam saepe ego audivi Q. Maxumum, P. Scipionem, praeterea civitatis nostrae praeclaros viros solitos ita dicere, quom maiorum imagines intuerentur, vehementissime sibi animum ad virtutem accendi. Scilicet non ceram illam neque figuram tantam vim in se habere, sed memoria rerum gestarum eam flammam egregiis viris in pectore crescere neque prius sedari quam virtus eorum famam atque gloriam adaequaverit. Vgl. Pöschl, 199 f.: "Das römische Vorbilddenken ist ... ein Hauptimpuls der römischen Geschichtsschreibung gewesen ... sie hat immer einen eminent praktischen, politischen, protreptischen Zug bewahrt".

9) Es ist für den positiven Wirkungswillen des Livius bezeichnend, daß er die nachahmenswerten Exempla an erster Stelle nennt.

10) Der schlichte Begriff **vita** wird aufgefüllt durch die Charakterisierung im § 11 (**paupertas ac parsimonia**).

11) Ennius, Fgm. 500 V (= 156 Sk.).

12) Richtig Korpanty (vgl. S. 252 Anm. 5).

13) Burck, Wege zu Livius 105 f.; 111; 119.

14) Zuletzt von Haehling 14. Ähnlich urteilten W. Hoffmann, Wege zu Livius 68-95; A.D. Leeman (vgl. S. 252 Anm. 2) 28-39; H.J. Mette, 269-285.

15) Es ist wichtig festzuhalten, daß kein Wort dasteht, das andeuten könnte, daß Livius den Verfall für unaufhaltsam hielte: richtig Luce 279 ff; Walsh 1982, 1064; Korpanty (vgl. S. 252 Anm. 5). Im Unterschied zu Sallusts Pessimismus hebt E. Howald 171 hervor, daß Livius an die Möglichkeit einer Rettung glaubt und mit seinem Buch dazu einen Beitrag leisten will: "Darin ist er Augusteer".
Über dem didaktischen Aspekt soll freilich nicht vergessen werden, daß Livius mit seinem Werk seinen Lesern auch Freude bereiten will (**voluptas 4**), wie er selbst diese - mehr als seine Leser - in den Anfängen der römischen Geschichte als in der Zeitgeschichte finden will.
Auch Polybios hat beide Aspekte im Auge: (u.a. 1, 4, 11; 7, 7, 8; 9, 2, 6; 15, 36, 3-10; 31, 30, 1). Es ist zu beachten, daß mit der Praefatio nichts vom Urteil des Livius aus den späteren Jahren antizipiert wird. Es ist die Frage, ob Livius in der bewußt verschleierten, doppelgesichtigen Entwicklung des Prinzipats im Laufe der Jahre den Weg zur neuen monarchischen Ordnung erkannt hat; vgl. I. Deininger, Livius und der Prinzipat, Klio 67, 1985, 265-272.

16) Es würde zu weit führen, auf die Möglichkeiten einzugehen, deren sich Livius bedient, um den Leser zur Anerkennung oder Ablehnung

eines "Modellfalls" hinzuleiten. Ihre Zahl und Art ist groß und differenziert. Exempli causa seien einige wenige solcher "Lenkungshinweise" angeführt.

1) Unmittelbare Mahnung des Livius (**id quidem cavendum semper Romanis ducibus erit exemplaque haec vere pro documento habenda** ...25, 33, 6-7; **illud notandum videtur, ut sciant homines** ...6, 20, 1; vgl. 3, 26, 7).
2) Reflexionen über politische Grundverhältnisse, z.B. beim Beginn der Republik (2, 1, 1-7) oder im Alexander- Exkurs (9, 17, 1-19, 7).
3) Hinweise auf allgemein menschliche Erfahrungen in verschiedenen Lebensbereichen sowohl für Augenblickssituationen (**crevit ex metu alieno, ut fit, audacia** 3, 26, 7) als auch für Dauererscheinungen (**ut est humanus animus insatiabilis eo, quod fortuna spondet** (4, 13, 4) neben dem in der ersten Dekade besonders häufigen **ut fit; ut solet; ut saepe alias; ut in tali re; uti mos est.**
4) Betonung des Modellcharakters zur Behebung einer Krise (**quod saluberrimum in administratione magnarum rerum est** 3, 70, 1; vgl. 2, 27, 13).
5) Bekräftigung eines abgegebenen Urteils durch Zusatz des Livius (**multis, ut erat, horrida ... videtur sententia** 2, 30, 1; 2, 28, 2).
6) Kontrastierung von vorbildlichen Zuständen oder Handlungen der Frühzeit mit Verfallserscheinungen der Gegenwart (**sed nondum haec, quae nunc tenet saeculum, neglegentia deum venerat** 3, 20, 5; 8, 11, 1).
7) Sentenzen als Bekräftigung oder Ablehnung bestimmter menschlicher Handlungen (**sed eventus docuit fortes fortunam adiuvare** 8, 29, 5). Zahlreiche Beispiele für solche "Hinweis"- und Bewertungselemente bei von Haehling 24-37; 50-77. -

Dabei muß festgehalten werden, daß es natürlich zu allererst die Kunst der historischen Erzählung, insbesondere der Kurzerzählungen, ist, die mit ihren politischen und militärischen Erfolgen und Mißerfolgen den Leser zum Nachdenken und schließlich Handeln motivieren wollen. Denn Kunst lehrt - wie auch das Leben - am besten durch Beispiel.

Zu Kap. VII:

1) Pol. 6, 53, 1-54, 3.

2) 8, 40, 4 ff.

3) Walsh, Livy 85 ff., J. Wandel 34 ff.

4) C.I.L.I 6-11; H. Dessau, Inscr. lat. sel., Berlin 1954 I 1-7.

5) 7, 1, 9.

6) 38, 53, 9.

7) 30, 26, 7-10.

8) 4, 54, 4.

9) Vgl. S. 65 Anm. 54.

10) Sen. Suas. 6, 21.

11) Fgm. 50/51 (W.-M.); 59, 60 (Jal); vgl. S. 13.

12) 33, 21, 1-5.

13) 39, 49, 1-50, 9.

14) Pol. 3, 12 (24, 8b) 3; Plut. Philop. 20.

15) 41, 20, 1-13; Pol. 26, 1a-2, 14; 31, 3-4; vgl. die Liebesaffäre des Antiochus in Chalkis: Pol. 20, 8, 1; Liv. 36, 11, 1 und die Charakteristik des Hieronymus von Syrakus, eines Tyrannen more Dionysii (24, 5, 1-6); dazu Briscoe 1981, 235; Walsh 1990, 88 mit weiterer Literatur.

16) Andeutungen davon bei Cato (39, 40, 10-11) und Aemilius Paulus (Per. 46).

17) 39, 40, 1-12.

18) 21, 9, 2; 11.

19) 45, 37, 1-41, 12.

20) 28, 40, 3-44, 18.

21) 40, 8, 1-15, 16.

22) J. Vogt, Das Hannibal-Porträt im Geschichtswerk des Titus Livius und seine Ursprünge, Diss. Freiburg 1953. Hannibal (Slbd.) her. von K. Christ, Darmstadt 1973. R. Porod, Die Livianischen Be-

wertungskriterien in den Hannibalbüchern, Grazer Beitr. 16, 1989, 203-227; N. Mantel, Poeni foedifragi, München 1991, 53-58.

23) Er versichert, daß er den Ebro überschritten habe **ad delendum nomen Romanum liberandumque orbem terrarum** (21, 30, 3).

24) **Odi odioque sum Romanis. Id me verum dicere pater Hamilcar** (21, 1, 4) **et dii testes sunt** (35, 19, 6; 39, 51, 1-12).

25) 21, 42, 2-44, 9.

26) 30, 30, 11-23.

27) 21, 54, 3. Nach der Niederlage am Trasimenischen See bricht er die von Maharbal gegebene Zusage zur Rettung: **quae Punica religione servata fides ab Hannibale est atque in vincula omnes coniecti** (22, 6, 12).

28) 22, 41, 4-43, 1; 22, 23, 4-8.

29) 27, 28, 1-13.

30) 21, 14, 3.

31) 26, 38, 3.

32) 24, 25, 11-14.

33) Pol. 11, 19; vgl. 3, 78, 89.

34) 28, 12, 1-9.

35) 28, 40, 3-42, 22.

36) 30, 28, 1-9; ähnliche Reaktion beim Anmarsch Hannibals auf Rom (26, 10, 6-10).

37) Eingehende Würdigung Scipios durch Walsh, 1961, 93-100, wobei allerdings die starke Annäherung an Vergils Aeneas ebensowenig zutrifft wie die philosophische Zuordnung zur späteren Stoa, 215-218.

38) 22, 53, 6.

39) 21, 46, 7-10.

40) **Audendum atque agendum, non consultandum, ait, in tanto malo esse** (22, 53, 7).

41) 25, 2, 7.

42) 26, 18, 7-9.

43) 26, 19, 3-9.

44) Pol. 10, 2.

45) 26, 19, 3-9.

46) 26, 51, 3-10.

47) 28, 27, 1-29, 8; vgl. M. Erren, Die klassische Ökonomie der Affekte bei Livius, Festschr. Burck 11-18.

48) Er ruft sie bei der Abfahrt von Sizilien und bei der Landung in Afrika an (29, 27, 1; 9).

49) 30, 31, 5.

50) J. Bruns, Die Persönlichkeit in der Geschichtsschreibung der Alten, Berlin 1890.

51) Vgl. Walsh, Livy 86 f.

52) 21, 3, 1; 4, 2-9.

53) 26, 18, 2 ff.

54) 21, 4, 8; vgl. W. Will, Mirabilior adversis quam secundis rebus, WJA 9, 1983, 157-170, der mit Recht darauf hinweist, daß Livius die Mißachtung der **religio** durch Hannibal ziemlich zurücktreten läßt und der geneigt ist, eine Entwicklung Hannibals anzunehmen, die ihn vor Zama in seiner Unterredung mit Scipio als "geläuterten Garanten eines möglichen Friedensschlusses" sehen lassen sollte; ebenso Porod (vgl. S. 255) 205. Das ist eine Verkennung der situationsbedingten Rede Hannibals, der von seinem Vernichtungswillen gegen Rom nicht abläßt; vgl. 35, 19, 6; 39, 51, 1-12.

55) 26, 51, 1-8.

56) Zu den religiösen Freveln zählt vor allem die Plünderung des Tempels der Feronia (26, 11, 9).

57) Wesentlich für ihn seine Äußerung **quod mens sua sponte divinat, idem subicit ratio haud fallax** (26, 41, 19); vgl. 26, 45, 9 die Bestätigung.

58) 30, 30, 2. Bereits vor der ersten Schlacht zwischen Hannibal und Scipios Vater schreibt Livius beiden Männern gegenseitige Bewunderung zu: **iam imbutus uterque quadam admiratione alterius** (21, 39, 7).

59) 30, 30, 4.

60) 30, 35, 6.

61) Locum nimirum, non periculum mutatum (scil. opinio erat) 30, 28, 1-9.

62) 30, 28, 10-11

63) 29, 26, 5-7.

64) 27, 19, 5-6. Nicht geringer sind der Dank und das Lob, das die Saguntiner durch eine Gesandtschaft dem römischen Senat zum Ausdruck bringen für die Entsendung der Scipionen, insbesondere des P. Cornelius Scipio: **spem, opem, salutem nostram** (28, 39, 9).

65) 26, 50, 13 f; vgl. auch 26, 49, 11-16.

66) **Hostem etiam infestissimum facunde alloquendo sibi conciliarit** (28, 18, 6-12).

67) 28, 35, 5-12.

68) 21, 10, 4; 11.

69) 21, 10, 12.

70) Nach seiner Flucht zum König Antiochus tritt Hannibal als dessen Berater auf, der an ihm die Klugheit und die Voraussicht der kommenden Ereignisse bewundert: **prope vatem omnium, quae tum evenirent, admirari** (36, 15, 2; 41, 6). Livius hat ihm zwei wichtige Reden in diesem Buch gegeben: vor der Schlacht bei den Thermopylen und in Ephesus vor der Seeschlacht mit den Römern (36, 7 ff. und 36, 41 ff.).

71) **Tu... relinquere Italiam paras ... quia tibi amplum et gloriosum censes esse** 28, 42, 21). Weitere Vorwürfe lauten, daß er **sine lege, sine senatus consulto, regio more** gehandelt habe und daß er einen "griechischen" Lebensstil angenommen habe: **cum pallio crepidisque ambulare in gymnasiis, libellis eum palaestraeque operam dare** (29, 19, 12).

72) B.S. Rogers, Great expedition. Livy on Thucydides, TAPhA 116, 1986, 335-352.

73) Livius hat diese Art der Individualisierung bereits in zwei brillanten Episoden aus dem Leben des durch den endgültigen Sieg über die Samniten berühmten L. Papirius Cursor benutzt, um die Höhe seiner Leistungsanforderungen an seine Soldaten vor Augen zu führen (9, 16, 16-18). -
Nach dem Sieg von Cannae tritt der Reiterführer Maharbal an Hannibal heran und fordert ihn auf, die Reiter so rasch als möglich nach Rom vorauszuschicken und schnellstens nachzukommen. Als Hannibal dies ablehnte, soll Maharbal gesagt haben: **non omnia nimirum eidem di dedere: vincere scis, victoria uti nescis** (22, 51, 4). - Nach Klotz soll die Geschichte von Cato erfunden

und von Coelius mit Namen ausgestattet worden sein. Die Authentizität der Szene erwägt T.I. Cornell, (**vgl**. S. **214 Anm.** 5) 52-76.

74) Bezeichnend für den Versuch, einzelnen erfundenen Episoden oder Äußerungen den Charakter der Glaubwürdigkeit zu verleihen, ist die von Liv. 35, 14, 5-12 berichtete angebliche Begegnung Hannibals mit Scipio in Ephesus im Jahre 193, die Claudius Quadrigarius mit Berufung auf die griechisch geschriebenen Annalen des Senators Acilius (HRR I 49 ff., Fgm. 4 und 5) erzählt haben soll: Thema: die Frage Scipios an Hannibal, wen er für den größten Feldherrn halte; Antwort: Pyrrhus; danach Alexander d.Gr. und, falls er Scipio bei Zama besiegt hätte, er selbst.

75) 27, 16, 10; vgl. 26, 11, 4.

76) 30, 20, 3.

77) 30, 37, 9.

78) 39, 51, 7-12.

79) 25, 2, 7.

80) 38, 51, 6.

81) Das entsprechende Omen bei Hannibal vor seiner Landung in Afrika ist darin zu sehen, daß sein Schiff auf ein zerstörtes Grabmal zusteuert (30, 25, 11).

82) Hoc (scil. das Niedrigwasser) **cura ac ratione compertum in prodigium ac deos vertens** Scipio (26, 45, 9).

83) F.W. Walbank, Philipp V. of Macedon, Cambridge 1940; A. Hus, Budé-Tite-Live B. 31, CXIV ff.

84) Pol. 4, 77, 1-3.

85) Pol. 7, 11 (12), 1-2.

86) Pol. 4, 77, 2.

87) Pol. 7, 11 (12), 1-2.

88) Pol. 5, 9, 1-12, 8.

89) Pol. 8, 36, 10.

90) Pol. 16, 10 (1a).

91) Pol. 15, 20, 1-4.

92) Pol. 5, 12, 5-8; 7, 12 (11), 1-13; 9, 23, 9.

93) Pol. 7, 11, 1-12.

94) Pol. 10, 26, 1-9.

95) Pol. 15, 23, 6-7.

96) Pol. 25, 3 (26, 5) 9.

97) Pol. 16, 1, 1-5.

98) Pol. 16, 8, 6.

99) Pol. 25, 3 (26, 5) 10.

100) Pol. 18, 33, 2.

101) Pol. 16, 28, 3.

102) Liv. 23, 33, 1-12.

103) Liv. 27, 30, 17.

104) Vgl. seine stolze Antwort in Nicaea (**superbo et regio animo** e.q.s. 32, 32, 14).

105) Liv. 31, 24, 11-13.

106) Liv. 27, 31, 1.

107) Liv. 27, 31, 4.

108) Liv. 27, 31, 8.

109) Liv. 30, 42, 7.

110) Als Beweis der geistreichen Art, die Polybios unter den Vorzügen des Königs hervorhebt, kann seine schlagfertige Anspielung auf die Augenschwäche des Mitunterredners Phaeneas gesehen werden: **apparet id quidem ... etiam caeco**; Livius macht daraus einen Vorwurf: **et erat dicacior natura quam decet et ne inter seria quidem risu satis temperans** (32, 34, 2).

111) Liv. 31, 7, 3.

112) Liv. 31, 1, 10; 31, 9, 4.

113) Liv. 31, 30, 2-8.

114) Liv. 31, 31, 17; im unmittelbaren Anschluß an den Bericht über die Versammlung fährt Livius fort: **Philippus impiger terra marique bellum parabat** (31, 33, 1).

115) Liv. 39, 24, 1-6.

116) 39, 23, 5; 39, 29, 3.

117) Pol. 25, 3, 9-10.

118) Liv. 39, 46, 7-8.

119) Liv. 40, 3, 1.

120) Korrespondierend **ferox animi** (40, 3, 6) und **ferocia insita** (31, 14, 5).

121) Liv. 40, 4, 1-15; s.u. S. 179.

122) **Quae dirae brevi ab omnibus exauditae, ut saeviret ipse in suum sanguinem, effecerunt** (40, 5, 1); vgl. ausführlich Pol. 23, 10 (24, 8), 1-16 (Strafe der Tyche an Philipp).

123) Liv. 40, 24, 8.

124) Liv. 40, 56, 2.

125) Liv. 40, 56, 4-6.

126) Liv. 49, 47, 1-2.

127) Briscoe 1971, 22-35; D. Gundel, T.C. Flamininus, R.E. XXIX ff. 1040 ff. (1963); J.P.V.D. Balsdon, T.C. Flamininus, Phoenix 21, 1967; E. Badian, Titus Quinctius Flamininus, Philhellenism and Realpolitik, Cincinnati 1970; E.M. Carawan, Graecia liberata and the role of Flamininus in Livy's fourth decade TAPA 118, 1988, 209-252.

128) Liv. 32, 9, 6.

129) Liv. 32, 32, 6.

130) Liv. 32, 37, 6.

131) Pol. 18, 12, 1; Liv. 32, 28, 9; 32, 7.

132) Pol. 18, 1, 1-10, 11; Liv. 32, 32, 9-37, 6.

133) Liv. 32, 37, 6.

134) **Adiecta etiam illa vox bono animo esse regem** (33, 11, 4); dies fehlt bei Polybios.

135) **Erat Quinctius sicut adversantibus asper, ita, si cederes, idem placabilis** (36, 32, 4).

136) Pol. 18, 34, 1-3; **ob insatiabilem aviditatem praedae et arrogantiam eorum victoriae gloriam in se rapientium** (Liv. 33, 11, 8).

137) Pol. 18, 37, 1-12; Liv. 33, 12, 5-11; Polybios Oratio obliqua, Livius Oratio recta. Zum **libertas**-Begriff vgl. M.L. Heidemann, passim.

138) Liv. 33, 31, 7-11.

139) Liv. 33, 32, 1-33, 8.

140) Liv. 34, 22, 4-5.

141) Liv. 34, 53, 14.

142) Liv. 34, 50, 9.

143) Liv. 34, 52, 1-12.

144) Liv. 35, 31, 15.

145) Liv. 36, 34, 1-35, 6.

146) Daß Flamininus Kenntnis von der geplanten Ermordung des Boiotarchen Brachyllas hat, wenn er auch eine Beteiligung daran ablehnt, wie Polybios (18, 43, 7) berichtet, hat Livius ebenso weggelassen wie den verhängnisvollen Brief des Flamininus an Philipp mit der Empfehlung zur Entsendung des Demetrius nach Rom (Pol. 23, 3, 7-9): beides zur Entlastung des Flamininus.

147) Liv. 39, 51, 1-12.

148) Darauf verweist Livius an mehreren Stellen (31, 1, 6-7; 42, 50, 7; 51, 1; 45, 7, 3; 45, 9, 7).

149) Aemilius Paulus verkörpert die besten Kräfte des alten Römertums.

150) Vgl. P. Jal, Budé-Tite-Live B. 41/42, LXIV ff.; B. 43/44, XCIX ff.; B. 45, LXXXI ff.; P. Meloni, Perseo e la fine de la monarchia macedone, Oxford 1953.

151) Pol. 25, 3 (26, 5) 1-8. Auf die Polybios-Benutzer kann hier nicht eingegangen werden.

152) Liv. 42, 11, 6-7; 11, 9-12, 1.

153) 41, 22, 4-8.

154) 40, 58, 9.

155) 42, 59, 10; 62, 8-10; vgl. 39, 53, 10-12.

156) 42, 5, 1. Den Vorwurf des Wortbruchs und des Geizes teilt er ebenfalls mit dem Vater. Selbst in entscheidenden Situationen verbietet ihm sein Geiz, für die angeworbenen Truppen das Geld auszugeben: **pecuniae quam regni melior custos** (44, 26, 12).

157) 42, 49, 7.

158) 41, 23, 11-12.

159) 42, 11, 5.

160) 40, 57, 1; Wiederaufnahme 44, 1, 10.

161) 40, 5, 1-24, 8.

162) 42, 5, 4-5.

163) 42, 15, 3.

164) 42, 17, 2-9.

165) 42, 18, 1.

166) 44, 42, 1.

167) **Miserationem omnen stultitia ignorantis fortunam suam exemit** (45, 4, 4).

168) 45, 8, 5-8. Der letzte Satz ist livianischer Zusatz zum Text des Polybios, der noch viel über die Macht der Tyche unter Bezugnahme auf eine Schrift des Demetrios hinzugefügt hat (29, 20 (6b)-21 (6c) 9.

169) **Paulus in domo praeter senem nemo superest. Sed hanc cladem domus meae vestra felicitas et secunda fortuna publica consolatur** (45, 41, 12). Zu Aemilius Paulus vgl. P. Jal, Budé-Tite-Live B. 43/44, LXXXV ff.; B. 45, LXXXV ff.; Wandel 236-244.

170) 45, 42, 1. Indirekte Charakterisierung durch Wirkung der Persönlichkeit auf andere bei Aemilius Paulus häufig.

171) 44, 44, 3.

172) Jal, Budé-Tite-Live B. 43/44, XCIV ff.; W.L. Reiter, The Anatomy of a conquarer, L. Aemilius Paulus, State Univ. of New York at Binghamton, Diss. 1977, 96 ff. (= London - New York 1988, III (69-96); vgl. dazu L.-M. Günter, Gn. 61, 1989, 447 f.

173) 21, 46, 8.

174) 37, 57, 5; vgl. 37, 46, 7-9.

175) 40, 25-28, 34.

176) Es ist freilich ein Teil des Schlachtberichts verloren; Lücke nach 44, 40, 9; kurz vorher: **neutro imperatorum volente fortuna, quae plus consiliis humanis pollet, contraxit certamen** (44, 40, 3); das klingt ganz polybianisch.

177) 44, 18, 1-5.

178) Anschluß an Polybios (29, 1 (1a) 1) mit erheblicher Ausweitung der Einzelheiten der militärischen Besserwisserei durch Livius.

179) 44, 22, 1-5.

180) **Maiore quam solita frequentia** (44, 22, 17).

181) **Favere enim pietati fideique deos, per quae populus Romanus ad tantum fastigii venerit** e.q.s. (44, 1, 11).

182) 44, 33, 1-11; 34, 6-10.

183) **Militem haec tria curare debere, corpus ut quam validissimum et pernicissimum habeat, arma apta, cibum paratum ad subita imperia, cetera scire de se dis immortalibus et imperatori suo curae esse** (44, 34, 3).

184) 44, 38, 1-39, 9.

185) 44, 41, 1.

186) 45, 29, 1-2; vgl. seine Rückkehr nach Rom (45, 35, 3) und den Triumphzug (45, 40, 1-9).

187) 45, 32, 11 (im engen Anschluß an Polybios 30, 14 (15).

188) 45, 27, 5-28, 5; vgl. Pol. 30, 10 (14) 6. Welcher Gegensatz zu dem aus politischer Berechnung unternommenen, eben erwähnten Zug des Perseus nach Delphi!

189) 45, 7, 4-8, 7. Dazu stehen im Widerspruch die Tücke und Unbarmherzigkeit der Versklavung der Illyrier und Epiroten auf Befehl, bzw. mit Duldung des Paulus (45, 27, 1-3; 34, 1-6).

190) 45, 37, 1-39, 18; besonders 38, 12-14; 39, 10-11.

191) 45, 40, 1-2.

192) 8, 15, 8; Ausnahme: ihre Flucht nach Caere (5, 40, 7-11).

193) Die mit dem angesehenen Plebejer C. Licinius Stolo verheiratete Tochter des Patriziers M. Fabius Ambustus treibt ihren Gatten und ihren Vater an, für das Recht der Plebejer auf das Konsulat zu kämpfen (6, 34, 6-14). Die Leges Liciniae Sextiae bringen

den Erfolg (6, 42, 9).

194) 1, 9, 1-13, 8. O. Seel, Der Raub der Sabinerinnen AuA 9, 1960, 7-17.

195) J. Cousin, Le rôle des femmes dans livre 1 de Tite-Live, REL 44, 1966, 60 ff.

196) 1, 58, 10, F. Corsaro, La leggenda di Lucrezia e il regifugium in Livio e in Ovidio. R. Klesczewski, Wandlungen des Lucretia-Bildes im lateinischen Mittelalter und in der italienischen Literatur der Renaissance, beides Festschr. Burck 107-123, 313-335.

197) 3, 45, 1-6; Wandel 310-319.

198) 1, 57, 9; Gegenteil die zechenden tarquinischen Prinzessinnen (ebda). Vgl. die Geschwistergespräche der **sorores Fabiae: cum inter se, ut fit, sermonibus tempus tererent** (6, 34, 6).

199) 1, 58, 10; Wandel 298-306.

200) 2, 13, 6-11.

201) 1, 46, 2-48, 7.

202) **Sciam, inquit, ad hostem an ad filium venerim, captiva materne in castris tuis sim** (2, 40, 5 f.); vgl. M. Bonjour, Les personnages féminins et la terre natale dans l'épisode de Coriolan REL 53, 1975, 157-181; L.F. Janssen, Die livianische Darstellung der ira in der Geschichte von Coriolan, Mn. 4 Ser. 25, 1972, 413-434.

203) 39, 8, 3-19, 7.

204) 39, 13, 8-14.

205) 34, 1, 3.

206) 34, 1, 5-7.

207) 34, 2, 1-34, 7, 15; vgl. S. 232 Anm. 85.

208) **Extemplo simul pares esse coeperint, superiores erunt** (34, 3, 2).

209) 30, 11, 1-15, 14; Wandel 324-328.

210) 30, 11, 1-4.

211) 30, 12, 12-16.

212) 30, 12, 17. Livius hebt bei den meisten Frauen ihre Jugend und Schönheit hervor, durch die sie die Männer berücken: 3, 44, 4 (Verginia); 38, 24, 2 (Gattin des Orgiagon); bei Lucretia bezeichnenderweise cum forma tum spectata castitas incitat (1, 57, 11).

213) Ut est genus Numidarum in Venerem praeceps (30,12, 18).

214) Scipio mahnt Masinissa, der **temperantia** und **continentia libidinum** zu folgen, die dieser an ihm bewundert (30, 14, 5).

215) 30, 15, 7.

216) Erwähnt sei eine dritte: In den Wirren nach dem Tode Hierons fanden seine beiden Töchter den Tod. Einen Rettungsversuch der Heraclia, die zuerst sich und die Kinder, dann nur die Kinder in Sicherheit zu bringen versucht, aber mit ihnen getötet wird, schildert Livius im raschen Wechsel von kurzen Reden und Gewalttätigkeiten (24, 26, 1-16).

217) Ihr Name fehlt bei Livius, steht aber in seiner Vorlage (Pol. 21, 38); Wandel 320-323.

218) 38, 24, 2-11.

219) Drei römische Grundwerte (**pudicitia, sanctitas, gravitas vitae**) anstelle Phronesis und Synesis bei Polybios (21, 28).

220) 40, 4, 1-15.

221) Mors ... una vindicta est. **Viae ad mortem hae sunt ... capite ferrum aut haurite poculum, si segnior mors iuvat** (40, 4, 14); vgl. Pol. 23, 10, 1-15).

Zu Kap. VIII:

1) H. Strasburger, Festschr. Burck, 288 hat die Bestimmung der Stellung des Livius zu Augustus noch unlängst als das wohl "tückischste" der Livius-Probleme bezeichnet. - Dieses Kapitel ist bereits in der Gedenkschrift für F. Solmsen, Illinois Class. Studies 16, 1991, 269-281 publiziert.

2) **Bis deinde post Numae regnum** (scil. Janus) **clausus fuit, semel T. Manlio consule post Punicum primum perfectum bellum, iterum quod nostrae aetati dii dederunt, ut videremus post bellum Actiacum ab imperatore Caesare Augusto pace terra marique parta** (1, 19, 3). Vgl. den dringenden Wunsch zur Erhaltung des Friedens am Ende des Alexander-Exkurses (9, 19, 17).

3) 4, 20, 7 ff.

4) **Titus Livius, eloquentiae ac fidei praeclarus in primis, Cn. Pompeium tantis laudibus tulit, ut Pompeianum eum Augustus appellaret** (Tac. Ann. 4, 34, 3).

5) Suet. Claud. 41, 1.

6) Suet. Aug. 89, 3.

7) 1, 19, 3.

8) 4, 20, 7.

9) Das Schwergewicht liegt in diesem Satz auf dem Geschenk der Götter, nicht auf der Leistung des Augustus.

10) G. Stübler, Die Religiosität des Livius, Tübinger Beitr. z. Altertumsw. 35, 1941.

11) "Gott hat Augustus gesandt, der Welt die Segnungen des Friedens zu vermitteln ... Augustus, Gott, Gottes Sohn ist gekommen, die Welt selig zu machen" (43).

12) J. Briscoe, The First decade in: Dorey, 1971, 1-11.

13) Mette 1961, 269-285 hat aus der Behandlung des Augustus durch Cassius Dio, der in den Büchern 45-51 nach dem Nachweis von Ed. Schwartz (R.-E. I 3, 1899) Livius als Hauptquelle benutzt hat (kritisch dazu B. Manuwald, Cassius Dio und Augustus, Palingenesia 14, 1979) den Schluß gezogen, daß Livius gegenüber den Maßnahmen des Augustus kritisch war und blieb. Auch Walsh 1961, 18 f. sieht ihn bis zuletzt als traditionellen Republikaner. R. Syme 1939, 317; 468 spricht dagegen von einer bleibend freundlichen Annahme der neuen Ordnung wie durch Vergil und Horaz. Andere meinen, daß Livius nach der ersten willkommenen Annahme von Ruhe und Frieden die Hoffnung auf Wiederherstellung

der alten Ordnung aufgegeben und sich resignierend den neuen politischen Realitäten angepaßt hätte: W. Liebeschuetz, JRS 57, 1967, 45-55; E. Lefèvre, Die unaugusteischen Züge der augusteischen Literatur, Saeculum Augustum II, Darmstadt 1980, 173-196; P.J. Luce (vgl. S. 208 Anm. 1) 240.

14) Walsh 1961, 15; Von Haehling: "weit von einer panegyrischen Würdigung entfernt" (180).

15) 28, 12, 12. Ob sich diese Wendung auf das Jahr 23 oder 19 bezieht, kann hier nicht erörtert werden und ist für unsere Fragestellung belanglos.

16) Vgl. Hor. c. 3, 14.

17) L. Roß Taylor, Livy and the Name Augustus, Class. Rev. 32, 1918, 158 ff.

18) K. Scott, Identification of Augustus with Romulus, TAPhA 56, 1925, 82 ff.; Stübler (vgl. Anm. 10) passim.

19) H. Erkell, Augustus, Felicitas, Fortuna, Diss. Göteborg 1952. W. Liebeschuetz, The religious Position of Livy's history JRS 57, 1967, 45-55 betont die kaum aufhebbare Schwierigkeit, von seinem Werk auf die religiöse Haltung des Livius Rückschlüsse zu ziehen. Walsh 161 passim rückt ihn nahe an die stoischen Vorstellungen seiner Zeit, wie etwa im Sinne Ciceros, heran, ohne dies jedoch gültig beweisen zu können.

20) **Sed nondum haec, quae nunc tenet saeculum, neglegentia deorum venerat (3, 20, 5); nunc nos tamquam iam nihil pace deorum opus sit, omnes caerimonias polluimus** (6, 41, 9); vgl. 4, 6, 11; 3, 57, 7; 8, 11, 1.

21) **Adeo in quae laboramus sola crevimus, divitias luxuriamque** (7, 25, 9); vgl. 7, 2, 13; 3, 26, 7; 3, 57, 7.

22) **Nondum erant (scil. cives) tam fortes ad sanguinem civilem nec praeter externa noverant bella** (7, 40, 2); von Haehling 51-52.

23) R. Syme 2, 39; 445 erwähnt Livius als loyal historien, eloquent patriot; vgl. ders., 2, 214.

24) P.J. Luce (vgl. S. 208 Anm. 1).

25) Walsh 1961, 18.

26) Abwegig ist die These von H. Petersen, Livy and Augustus TAPhA 92, 1961, 440-457, daß Livius mit der Zeichnung von machtlüsternen, vorrevolutionären oder tyrannischen Gestalten Augustus vor Mißbrauch seiner Macht habe warnen wollen.

27) Auch ich habe vor fünfzig Jahren unter dem Eindruck der Huldigung Vergils (Aen. VI 785 ff.) das Maß der Zustimmung zu Augustus übersteigert (Burck 1935).

28) Georg. 1, 24-42.

29) Georg. 3, 16.

30) Georg. 4, 560 f.

31) Hor. c. 1, 2, 41-44.

32) Hor. c. 3, 3, 9 ff.

33) Hor. c. 3, 5, 1 ff.

34) Vgl. Timpe 1979, 97-119.

35) Er selbst hat, soweit wir sehen, es unterlassen, solche stoffliche Erweiterungen vorzunehmen.

36) Vgl. J. Bayet, Budé-Tite-Live B 1 (1954), 140-153: (wiederholt nachgedruckt); R.M. Ogilvie, 741 ff.; Wege zu Livius: E. Burck 310-328; J. Hellegouarc'h, Le Prinzipat de Camille, REL 48, 1970, 112-132.

37) Vor der Annahme gezielter, aber unausgesprochener Anspielungen auf bestimmte Persönlichkeiten oder Tatbestände der eigenen Zeit und vor der Annahme intendierter assoziativer Gedankenverbindungen beim Leser hat von Haehling wiederholt mit Recht gewarnt (23 f.; 53 ff.). Wenn sie sich aber - wie es im Folgenden der Fall ist - in größerer Zahl in einem zusammenhängenden Erzählungskomplex feststellen lassen und einen festen Sinnzusammenhang konstituieren, kann ihnen die Beweiskraft nicht abgesprochen werden. Auch von Haehling nimmt in mehreren Fällen solche intendierte Anspielungen an (203-215), von denen aber die von ihm vermuteten Hinweise auf die gegenseitigen Vorwürfe von Antonius und Oktavian über ihre "Trunksucht und Feigheit" (56; 185 f.) ausgesprochene Mißgriffe sind; dagegen ist dem Zeitbezug von 6, 6, 4-18 zuzustimmen (195 Anm. 16). Nesselrath (vgl. S. 210 Anm. 34), 166 sieht zu Unrecht in der Gestalt des Numa Pompilius eine "explizite Parallele" zu Augustus und in 1, 48, 9 einen Hinweis auf Augustus. Im Machtstreben des Romulus vermutet er unzutreffend Assoziationen an Caesar (164 f.).

38) Eine Münze des Jahres 28 enthält die Legende **libertatis populi Romani vindex** (bei Ehrenberg-Jones, Documents Illustrating the Reigns of Augustus and Tiberius, Oxford 1955, 45, 57 ff.; nr. 17/18).

39) 5, 49, 7. Von Haehling 208 f. Man muß sich freilich hüten, diesen Lobpreis zu überschätzen, worauf auch Hellegouarc'h (vgl. Anm. 36) hinweist. Cicero gebraucht ähnliche Formulierungen, die

wohl unter Gebildeten, namentlich in Reden, gängig waren, z.B. Lentulus consul, parens, decus, salus nostrae vitae (Cum pop. grat. egit 11); video P. Lentulum, cuius ego patrem, deum ac parentem status, fortunae ac nominis mei (Pro Sest. 144) u.a.m.

40) 6, 1, 4; im Elogium princeps pace belloque (7, 1, 9).

41) 6, 3, 1.

42) 5, 49, 5-6.

43) 5, 50, 1.

44) 6, 4, 1.

45) Mon. Anc. 34. Eine ähnliche Kumulation von **virtutes** bei Camillus: **Camillus consilio et virtute in Volsco bello, felicitate in Tusculana expeditione, utrobique singulari adversus collegam patientia et moderatione insignis** (6, 27, 1); Zur Ergänzung: **fides Romana, iustitia imperatoris in foro et curia celebratur** (6, 27, 11). In dieser Würdigung faßt Livius die Eigenschaften und Leistungen des in seinen Augen vorbildlichen Staatsmanns zusammen.

46) 6, 6, 6.

47) 6, 6, 7.

48) **Post id tempus auctoritate omnibus praestiti, potestate autem nihilo amplius habui quam ceteri, qui mihi quoque in magistratu collegae fuerunt** (Monc. Anc. 34).

49) Eine solche Assoziation wird dem Leser durch einen späteren Satz aus dem Camillusbericht nahegelegt. Als die Soldaten unerwarteterweise vor einem Angriff zurückschrecken, läßt Livius im Rückblick auf die vorher geschilderte Kompetenzverteilung Camillus die provokative Frage an sie richten, ob sie ihn etwa nicht anerkennen wollten, da er seine Befehle nicht als Diktator, sondern als Militärtribun gebe und fügt hinzu: **neque ego maxima imperia in vos desidero et vos in me nihil praeter me ipsum intueri decet** (6, 7, 5).

50) 6, 6, 9.

51) **Iuravit in mea verba tota Italia sponte sua et me bello, quo vici ad Actium, ducem depoposcit. Iuraverunt in eadem verba provinciae Galliae, Hispaniae, Africa, Sicilia, Sardinia** (Mon. Anc. 25). Vgl. D. Kienast, Augustus, Darmstadt 1982, 60; 67 ff.; dazu: **in consulatu sexto et septimo ... per consensum universorum potitus rerum omnium rem publicam ex mea potestate in senatus populique Romani arbitrium transtuli** (Mon. Anc. 34).

52) 6, 6, 12-14.

53) 6, 6, 6.

54) Vgl. R. von Haehling hat eine Vermutung von F. Hellmann 54 f. aufgegriffen und wahrscheinlich machen können (191-217), daß Livius in der eingehenden Darstellung der Ereignisse des Jahres 446 (3, 66-70) einen Bezug auf die Situation in Rom im Jahre 28/27 hergestellt habe. Er sieht in dem Verhältnis der beiden Konsuln Titus Quinctius Capitolinus und Furius Agrippa, die bei ungleicher Gewaltverteilung, aber in persönlichem Konsens einen Feldzug durchführen und dank der Rücksichtnahme des ersten den Ruhm des Sieges teilen sowie in dem Namen des zweiten einen Hinweis auf das Verhältnis zwischen Augustus und M. Vipsanius Agrippa.

55) Ein wie großes Gewicht Livius auf diese **moderatio** legt, lehrt die Tatsache, daß er sie in der kurzen Laudatio des Camillus am Ende des Amtsjahres 381 als letzte und wichtigste **virtus** aufführt (6, 27, 1).

56) 6, 6, 11, vgl.: In **exercitu Romano cum duo consules essent potestate pari, quod saluberrimum in administratione magnarum rerum est** (3, 70, 1); von Haehling 197 f.

57) 6, 9, 5.

58) 6, 9, 6.

59) 6, 6, 18; vgl. von Haehling 195, Anm. 16.

60) deficit.

61) Es sei mit Nachdruck festgehalten, daß die Zeichnung dieses Leitbildes für das erste Decennium des Prinzipats während der Arbeit des Livius an der ersten Dekade Gültigkeit beanspruchen darf, daß aber über seine Einstellung in den folgenden Jahrzehnten nichts antizipiert wird.

62) Darüber besteht Konsens, daß dem Buchanfang und dem Buchende bei Livius - ebenso wie bei Tacitus - in vielen Fällen eine herausgehobene Bedeutung zukommt.

63) Eine Assoziation an die merkwürdigen Überlegungen frühaugusteischer Zeit, die Hauptstadt nach Troja oder Alexandria zu verlegen, ist möglich (Suet. Jul. 79, 3); scharfe Ablehnung bei Horaz c. 3, 3, 57 ff.

64) **Et Roma cum frequentia crescere ... intraque annum nova urbs stetit** (6, 4, 6). Über dem Eifer zum Wiederaufbau überhören die Plebejer die Versuche der Volkstribunen, sich für Ackergesetze einzusetzen (6, 5, 1-5).

65) Von Haehling 15.

66) Mit Recht ist wiederholt (u.a. auch von Hellegouarc'h (vgl. o. Anm. 36) 174 f.) darauf hingewiesen worden, daß Livius die Gestalt und Handlungen des nach der Königsherrschaft strebenden M. Manlius Capitolinus, die er im Anschluß an die Camillus-Berichte - mit Anklängen an Catilina und Caesar - berichtet, als schwarzes Gegenbild zu Camillus entwickelt hat (6, 11, 3-25, 14): ein Volkshetzer und Revolutionär, der **sine moderatione** nach der Herrschaft strebt, ein falscher **parens plebis Romanae** (14, 5), ein falscher **vindex libertatis** (14, 10), ein falscher **servator patriae** (17, 4), vor dessen Verurteilung Livius feststellt: **illud notandum videtur, ut sciant homines, quae et quanta decora foeda cupiditas regni non ingrata solum, sed invisa etiam reddiderit** (20, 5): ein zweiter Modellfall für seine Leser, vgl. E. Burck, Das Bild der Revolution bei römischen Historikern, Gymn. 73, 1966, 86-109 (= Vom Menschenbild in der römischen Literatur, Heidelberg, 1981, 118-143).

Zu Kap. IX:

1) Sie ist, wie H. Aili seinem Forschungsbericht vorausschickt, seit der Jahrhundertwende und besonders nach der Jahrhundertmitte sehr zurückgegangen; die Standardwerke sind "nach wie vor" die Grammatiken von L. Kühnast und O. Riemann (ANRW II 30.2., 1122 ff.).

2) S.o. S. 7.

3) 1407-1457 (Emendationes sex librorum T. Livii (Bücher 1; 21-26), 1446-47.

4) 1488-1563.

5) Basel 1534 (Beatus Rhenanus 1485-1547; S. Gelenius 1497-1534).

6) Livianische Kritik und livianischer Sprachgebrauch, Progr. Winterthur 1864 (= Ausgew. Schriften, hg. v. S. Meyer, Leipzig 1933, 1-21).

7) S.G. Stacey, Die Entwicklung des livianischen Stils, Arch. f. lat. Lexikographie 10, 1898, 17 ff.

8) Sie wurde akzeptiert u.a. von E. Norden, Die antike Kunstprosa, Leipzig/Berlin 1898, 235; A. Klotz, R.-E. 847; E. Skard, Ennius und Sallust, Oslo 1933; E. Löfstedt, Syntactica II, Lund, 1942, 249 ff. Auch ich hatte diese These akzeptiert (Gn. 35, 1963, 785 und öfter). Differenzierter urteilen J.N. Adams, The Vocabulary of the Later Decades of Livy, Antichthon 8, 1974, 54-62; P. Fedeli, Ideologia e stilo: I poetismi e gli arcaismi, CS. III, 1976, 255-283.

9) New York 1949.

10) H. Haffter, Gn. 24, 1952, 48 ff.; McDonald 155-172; Briscoe 2, 13.

11) H. Tränkle, Beobachtungen und Erwägungen zum Wandel der livianischen Sprache, WS.N.F. 2, 1968, 103-152.

12) Ich verweise vor allem auf J.N. Adams, The Vocabulary of Livy, Antichthon 8, 1974, 54-62.

13) Ebenso Briscoe 1981, 3 und 7.

14) S.o. S. 23 ff.

15) Die Hauptpunkte der livianischen Syntax, Berlin 1872.

16) Leipzig 1872-1878.

17) Vgl. Livius veterum, Fabius Rusticus recentium eloquentissimi auctores (Tac. Agr. 10). Historicos etiam ut Livium quoque priorum aetati adstruas praeter Catonem et quosdam veteres et obscuros minus octoginta annis circumdatum aevum tulit (Vell. 1, 17, 2).

18) Im engen Anschluß an Riemann hat Walsh, Livy 259 ff. die poetischen Anklänge, Archaismen und verschiedene Eigenheiten der Umgangssprache des Livius behandelt, danach auch Beispiele für die Syntax der Casus und für den Gebrauch von Präpositionen und Konjunktionen angeführt. Dieses Kapitel in deutscher Übersetzung in "Wege zu Livius", 511-539; daher habe ich im Text auf die Wiedergabe der genannten Einzelbeispiele verzichtet.

19) Es ist freilich fast paradox, daß sich die im Folgenden aufgeführten, längeren archaischen Formeln gerade in den späteren Büchern finden.

20) 8, 9, 5.

21) 22, 10, 2-6.

22) 36, 1, 3-5.

23) **Quod faxitis, deos velim fortunare** (6, 41, 12); vgl. 34, 4, 20).

24) 1, 24, 4-9; 1, 32, 6-14.

25) 23, 11, 2-3; vgl. den Orakelspruch des Marcius (25, 12, 5-7).

26) 29, 27, 4.

27) Prooem. 1; 23, 16, 15; 6, 40, 5. Der Gebrauch von **forem** statt **futurum** esse ist bei Livius sehr häufig; vgl. Riemann 226 ff.

28) Kühnast 14 verweist noch u.a. auf **tempestas** im Sinne von **tempus** (9, 29, 10), **satias** (statt **satietas** 30, 3, 4; auf die Dative auf -u (**delectu, exercitu**).

29) 22, 15, 10, einige Beispiele bei Walsh 254 f.

30) Riemann 19 Anm. 1.

31) Man kann Coelius Antipater als Vermittler vermuten, der Ennius, wie Fronto bezeugt, benutzt hat: **Ennius eumque studiose aemulatus L. Coelius** (p. 62 N).

32) Briscoe, 3, 3-5; 8-9. Gleiche Aufstellungen für einzelne Buchgruppen sind höchst erwünscht. - Das erste Auftreten einzelner Wörter bei Livius ist nicht gleichbedeutend damit, daß Livius der Schöpfer derselben sei; sie können annalistischen Vorlagen entnommen sein.

33) Vgl. J.B. Hofmann - A. Szantyr, Handb. d. Altertumswiss. II 2.2, München 1965, 297.

34) Kühnast 330.

35) Sammlung bei Kühnast 338 f.; R. Kühner - F. Holzweissig, Ausführliche Grammatik der lateinischen Sprache, Hannover 1912, 995; R. Pianazzola, Gli aggetivi verbali in - bundus, Firenze 1965.

36) Kühnast 339; R. Kühner - F. Holzweissig (vor. Anm. 1) 1000.

37) Vielleicht eine in die Umgangssprache abgesunkene archaische Formel, wie dies in anderen Fällen zu beobachten ist.

38) Doch finden wir im Anfang des ersten Buchs bereits längere Perioden (1, 6, 1; 7, 5; 10, 5 u.a.m.).

39) "Erst Livius hat in Anlehnung an die Praxis Ciceros die historische Periode zur höchsten Vollendung gebracht. Wo er, wie namentlich in der ersten Dekade, in kurzen, asyndetischen Sätzen erzählt oder beschreibt, schließt er sich bewußt an die Annalisten an ... Freilich verleitete ihn sein Streben, viele wichtige Einzelheiten in einem langen Satz zusammenzufassen, nicht selten zu einer schwerfälligen und übertriebenen ausgedehnten Periodisierung, wenn auch seine kunstvolle Verbindung der Partizipien geeignet ist, die Periode zusammenzuhalten" (Szantyr 738 f., Anm. 5 (s. o. Anm. 33).

40) Bemerkungen über die Entwicklung der syntaktischen Mittel der Sprache mit besonderer Anwendung auf einige Phänomene im Latein, namentlich bei Livius, Kl. phil. Schr., Leipzig 1875, 356 ff. Um Raum zu sparen, sei im Folgenden auf die Anführung des vollen Wortlauts der Texte verzichtet und nur der Stellenhinweis gegeben.

41) **Dum haec geruntur in Italia ... accessit copiasque exposuit** (22, 31, 1).

42) **Ubi triarii consurrexerunt ... ut vix quartam partem relinquerent hostium** (8, 10, 5).

43) Zur Platzersparnis beschränke ich mich hier und in den folgenden Anmerkungen auf Stichworte.
Scipio, cum ad eum ... modica contrahendo auxilia Castulonum pervenit (28, 13, 1).

44) König Philipp im Kampfe gegen Athen: **A Piraeo Athenas repente ducit. Inde eruptione subita ... praebuit huic furori materiam** (31, 26, 8).

45) **Cum multa irae, multa avaritiae ...aegre interfectum id Marcellum tulisse** (25, 31, 9). (In die durchgehende Handlung eingefüg-

te Szene).

46) **Latinis quoque ab Lavinio ... magnam mercedem esse Romanis solvendam** (8, 11, 3); Bericht und Situation deutlich voneinander getrennt).

47) L'expression narrative chez les historiens latins, Paris 1969; dazu die ausführliche Recension von S. Mensching, GGA 223, 189-211.

48) Bei Livius hat sie das Material meist aus den Büchern 1, 2, 5, 21, 22, 27, 34, 36, 37 entnommen.

49) Formulierung im Anschluß an die von Mensching (vgl. Anm. 47) gewählte Übersetzung.

50) **Cum ... Capua cicumvallaretur, Syracusarum oppugnatio ad finem venit** (25, 23, 1) ... **hoc maxime modo Syracusae captae** (25, 31, 11). Abschlußformel: **hunc finem exitumque seditio militum ... habuit** (28, 29, 12).

51) **Sic ... provolant duo Fabii totamque moverunt secum aciem** (2, 46, 7); **et cornua ab equitibus et medii a pedite pulsi, ac repente ... Galli terga verterunt fugaque effusa repetunt castra** (31, 21, 15); vgl. J.P. Chausserie-Laprée, Deux aspects du jeu des temps chez Tite-Live, Et. Clas. 3, 1968-70, 249-257.

52) K. Gries 133-144.

53) Paris 1982. Vgl. ferner J. Dangel, Les structures de la phrase oratoire chez Tite-Live, REL 54, 1976, 221-239.

54) Eine Begründung für diese Wahl wird nicht gegeben.

55) Eingehendes Referat durch H.A. Gärtner, Gn. 56, 1984, 299-303.

56) Die Konzessivität bei Livius, Helsinki 1957 (Ann. Acad. Scient. Fennicae, Ser. B 107).

57) Briscoe 2, 17; 110 ff.

58) D.W. Packard, A Concordance to Livy I-IV, Harv. Un. Pr. 1968. Bis zu diesem Zeitpunkt stand als lexikalisches Hilfsmittel zur Verfügung A.W. Ernesti, Glossarium Livianum s. Index Latinitatis exquisitioris, hg. von G.H. Schäfer und J.Th. Kreyssig, Leipzig 1827. Das von F. Fügner begonnene Lexicon Livianum, vol. I, Leipzig 1897 ist über den Buchstaben B nicht hinausgekommen.

59) Zehn Bände in verschiedener Auflagenhöhe, Berlin 1883-1921, Nachdruck Berlin-Zürich 1962 (Einzelangaben s. W. Kissel ANRW II 30.2, 913).

Zu Kapitel: X:

1) Verg. Aen. 6, 817 ff.; Liv. 2, 25.

2) Liv. Fgm. 58 (W.-M.); Budé-Tite-Live, Jal, B. 45, Fgm. 68.

3) Plin. Ep. 2, 3, 8. Beim Ausbruch des Vesuvs im Jahre 79 nahm Plinius ein Buch des Livius zur Hand, las in ihm quasi per otium und exzerpierte es (Ep. 6, 20, 5).

4) S.o. S. 3.

5) Fasti 2, 701-710 (Liv. 1, 53, 4); 3, 179 ff., 211-219 (Liv. 1, 8, 4; 13, 3) u.a.m. Vgl. F. Bömer, Ovid, Die Fasten, Bd. I Heidelberg 1957, Einl. 26.

6) Vgl. S. 69.

7) Sen. Rhet. Suas. 6, 21.

8) Sen. de ira 1, 20, 6.

9) Quint. Inst. or. 8, 1, 3.

10) Quint. Inst. or. 2, 5, 19.

11) R. Syme, Tacite 1958, 200; Fr. Kuntz, Die Sprache des Tacitus, Diss. Heidelberg 1962, 162; J.P. Chausserie- Laprée 411 ff.

12) Tac., Ann. 4, 34; vgl. auch Tac. Agr. 10.

13) Suet. Caligula 34, 2.

14) Suet. Domitian 10, 5.

15) Der didaktische Dichter Festus Rufius Avienus (Mitte 4. Jh.) hat eine nicht erhaltene Epitome des Livius in Jamben verfaßt.

16) Niebuhr zog zum Vergleich die Periochae, Eutrop und Orosius, Mommsen die Periochae, den Libellus prodigiorum und Cassiodor heran; vgl. folgende Anmerkung.

17) Überblick über den Gang der Forschung bei P.L. Schmidt, Julius Obsequens und das Problem der Livius-Epitome, AAWM 1968, Nr. 5.

18) P. Jal, Budé-Tite-Live B. 34, 1-2, 1984, LXCIV.

19) **Pellibus exiguis artatur Livius ingens, quem mea non totum bibliotheca capit** (14, 190).

20) Dies gilt auch noch für die m.W. bislang letzte Untersuchung zur Epitome-Forschung von L. Bessone, La tradizione epitomaria Livi-

ana, ANRW II 30.2 (1982), 1230-1263, der mit einer bereits unter Tiberius gefertigten und einer späteren, zweiten Epitome rechnet, die von den "Livianern" entweder allein oder beide und eventuell unter Heranziehung des originalen Liviustextes benutzt worden seien.

21) Er wird im allgemeinen auf die zweite Hälfte des 4. Jh. datiert.

22) Zusammenfassung auf S. XCIII f., wo er auch zu der Auslassung einzelner bedeutsamer Ereignisse durch den Verfasser der Periochae Stellung nimmt.

23) Dies hat P.L. Schmidt (vgl. Anm. 17), der die umstrittene Lebenszeit des Obsequens auf die Wende vom 4. zum 5. Jhdt. datiert, nachgewiesen. Er nimmt allerdings, da er Jals Darlegungen noch nicht kannte, an, daß Obsequens neben dem originalen Liviustext eine zweite Quelle für die historischen Notizen verwendet hätte; vgl. ders., H 96, 1968, 725-32, wo er Livius 37-45 mit Obsequens 1-7 vergleicht und früher vorgeschlagene textliche Änderungen berichtigt.

24) Um 340 geboren, 373 proc. in Afrika, 384 und 385 Stadtpräfekt. Als Konsul 391 versuchte er zu verhindern, daß der Altar der Victoria aus dem Sitzungssaal des Senats entfernt wurde, und geriet dadurch in Konflikt mit dem Bischof von Mailand Ambrosius.

25) Ep. 9, 13 (ed. O. Seeck, MGH, AA 6, Berlin 1893).

26) Ogilvie (VII-XVI) hält es für möglich, daß nicht nur zwei, sondern mehrere Texte in dieser Ausgabe zusammengeflossen und mit Konjekturen versehen worden sind.

27) Auf die wenig ergiebigen Papyrus-Fragmente sei hier verzichtet.

28) H. Mordik, Livius und Einhard, Festschr. Burck 337-346.

29) B. Doer vermutet, daß ein Livius-Exemplar am Hofe des Hohenstaufen Friedrich II vorhanden gewesen sei, Slbd. Dorey, 100-104.

30) Die letzte Pentade fehlte.

31) Ein drittes Exemplar, das Handexemplar der reifen Jahre, ist verloren, aber durch die Vielzahl der Abschriften erschließbar; es zeigt einen "tiefgreifenden Einfluß Petrarcas auf die spätere Texttradition" (P.L. Schmidt, nächste Anm., 432) und soll durch Billanovich ediert werden, vgl. G. Billanovich, Petrarca and the Textual Tradition of Livy, Journ. of the Warburg and Courtauld Institutes 14, 1951, 137-208.

32) Das Brief-Corpus Familiarium rerum libri umfaßt 24 Bücher: in Buch 24 stehen die "Totenbriefe"; der Brief an Livius 24, 8.

Bald danach hat er eine leicht veränderte Fassung erstellt; vgl.
P.L. Schmidt, Petrarca an Livius (fam. 24.8), Festschr. Burck
421-433; ders., Petrarcas Korrespondenz mit Cicero, Altspr. Unt.
21, 1, 1978, 30-38.

33) Kritische Ausgabe von N. Festa, Firenze 1926.

34) Vgl. ferner R.M. Ogilvie, Fragments of a new Manuscript of Livy,
RhM.N.F. 114, 1971, 209-217; 5, 35, 5-39, 2; 6, 2, 11-6, 6, 1
(ohne eine neue Lesart).

35) W. Ludwig, Erasmus und Schöfferlin - vom Nutzen der Historie bei
den Humanisten, in: Humanismus und Historiographie, herausg. A.
Buck, Weinheim 1991, 61-88, hier 71. In den deutschen Schulen
wurde Livius - von einigen Ausnahmen abgesehen - unter dem
starken Einfluß des Ciceronianismus erst langsam nach dem
dreißigjährigen Kriege obligatorisch; vgl. L. Kühnast, Die
Hauptpunkte der Livianischen Syntax , Berlin 1972, 2 ff.

36) A.H. McDonald, Catalogus Translationum et Commentariorum:
Mediaeval and Renaissance Latin translations and Commentaries,
vol. II, Livius, Titus, Washington 1971 (mir nicht zugänglich).

37) Auch aus der dritten Dekade hat Macchiavelli Beispiele ausgewählt.

38) Fr. Mehmel, Macchiavelli und die Antike, AuA 3, 1948, 152 ff;
J.H. Whitefield, Macchiavellis Use of Livy, Slbd. Livy ed. T.A.
Dorey, London 1971, 73-96.

39) Er hat vor allem die Verhältnisse in Florenz, Pisa, Venedig, Rom
und Neapel vor Augen.

40) Auch in seiner Hauptschrift Il principe (1532) nimmt er Bezug
auf Livius und Altrom. Mit Recht hebt R. Zorn in seiner
Übersetzung der Discorsi (Stuttgart 1966, S. XLIX) hervor, daß
Macchiavelli nur in wenigen Ausnahmesituationen durchgreifender
Gewalt das Wort redet. Die mit dem Wort macchiavellistisch allgemein verbundene Vorstellung eines skrupellosen, alle Gesetze
der Moral und Religion mißachtenden Staats- und Lebensführung
hat sich erst später an den Namen Macchiavellis geheftet.

41) Vgl. oben S. 7.

42) Laurentius Valla 1406-58, der Herodot und Thukydides ins Lateinische übersetzte, erlangte durch den Nachweis der Fälschung der
Schenkungsurkunde Konstantins d.Gr. an den Papst Silvester I.,
durch die Konstantin die Stadt Rom und die Westhälfte des Reichs
an den Papst übertragen haben sollte, Berühmtheit. Bei seiner
Beschäftigung mit Livius (Emendationes sex librorum T. Livi 1446
/47) führte er u.a. den Beweis, daß Tarquinius Superbus nicht
der Sohn, sondern der Enkel des Tarquinius Priscus gewesen sei.

43) Gegen ähnliche Beanstandungen durch H. Glareanus (1458- 1563) nahm C. Sigonius (1523-84) Stellung.

44) Sein frühes Drama Brutus (1729) hatte starken Erfolg, wurde aber von der Censur abgesetzt, bis es in einer zweiten Aufführungsreihe 1790 entscheidend dazu beitrug, den Brutus-Kult in ganz Frankreich zu einer alle mitreißenden Bewegung zu machen.

45) Vgl. Th. M. Mason, Livy and Montesquieu, Slbd. hg. Dorey, 118-158.

46) 1651-1715; Animadversiones historicae 1685.

47) 1668-1744; Principi di scienza nuova d'intorno alla commune natura delle nazione 1725.

48) 1703-1795. Dissertation sur l'incertitude des cinq premiers siècles de l'histoire Romaine, Utrecht 1725.

49) Bd. I 1811, sehr verändert I 1827; I^4 1833; II 1836; III (aus dem Nachlaß ediert) 1832. Unbeschadet seiner Kritik an der Faktenüberlieferung des Livius sah er in seiner Darstellung ein "kolossalisches Meisterwerk, dem die griechische Literatur in dieser Art nichts vergleichen könne".

50) **Gravissumus auctor in Originibus dicit Cato morem apud maiores hunc epularum fuisse, ut deinceps, qui accubarent, canerent ad tibiam clarorum virorum laudes atque virtutes** (Cic. Tusc. 4, 2, 3; vgl. Cic. Brutus 19, 75.

51) Zur Möglichkeit früher mündlicher Überlieferung vgl. J. von Ungern-Sternberg 1986 und 1988 und G. Vogt-Spira 1989.

52) In seiner Rezension von Niebuhrs Band I, Heidelberger Jahrbücher 1816, Nr. 53-57.

53) H. Dahlmann, Zur Überlieferung über die altrömischen Tafellieder, AWM 1950, 17, 1191-1202.
A. Momigliano widerspricht in seinem Aufsatz Perizonius, Niebuhr and the Charakter of Early Roman Tradition, JRS 47, 1957, 104-110 (Deutsche Fassung in "Römische Geschichtsschreibung" ed. V. Pöschl, Darmstadt 1969, 312-340) und hält mit J. Heurgon, Rome et la Méditerranée occidentale jusqu' aux guerres puniques, Paris 1969, 234) daran fest, daß es Heldenlieder im Rom der Frühzeit gegeben habe, ohne dies freilich zu begründen. Wichtig ist sein Hinweis, daß Niebuhr die seiner Balladen-Hypothese ähnelnden Vorstellungen des Perizonius von der frühgeschichtlichen Entwicklung Roms erst nach dem Abschluß des Bandes I kennengelernt hat.

54) Am Ende des Jahrhunderts hat der Nürnberger Notar J. Ayrer den gesamten Stoff des ersten und den Anfang des zweiten Buchs des

Livius in einer Pentalogie von drei Tragödien und zwei Komödien behandelt.

55) H. Galinsky, Der Lucretia-Stoff in der Weltliteratur, Diss. Breslau 1932; E. Frenzel, Stoffe der Weltliteratur, Stuttgart 1983, 446-450 zählt mit kurzen charakterisierenden Bemerkungen über dreißig Bearbeitungen samt einiger Sekundärliteratur auf.

56) R. Rieks, Zur Wirkung des Livius vom 16. bis zum 18. Jahrhundert, Festschrift Burck 367-397.

57) Um dieser beispielhaften Werte willen wurden auch die Geschichte und das Schicksal des Regulus im ersten punischen Kriege als Drama gestaltet sowie mit Verschiebung der Wertskala der Kampf Coriolans gegen seine Vaterstadt (vgl. E. Frenzel (vgl. S. 211, Anm. 2) 132-134; Shakespeares Coriolan 1611; vgl. B. Brechts Coriolan (1952) und G. Grass, Die Plebejer proben den Aufstand (1966). Die Zeit der Aufklärung, die sich von der heroischen Idealisierung abwandte, betrachtete den Selbstmord der Lucretia als unnötig und unvernünftig.

58) 1677-1749.

59) 1749-1803; sein Brutus-Drama 1787.

60) Nach mehreren Bearbeitungen im 19. Jh. hat im Anschluß an Shakespeares Epos The Rape of Lucrece (1594) B. Britten in der Libretto-Fassung von R. Duncan die Oper The Rape of Lucretia (1946) geschrieben.

61) Vgl. L. Schuckert, Citoyen Brutus, Der altspr. Unt. 32, 1989, Heft 4, 5-21. In der Revolutionszeit wurden nach dem Vorbild des bekannten Brutus-Kopfes im Konservatorenpalast in Rom zahlreiche Repliken gefertigt und öffentlich aufgestellt. Vgl. ferner J. Eberle, Die Toga der Bürgertugend, Römisches in der Französischen Revolution, in: Lateinische Nächte, Stuttgart 1966.

62) Nebenbei sei erwähnt, daß Lessings Freund J.W. von Brawe 1757 eine Brutus-Tragödie verfaßt hat, in der er in die Gestalt des Brutus Züge des Caesarmörders. M. Brutus hatte einfließen lassen.

63) Vgl. E. Frenzel, ^{6}1983, 330-333. Bereits Dante gedenkt - wie vieler anderer Römer aus verschiedenen Zeiten - der Horatier und Curiatier (Göttl. Kom. III 6, 19).

64) H. Meusel, Horatier und Curiatier, Der altspr. Unterr. 31, 1988, 66-90.

65) Unter heftiger Anschwellung des Stoffs, u.a. mit einer Liebesintrige, hat auch Lope de Vega den Kampf bearbeitet.

66) Meusel 89.

67) H. Müller, Horatier 1973 hat es wieder aufgenommen, läßt aber den Schwestermörder enthauptet werden (Meusel 89); vgl. E. Frenzel (s.o. S. 216 Anm. 1) 331 ff.

68) Meusel 90.

69) A. Pigler, Barockthemen. Eine Auswahl von Verzeichnissen zur Ikonographie des 17. und 18. Jh., Verlag der ungarischen Akademie der Wissenschaften, Budapest, Bd. II 1956, 1974, Bd. III 1974: Tafelband mit 364 Tfln. Bei den folgenden Angaben handelt es sich ausschließlich um Gemälde, deren Meister mit der Angabe der Tafel bei Pigler angeführt werden.

70) 1, 58, 6-12. Francesco Trevisani (1656-1747) Tfl. 314.

71) 1, 58, 6-12. Luca Giordano (1632-1705) Tfl. 315.

72) 30, 15, 31. Friedrich Heinrich Füger (1751-1818) Tfl. 320.

73) 1, 9, 6-12. Hendrik van Balen (1575-1632) Tfl. 320; ferner Hans von Marées (1837-1887).

74) 1, 13, 1-5. Peter Paul Rubens (1577-1640) Tfl. 321.

75) 26, 50, 1-14. Gerbrand van den Eeckhout (1621-1674) Tfl. 322.

76) 21, 1, 4. J.H. Schönfeld (1609-1682) Tfl. 312.

77) 1748-1825.

78) Auch von Rieks (211, 3) und Meusel (213, 1) herangezogen. Meusel hat auch den Sieg des Horatiers in dem Fresko-Gemälde von G. Cerari im Konservatorenpalast in Rom (1513) und die Stuckreliefs im Schloß Weikersheim gewürdigt.

79) Den Urteilsspruch gegen die beiden Söhne hat J.W.H. Tischbein in einem unlängst nach 120 Jahren der Verschollenheit aufgetauchten großen Ölgemälde dargestellt (Frankfurter Allgemeine Zeitung vom 28.4.1990). Es zeigt auf der linken Seite Brutus auf dem Richterstuhl sitzend, wie er mit der rechten Hand auf die beiden vor ihm stehenden Söhne hinweist, während die linke Hand eine Schriftrolle mit den Namen der beiden Verräter hält. Im Hintergrund stehen zwischen Vater und Söhnen behelmte Liktoren, von denen einer das glänzend herausgearbeitete Beil aus seinem Rutenbündel zieht und in der Mitte des Bildes hochhält: Das Urteil ist also bereits gesprochen; die Hinrichtung wird unmittelbar folgen.

L I T E R A T U R (in Auswahl); Abkürzungen

ANRW	Aufstieg und Niedergang der römischen Welt, Berlin-New York 1972 ff.; hier vor allem II 30.2, 1982.
Bornecque	H. Bornecque, Tite-Live, Paris 1933.
Briscoe 1971	J. Briscoe, The First Decade in: Dorey 1-20 (siehe diesen).
Briscoe 1973	J. Briscoe, A Commentary in Livy, Books 31-33, Oxford 1973.
Briscoe 1981	J. Briscoe, A Commentary in Livy, Books 34-37, Oxford 1981.
Budé-Tite-Live	Collection Budé, Tite-Live, Histoire Romaine, Paris 1940 ff. (mit Angabe des Editors und Buchs).
Burck 1934	E. Burck, Die Erzählungskunst des Livius (=Problemata 11) Berlin 1934, 1964.
Burck 1935	E. Burck, Livius als augusteischer Historiker, Welt als Geschichte 1, 1935, 448-487 (= Wege zu Livius 96-143).
Burck 1950	E. Burck, Einführung in die dritte Dekade des Livius, Heidelberg 1950, 1962, 1963.
Burck 1957	E. Burck, Zum Rombild des Livius. Interpretationen zur zweiten Pentade, AU III, 2, 1957, 34-75.

Burck 1964	E. Burck, Aktuelle Probleme der Livius- Interpretation, Gymn. Beih. 4, 1964, 21-46.
Burck 1968	E. Burck, Die Frühgeschichte Roms bei Livius im Lichte der Denkmäler, Gymn. 75, 1968, 74-110.
Burck 1971	E. Burck, The Third Decade, in: Dorey, 21-46 (siehe diesen).
Burck 1982	E. Burck, Die römische Expansion im Urteil des Livius, ANRW II 30.2, 1148-1189.
Burck 1987	s. Wege zu Livius.
Festschr. Burck	Livius, Werk und Rezeption, (Slbd.), her. von E. Lefèvre - E. Olshausen, München 1983 (mit Namen des Verfassers und Titels des Beitrags).
Chausserie	J.P. Chausserie-Laprée, L'expression narrative chez Historiens Latins, Paris 1969.
Dorey	T.A. Dorey (Slbd.), Livy, London 1971.
Gärtner	H.A. Gärtner, Beobachtungen zu Bau- Elementen in der antiken Historiographie, besonders bei Livius und Caesar, Historia, Einz. Schr. 25, 1975.
Gries	K. Gries, Livy's Use of Dramatic Speech, AJPh 70, 1949, 118-141.
Gutberlet	D. Gutberlet, Die erste Dekade des Livius als Quelle zur Geschichtsschreibung der Gracchi-

	schen und Sullanischen Zeit, Beitr. z. Altertumsw. 4, Hildesheim-Zürich-New York 1985.
von Haehling	R. von Haehling, Zeitbezüge des Livius in der ersten Dekade seines Geschichtswerks, Historia, Einz. Schr. 61, 1989.
Heidemann	M.L. Heidemann, Die Freiheitsparole in der griechisch-römischen Auseinandersetzung (200-188 v.Chr.), Diss. Bonn 1965.
Hellmann	F. Hellmann, Livius-Interpretationen, Berlin 1939.
Heuß	A. Heuß, Zur inneren Zeitform bei Livius, Festschr. Burck 175-215.
Hoch	H. Hoch, Die Darstellung der politischen Sendung Roms bei Livius, Diss. Zürich 1951.
Howald	E. Howald, Vom Geist antiker Geschichtsschreibung, München 1944.
Jal	P. Jal, Tite-Live et le métier d'historien dans la Rome d'Auguste, Bulletin de l'Assoziation Guillaume Budé, Paris 1990, 32-47.
Kissel	W. Kissel, Livius 1933-1970. Eine Gesamtbibliographie, ANRW II 30.2, 1982, 899- 977.
Klingner	F. Klingner, Livius, Neue Jahrbücher 1943, 49 ff. (= ders., Römische Geisteswelt^4, München 1961, 444-468).

Klotz R.E.	A. Klotz, Titus Livius, R.E. XIII 816-852 (1926).
Klotz	A. Klotz, Livius und seine Vorgänger, Neue Wege zur Antike, II. Reihe 9-11, Leipzig 1940/41 (Amsterdam 1964).
Kroymann 1949	J. Kroymann, Römische Kriegsführung im Geschichtswerk des Livius, Gymn. 56, 1949, 124-134.
Kroymann 1961	J. Kroymann, Römisches Sendungs- und Niedergangsbewußtsein, Festschr. H. Hommel (Eranion), Tübingen 1961, 69-91.
Laistner	M.L.W. Laistner, The Greater Roman Historians, Berkeley 1947.
Lefèvre	E. Lefèvre, Argumentation und Struktur der moralischen Geschichtsschreibung der Römer am Beispiel von Livius' Darstellung des Beginns des römischen Freistaats (2, 1-2, 15), Festschr. Burck, 31-57.
Luce	T.J. Luce, Livy, The Composition of His History, Princeton 1977.
McDonald 1954	A.H. McDonald, The Roman Historians, in: Fifty years of Classical Scholarship (ed. M. Platnauer), Oxford 1954, 384-412 (1968, 465-495).
McDonald 1957	A.H. McDonald, The Style of Livy, JRSt 47, 1957, 155-170.
Mantel	N. Mantel, Poeni foedifragi, Münchener Arbeiten zur Alten Geschichte, Bd. 4, München 1991.

Meister	K. Meister, Historische Kritik bei Polybios, Palingenesia 9, 1975.
Mensching 1967	E. Mensching, Livius, Cossus und Augustus, MH 24, 1967, 12-32.
Mensching 1986	E. Mensching, Zur Entstehung und Beurteilung von Ab urbe condita, Latomus 45, 1986, 579-589.
Mette	H.-J. Mette, Livius und Augustus, Gymn. 68, 1961, 269-285.
Nissen	H. Nissen, Kritische Untersuchung über die Quellen der vierten und fünften Dekade des Livius, Berlin 1863.
Ogilvie	R.M. Ogilvie, A Commentary on Livy, Book I-V, Oxford 1965.
Packard	D.W. Packard, A Concordance to livy I-IV, Cambridge (Mass.) 1968.
Petzold 1940	K.-E. Petzold, Die Eröffnung des zweiten makedonischen Kriegs, Berlin 1946 (Darmstadt 1968).
Petzold 1983	K.-E. Petzold, Die Entstehung des römischen Weltreichs im Spiegel der Historiographie - Bemerkung zum bellum iustum bei Livius, Festschr. Burck 241-263.
Philipps	I.E. Philipps, Current Research in Livy's First Decade ANRW II 30.2.
Pöschl	V. Pöschl, Die römische Auffassung von der Geschichte, Gymn. 63, 1956, 190-206.

Raaflaub	K.A. Raaflaub (Slbd.), Sozial Struggles in Archaic Rome, Berkeley-Los Angeles-London 1986.
Syme 1939	R. Syme, The Roman Revolution, Oxford 1939 (1967).
Syme 1954	R. Syme, Tacitus, Oxford, Bd. I 1954.
Syme 1959	R. Syme, Livy and Augustus, HSPh 64, 1959, 27-87.
Syme 1986	R. Syme, Roman Aristocracy, Oxford 1986.
Thraede 1970	Kl. Thraede, Livius im Spiegel der neueren Forschung, in: Neue Einsichten, Beiträge zum altsprachlichen Unterricht hg. von F. Hörmann, München 1970, 61-81.
Thraede 1984	Kl. Thraede, Außerwissenschaftliche Faktoren im Liviusbild der neueren Forschung, Saeculum Augustum II, Darmstadt 1984, 394-425.
Timpe 1979	D. Timpe, Erwägungen zur jüngeren Annalistik, AuA 25, 1979, 97-118.
Timpe 1988	D. Timpe, Mündlichkeit und Schriftlichkeit als Basis der frührömischen Überlieferung, Colloquium Rauricum I, Stuttgart 1988, 266-289.
Tränkle	H. Tränkle, Livius und Polybios, Basel 1977.

von Ungern-Sternberg 1986	J. von Ungern-Sternberg, The Form of the "Annalistic Tradition", in K.A. Raaflaub 1986 (siehe diesen).
von Ungern-Sternberg 1988	J. von Ungern-Sternberg, Überlegungen zur frühen römischen Überlieferung im Lichte der Oral-Tradition-Forschung, Colloquium Rauricum I 1988, 237-265.
Vogt-Spira	Gr. Vogt-Spira (Slbd.), Studien zur vorliterarischen Periode im frühen Rom, Tübingen 1989.
Walbank 1971	F.W. Walbank, The Fourth and Fifth Decades, in: Dorey, Livy, London 1971, 47-72 (siehe diesen).
Walbank 1972	F.W. Walbank, Polybios, Sather Class. Lect. 42, Berkeley 1972.
Walbank 1990	F.W. Walbank, Polybios' Sicht der Vergangenheit, Gymn. 97, 1990, 15-30.
Walsh 1955	P.G. Walsh, Livy's Preface and Distortion of History, AJPh 76, 1955, 369-383 (= Wege zu Livius 1987, 181-191).
Walsh 1961	P.G. Walsh, Livy, Cambridge 1961.
Walsh 1974	P.G. Walsh, Livy, in: Greece and Rome, Oxford 1974.
Walsh 1982	P.G. Walsh, Livy and the Aims of 'historia', An Analysis of the Third Decade ANRW II 30.2, 1058-1074.

Walsh 1990   P.G. Walsh, Livy, Book 26,
                            Warminster 1990.

Wandel   J. Wandel, Die Todesdarstellun-
                            gen im Geschichtswerk des T.
                            Livius, Diss. Tübingen 1956.

Wege zu Livius   E. Burck, Wege zu Livius
                            (Slbd.), Darmstadt 1987 (mit
                            Namen der Verfasser und Titel)
                            (Bibliogr. Nachträge 1977 und
                            1987).

Witte   K.Witte, Über die Form der
                            Darstellung in Livius' Ge-
                            schichtswerk, Rh Mus. 65, 1910,
                            270-305; 359-419 (Nachdruck in:
                            Libelli, Darmstadt 1969).

W.-M. Fragm.   Livius, Ab urbe condita edd. W.
                            Weißenborn - M. Müller, Pars IV,
                            Leipzig 1930 (Stuttgart 1959).